深耕与创新

——高校思想政治理论课教学与研究论文集

汪琼枝　张守连　主编

中国财经出版传媒集团
中国财政经济出版社
·北京·

图书在版编目（CIP）数据

深耕与创新：高校思想政治理论课教学与研究论文集／汪琼枝编著．—北京：中国财政经济出版社，2024．3

ISBN 978－7－5223－2936－9

Ⅰ．①深…　Ⅱ．①汪…　Ⅲ．①高等学校－思想政治教育－教学研究－中国－文集　Ⅳ．①G641－53

中国国家版本馆 CIP 数据核字（2024）第 054963 号

责任编辑：彭　波　　　　责任印制：史大鹏
封面设计：卜建辰　　　　责任校对：胡永立

深耕与创新
——高校思想政治理论课教学与研究论文集
SHENGENG YU CHUANGXIN
——GAOXIAO SIXIANG ZHENGZHI LILUNKE JIAOXUE YU YANJIU LUNWENJI

中国财政经济出版社 出版

URL：http：//www.cfeph.cn
E－mail：cfeph@cfeph.cn

社址：北京市海淀区阜成路甲 28 号　邮政编码：100142
营销中心电话：010－88191522
天猫网店：中国财政经济出版社旗舰店
网址：https：//zgczjjcbs.tmall.com
中煤（北京）印务有限公司印刷　各地新华书店经销
成品尺寸：180mm×255mm　16 开　22.25 印张　380 000 字
2024 年 3 月第 1 版　2024 年 3 月北京第 1 次印刷
定价：98.00 元
ISBN 978－7－5223－2936－9
（图书出现印装问题，本社负责调换，电话：010－88190548）
本社图书质量投诉电话：010－88190744
打击盗版举报热线：010－88191661　QQ：2242791300

前　言

2019 年 3 月 18 日，习近平在学校思想政治理论课教师座谈会上发表重要讲话，指出思想政治理论课是落实立德树人根本任务的关键课程，强调要推动思想政治理论课改革创新，不断增强思想政治理论课的思想性、理论性和亲和力、针对性，并提出“八个统一”的基本要求，即要坚持政治性和学理性相统一，要坚持价值性和知识性相统一，要坚持建设性和批判性相统一，要坚持理论性和实践性相统一，要坚持统一性和多样性相统一，要坚持主导性和主体性相统一，要坚持灌输性和启发性相统一，要坚持显性教育和隐性教育相统一。“八个统一”是习近平总书记对思想政治理论课建设的改革创新方法论，是对思想政治理论课建设长期以来形成的规律性认识和成功经验的深刻总结，是新时代思想政治理论课改革创新的根本遵循。

“3. 18”讲话极大地鼓舞了思想政治理论课教师开展教学改革理论与实践的研究和探索的热情，一场轰轰烈烈的思想政治理论课教学改革运动正式拉开序幕。北京建筑大学马克思主义学院全体教师积极投身思想政治理论课教学改革的洪流之中，坚持“八个统一”的基本要求，以教材为基本依据，以北京市思想政治理论课教改项目“‘大思政’视野下‘工匠精神’培育模式教改示范点”和教育部思想政治理论课教学方法改革项目择优推广计划“思想政治理论课融入‘工匠精神’培养教学方法改革探索”为依托，以工匠精神培育为抓手，努力培养德智体美劳全面发展的新时代中国特色社会主义城市建设的“规划师、设计师、建筑师”。本论文集收录了部分师生优秀教研论文，内容丰富，视角多元，从经典著作探源到学术前沿跟踪，从党的最新文件精神“三进”到红色文化的有机融入，从工匠精神培育到融合专业特色育人模式探索，从数字赋能思想政治理论课到“人民城市”大思政课建设，全方位涵盖了思想政治理论课教学理念、内容、方式、方法和育人模式等，初步反映了我院师生多年来从事思想政治理论教学改革的成果。

总结过去，旨在面向未来。2023 年 9 月，习近平在黑龙江考察调研时首次提出新质生产力的概念。2024 年 1 月 31 日，中共中央政治局就扎实推进高质量发展进行第十一次集体学习时，习近平进一步对新质生产力作出了系统阐述。习近平关于发展新质生产力的重大论断，虽然是针对经济发展而言，但是其指导意义不限于经济领域。从某种意义上说，教育也是生产力，新时代思想政治理论课的建设与发展也要贯彻新质生产力的基本理念，坚持以创新为主导，改变传统的单向灌输为主的教学方式，摆脱思想政治理论课和专业课程“两张皮”、理论与实践相脱节的传统发展路径，依靠理念的更新、技术的革命和全要素的创新性配置，持续提高思想政治理论课教学的针对性和实效性。

世界在变化，人的思想也总是处于发展变化之中。在全面建设社会主义现代化国家的新征程上，向“新”而行，以“质”致远，不断推进思想政治理论课教学理论与实践的创新，是发挥思想政治理论课落实立德树人根本任务关键作用的不二之选。

目　录

劳动素质是新时代人才质量标准的核心与旨归

汪琼枝　岳冰心

摘　要：以全国教育大会的召开为标志，社会主义人才质量标准由“德智体美”全面发展转变为了“德智体美劳”全面发展。新时代人才质量标准首次肯定劳动是人才质量标准的重要组成部分，赋予劳动教育在社会主义教育中的核心地位，回归人的尊严和本质，突出人的目的性，实现了价值取向从“物本主义”向“人本主义”的根本转变。突出劳动素质在人才质量标准体系中独立性地位具有鲜明的问题针对性，是对教育上的功利主义和泛娱乐化倾向的反对。

关键词：新时代；劳动素质；独立性；以人为本

2018 年 9 月 10 日，习近平在全国教育大会上强调，要坚持中国特色社会主义教育发展道路，培养德智体美劳全面发展的社会主义建设者和接班人，并指出实现这一根本任务要在增强综合素质上下功夫，特别“要在学生中弘扬劳动精神，教育引导学生崇尚劳动、尊重劳动，懂得劳动最光荣、劳动最崇高、劳动最伟大、劳动最美丽的道理，长大后能够辛勤劳动、诚实劳动、创造性劳动。”这是中国共产党首次正式将劳动作为人才质量标准的重要内容之一，体现了对劳动教育的高度重视。劳动素质在人才质量标准体系中的独立性地位，体现了新时代人才质量标准价值取向上的人本性和鲜明的问题针对性。2020 年 3 月，《中共中央、国务院关于全面加强新时代大中小学劳动教育的意见》出台，对大中小学劳动教育进行顶层设计和系统部署。党的二十大再次强调要办好人民满意的教育，全面贯彻党的教育方针，落实立德树人根本任务，培养德智体美劳全面发展的社会主义建设者和接班人，为中国式现代化提供人才支撑。党中央对劳动素质和劳动教育的高度重视对新时代推进教育现代化、建设社会主义教育强国、实现人的全面发展都具有重要的指导意义。

一、劳动素质在人才质量标准体系中具有独立的价值

新中国成立以来，中国共产党一直把培养新型劳动者作为社会主义教育的根本任务，并提出人才质量标准问题。1957 年，毛泽东在《关于正确处理人民内部矛盾》中指出，“我们的教育方针，应该使受教育者在德育、智育、体育几方面都得到发展，成为有社会主义觉悟的有文化的劳动者。”[1]首次提出了德智体“三要素”的人才质量观。1961 年，中共中央、国务院正式确立了“教育必须为无产阶级政治服务，教育必须同生产劳动相结合，使受教育者在德智体几方面都得到发展，成为有社会主义觉悟的有文化的劳动者”的教育方针。[2]

邓小平坚持“三要素”人才质量观和教育与生产劳动相结合的思想，深化了对生产劳动的认识，认为生产劳动不单指体力劳动，脑力劳动和科学实验也是劳动，并在此基础上提出“有理想、有道德、有文化、有纪律”的“四有新人”培养目标和教育要“面向现代化、面向世界、面向未来”的战略方针。

以江泽民同志为核心的党中央根据时代的新要求，提出“德智体美”全面发展和“教育为社会主义事业服务，教育与生产劳动和社会实践相结合”的思想。在《关于教育问题的谈话》中，江泽民指出：“正确引导和帮助青少年学生健康成长，使他们能够德、智、体、美全面发展，是一个关系我国教育发展方向的重大问题。”党的十六大正式提出，“要全面贯彻党的教育方针，坚持教育为社会主义现代化建设服务，为人民服务，与生产劳动和社会实践相结合，培养德智体美全面发展的社会主义建设者和接班人，造就数以亿计的高素质劳动者、数以千万计的专门人才和一大批拔尖创新人才。”

纵观新中国成立以来我国教育方针的发展历程，其中始终贯穿一条主线，即教育的根本任务在于培养社会主义的新型劳动者，为了实现这一目标，教育必须与劳动相结合。强调“教育与劳动相结合”，一方面肯定了劳动在人才培养中的不可或缺的重要作用，另一方面在逻辑上却有否定劳动是社会主义建设者和接班人内在的质素之嫌。人才质量标准的“三要素”论和“四要素”论都反对人才质量标准的单一性，并特别突出社会主

义道德在人才质量标准中的首要的、突出的地位，具有鲜明的社会主义特色，但两者都没有赋予劳动在人才质量标准中的独立地位。实践中，劳动成为实现教育目的的辅助或手段，具体表现为两种认识和做法：其一，把劳动作为德育的一部分。如《中国大百科全书》对劳动教育就界定为："使学生树立正确的劳动观点和劳动态度，热爱劳动和劳动人民，养成劳动习惯的教育，是德育的内容之一。"毛泽东从改造知识分子的角度提出知识分子要上山下乡接受贫下中农的再教育，认为这是改造知识分子政治立场和政治态度，使之无产阶级化的重要途径。显然，这里也突出的是劳动的德育功能。其二，把劳动作为德、智、体、美四育的手段和方法。劳动不过是培养"德智体"或"德智体美"全面发展的社会主义建设者和接班人的手段，依附于"德智体美"，为"德智体美"的四育服务。离开了"德智体美"四育，劳动在教育中似乎就没有独立存在的意义。

坚持教育与生产劳动相结合，看到了劳动与教育之间的联系，却不愿赋予劳动在教育目标中的独立地位，劳动教育过程中不过是实现教育目标的手段。

教育的本质和劳动素质本身的要求都决定了劳动在人才质量标准体系中应具有独立的、不可替代的地位。社会主义教育要解决的问题是为谁培养人、怎样培养人、培养什么样的人的问题。社会主义教育的目标是培养社会主义的劳动者，其固然要具备社会主义的道德、科学先进的智识、优良的身体素质、崇高的审美等素质，但其基本要求是必须具备劳动能力，深层次还要求具有尊重劳动、热爱劳动的劳动态度，辛勤劳动、诚实劳动、创造性劳动的理念和意志等。显然，这些素质是"德智体美"等要素无法涵盖的，也不能单纯通过"德智体美"的教育实现。

劳动要素在人才质量标准中不仅具有独立的地位，还是社会主义教育的最终归宿和真正目标。在"德智体美劳"五要素中，"劳"是总管一切的，是根本的旨归，具有比"德智体美"四要素更高位的价值。劳动要素是"德智体美"四要素的灵魂，为"德智体美"的教育设定了方向，离开了劳动要素标准，其他四个要素就会失去不知所从。劳动不是"德智体美"四育的手段，相反，"德智体美"教育要服务于劳动者劳动素质的培养和劳动发展目标的实现。

二、劳动素质体现“人本主义”的价值取向

社会主义教育的思想渊源直接来自马克思人的全面发展理论。在马克思看来，人类历史就是人不断实现自身解放、获得全面发展的历史。但迄今为止，人的发展都是片面的、不完善的，只有在未来的共产主义社会，才能实现人的自由而全面的发展。所谓人的全面发展，就内涵而言，指的是“人以一种全面的方式，也就是说，作为一个完整的人，占有自己的全面的本质”。[3]“全面的本质”包括人的能力的全面性、人的自由个性的全面性，以及人的社会关系的全面性等。故而，人的全面发展在外延上包括人的智力、体力、审美力、创造力等全方位的发展、人的个性的自由全面发展，以及社会关系的全面发展等。

马克思人的全面发展理论逻辑地包含以人为本的价值取向和人的本质理论两个相互联系的部分。以人为本的价值取向是马克思人的全面发展理论的重要价值基础。在马克思看来，人类不能获得全面发展的客观基础在于私有制以及建基之上的社会分工，主观条件在于“以神为本”和“以物为本”的价值取向。“以神为本”和“以物为本”不是把人作为人来看待，而是把人作为物来看待。私有制的社会基础与“以神为本”和“以物为本”的主观条件造成劳动的异化和人的异化，并最终导致人的片面、不自由的发展。在对资本主义政治经济学进行深刻批判的基础上，马克思高扬“以人为本”的大旗，承认人的价值或尊严，肯定人的主体性地位和力量，并提出建立一个自由人的联合体的社会理想，“在那里，每个人的自由发展是一切人自由发展的条件”。[4]

坚持“以人为本”的价值取向，首要的就是高度尊重人、关注人的需要，而人的需要与“人是什么”不无关系。人的全面发展理论的第二个重要内容就是人的本质理论。关于人的本质，马克思最经典的论述有两种：一是人的类本质在于“自由自觉的劳动”，[5]二是“人的本质在其现实性上是一切社会关系的总和”。[6]两种界定各有侧重，前者强调劳动是人的最本质的表现和特征；后者突出人的本质始终是社会关系的总和。两种界定并不是完全不同、互不相干甚至矛盾的，归根结底是一个硬币的两个方面。劳动是个体的劳动，但是，个体的劳动只有在社会关系中才能有意义，而社会关系归根结底是一种劳动关系。因此，关于人的本质的两种界定通过

“劳动”实现了联结，劳动是人的本质中最为根本、核心的要素，人的本质就是劳动的本质。这样，人对自己“全面的本质”的占有就转变为人对自己劳动的全部占有，人的全面发展与自由自觉的劳动就具有了高度的一致性和统一性，劳动的自由自觉程度成为衡量人的全面发展程度的根本指标。

社会主义教育以培养全面发展的社会主义劳动者为己任，劳动素质理应成为社会主义劳动者全面发展根本标志。新中国成立以来，中国共产党先后提出了“德智体”“德智体美”“德智体美劳”全面发展的人才质量标准，反映了中国共产党对社会主义教育本质的不断深化的认识过程。人的全面发展的本质内容是人的自由自觉的劳动，是人的社会关系的全面占有。“德智体”或“德智体美”不能囊括劳动者的劳动能力的全面性和劳动者个性与社会性的全面性，两者仅仅表征了人的全面发展的部分属性。实践中，与“三要素”论和“四要素”论相对应，我国的教育方针先后经过教育为无产阶级服务、教育为经济发展服务等的变化，教育的面向始终是政治、经济和文化等而非人本身。客观地说，这些教育方针的贯彻落实为我国经济社会发展提供了重要的人力保障和智力支持，发挥了巨大的作用，也体现了人民群众的愿望和需求。但无论是“三要素”论还是“四要素”论整体上都没有从根本上摆脱物本主义色彩，认识论上仍然将劳动置于教育之外，实质是将人置于教育之外。教育实践中自觉不自觉表现出对劳动教育的忽视，以致劳动者走向社会后不能满足社会需要，自身的发展也受到诸多掣肘。

进入21世纪以来，随着经济社会的发展和人民需要层次的提高，我国的教育方针开始了从工具性向人本性的悄然转变。2002年党的十六大报告中首次提出教育的宗旨在于为人民服务，人自身的发展开始作为教育的目的而不仅是手段。党的十七大报告将教育纳入以民生为重点的社会建设范畴，并在党的教育方针中明确提出要“办好人民满意的教育”。2010年发布的《国家中长期教育改革和发展规划纲要（2010～2020年）》提出，“坚持以人为本、推进素质教育是教育改革发展的战略主题”。推进素质教育，实现人的全面发展成为全社会共识。2018年召开的全国教育大会上，习近平总书记正式提出教育要培养德智体美劳全面发展的社会主义建设者和接班人，首次明确了劳动在人的全面发展中的独立性地位，回归了人的尊严和本质，真正体现了人的目的性，实现了社会主义劳动者人才质量标准和教育方针价值取向从“物本主义”向“人本主义”的根本转变。

三、开展劳动教育是推进中国式现代化的必然要求

新中国成立以来，我国教育事业取得了前所未有的伟大成就，并极大地促进了经济社会和人的发展。特别是党的十八大以来，我国教育现代化加速推进，人民群众的教育获得感显著增强，教育的国际影响力也加快提升。党的二十大提出以中国式现代化全面推进中华民族伟大复兴实现这一目标，必须实施科教兴国战略，强化现代化建设人才支撑，建设社会主义教育强国，不断为社会主义现代化事业培养与时俱进的、合格的建设者和接班人，不断推进人的全面发展。然而，不可否认的是，当前我国教育仍然存在与新时代党和国家事业发展不相适应的地方，与人民群众的期待不相契合的地方，其突出表现为教育上的功利主义和泛娱乐化倾向。

现代功利主义产生于19世纪，自产生以来即成为道德哲学的主流话语之一。新自由主义领军人物罗尔斯对功利主义多有微词，但也不得不承认“在现代道德哲学的许多理论中，占优势的一直是某种形式的功利主义。”[7]功利主义奉行快乐至上，以是否能带来现实的利益作为价值判断和行为选择的基本准则，往往具有短视性。在功利主义者看来，凡能带来直接现实利益的就是好的、善的，值得追求和选择，反之，就是坏的、恶的，应该避免和放弃。功利主义“有用即真理”的原则在当下中国有广阔的市场，教育也不例外。教育上的功利主义是“物本主义”在教育实践中的具体体现，突出表现为“五唯”倾向，即“唯分数、唯升学、唯文凭、唯论文、唯帽子”。

“五唯”倾向在家庭、学校和个人等方面都有不同程度的表现。从家庭方面来说，家长一味追求子女学习成绩，忽视对子女其他能力和素质特别是劳动精神和能力的培养，导致学生不仅生活上自理能力低下，学习上不能也不肯吃苦；从学校层面来看，五育在中小学教育中的地位差别很大：德育流于形式，智育分数至上，体育唯奖项是从，美育基本虚化，劳育整体缺失。社会上流行一个段子，说某学生的理想就是当一名体育老师，理由是体育老师的上课时间基本被主科老师借用，自己不用上课，别人还欠他还不清的人情。这个段子形象地反映出体育在教育中的尴尬地位。高等学校则关注学生的考研率、论文发表率和获奖率等；从个人来说，功利主义的导向使其对各门课程重视程度也不同，基本上与学校

一致。

“五唯”将人置于分数、升学、文凭、论文、帽子等物之下，背离了教育的初衷和本质，从根本上无益于人的全面发展。尽管教育部三令五申反对应试教育，提倡素质教育，甚至对德育、体育、美育和劳动教育等设定量化标准，但是上有政策下有对策，并不能根本改变家庭、学校和学生个人功利主义的倾向。以思想政治理论课为例，思想政治理论课课堂上学生抬头率不高，教育实效性差强人意，究其原因，固然有教师水平参差不齐和态度消极等问题，但与学生持“政治无用论”不无关系。

教育上的功利主义还突出表现为实践环节的虚化。实践是培养学生劳动能力和素质、锤炼学生劳动精神的重要途径。然而，现有中小学教育基本没有真正意义上的社会实践课。以北京为例，北京市教委为中小学生建立了综合社会实践平台，要求学生必须完成相应的实践学分，该学分作为毕业的必要条件之一和高考招生的参考依据。然而，目前看来，现有的综合社会实践平台尽管形式多样繁杂，但无论是实践的内容还是实践活动的监督管理等与设计者的初衷都相去甚远。高等教育中的社会实践也一直是一个难题，部分基于人员、经费、安全和社会实践基地稀缺等的考虑，专业实践很难覆盖全体学生并卓有成效地开展，人文社科类社会实践更是如此。

不唯如此，近年来，泛娱乐主义在我国逐渐成为一种社会思潮，并在青年一代中有不少的拥趸者。由于承平日久，年轻一代生活条件总体优越，吃苦耐劳精神逐渐淡薄，不愿吃苦、不愿奋斗成为一些年轻人的基本状态，成为泛娱乐主义的重点攻击对象。泛娱乐主义以消费主义、享受主义为核心，奉行“有趣即正义”的理念，以“有趣”作为道德判断和行为选择的依据。泛娱乐主义渗透到社会生活的方方面面，与之相呼应，学校教育特别是高等教育表现出严重的形式化和娱乐化倾向。为了提高课堂的抬头率，个别老师不得不取悦于学生，迎合学生并不高尚的需求，在教学内容和教学方式方法的选取上自觉不自觉地表现出“过分娱乐化”倾向。老师不再潜心研究教学内容的科学性，而是费尽心机研究教学方式方法。仍以思想政治理论课为例，为了提高学生的抬头率，思想政治理论课教师八仙过海、各显神通，创造了慕课、微课、虚拟现实等现代多媒体教育手段，甚至采取表演的方式来吸引学生的眼球，老师成了表演者和段子手。不可否认，适度运用现代教育技术手段是必要的，但如果一味地追求形式至上而忽略教学内容本身，甚至利用低俗的方式迎合学生，势必本末倒置，其结果是虽提高了课堂的抬头率和学生的满意率，思想政治教育的目的却并不能达成。更为重要的是，这种形式化和过分娱乐化的教学方式不仅无助于学生文化品位的提升和思想的升华，更会对学生产生潜移默化的影响，并助长泛娱乐主义和享受主义。

从词源来看，劳动一词包含两个相互关联的含义，其一是活动和行动，其二是劳苦。作为一种活动或行动，劳动不是娱乐，劳动意味着辛苦。但是，劳苦不是劳动的本质和最终目的，人们在劳动中体验劳动之苦的同时也体验到劳动之乐。学习也是一种劳动，因此，学习本身就意味着辛苦，这也是学习给人带来的最直观的体验。但同时，学习也能让人体验到快乐。这种快乐是丰富的、多样的、持久的，既有获得知识之乐，也有被他人肯定之乐，还有对未来成功的期许之乐。学习是一种寓乐于苦的活动，苦是表象，乐才是本质。但是学习之乐绝不意味着将学习本身娱乐化。19 世纪俄国著名的民主教育家、俄国现代学校教育与教育科学的奠基人乌申斯基（Ushinsky，1824～1871）有感于西方资本主义大发展带来的人们耽于享乐而无视快乐本身的获得以劳动为前提的现实，不无担心地指出“劳动不是一种游戏，也不是一种消遣，它从来就是一件严肃而又艰苦的事情。”[8]学习亦如是。

教育上的功利主义带来的是学生片面的、畸形的、不可持续的发展，教育上的泛娱乐化倾向否定奋斗的意义，弱化对劳动精神的培养，两者都必然最终造成社会的全面退步和人的退化。新时代教育以培养创新型、复合型、应用型人才为己任，在人才质量标准体系中突出劳动的独立地位，强调五育并举，正是回应时代要求、针对当前教育领域中的突出问题而提出的，具有重要的现实意义和针对性。

新时代呼唤新的人才，新时代的教育必须坚持以人为本的价值导向，致力于培养德智体美劳全面发展的社会主义建设者和接班人。当前要特别注重提高学生的劳动素质，尤其要加强劳动精神的培养，引导学生在实现中华民族伟大复兴中国梦的伟大实践中实现个人的全面发展。

参考文献：

[1] 毛泽东．毛泽东同志论教育工作［M］．北京：人民教育出版社，1992：258.

[2] 杨天平，黄宝春．中国共产党教育方针 90 年发展研究［M］．重庆：重庆大学出版社，2015：101.

[3] 马克思，恩格斯．马克思恩格斯文集（第 1 卷）［M］．北京：人民出版社，

2009：189.

[4] 马克思，恩格斯．克思恩格斯选集（第1卷）[M]．北京：人民出版社，1995：294.

[5] 马克思，恩格斯．马克思恩格斯文集（第1卷）[M]．北京：人民出版社，2009：162.

[6] 马克思，恩格斯．马克思恩格斯选集（第1卷）[M]．北京：人民出版社，1995：18.

[7] 约翰·罗尔斯．正义论[M]．何怀宏等译．北京：中国社会科学出版社，1988：1－2.

[8] 郑文樾，张佩珍．乌申斯基教育文选[C]．北京：人民教育出版社，2007：127.

文化领导权视域下中国乡村文化价值的重建[①]

冯　蕾

摘　要：乡村文化的二维价值维度既是实现自身发展也是形成乡村道德秩序和价值规范的关键。然而，在城市化进程中以经济理性、市场思维为主导的价值观念逐渐实现了对乡村文化的主导和强势改造，从而导致乡村文化景观破坏严重、许多优秀的传统文化形式逐渐式微乃至消失、乡村传统道德秩序瓦解以及人们对乡村文化认同感疏离。而文化领导权理论是解决上述问题的思想切入点，乡村文化价值的重建核心在于社会主义核心价值观的引领，关键在于对“人”的改变。只有从了解和满足农民需要入手才能使农民产生对乡村文化的认同，进而在文化自觉中实现乡村文化的自强。

关键词：文化领导权；社会主义核心价值观；乡村文化

乡村文化既是农村社会发展的精神之根，也是中国文化起源的母体与土壤。在改革开放40多年的历史进程中，乡村文化逐渐从封闭走向开放，涌入了诸如都市文化、大众文化等多种文化形式。然而，多元文化的涌入并没有使乡村文化在兼容并蓄中走向繁荣，反而解构了其发展的独立性与个性，乡村文化价值也在这种消解中迷失方向。这不仅制约了乡村文化的传承与发展，也阻断了被裹挟于现代物欲狂欢中的农民自我救赎寻求精神家园的路途。因此，重建乡村文化价值是一个既关乎文化更关乎农民、农村未来发展的重大现实问题。

---

① 本文系北京市教工委高校思想政治理论课教师“杨帆反肋计划”项目“文化领导权理论视域下中国乡村文化价值的重建（项目号：JGWXJCYF201726）的最终成果。

一、文化领导权与社会主义核心价值观

在马克思主义经典作家那里并没有明确提出“文化领导权”概念，但这并不妨碍他们对文化以及领导权思想的深刻思考。马克思主义经典作家明确指出，统治阶级，“作为思想的生产者进行统治，他们调节着自己时代的思想的生产和分配”[1]。这也就是说，“一个阶级是社会上占统治地位的物质力量，同时也是社会上占统治地位的精神力量”[2]。概言之，统治阶级维护其统治不仅需要实现政治、经济上的领导权，也需要确立文化上的领导权，而途径就是“理论掌握群众”，“理论只要说服人，就能掌握群众；而理论只要彻底就能说服人。所谓彻底，就是抓住事物的根本。”[3]因此，哪个阶级能使自己的理论深入群众心坎，谁就掌握了文化领域的领导地位，而这种地位的确立不仅仅会停留在意识形态领域，其终将成为改变世界的物质力量。列宁的“文化革命”则进一步深化了马克思恩格斯关于文化领导权思想，其尤其强调组织教育和有序灌输在确立文化领导权中的重要性，“我们应既以理论家的身份又以宣传员的身份，既以鼓动员的身份又以组织者的身份到一切阶级中去。”[4]因此，无产阶级的斗争不能仅停留于物质层面领导权的获得，更应深入精神文化层面去获取阵地，利用文化将自己阶级与集团的合法性深植于人们的思想里、意识中、生活方式下，这既是将资产阶级文化核心下消极被动的受众建构成新文化主体的过程，也是无产阶级获得政治领导权的预备和先导。

时光荏苒，世情国情都已发生巨大变化，但马克思主义经典作家的文化领导权思想依然闪耀着穿越时空、启迪现代的智慧火花，它启示我们：执政党文化作为一种官方文化，只有被民众广泛认可和支持并达成社会共识，才能将执政党的合法性深植人心，从而形成现实而长久的领导力量。而这种共识的形成既不源于暴力强制也不源于消极服从，而是民众内心自愿自觉的积极认同。如何达到自愿自觉？关键在于官方推行的文化或价值体系能有机协调民众利益、国家利益、政党利益，在此基础上使其更具基础性、广泛性、包容性，只有这样才能深入人心，在潜移默化中自觉化为人们的实践活动，从而形成真正意义上的文化领导权，发挥强有力的社会引领作用。

从党的十六届六中全会提出要建立社会主义核心价值体系到党的十八大将其概括为三个层面、十二个词、二十四个字，再到党的二十大提出要广泛践行社会主义核心价值观，深入开展社会主义核心价值观宣传教育，社会主义核心价值观已成为我国文化建设的指导思想。毋庸置疑，频繁出现于党中央文件中的核心价值观属于官方文化，但与此同时它又具有上述所说文化领导权基础性、广泛性及包容性的特征。身处社会之下的每个个体无论具有怎样的差异，都会有最基本的存续、应激、发展的需要，由此衍生出对国家、社会、个人的基本诉求。富强、民主、文明、和谐的国家是促进共同福祉的基本前提；自由、平等、公正、法治的社会是提供公共规则的基本保障；爱国、敬业、诚信、友善的个人是对公民道德和行为规范的基本要求。正如有学者撰文所写，“核心价值观是低调的公民道德，而不是高调的圣人理论或英雄道德；是一种世俗性道德，而不是宗教性道德，它的目的不是要让每个人都成为灭绝七情六欲的圣人，而是要让每个人都成为遵纪守法的公民”[5]，因此它是适用于广大民众的普遍道德规范。成形于中国急剧变革时代的核心价值观既是来自对中国优秀传统文化的传承也兼容并蓄地吸收了时代与外来优秀文明成果；既是对个体价值观多元性、差异性的充分尊重，又是在求同存异中所形成的价值共识。正是由于社会主义核心价值观是在“和而不同”中寻求的“最大公约数”，充分容纳了各种生活方式、风俗习惯、宗教信仰，才有了上述核心价值观基础性、广泛性的特征，进而最终为社会各个阶层群体所认同和接受。

正是由于社会主义核心价值观具有文化领导权的潜质，因而就具备了官方文化转向主流文化的可能。而这其中的转换需要将社会主义核心价值观与具体的文化形式相结合，尤其是与民众喜闻乐见的文化形式相结合，只有这样才能使社会主义核心价值观广泛传播，深入人心，从而在统领主流文化发展的过程中，真正发挥出文化领导权的精神力量与物质力量。

二、城市化进程中乡村文化价值发挥面临的困境

文化的价值维度有两个方面：一是文化本身受何种核心价值观的引领；二是使处于文化影响下的个体，形成什么样的价值观念。前者是文化自身的发展壮大问题，即如何利用核心价值观的标尺作用去伪存真、去粗取精，在荡涤各种不利因素的干扰后实现文化的吐故纳新；后者是文化的影响及塑造问题，即文化如何将其内在的价值要求、是非观念、精神信仰等多个方面投注于该种文化影响下的个体，形成个体乃至群体稳定的思维

方式和价值判断。因此，文化价值解决的是两个问题：一是自身如何发展的问题；二是使谁发展成何样的问题。

起源于农耕文明的乡村文化，曾几何时不仅造就了千百年来农民的生活方式，而且也是凝聚乡村的精气神、体之魄。对天地的敬畏是人们对自然赋予生命的尊重，由此产生乡村朴素而和谐的生态文化，在“道法自然”中不仅教会了农民节制欲望、善待自然的生态智慧，而且形成了农民勤劳节俭的生活习惯。对祖先的敬畏是人们对先人的缅怀与感激，由此产生乡村慎终追远的“孝”与“礼”文化，在孝亲敬老、以礼待人中形成了乡村基本的家庭伦理、道德标准以及社会规范。对人言邻里关系的敬畏，是人们对血缘亲缘地缘的浓厚情结，这不仅形成了乡村中的“亲仁善邻、守望相助”，而且也造就了人们“诚实守信”的人际关系文化。

然而，在城市化进程中经济理性、市场思维逐渐取代乡村传统主流价值观念，实现对乡村文化的主导和强势改造。由于缺乏正确核心价值观的引领，不仅乡村文化发展乏力，逐步丧失自身特色走向衰落，而且这种衰落也疏离着人们对乡村文化高度的认同感，进而瓦解着乡村传统的道德秩序。正如有学者撰文所言：“在快速的社会变动中，农民不再能从一直以来的传统中获得人生的稳定感，又不能从以广告和时尚所引领的消费主义价值观中获得现代的人生意义，农民被抛入一个传统已失，现代又不可得的尴尬境地，并由此导致农民的普遍无力感、无根感和焦虑感。”[6]

（一）许多优秀的传统文化形式逐渐式微乃至消失

乡村文化是对农民生活方式、风俗习惯、行为观念从物质层面到精神层面的完整表达，有着丰富的内容与形式，既有为消磨时光、废物利用、增加生活情趣表达对美好生活向往的传统手工艺，如泥塑、草编、木雕、年画等，也有各种各样庆祝、祭典、娱乐的文艺表演，如地方戏曲、龙舟、舞狮等。曾几何时，这些优秀的乡村文化形式是联结乡村一代又一代人共同记忆的纽带，是激发人们共同情感、形成身份认同与情感归属的载体。伴随现代化与市场化的涌入尤其是现代传媒技术的运用，使得以城市为中心的文化形式触角遍及乡村四野，深刻地改变着农民的生活方式、审美情趣和价值判断。被时尚新潮、五彩斑斓的城市文化深深吸引的农民毫不犹豫地投入城市文化的怀抱。然而城市文化由于脱离了其成长环境，在乡村并不能真正扎根繁衍，这恰恰使得一些低俗浅薄的文化形式由于人们的追捧在乡村盛行。于是在这场乡村传统文化形式与城市文化形式的博弈中，以“传统、落后、守旧”为代名词的乡村文化丧失话语权，败下阵来，许多传统手工艺和文艺表演由于无法迎合大众口味而渐渐消失，再加之许多乡村文化形式的传承方式狭窄，“口传心授”更需要水滴石穿的艰苦训练，从而使得已失受众的传统技艺更无人问津而几近“消亡”。

（二）文化景观面临生存危机

被称为乡村文化“活化石”的文化景观，是千百年来人们为满足生存与发展需要将自然景观与自身的生活方式、思想观念有机融合所形成的具有地域特色、集天时地利人和等于一身的复合景观，是承载农民生产生活、民俗、自然、社会关系的空间综合体，既包括由原始聚落发展而来的传统村落建筑，又有承载着人们对天地人敬畏而设立的寺庙、宗祠等。乡村文化景观的形成既是农耕文明千百年来人与自然关系不断调整适应的产物，也体现着区域族群传统文化的精髓，进而成为该区域内人们的共同记忆和精神图腾。然而伴随城市化及新农村建设的推进，出于对乡村价值的低估判断以及一些政府官员对“村容整洁”的错误认知，于是“千城一面”以极快的速度开始席卷农村，在大拆促大建中许多历史悠久的文化景观要么难逃被毁命运，要么被改造成了具有现代风格整齐划一但毫无精神与人文生态象征意义的公寓洋楼，“那些忽视异质场所特质的‘建筑’已经极不协调地镶嵌在了村落里”[7]。而且在以“先进、现代”著称的城市文化的冲击下，许多有幸留存的文化景观由于人们早已丧失了对其所代表的精神与信仰的认同（如宗祠和庙宇），而变得破败不堪。即使某些地区的文化景观被保护，受物质利益驱使的人们开始过度开发这类文化资源，于是文化景观的生态环境遭到破坏，各种伪文化泛滥，文化景观所承载的文化意义与真实性丧失殆尽。

（三）乡村传统道德秩序的瓦解

传统乡村作为典型的“熟人社会”，对亲情、乡情十分看重，以地缘、血缘、亲缘编织成了乡村社会的人际关系网，人们据此确定自身在乡村社会中的角色和承担的责任。在共同的生活区域中和彼此的沟通交流下，人们形成了具有高度认同感的处世态度和行为准则，从而演化成为乡村传统的道德体系，作为一种非正式的制度安排，千百年来它规范着人们为人处世的基本原则、教化着人们的行为方式，人们“以亲仁善邻为道德态度，以乡邻和睦为价值目标，以相容相让为基本原则，以相扶相助为伦理义务”[8]，从而保证了乡村生活的有序进行。然而伴随着越来越多的农民进城务工，封闭的乡村开始走向开放，器物层面的现代化推动了乡村在制度、观念、生活方式等方面的现代化，传统乡村社会中的道德秩序在功利主义、个人主义思想的冲击下开始瓦解，利益最大化取代了乡邻和睦、理性算计取代了相容相让、拜高踩低取代了相扶相助，正如有学者指出的“人际关系与经济利益越来越紧密地挂上了钩，人际关系也变得越来越理性化了。”[9]乡村传统的道德秩序遭到破坏，新的秩序尚未建立，面对以城市为中心的多元文化冲击，乡村道德权威遭到质疑乃至抛弃，使得道德判断无标准，再加之村落中舆论监督的弱化，农民被裹挟于价值冲突的洪流中无法自拔，甚至出现了“以丑为美、以恶为美”的怪现象。

（四）人们对乡村文化认同感的疏离

传统的乡村社会由于其相对的封闭性，形成了一种以家庭为基础的超稳定共同体。在这种共同体中人们在有限的空间内生产劳作、繁衍生息，自给自足的生活方式使人口的流动、信息的交换等都十分有限，由于封闭性而带来的相对稳定性形成了地方各具特色、具有鲜明地域特征的乡村文化秩序。在这种稳定的文化秩序影响下，人们对乡村文化具有高度认同感，形成了相似的文化需求以及较为一致的伦理道德评价标准。这恰恰就是传统乡村凝聚力和感召力的所在，是农民对村落共同体的情感归属，人们在这种归属感中不仅认识着生于斯长于斯的乡村，也从中体会和寻找着自己的人生价值和追求。当五彩斑斓的城市文化带着时尚新潮的气息扑面而来时，早已习惯于单一稳定乡村文化产品的人们感受到了前所未有的新奇和刺激，而城市化进程中大规模的拆村建镇活动更使人们在潜意识里认为城市化、工业文明是富裕先进的化身，乡村文化、农耕文明是落后保守的代表，尤其是刚成长起来的新生代农民工相比于父辈，他们更愿意把目光系于城市，传统安土重迁的思想早已被定居城市的梦想所取代，于是在乡村文化价值不断衰落的当下，他们早已从情感上对乡村文化疏离，“他们中许多人变得浮躁，开始看不起家乡，看不起劳动，但他们又无所适从。他们同样不是文化意义上的市民，虽然他们极力追求现代化、城市化的生活，但他们还要固守于他们的‘几亩薄田’。因此他们成了一种在文化精神上无根的‘存在物’，成了文化荒漠中的‘无家可归之人’。”[10]正是由于对乡村文化认同感的疏离，乡村文化的传承与发展既缺乏人力载体又无法凝聚人心人力，在这种“既有已离、尚新未建”的尴尬境地中，无论是乡村文化还是身处于其中的农民都在无奈中陷入深深的发展迷茫。

乡村作为乡村文化的载体，许多正由于人为或自然原因不断走向衰败与没落，从而使得乡村一些优秀的文化形式消失乃至灭绝。而业已存留的乡村及其文化由于没有正确核心价值观的引领，导致在发展中既有来自对城市的盲目模仿，又有来自以城市为中心的文化形式的冲击，在这种两面夹击下乡村文化的价值体系正在崩塌，“利益的驱动几乎淹没一切传统乡村社会文化价值，而成为乡村社会的最高主宰。”[11]这不仅使乡村文化独特性发展与传承的根基不断动摇乃至消失，而且也使得身处其中的农民在市场化大潮中被物质利益所裹挟，价值取向与判断功利化，朴素而传统的伦理道德、基本的社会规范逐渐碎片化、边缘化，农民的精神家园何在？乡村的凝聚力何存？

三、以社会主义核心价值观引领乡村文化价值的重建

乡村是城市的母体，农耕文明是中华文化的本源，在其中孕育而成的乡村文化是城市文化的重要支撑。新农村建设作为一个系统工程，其完整顺利推进无法绕开乡村文化价值的重建。因为文化是乡村的根、农民的魂，它为乡村的持续发展提供不竭的精神动力，也只有实现文化层面的现代化才是真正意义上的现代化。而乡村文化价值的重建之路在于走一条既能优化整合本土文化资源，又能顺应时代变迁吸收现代化、城市化的有利因素，在保留自身特色中扬长避短、兼容并蓄的发展道路。

当前，以社会主义核心价值观引领乡村文化价值的重建是实现上述道路的关键，作为将马克思主义科学理论与中国实践有机结合产生的社会主义核心价值观是凝聚了时代精神的价值理念，传播着爱国主义的正能量，包含着实现中华民族伟大复兴的共同理想，是引导乡村文化传统与现代、科学理性与人文主义对接的导向标。两者的融合有其必然性：一方面，社会主义核心价值观是乡村文化价值重建的引领导向；正如前所述，乡村文化的二维价值维度分别体现在其自身发展的价值判断以及对身处其中的

“人”的影响。当前由于乡村文化发展内生乏力，外来文化又良莠不齐，两面夹击下的乡村文化早已陷入无所适从的茫然中。而以社会主义核心价值观引领乡村文化既能有效确立乡村文化的发展标尺，趋利避害，同时又能帮助农民树立科学合理的价值理念，重塑乡村的伦理道德规范。另一方面，乡村文化是社会主义核心价值观实现文化领导权的重要载体；社会主义核心价值观只有从官方文化转变为主流文化，才能真正掌握文化领导权，发挥应有的物质和精神作用。而这种转变的前提“就是赢得大众，转化为大众喜闻乐见的‘民俗’或‘民间故事’，否则就不能成为真正的主流文化”[12]，成型于农民生活方式、风俗习惯、村规民约的乡村文化天生就具有广接地气的土根性与日常性，将社会主义核心价值观渗透到乡村文化价值重建中，是实现其文化领导权的“最佳基地”。

以社会主义核心价值观引领乡村文化价值重建是二者各得其所、相互促进、合作共赢之路。接下来的问题就是要寻找实现道路的切入点，在这里“人”即农民将成为核心关节点。因为从社会主义核心价值观角度，其虽总结为国家、社会、个人三个层面，但终极目的还是要实现人的全面自由发展；而从乡村文化价值角度，文化及其自身发展始终都离不开人，其影响人、鼓舞人最终也是达到“化人、为人”之目的。因此，从了解和满足农民的需要、服务提高农民入手来走社会主义核心价值观引领乡村文化价值重建之路就具备了现实性和可操作性。具体如下。

（一）迎合农民精神需求，实现人的“文化认同”

在城市化浪潮席卷下的农村被有意无意贴上了贬义的标签，身处其中的农民受城市娱乐方式及审美趣味的影响对乡村文化由自卑转向轻视，这毫无疑问是乡村文化价值衰落的重要内因。文化具有历史传承性，这种传承性来自人们对文化的认同，一旦失去这种认同的基础，文化的传承与发展就中断了。当前要想重建乡村文化价值首先就要实现农民对乡村文化的再认同。这种再认同的基础就是要深刻了解并迎合农民的精神需求。目前，以城市为主的文化形式通过现代传媒传入农村占据了农民大部分的闲暇时光，当远离生活本真的娱乐形式和内容成为主体、当庸俗文化侵染了淳朴的乡间民风时，乡村文化则在无形中逐步边缘化，从而也使农民的精神世界不断陷入失落。正如贺雪峰所指出的农民之苦不是纯粹的物质方面，而更苦于精神方面。所以必须为农民提供一种“市场经济化能力以外的文化空间，特别是提供既可以正面引导农民，又可以适应农民生活状况的文化”[13]，这就需要将社会主义核心价值观中的科学理念与农民喜闻乐见的乡村文化形式有机结合，从而达到满足广大农民“求知、求乐”的精神需求。一方面要用社会主义核心价值观荡涤乡村文化中的保守落后因素，使之在坚守传统精髓的同时弃之糟粕，从而更符合现代乡村社会的文化需要；另一方面要“寓教于乐”，将社会主义核心价值观改造为农民熟知的语言和喜爱的形式，即将乡村文化中农民喜闻乐见的文艺表演、风俗习惯等与社会主义核心价值观有机融合，通过榜样、鞭笞以达到感化之目的。在这种吐故纳新的整合中乡村文化不断突破和创新，进而赢得新的生命力和价值，而人们也在这种教化中完成对乡村文化的再认同，这正像梁漱溟在《乡村建设大意》中所说的“创造新文化，救活旧农村”。

（二）加强农民教育，实现人的“文化自觉”

文化自觉是费孝通在1997年首次提出的，“它是指生活在一定文化中的人对其文化‘有自知之明’，明白它的来历、形成过程，所具有的特色和它发展的取向……自知之明是为了加强对文化转型的自主能力，取得决定适应新环境、新时代文化选择的自主地位。”[14]相较于文化认同这种对乡村文化情感上感性上的认可与熟知，文化自觉则更强调人对乡村文化从理性上的认识与反思。从感性上升到理性，从“享乐”发展到“求知”，这中间的变化过程需要教育完成，因为教育是文化发展的动力机制、智力保障。这种教育不仅仅是知识技能的传授，更是对精神世界的引领，是器物层面与价值引导层面的有机结合。一方面是硬件投入。实现文化下乡到文化驻乡的转变，除了要继续加强和改善农村文化基础设施建设，兴建图书馆、阅览室、贴报栏、技术培训中心等外，最为根本的还是要让这些资源有效利用起来。加强引导和农民的主体参与性，尤其是发现和培养乡村本土的文化人才，使其成为乡村文化的传播者、组织者。另一方面是软件建设。首先要加强农民尤其是青少年的文化教育和思想道德教育，文化教育要摒弃以城市为中心的价值取向，充分发挥本土文化资源优势，不仅要把乡村文化和地方特色有效融入课堂教学及教材设计中，也要将正规的学校教育与乡村民间的文化消费习惯有机结合，在农民提高自身素质的同时培养自身对乡村文化的“自知之明”。思想道德教育则需要一个既能深刻领会又能宣传社会主义核心价值观的队伍，他们不仅要具备一定的知识素养，同时又能扎根农村深刻了解农民的生产生活，既能有效贯彻政府意愿又能结合乡村实际，这一群体非乡村教师莫属。“乡村教师对于乡村生活不仅仅是教书匠，还能动员和发动农民，组织建设和塑造一个新的农村精神。”[15]因此，不仅应从生存状态、物质福利方面对乡村教师给予更多的社会支持和政策保障，同时也应注重培育乡村教师的乡村素养和公共精神，使其把对乡村的深切情感、乡村文化的无限热爱与社会主义核心价值观有机结合。在服务和引领公众的真善美意识中，形成乡村新的精神风尚，在帮助农民正确认识自我和乡村价值的同时科学地传承和发展乡村文化。

（三）充分挖掘利用农民的自办文化，实现人的“文化自强”

农民的自办文化是农民依靠其所拥有的本土文化资源，为满足自身或群体的精神文化需要或物质利益需要而进行的各类文化实践活动。成型于农民生产生活方式及习惯的乡村文化是农民自办文化的源头，其中的民风民俗、传统艺术等由于其亲民性、喜闻乐见性而往往直接转化为农民的自办文化，当农民的自办文化被乡村这个熟人社会广泛接受并宣扬时，其也就为乡村文化注入新的活力，因此乡村文化与农民的自办文化是源与流的关系。当农民发挥主观能动性积极投入自办文化的实践时，这是农民对乡村文化从思想上的认同到行动上的支持的飞跃，也是农民自觉充当乡村文化价值重建主体的体现。由于乡村是“十里不同风、百里不同俗”，因此农民的自办文化种类繁多，当前除了要以社会主义核心价值观引导自办文化走一条科学健康的发展之路外，还应从以下两方面入手：一方面是扶持发展公益性的农民自办文化。这类自办文化突出特点就是不以营利为目的，所以其发展动力较弱，但公益性的农民自办文化既是对政府文化资源公共供给的有益补充，又能有效满足农民的文化需求。因此，各级政府应对这类文化给予场地、设备、资金等多项支持，加强对参与其中的农民进行文化骨干培训，同时以丰富的载体活动如荣誉称号、评选评比等宣传和鼓励更多的公益性农民自办文化。另一方面是扶持发展经营性农民自办文化。在有效引导、规范此类自办文化发展的同时，政府应有的放矢地展开扶持工作。对于以戏曲、文艺表演为主要内容的自办文化，政府可以在登记注册、税收减免等方面给予优惠。对于以民间工艺品为主要内容的自办文化，政府可以在加强宣传力度的同时推动此类自办文化形成自身品牌，延长产业链条将其融入本地乡村文化旅游项目，在城乡互动中充分发挥保护和传承乡村文化的作用。

综上所述，乡村文化以其独特的自身价值构成了乡村千百年来发展的秩序规范，重建乡村文化价值具有重大现实意义，在这一过程中既要警惕唯城市化、城市必然取代乡村的错误观点，也要抛除完全固守传统、不思改变的偏狭理念。因此，需要我们在传承乡村优秀文化传统的同时结合时代发展，完成乡村文化的吐故纳新。

参考文献：

［1］马克思 恩格斯．马克思恩格斯选集（第1卷）［M］．北京：人民出版社，1995：98－99.

［2］马克思 恩格斯．马克思恩格斯选集（第1卷）［M］．北京：人民出版社，1995：98.

［3］马克思 恩格斯．马克思恩格斯选集（第1卷）［M］．北京：人民出版社，1995：9.

［4］列宁选集（第1卷）［M］．北京：人民出版社，1995：365.

［5］陶东风等．当代大众文化价值观研究——社会主义与大众文化［M］．沈阳：辽宁教育出版社，2014：114.

［6］贺雪峰．乡村建设重在文化建设［J］．小城镇建设，2005（10）：11.

［7］杨豪中，李媛，杨思然等．保护文化传承的新农村建设［M］．北京：中国建筑工业出版社，2015：60.

［8］赵霞．传统乡村文化的秩序危机与价值重建［J］．中国农村观察，2011（3）：81.

［9］贺雪峰．回乡记［M］．北京：东方出版社，2014：27.

［10］朱启臻等．留住美丽乡村——乡村存在的价值［M］．北京：北京大学出版社，2014：33.

［11］刘铁芳．乡村的终结与乡村教育的文化缺失［J］．书屋，2006（10）：46.

［12］陶东风等．当代大众文化价值观研究——社会主义与大众文化［M］．沈阳：辽宁教育出版社，2014：117.

［13］贺雪峰．文化建设再造农民福利［J］．瞭望新闻周刊，2006（1）：63.

［14］费孝通．文化与文化自觉［M］．北京：群言出版社，2010：195.

［15］唐松林．城乡教师平等对话的可能性思考［J］．教师教育研究，2007（5）：11.

论列宁意识形态领导权思想的科学内涵及时代价值①

尹保红　高开兰

摘　要： 列宁通过对俄国"经济派"意识形态思想的深入批判，阐明了马克思主义意识形态理论对俄国无产阶级革命运动的重要意义。他深刻揭露了"经济派"企图通过"批评自由"来贬低马克思主义理论对于革命运动的指引作用，并指明国际机会主义的变种就是俄国的"经济派"。列宁要求用革命理论来武装队伍以及指导自己的行动，针对俄国"经济派"对工人运动的本能性错误认识，列宁强调工人运动上升到自觉运动层面的重要意义，并指出要发挥职业革命家在工人运动的过程中的稳定性和领头羊作用。同时创办好全俄政治机关报，让报纸成为点燃阶级斗争和人民义愤的星星之火，把全民鼓动放在策略和组织工作的首位，占领好意识形态宣传的主要阵地。《怎么办?》中意识形态领导权思想的指导意义也体现在诸多方面，对于当今不断发展壮大的中国共产党具有重要的时代价值。

关键词： 制度选择；批评自由；意识形态领导权

所谓的"主义之争、意识形态冲突，从来就不是仅仅局限于单纯的思想层面争论，本质上是由谁执政、为谁执政、谁说了算的制度之争，其实就是领导权之争。"[1]意识形态领导权问题关乎人民群众的切身利益和党的执政地位，与国家的繁荣发展和前途命运息息相关。纯粹的工人运动创造不了独立的意识形态，"或者是资产阶级的意识形态，或者是社会主义的意识形态。"[2]马克思主义政党只有坚持党的全面领导，才能确保社会主义的光辉旗帜屹立不倒。在列宁的众多作品当中，《怎么办?》是列宁 1902

① 本文系北京市大中小学思想政治教育一体化研究项目阶段性成果课题［项目号XXSZ2023zc16］

年写成的一本论战性的小册子，在马克思主义发展史中占有重要地位，是马克思主义关于无产阶级政党建设的经典著作，同时也是俄国马克思主义发展史上的一个重要里程碑。《怎么办?》蕴涵着丰富的意识形态领导权与无产阶级斗争策略思想，这对于中国在意识形态领域坚持无产阶级政党的坚强领导、筑牢党执政的思想根基，仍然具有重要的引领意义。

一、列宁意识形态领导权思想的主要特点

意识形态不是人脑中先天固有的观念体系，而是后天社会环境而形成的存在。人的意识形态受政治结构、社会环境、教育宣传和价值取向等因素影响。不同的意识形态，对同一种事物的理解和认识有可能大相径庭。近代以来，西方出现的各种"主义"思想成千上万，但绝大多数只是在精神文化和艺术层面上的思想表述，而很少有在意识形态层次上的"主义"现实，这是因为意识形态是受政治共同体和社会共同体的上层建筑所决定的，它只是上层建筑的一个重要组成部分，上层建筑的地位、作用、力量决定了意识形态本身。目前，世界上最有代表性的意识形态是资本主义和社会主义。

列宁在《怎么办?》中阐明了意识形态领导权问题对于无产阶级政党建设的重要性，揭露了俄国的"经济主义"的本质，批评"批评自由"以及"经济派"攻击和贬低马克思主义的革命理论等错误观点。列宁要求用革命理论来武装队伍以及指导自己的行动，强调工人运动从自发性走向自觉性的必要性，反对"经济主义"的错误观点。他主张培养工人的革命积极性和意识，并指出我们的首要任务是创建一个使革命运动具有稳定性和继承性的革命家组织，同时创办好全俄政治机关报，要敢于揭露资产阶级"出版自由"的虚假性，认为报纸是"富人发财、向富人提供消息和消遣的工具，成为欺骗和愚弄劳动群众的工具。"[3]把全民鼓动放在策略和组织工作的首位，占领好意识形态宣传的主要阵地。

（一）坚持用先进的马克思主义理论指导革命运动，批评"批评自由"

一个政党，只有坚持用科学的理论来指导革命运动，才能获得运动的

胜利。随着俄国革命运动蓬勃发展，社会主义思想传播到了工人和人民群众中，对革命事业产生了积极的影响。但随着以社会改良为核心的修正主义的提出，俄国社会民主党内出现了主张“批评自由”，宣扬马克思主义是落后于时代的教条等错误现象。列宁揭露了工人运动中机会主义者鼓吹的“批评自由”的本质，即“‘批评自由’就是机会主义派在社会民主党内的自由，就是把社会民主党变为主张改良的民主政党的自由，就是把资产阶级思想和资产阶级因素灌输到社会主义运动中来的自由。”[4]实质上“批评自由”体现了机会主义者根本没有独立的见解，是没有原则地抛弃完整、周密的科学理论。在革命过程中马克思主义传播越来越广泛，不少理论修养缺乏的人看见了运动的实际效果之后加入运动中，这些人往往只是从合法书刊上的论述中知道马克思主义的一些片段。在理论混乱的时代，在狭隘的实际活动和时髦的机会主义说教结合的情况下，列宁强调：“没有革命的理论，就不会有革命的运动”[5]，只有将马克思主义理论同俄国的革命运动的实际情况相结合，清算革命运动中的分裂派别，批判地借鉴别国的经验并独立加以检验，以免犯教条主义的错误，俄国的社会民主党才能掌握意识形态的领导权。“只有以先进理论为指南的党，才能实现先进战士的作用”[6]，因此我们也要特别重视马克思主义理论对革命运动和政党建设的特殊意义。列宁也告诫工人运动的领袖们要重视理论的作用，并与“经济派”做坚决的斗争，把握住意识形态领导权。

（二）强调工人运动的自觉性，反对“经济主义”的错误观点

《工人思想报》曾指出：“每个卢布工资增加一戈比，要比任何社会主义和任何政治都更加实惠和可贵”[7]，但却不肯去研究社会民主主义的政治。《工人事业》杂志为“经济主义”做辩护，时常因为自己纲领中关于工人运动模棱两可的观点而与“经济主义”犯同样的错误。“经济派”的错误行为导致了俄国社会民主党内思想混乱、组织分化严重、损害了党的权威和集中统一领导，不利于工人运动的发展。列宁与“经济派”进行交锋的核心问题实际上也就是无产阶级政党要不要领导工人运动的问题。其具体表现在，“经济派”理论修养缺乏、思想落后，歧视自觉运动的工人的毅力和首创精神，否认政治斗争对于无产阶级政党建设的重要意义，主张进行经济斗争。在具体的实际行动中没有体现出党的先锋队的性质，与此同时，“经济派”放大自发性的作用，支持自发性的、纯粹的工人运动，

“经济派”认为纯粹的工人运动，一定能够创造出一种独立的意识形态，但“工人阶级单靠自己本身的力量，只能形成工联主义的意识。”[8]对此，列宁深刻批判“经济派”盲目崇拜工人运动自发性的实质和危害，明确指出工人革命运动要想从自发性走向自觉性，必须坚持马克思主义政党的领导。如果我们否认社会民主党人对工人运动的领导作用，那么工人就会难以抵挡资产阶级意识形态的腐蚀。列宁指出：“对社会主义意识形态的任何轻视和任何脱离，都意味着资产阶级意识形态的加强。”[9]因此，俄国社会民主党要努力使工人信仰社会主义的理想，自觉抵御资产阶级腐朽思想的侵蚀，强化意识形态领域的政治和文化阵地，牢牢把握住意识形态的领导权建设。

（三）组织全面的政治揭露，培养工人的革命积极性和意识

俄国大多数社会民主党人花费了大部分精力去揭露工人在工厂里面的贫困生活和无权地位，但社会民主党人“竟忘记了这种活动本身实质上还不是社会民主主义的活动，而只是工联主义的活动。”[10]社会民主党人如果没有利用好这种揭露，在崇拜自发性的条件下，也可能会导致“纯粹工会”的工人运动和非社会民主主义的运动。社会民主党代表着受压迫和剥削的贫苦人民，因此“社会民主党领导工人阶级进行斗争不仅是要争取出卖劳动力的有利条件，而且是要消灭那种迫使穷人卖身给富人的社会制度。”[11]社会民主党人的任务是千方百计去改变工联主义在政治上的认识，并把它上升到社会民主主义的政治觉悟和政治高度。同时在经济斗争中，让工人产生初步的政治自觉和意识判断，并逐步灌输社会民主主义的政治认知和觉悟，提高工人的思想境界。在革命的过程中让无产阶级意识到自己受的政治压迫是绝无仅有的，并利用压迫的具体方面进行鼓动，才能激发工人运动的积极性和增强工人的政治意识。“经济派”错在，“认为可以从所谓工人经济斗争内部发展工人的阶级政治意识”[12]，俄国社会民主党人必须认识到赋予经济斗争本身以政治性质这句话表明俄国“经济派”在政治生活中是崇拜偶然性和自发性的运动的本质，而不需要自觉的社会民主党人的干涉和引诱。政治意识只能从工人同厂主的关系范围外面灌输给工人，社会民主党应该派出自己的队伍到一切阶级中去，对被压迫和剥削的人民灌输政治意识，应该“善于利用每一件小事来向大家说明自己的社会主义信念和自己的民主主义要求，向大家解释无产阶级解放斗争的世界

历史意义”[13]。只有工人的革命积极性被激发出来，马克思主义革命理论的科学性才会得到支持和捍卫，意识形态领导权才会把握在社会民主党人手中。

（四）建立职业革命家组织，反对“经济派”的手工业方式

《工人事业》杂志曾谈到，工人为了同工厂主和政府做经济斗争，不需要一个能把政治上的反政府态度、抗议和义愤的各种表现汇合起来的、由真正的政治领袖们组成的一个全俄的集中的组织。在《工人事业》杂志的论调中，我们可以看出，狭隘的政治活动和组织工作被神圣化和合法化了。而“经济派”与列宁在组织问题上的分歧是工人运动是否需要集中严密的职业革命家组织来领导。“经济派”反对建立严密集中的职业革命家组织，盲目崇尚手工业方式，不清楚“工人的组织”和“职业革命家的组织”这两个概念之间的区别，鼓吹工人按照职业进行划分，强调运动要比一百个组织更有价值。但正是为了使运动具有稳固性，防止进攻的轻率性，才需要一个强大的革命组织。社会民主党人应该认清楚，“‘手工业方式’这个概念，除了表示缺乏修养之外，还有别的含义，即整个革命工作规模狭小，不懂得在这种狭小的工作基础上是不能形成良好的革命家组织的”[14]。因此，列宁指出，工人进行革命运动要克服涣散的组织状态和组织上的手工业方式，从而“过渡到更高级的、更统一的、组织得更好的和更完善的形式”[15]，即要建立一个俄国社会民主党集中统一领导下的革命家组织，因为只有坚强的革命家组织的领导，工人的社会民主主义的意识才会更加坚定。列宁强调建立集中严密的职业革命家组织来领导工人运动的必要性和紧迫性。正如列宁指出，“给我们一个革命家组织，我们就能把俄国翻转过来”[16]，并通过革命组织向人民输送社会主义的意识，让人民意识到“经济派”的局限性和危害，牢牢把握住意识形态的领导权，实现社会主义的伟大胜利。

（五）做好全民的宣传鼓动工作，创办全俄政治机关报

为了能够统一全党的思想，结束社会民主党内的分散状态，列宁指出要创办全俄政治机关报。如何建立坚强的无产阶级革命政党、把意识形态领导权牢牢把握在手中，列宁认为，首要的就是开展宣传鼓动工作，有效

的手段就是成立定期的报刊，而创办全俄政治机关报应当是我们使这个组织（即随时都可以准备支持一切抗议和一切发动的革命组织）得以不断发展、加深和扩大的一条基线。在建立全俄政治机关报的过程中，也有人提出质疑，建立集中领导的组织，是否会使地方鼓动工作丧失稳定性，从而使工作重心从地方转移到全俄上去，导致运动遭受失败呢？列宁对此回答说："近年来我们的运动恰恰是由于地方活动家过分埋头于地方工作而受到损害；因此，把重心悄悄转移到全俄工作上去是绝对必要的；这种转移不会削弱，而会既加强我们的联系的牢固性又加强我们的地方鼓动工作的稳定性。"[17]如果我们的报纸由统一的组织来出版并非地方的团体，那么就可以增加我们工作的稳定性和继承性。全俄政治机关报"不仅是集体的宣传员和集体的鼓动员，而且是集体的组织者"[18]，它可以直观地反映工人所处的困境以及运动的进展情况，为不同发展阶段的工人提供指引。在俄国革命事业中报纸能够反映出，哪些地方还需要进行鼓动，哪些地方做得不好，从而更好地开展宣传鼓动和号召工作。如果我们能使各地方团体从事同一个事业，那么报纸就会越办越好，"就会成为巨大的鼓风机的一部分，这个鼓风机能够使阶级斗争和人民义愤的每一点星星之火，燃成熊熊大火"[19]，我们也就能够与资产阶级的意识形态相抗衡，统一全党的思想和行动。

二、列宁《怎么办?》中的意识形态领导权思想对当今时代的启示

在浩瀚的历史长河中，列宁的社会主义意识形态领导权思想随着时代变迁和社会的发展历久弥新，不断凸显出其真理性和科学性。马克思在《〈黑格尔法哲学批判〉导言》中指出："理论一经掌握群众，也会变成物质力量。"[20]这也就是说，科学的意识形态当被人民群众接受和认同，无产阶级的群众基础才会不断扩大。列宁的《怎么办?》蕴含着丰富的意识形态领导权思想，启示我们要始终坚持以马克思主义为指导、坚持党对意识形态工作的全面领导、向人民群众灌输好马克思主义的科学理论。

（一）从制度上要坚持马克思主义在意识形态领域的根本性地位

马克思主义是社会主义意识形态的精神旗帜，在意识形态领域把马克思主义确立为一项根本制度，是党领导人民在思想舆论战线上的重大突破和制度创新。毛泽东说：“领导我们事业的核心力量是中国共产党，指导我们思想的理论基础是马克思列宁主义”[21]，这也充分肯定了马克思列宁主义在我们革命事业中发挥的指导性作用。“经济派”打着“批评自由”以及批判教条主义的口号来攻击和贬低马克思主义理论对于革命的意义，实际上，“批评自由”其实就是公开的和伪装的资产阶级思想家批评马克思主义的自由。对此，列宁强调要批评“批评自由”，必须始终坚持以马克思主义为指导。习近平指出：“马克思主义是我们立党立国、兴党兴国的根本指导思想。实践告诉我们，中国共产党为什么能，中国特色社会主义为什么好，归根到底是马克思主义行，是中国化时代化的马克思主义行。拥有马克思主义科学理论指导是我们党坚定信仰信念、把握历史主动的根本所在。”[22]苏联的解体、苏共的垮台的最终结果，对我们最大的镜鉴就是要坚定意识形态领域的领导权，坚持党的领导。如果党放弃对领导意识形态工作的指引和领导，就等于放弃了存在的权利，就注定要在政治上失败。当今时代，意识形态领域斗争激烈，我们在意识形态领域必须坚持马克思主义的根本制度，用马克思主义精神武器和认识工具武装头脑、指导行动，不断夯实筑牢全党全国各族人民团结奋斗的共同思想基础。

（二）坚持党对意识形态的全面领导，增强党的政治领导力

党对意识形态工作的全面领导，对于巩固党的执政地位、抵制非社会主义的错误思潮具有重要意义。坚持党对意识形态工作的全面领导，就是要把主动权、领导权和话语权牢牢掌握在中国共产党手中。与此同时我们要不断增强党的政治领导力，把握国家发展大势和全局，让中国共产党始终成为人民的主心骨和社会主义事业的领导核心。中国共产党在任何时候不能放松对意识形态工作的领导，党对新闻媒体的掌握、党管理国家的宣传教育工作也是坚持党的领导的重要方面。当今世界正处于百年未有之大变局中，我们正在处于实现中华民族伟大复兴的关键时刻，中国共产党作

为马克思主义政党必须旗帜鲜明地讲政治。习近平总书记指出，党是最高的政治领导力量，我们必须加强党的政治领导，提高党的政治领导力。政治上的被动是最危险的被动，政治上的主动是最有力的主动。增强党的政治领导力要自觉维护以习近平同志为核心的党中央权威、自觉维护人民群众的利益，坚持党的集中统一领导。目前我们的意识形态阵地面临着严峻的挑战，西方资本主义国家对我国进行渗透和侵蚀，因此党必须对意识形态工作进行全面领导，我们在思想上和行动上要向党中央看齐，增强政治本领、提高政治站位。

（三）坚持运用好灌输理论，发挥教育引导的主体责任

灌输理论是思想政治教育的本质。无产阶级政党强调思想上建党，反对思想产生自发论，认为先进科学的思想信仰不可能凭空产生。必须把无产阶级历史使命和共产主义信念有组织有目的地灌输到先进的无产阶级和人民群众中去，才能提高无产阶级群众的政治意识和阶级判断。马克思在《〈黑格尔法哲学批判〉导言》中指出："哲学把无产阶级当做自己的物质武器，同样，无产阶级也把哲学当做自己的精神武器；思想的闪电一旦彻底击中这块朴素的人民园地，德国人就会解放成为人。"[23]列宁的灌输理论是对马克思、恩格斯灌输思想系统化、理论化的继承和发展。1902 年列宁发表了《怎么办?》一文，列宁从为什么要灌输、灌输什么东西、如何进行灌输等主要方面，对马克思主义的灌输理论进行了全面系统的总结和深刻精辟的理论阐述，进一步论述了灌输理论的科学内涵、核心要义和精神实质。列宁认为，在资产阶级思想体系和强大的资本主义宣传机器面前，无产阶级政党只有高度重视对人民群众科学和先进无产阶级思想的灌输输送和教育引导，工人阶级和广大人民群众才能认清自己的历史使命，担负起解放自己和解放全人类的终极历史任务。马克思列宁主义的系统教育和有组织的政策宣传就是灌输的实际本质，灌输作为一种原则，体现更多的是在实践活动中要坚决遵循的规矩法则和唯一标准，灌输的实质就是理论与实践相结合的动态的不断发展的实践过程。而作为灌输客体的人民是党一切工作的出发点和落脚点。当然，马克思主义不能只强调灌输的目的仅仅是让人们背得滚瓜烂熟，而必须把灌输与自我教育和实践生活体验相结合起来才行。

理论灌输只有与时俱进，紧跟时代发展，才能打动人心，引起情感共

鸣。习近平总书记多次强调，灌输是马克思主义理论教育的基本方法。因此，这就需要无产阶级把马克思列宁主义灌输给人们，坚守灌输的主阵地。党只有坚持好灌输理论，才能更好地掌握意识形态工作的领导权。灌输的内容要体现科学性，并不断赋予其新的时代内涵和思想伟力，增强灌输理论的说服力、感染力和影响力。作为灌输的主体必须坚定马克思主义的理论信仰，不断地创新灌输的方法，批判传统的“填鸭式”的教育，坚持以正面教育为主。在新的历史条件下，举什么旗、走什么路的问题也是我们在进行意识形态工作的过程中首先要回答的一个问题。我们的旗帜就是马克思列宁主义，高举这面旗帜是为了谁、如何做，也是我们党必须回答的一个重要的问题。习近平强调，我们的意识形态工作必须坚持以人民为中心，把人民放在意识形态工作的重心，体现了中国共产党以民为本、服务人民，巩固好意识形态建设的群众基础和阶级基础的重要理念。党性和人民性从来都是一致的、统一的，在意识形态领域也是一样，因此中国共产党要灌输好无产阶级的意识形态，牢牢把握意识形态的领导权。

三、结语

在政治多极化与经济全球化的进程中，多元文化交流融合的焦点体现在核心价值观的较量上。在世界范围内，社会主义面临着西方文化霸权和意识形态的长期渗透和话语权争夺。西方意识形态渗透的本质仍然是社会主义与资本主义两种社会形态，两种社会制度依然是“主义”之争、“制度”之争。对社会主义进行意识形态渗透是西方推行“和平演变”策略的重要手段和工具，其最终目的是颠覆社会主义制度，实现资本主义专制霸权。在西方社会思潮的冲击下，一些定力不足、思想困惑的人，容易失去对社会主义主流意识形态的政治认同和失去对中华民族精神的文化自信，失去正确的政治价值判断。因此，必须引起警惕。总之，意识形态工作是新时代的一个重要课题，关乎中华民族的伟大复兴。列宁在《怎么办?》一文中对马克思主义作为科学的意识形态和非社会主义的资产阶级意识形态做了科学的划分和反思，认为马克思主义政党必须把意识形态领导权掌握在自己的手中。随着我国经济快速发展与国家的影响力的日益扩大，西方资本主义国家开始感到担忧，通过其意识形态话语权、文化强势，制造了各种错误的言论，企图阻碍中国的和平发展与大好形势，从而没有底线去抹黑污蔑造谣社会主义的意识形态。因此我们要坚持马克思主义的意识形态，与资产阶级的腐朽意识形态做坚决的斗争，使中国特色社会主义沿着科学的路径前进，并使人们牢牢地团结在党中央周围，在中国共产党的领导下，把握住党对意识形态工作的领导权，从而实现中华民族伟大复兴，实现共产主义的伟大理想。

参考文献：

[1] 侯惠勤．马克思的意识形态批判与当代中国［M］．北京：中国社会科学出版社，2010：5.

[2] 列宁．怎么办？［M］．北京：人民出版社，2018：40－41.

[3] 列宁．怎么办？［M］．北京：人民出版社，2018：9.

[4] 列宁．怎么办？［M］．北京：人民出版社，2018：9.

[5] 列宁．怎么办？［M］．北京：人民出版社，2018：24.

[6] 列宁．怎么办？［M］．北京：人民出版社，2018：25.

[7] 列宁．怎么办？［M］．北京：人民出版社，2018：37.

[8] 列宁．怎么办？［M］．北京：人民出版社，2018：31.

[9] 列宁．怎么办？［M］．北京：人民出版社，2018：41.

[10] 列宁．怎么办？［M］．北京：人民出版社，2018：57.

[11] 列宁．怎么办？［M］．北京：人民出版社，2018：58.

[12] 列宁．怎么办？［M］．北京：人民出版社，2018：80.

[13] 列宁．怎么办？［M］．北京：人民出版社，2018：82.

[14] 列宁．怎么办？［M］．北京：人民出版社，2018：104－105.

[15] 列宁全集（第4卷）［M］．北京：人民出版社，2013：283.

[16] 列宁全集（第6卷）［M］．北京：人民出版社，2013.

[17] 列宁．怎么办？［M］．北京：人民出版社，2018：143.

[18] 列宁．怎么办？［M］．北京：人民出版社，2018：164.

[19] 列宁．怎么办？［M］．北京：人民出版社，2018：170.

[20] 马克思恩格斯选集（第1卷）［M］．北京：人民出版社，2012：9.

[21]《建国以来毛泽东文稿》第4册．中央文献出版社，1990：554.

[22] 习近平．高举中国特色社会主义伟大旗帜 为全面建设社会主义现代化国家而团结奋斗——在中国共产党第二十次全国代表大会上的报告．新华网：2022－10－25.

[23] 马克思 恩格斯．马克思恩格斯选集（第1卷）［M］．北京：人民出版社，2012：99.

探寻契约的伦理价值

钟锡进

摘　要： 契约作为当代社会广泛使用的一个概念，蕴涵着丰富的伦理价值，自由、诚信、公平等既是契约精神的正当之义，也体现了契约的伦理价值。探寻契约伦理的价值，对于契约伦理建设具有重要意义。

关键词： 契约；契约精神；价值

随着传统的熟人社会向陌生人社会转变，人类社会实现了由“身份到契约”的转变，契约关系成为一种普遍性的人际交往模式，无论是在政治、经济领域中，还是在家庭生活领域中，都深受契约关系交往模式的影响。源于契约关系的广泛影响，契约伦理也成为一种具有影响力的伦理类型。本文试图从伦理学视角，对契约进行价值分析，探究契约的伦理蕴涵，并根据契约的伦理价值特性，探索培育契约伦理精神的路径。

一、契约的伦理意蕴

现代汉语中，“契约”一词常等同于“合同”之义，是经济领域的重要概念。然而，契约这个词最早出现的时候，并非应用于经济领域，在古语中的，“契”“约”都不是经济术语。《说文》一书中有“契，大约也”，“书契，符书也”；以及《周礼》郑玄注云：“大约，邦国约也。”这里的“契”“约”指的都是约定，以及为了保证约定的有效性而订立的书面文字，“契”与“约”都是政治上的范畴。因此，在近代学者翻译卢梭的《社会契约论》中“contractus”一词时，选择了“契约”这个词，由此，契、约二字合为一词并作为一个政治概念开始在中国广泛使用。在中国传统社会，契约关系是很少的，起社会主导的社会关系是以血缘为纽带的宗法关系，契约行为和契约观念只是存在于被抑制的商品经济行为中，在整个社会关系中起着辅助性的作用。不过，由于在伦理本位的传统中国，历来重视伦理道德教化，因此，古代契约思想也不可避免地打上了道德烙印。大体而言，体现在以下几个方面：一是指追求正当利益。虽然传统的道德要求提倡君子应舍利取义，但却并不绝对否定利，赞同“君子爱财，取之有道”的行为，对于合乎“义”的私利也是承认的，正如孔子所说：“富而可求，虽执鞭之士，吾亦为之”（《论语·述而》）。墨家更以“义，利也”这一命题，强调义与利的统一，主张要“兼利”“非攻”。王夫之、颜元等也主张义利并重，颜元更是明确提出“正其谊（义）以谋其利，明其道以计其功”的主张。可见，正当的利是可求的，关键的问题是要符合“义”的要求，在这个“义”中，最重要的一点就是讲求信誉，重视承诺，甚至连口头承诺都要求坚决履行，常以“一诺千金”来表示对承诺这种契约的重视，同时，此“义”还要求坚决不取不属于自己的不义之财。二是指诚实守信。在中国传统伦理思想中，守约重信不仅仅是对契约及其效力的认可和信守，更被视为一种道德人格和道德境界，甚至被作为区分君子和小人的标准。守约者被称为一诺千金的君子，毁约者则被视为背信弃义的小人。三是指互惠互助。正如费孝通先生所指出的，中国传统社会是一个没有陌生人的社会，在这种熟人社会中，契约也常常会在基于血缘或地缘关系的熟人间形成。这种熟人间的契约并非一种单纯的买卖交易关系，而是包含着一定的人情关系，体现熟人之间的互爱、互助、互惠。这一点与西方社会契约形成和发展中对情感因素的排斥相区别，可谓是中国传统社会契约中特殊的伦理蕴涵。

与中国的传统文化不同，契约的概念在西方文化传统中则具有更为广泛的含义。何怀宏先生在其《契约伦理与社会正义》一书中梳理了西方历史上的四种契约概念：（1）作为经济法律概念的契约，主要见之于罗马法；（2）作为宗教神学概念的契约，主要见之于《圣经》；（3）作为社会政治概念的契约，主要见之于中世纪末的反暴君派理论家和近代霍布斯、洛克、卢梭等人的著作，其最早发展还可见之于古希腊罗马思想家；（4）作为道德哲学概念的契约，主要见之于康德、罗尔斯。在西方，契约概念首先在罗马法中以法律的形式固定下来，它指的是当事人之间的一种协议，它以双方当事人的债权债务法律关系为标的，因此，这里的契约是一个以法律形式确立下来的经济的概念。在《圣经》中，契约作为一个宗教神学概念出现，表现为上帝与人、与部落首领或王的订约。而更为民众熟悉的还是作为一个社会政治概念的契约，它作为近代西方社会政治演变的重要概念，成为解释社会与国家起源的合理根据以及政治统治及其权威的合法性基础。作为政治概念的契约，主要以洛克与卢梭的契约论为主要代表。康德则给契约赋予了一种哲学本体论的内涵，他把契约仅仅作为一种逻辑的抽象和理性的观念，在人的理性选择中实现道德原则的确立，实现人为自己立法，因此，人是在跟自己订立契约，并自由地服从于理性所订立的契约。当代的罗尔斯则从伦理学角度发展了契约论的观点，并把契约作为一个道德哲学的概念，他提出，在虚拟的原初状态中，人们必须以共同同意的契约为先决条件，才能进行个人道德义务和职责的演绎，以及进行对那些指导国家之间关系的道德原则的演绎。罗尔斯的契约伦理学说是以正义论为核心，提出“公平的正义”，并构建一种不同于法律正义论的道义正义论，在这里，罗尔斯把契约作为确立社会基本结构设计正义原则的证明方法，契约论成为他建立其伦理学体系的逻辑根据与基本方法。

二、契约的伦理价值要件

通过梳理“契约”概念在中西文化传统中的历史演变，以及对契约的内涵分析，可以发现契约具有这样一些特点：首先，契约必须由两个或者两个以上的利益主体共同订立，这就意味着契约本身就是一种社会关系，是人与人之间的关系；其次，契约是以约定一定的权利或者义务为基本内容的，订立契约主体必须遵守约定的内容做或者不做某些行为，也就是行为的“应当”问题；再次，契约是由订约各方已经就某些问题达成的一致意见或允诺，同时也就产生了由这些同意和允诺而来的义务、责任和约束；最后，订立契约必须具备一个基本的前提，即订约主体之间必须是平等的、自主的，订立契约的意愿必须是自由自愿的，否则，契约便不具有合法性。由此，我们可以看出契约所蕴藏的伦理特质与道德精神，即：意志自由、责任、诚信、平等以及正义等。契约根源于现实的经济土壤，通常是从外部以法律的形式规定订立契约的主体之间的责任和义务，因此，契约伦理在一定程度上表现为制度伦理，它需要通过制度建设来保证契约订立的自由和契约合意的达成。

作为契约主体必须拥有自由，否则订立的契约便没有意义，我们一般把订立契约的自由称为契约自由，它主要是指社会成员进行契约行为时所拥有的自我主导性，契约自由必须是一种不受他人意志影响的意志自由，这种自由不是人内心的自由，而必然是体现于社会关系中的社会性的自由，因此，契约自由又可以理解为一种社会自由。那么，当社会成员普遍具有契约自由时，这个社会必然是一个解除了人身依附关系的自由社会。契约自由的实现需要满足两个条件：一是社会成员拥有平等的缔约资格；二是社会成员在契约行为中具有自决权利，或者说是契约的自愿原则。真正的缔约资格平等是指所有的缔约主体都具有独立的人格，都拥有法律赋予的缔约权，这种平等权利基于人与人生而平等的自然权利。然而，回顾人类历史，人人拥有缔约平等权却是在近代以来才逐步实现的，在确立了法律面前人人平等的社会原则之后，人们普遍拥有追求自身自由和幸福的权利，人类社会实现了“从身份到契约”的转变，打破了人身依附关系，实现了个体的独立自主，缔约变成了人们自由行为。平等是自由的前提，只有在获得了缔约资格的平等地位以后，作为缔约主体才会拥有缔约自由。契约自由还意味社会成员自愿地从事契约行为。契约的自愿原则指的是从事契约行为时不受他人意志的强制，能够根据自己的意愿决定是否以及如何从事契约行为，能够自主地选择而不受来自各方面的不当影响的干预。缔约资格的平等与缔约自愿原则相结合可以实现契约中的自由理念，自由是契约伦理的核心。

契约活动本质上是人与人之间的一种合作行为，合作首先意味着对各自权利义务关系的承认。在契约中一方应尽的义务也就是另一方所应享受的权利，反之亦然。既然是合作，那么必然要以互信为基础，契约主体的守信是建立与履行契约的保证。因此契约伦理的另一个基本要求即是契约主体之间的信任。作为契约主体首先是拥有自由缔约权，然而当契约行为发生之后，这个自由则必须接受信任的限制，契约与诚信的品德是不能分离的。

契约伦理不仅具有契约自由、诚信的主体价值，契约伦理还必须具有公平、公正的制度价值。公平公正在契约伦理中具体体现为程序公平与结果公平。公平公正的伦理要求规定了契约主体在享有权利的同时应当负有义务，不应存在只享有权利的契约主体或只承担义务的契约主体，也即契约主体之间的契约关系必须应该是一种权利与义务相互对应的关系。这种权利义务对应关系是由契约法律规则规定的，是在法律规定范围下契约主体所享有的体现某种程度的约定性的权利义务。契约作为一个权利义务交换的平台，核心要素是要实现契约主体的利益及其利益平衡，强调契约权利义务的相互对应只是从程序上保证契约的公平，然而从程序上保证公平是不够的，作为利益交换平台与途径的契约，保证契约主体之间的利益平衡才是目的，这也是契约行为得以持续开展的保证。契约结果的公平实际上是指契约主体之间权利义务的对等，具体表现就是存在公平的对价，包括客观意义上能计量的利益平衡与主观心理上的利益平衡。保障契约结果的公平具有重要意义，要实现契约结果的公平，需要契约主体在进行契约行为时坚持公平原则，同时更加需要法律制度来保障契约的公平性，并能对契约结果的不公及时纠偏，使契约结果回归公平。通过实现契约的程序公平与结果公平，在契约具体制度中体现公平原则，才能保证良好的契约秩序与公平的社会环境。由此，契约伦理所蕴含和倡导的自由、平等、诚信、正义等基本伦理诉求，对协调利益关系、维护社会秩序并形成良序社会具有显见的现实价值。

三、培育契约伦理精神

契约伦理的培育对于构建契约秩序具有重要意义，培育契约伦理精神首先应着眼于契约主体的道德水平提升。作为契约行为的主体，需要具备契约精神，尊重与遵守契约行为中的诚信、公平与责任等原则，成为值得信任的、诚实的以及能够节制贪欲的道德人。契约的订立与执行本质上是契约主体为了追求各自利益最大化的工具，从契约的订立之时就已经打上了功利的烙印，然而，要保证契约主体的利益，离不开契约伦理价值的实现，只有契约主体在契约行为中都讲究诚信、公平等道德规范，契约的利益目标才能真正实现。因此，契约主体虽然因功利目的需要而订立与执行契约，却又需要超越功利，在契约行为中坚持契约精神与伦理规范，最终实现功利价值的最大化。

其次，培育契约伦理精神需要实现契约行为中的“德”与“得”相统一。这里的“德”指的是契约主体在契约行为中坚持契约道德规范价值的要求，“得”则主要指具有“德”的契约主体现实地获得了契约利益。契约行为的“德得相通”要求契约主体坚持意义世界与利益世俗世界的统一，即让契约主体在契约行为中既能获得现实的具体契约利益，又能成就契约德性。实现契约行为中的“德得”一致，不仅能够使人拥有好的生活与德性的人生，而且能够提升社会整体善与个体善的水平。因此，契约伦理精神的培育，必须坚持“德”与“得”相统一。

最后，培育契约伦理精神还应注重外部制度建设。外部制度建设主要是指通过法律等刚性约束手段为契约行为的订立、执行及解除提供制度保障，在契约行为中，根据法律规定明确契约主体的权利与义务，并对契约行为中权利与义务不对等进行纠偏，以法律的手段保证契约主体对对方的责任，追究契约主体的违约责任等。契约规定的是利益，利益驱动与契约伦理精神之间存在巨大的张力，仅仅依靠契约主体的个人德性是远远不够的，必须借助法律提供制度保障，以规制与矫正在利益驱使下做出违背契约精神、损害其他契约主体利益的行为。若缺乏法治保障，契约就会变成仅仅诉诸良心的君子协定，这种君子协定或许在传统中国的熟人社会能够实行，但是在当今的陌生人社会里是缺乏保障的，它只会造成一种“劣币驱逐良币”结果，将从根本上否定契约伦理。由此，只有加强法律等刚性制度的建设，才能做到从正反两方面对契约主体的契约行为进行有效规约，从而培育出良好的契约伦理精神。

参考文献：

［1］王露璐，朱亮．契约伦理：历史源流与现实价值［J］．江苏大学学报（社会科学版），2009（6）：9.

［2］何怀宏．契约伦理与社会正义［M］．北京：中国人民大学出版社，1993：12.

［3］何怀宏．契约伦理与社会正义［M］．北京：中国人民大学出版社，1993：11.

［4］赵一强．中国契约伦理样态与实践［M］．上海：上海人民出版社，2013：136－139.

《帝国主义论》的再审视

——以政治经济学的批判视野

杨　凯

摘　要：本文从政治经济学的批判视野，再审视了列宁的经典著作《帝国主义论》。从该文的内部来看，以往学界对列宁的垄断资本单纯属于民族国家范畴的关联及对这一关联的批判，明显地有着偏颇。列宁的垄断资本本身就拥有国际性的面相。若从布罗代尔对资本主义与市场经济相区分的历史分析看，继承了马克思的在资本主义中竞争是普通的、垄断是特别的这一观点的《帝国主义论》，其逻辑前提某种层面上就受到了挑战，但这并非质疑《帝国主义论》在当时及当代对垄断资本主义现象的有力阐述。

关键词：列宁；《帝国主义论》；垄断资本；政治经济学

列宁的《帝国主义论》自 1916 年发表以来就不断受到非马克思主义的反对，但也赢得了巨大的理论说服力和历史实践的证明，成为马克思主义的经典之作。20 世纪 80 年代，英国马克思主义史学家艾瑞克·霍布斯鲍姆在其 19 世纪三部曲之三《帝国的年代（1875～1914）》中，就以往有关列宁的帝国主义的讨论，指出非马克思主义的分析家的反对论述，“排斥经济上的解释，而集中心力于心理、意识形态、文化和政治解释。”他进而指出，“它并没有真正解释经济、政治、国家与国际事务上的种种发展在时间上的巧合，这种巧合对 1900 年左右的人们而言实在极其明显，以致他们想要找出一个通盘解释。”实际上，霍布斯鲍姆认为那些非马克思主义的分析家的分析割裂了经济与政治的关联。在如何理解《帝国主义论》的问题上，他着重强调了 19 世纪 90 年代“瓜分世界有其经济上的重要性”，也指出“证明这一点并不等于解释了这一时期帝国主义的所有关系。经济发展并不是某种哑语表演，而历史的其他部分也不是它的傀偏。"[1]在实证层面的详细经济分析后，他特别提到帝国主义关系的文化教育层面，[2]这一态度在某种程度上是吸取了之前非马克思主义的分析家与马克思主义的分析家的争论。

20世纪80年代后，国内外学界关于《帝国主义论》的研究中，朱亚坤发表的《近40年来国内外学界对列宁帝国主义论的研究述评》可作参考。该文较好地梳理了国内外代表性的研究成果，指出总体上呈现出辩护、批判和创新三种取向。[3]从朱亚坤的梳理来看，关于《帝国主义论》的分析，除了对列宁核心论断的肯定及阐发外，最值得关注的是围绕帝国主义是否过时的争论。国内学界对《帝国主义论》在某些方面失效的判定，源于对列宁的垄断资本仅从属于民族国家层面的认知，因而断定很难对全球化情形下的跨国垄断资本现象进行有力解释，也即涉及列宁对资本主义自身灵活的调节能力的忽视。国外学界的讨论，有的是直接从当今跨国资本主义发展的新形势现象出发否定《帝国主义论》的解释，有的则直接指出列宁时代的民族—国家主权的如今衰落，或者肯定列宁有关资产阶级民族主义和帝国主义之间的冲突和对抗不断深入的论断，提出世界正从帝国主义向（美）帝国转向的"新帝国主义"问题，这些论述实都触及列宁《帝国主义论》中的垄断资本的民族国家属性的判定。

可以说，列宁的垄断资本这一核心论断关涉《帝国主义论》的历史及当代分析的有效，也正是从对垄断资本的所属范畴的批判进而出现《帝国主义论》的失效问题。事实上，围绕垄断资本的讨论，在很大程度上也是当代资本主义全球化所促使的理论反思。因而，如何重新认知列宁的垄断资本问题，成为认知《帝国主义论》的关键。霍布斯·鲍姆在帝国主义的经济层面外，提出了理解帝国主义关系的非经济层面的问题，也是如何重新理解《帝国主义论》的关键。这一《帝国主义论》的非经济向度，是否也与垄断资本的属性有关，都有待对经典文本的重新开掘。

一、《帝国主义论》的政治经济学批判视野与"帝国主义"思潮

《帝国主义论》应被看作一本具有政治经济学批判视野的著作。这一点，可在1917年及1920年法文和德文序言及文本内容中找到多种例证。1917年序言结尾明确提到，该书"能有助于理解帝国主义的经济实质这个

基本问题”，“不研究这个问题，就根本不会懂得如何去认识现在的战争和现在的政治。”该书最终是服务于认识第一次世界大战和该时的政治，帝国主义的经济实质关涉战争和政治。1920 年法文和德文序言再次明确指出，“本书证明，1914～1918 年的战争，从双方来说，都是帝国主义的（即侵略的、掠夺的、强盗的）战争，都是为了瓜分世界，为了瓜分和重新瓜分殖民地、金融资本的‘势力范围’等等而进行的战争。”

列宁的论述几乎贯穿了政治经济学的视野。第二章讲述银行作用就提到人银行挑选熟悉工业的官吏，第三章《金融资本和金融寡头》提到，“垄断既然已经形成，而且操纵着几十亿资本，它就绝对不可避免地要渗透到社会生活的各个方面去，而不管政治制度或其他任何‘细节’如何”，紧接着就列举了德国当过卡特尔委员会委员的官员去垄断组织任职和俄国信用局局长辞去政府职务去一家大银行任职的情况。第五章《资本家瓜分世界》结尾谈到，“最新资本主义时代向我们表明，资本家同盟之间在经济上瓜分世界的基础上形成了一定的关系，而与此同时，与此相联系，各个政治同盟、各个国家之间在从领土上瓜分世界、争夺殖民地、‘争夺经济领土’的基础上也形成了一定的关系。”这里，提到了资本家垄断同盟的经济瓜分与各政治同盟、各国的瓜分殖民地的关系。第六章《大国瓜分世界》谈及 19 世纪末的英国资产阶级政治家对于帝国主义的态度，“这些居于领导地位的英国资产阶级政治当时就清楚地看到现代帝国主义的所谓纯粹经济根源和社会政治根源之间的联系”，并举出了张伯伦的鼓吹帝国主义言论为例。列宁多次提到垄断资本主导的资本主义先进国瓜分殖民地，造成了“许多过渡的国家的依附形式”。第七章《帝国主义是资本主义的特殊阶段》说到垄断帝国主义对工人运动的影响，尤其针对第二国际主要理论家考茨基的美化帝国主义理论进行了辩驳，该影响还具体地表现为第八章《帝国主义的寄生性和腐朽性》中的帝国主义收买无产阶级的上层、培植机会主义。第九章《对帝国主义的批评》直接点出这一批评“是指社会各阶级根据自己的一般意识形态对帝国主义政策所采取的态度”。除第一章《生产集中和垄断》带有较鲜明的纯粹的经济学色彩外，其余各章从来没有离开政治谈经济。

政治经济学批判视野下的帝国主义论述，涉及一种可以称为“帝国主义”的思潮分析。1920 年德文和法文序言第四小节结尾明确讲道：“在全世界日益发展的一般无产阶级革命运动，特别是共产主义运动，不能不分析和揭露‘考茨基主义’的理论错误。所以要这样做，尤其是因为和平主义和一般‘民主主义’在全世界还十分流行，这些思潮虽然不想冒充马克思主义，但是完全同考茨基及其一伙一样，也在掩饰帝国主义矛盾的深刻性和帝国主义产生革命危机的必然性。所以，无产阶级的政党必须同这些思潮作斗争，把受资产阶级愚弄的小业主和程度不同地处在小资产阶级生活条件下的千百万劳动者从资产阶级那里争取过来。”在此，列宁提示了19世纪末20世纪初围绕帝国主义这一新事物形成了一个派别复杂的帝国主义思潮，有考茨基式的批判帝国主义的改良型马克思主义、美化帝国主义的资产阶级改良主义、列宁式的主张彻底批判帝国主义及抛弃和平过渡幻想的马克思主义。这一思潮共同的经济基础，是当时已客观存在的垄断资本主义的形成，其表现十分复杂，涉及垄断资本的瓜分世界及其政治代言人资本主义大国的瓜分世界、争夺殖民地和对工人阶级的分裂，以及寻求政治改良及通过垄断资本联合而达成的一种国际和平的意识形态，等等。这一帝国主义的思潮的复杂性，也揭示了《帝国主义论》在某种程度上可作为一个意识形态的读本的特征。

列宁对帝国主义思潮复杂性的自觉，直接导致其警惕历史上形态各异的“帝国主义”。第六章《大国瓜分世界》有这样的一段话：“殖民政策和帝国主义在资本主义最新阶段以前，甚至在资本主义以前就已经有了。以奴隶制为基础的罗马就推行过殖民政策，实行过帝国主义。但是，‘泛泛地’谈论帝国主义而忘记或忽视社会经济形态的根本区别，必然会变成最空洞的废话或吹嘘，就像把‘大罗马和大不列颠’相提并论那样。就是资本主义过去各阶段的资本主义殖民政策，同金融资本的殖民政策也是有重大差别的。”在此，列宁强调了无论谈论什么样的帝国主义必须关注它的社会经济形态，也清晰地显示了帝国主义形态的历史多样性，罗马即被纳入一个以奴隶制为基础的“帝国主义”类型。列宁谈到“大罗马和大不列颠”相提并论的荒谬，实已涉及古典帝国的“帝国”主义与以资本主义民族国家为内核的现代殖民帝国主义的区分。吊诡的是，20世纪80年代以来关于《帝国主义论》的研究，在没有认识到垄断资本完全从属民族国家的框架这一认知而带来的局限，从而导出垄断资本主义是资本主义最后阶段的这一论断应予以修订的结论后，引出由帝国主义向“帝国”的转变，而从列宁的区分来看，这一转向实早已蕴含其中，差别在于列宁的论述是一个从古典帝国到“帝国主义”的转向，他对“殖民”“帝国主义”这些政治上层建筑的讨论，从来就牢牢抓住了政治与经济的内在关联。

二、垄断资本的国际面相

朱亚坤在《研究述评》中就国内学界认定列宁对资本主义自身调节能力的忽视，谨慎地指出，“这一方面的研判实际上需要更多的理论辨识和文本认定”。实际上，也正是在列宁的同一经典文本内，在涉及关于银行资本、金融资本的论述时，其所用的例证就直接表明此时垄断资本除了主要地隶属民族国家的范畴外，也有着国际性的一面。第二章《银行和银行的新作用》在论述大银行的“参与”的特征时，列宁举出了德意志银行集团的例子，就提到“在‘间或’隶属于德意志银行的8家‘第一级依附’的银行中，有3家国外银行：一家是奥地利的（维也纳的联营银行），两家是俄国的（西伯利亚商业银行和俄国外贸银行）”。第三章《金融资本和金融寡头》论述金融资本的“参与制”时，列宁提到俄国大银行两大类中有一种“参与制”下的银行，这一类分为三小类，分别是德国参与的、英国参与的、法国参与的，即指分别属于这三个国家的最大的国外银行的“参与”和统治。在这里，列宁还提到参与制下的银行操作，所谓的“种种有关监督、公布资产负债表、规定一定的资产负债表格式、设立监察机构等等的条例，在这里根本不能起什么作用。因为私有财产是神圣的，谁也不能禁止股票的买卖、交换和典押等等。”在列宁看来，实行参与制的大银行名义上虽有着民族国家的监管等外在形式，但私人财产的神圣保证了垄断资本通过参与国内、国际资本而发生无约束的流动，也即金融资本的流动具有某种超越民族国家的特征。在同一章的稍后部分，列宁谈到法国金融寡头统治的“绝对的垄断权”，提到法国四家大银行通过放债从中俄债券、俄国债券、摩洛哥债券中获得高额垄断利润，这也鲜明地体现了金融垄断资本的超越民族国家的特征。要注意的是，即使当今垄断资本的全球流动，也并没有完全地脱离或颠覆掉民族国家的这一政治外壳，与其说民族国家的主权显示了某种程度衰落，倒不如说民族国家的主权功能发生了某种转变，民族国家仍是垄断资本获取高额垄断利润的最佳政治外壳。所以，指责列宁的垄断资本在经济层面的仅属于民族国家层次，无疑是偏颇的。

垄断资本政治层面超越民族国家范畴的意蕴显现，主要是通过其历史的对立物——普遍的无产阶级来显示的。《帝国主义论》中的阶级论述，显然并非局限于一个明确的民族国家框架下。列宁对第二国际主要马克思主义理论家考茨基的主义及英国工人阶级中机会主义的严厉批判，旨在批判考茨基主义这一国际思潮及机会主义的资产阶级社会改良主义与和平主义，但并没有放弃无产阶级斗争的国际联合的一面，“在全世界日益发展的一般无产阶级革命运动，特别是共产主义运动，不能不分析和揭露‘考茨基主义’的理论错误”（1920 年德文及法文序言）。全世界一般的无产阶级革命运动明显地具有一种超越国别的国际主义色彩。第八章《帝国主义的寄生性和腐朽性》提到帝国主义对工人的腐化时指出，“帝国主义有一种趋势，就是在工人中间也分化出一些特权阶层，并且使他们脱离广大的无产阶级群众”，帝国主义（垄断资本）分化工人阶级具有一种的普遍性的趋势，显然也没有一个民族国家的框架束缚。这些论述渐渐地勾画出一个一般性的国际无产阶级与帝国主义的阶级对立，从而垄断资本在某种层面上也就有了一种国际性意涵。这一意涵更多的是一种以阶级斗争为核心的世界范围内的政治斗争的逻辑产物。

但也不可过分夸大垄断资本的国际性的一面，列宁的垄断资本论述主要地仍与民族国家的范畴相连，第九章《对帝国主义的批评》结尾部分谈到希法亭正确地指出了帝国主义和民族压迫加剧之间的关系，提到“资本主义本身在逐渐地为被征服者提供解放的手段和方法。于是他们也就提出了欧洲民族曾经认为是至高无上的目标：建立统一的民族国家，作为争取经济自由和文化自由的手段。”在列宁看来，那些被征服者正在效仿欧洲建立类似的民族国家，无疑民族国家仍处在一个核心位置。

列宁在论述垄断资本家及大国瓜分世界的部分，还明显地涉及列强殖民地争夺的国际法问题及 19 世纪经典文明论的内容。1920 年德文和法文序言第二小节明确提到，资本主义把修筑铁路“同整个生产数据私有制连结在一起，把这种建筑事业变成对 10 亿人（殖民地加半殖民地），即占世界人口半数以上的附属国人民，以及对‘文明’国家资本的雇佣奴隶进行压迫的工具。”文明国家应是 19 世纪经典文明体系中的文明国家。第六章《大国瓜分世界》从一个地理学家亚·苏潘的殖民地论述切入，评论道：“因为在亚洲和美洲，无主的土地，即不属于任何国家的土地已经没有了，所以应当扩大苏潘的结论，应当说，我们所考察的这个时期的特点是世界瓜分完毕。所谓完毕，并不是说不可能重新瓜分了……相反，重新瓜分是可能的，并且是不可避免的……而是说在资本主义各国的殖民政策之下，我们这个行星上无主的土地都被霸占完了。世界已第一次被瓜分完毕，所以以后只能是重新瓜分，也就是从一个‘主人’转归另一个‘主人’，而不是从无主的变为‘有主的’。”欧美列强在争夺殖民地过程中的土地“无主”问题也涉及国际法及经典文明论。根据刘禾主编的《世界秩序与文明等级》，19世纪的经典文明论含有一个文明国家（欧美基督教民族国家）、半文明国家（中国、日本、奥斯曼土耳其等）、无主之地（野蛮土著）的文明谱系。这一经典文明谱系内在于19世纪的欧洲国际法之内，从而主权问题的有无与文明、野蛮的对立具有一种正相关，国际法及经典文明论明显地与欧美基督教民族国家密切相关。由此，垄断资本与以垄断资本为内核的基督教民族国家的文明共同体相关，该关联明显地有着一种国际性的意味。

从以上三个方面看，以往学界对列宁的垄断资本单纯属于民族国家范畴的关联及对这一关联的批判，明显地有着偏颇。列宁的垄断资本本身就拥有国际性的面相，因而当代学界对列宁的垄断资本的僵化理解就应得到修正，并给予其应有的批判当代现实的价值承认。

三、布罗代尔的资本主义与《帝国主义论》逻辑起点的受挑战

在列宁的论述中，垄断资本源于之前资本主义自由竞争过程中的生产集中及银行作用的转变，以及银行资本与工业资本的结合成为金融资本，从自由竞争的旧资本主义阶段过渡到垄断资本主导的资本主义的最后阶段。这一论述的逻辑起点，有一个商业资本主义、工业资本主义以及金融资本主义的阶段划分，涉及一种对资本主义的规范式理解。近年来，国际史学界出现了一股另类解读资本主义的思潮，即布罗代尔的重新认知资本主义、市场经济和物质文明。

布罗代尔的《15～18世纪的物质文明、经济和资本主义》，以极为详尽的历史叙述总结出一个结构性的理论。布罗代尔指出，“资本主义能够和善于选择自己的活动范围……它有制订战略和改变战略的能力”。资本主义大商人“控制着远程贸易这个关键的战略位置；他们信息灵通，这在信息传递缓慢和昂贵的时代更是无敌的武器；他们一般还得到国家和社会的配合，因而始终能够心安理得、若无其事地绕过市场经济的规律。对别人有强制性的东西，对他们不一定有强制性”。整体上看，布氏给出了一

个三个相互划分的范畴，即物质文明（陈规惯例、日常循环的无意识、日常生活）、经济（市场经济）和资本主义（垄断）。布氏证明交换的不平等不能用经济法则即市场的规则加以解释，因为经济不平等纯属社会不平等的翻版。这一认识导致布氏在资本主义和市场经济之间作出基本的区分：市场经济是联系生产和消费的纽带，而资本主义只关心交换价值；市场经济以竞争为主宰，从而在市场经济条件下的交换是平等的，而资本主义则制造和应用其垄断地位，从而造成交换的不平等。资本主义是一种反市场的制度，它总是趋向于垄断、获取高额利润。布罗代尔的这一研究得到了经济史研究的支撑。有学者指出，经济史的研究暗示着作为一种垄断和市场操纵力量的“资本主义”以及伴随资本主义兴起的西欧民族国家，在工业革命、经济增长和全球化的历史上也许起到了最为重要的作用。

沃勒斯坦对布罗代尔的资本主义与市场经济对立的观念作了精辟的阐述：“经济生活是守规律的，资本主义是不寻常的；经济生活是可预知的领域，资本主义是投机的领域；经济生活是透明的，资本主义是朦胧或晦暗的；经济生活指涉低额利润，资本主义指涉的则是不同寻常的高额利润；经济生活意味着解放，资本主义意味着丛林；经济生活中是真正的供需自动调节的价格，资本主义中是权力和狡诈控制的价格；经济生活内含控制的竞争，资本主义倾向消灭控制和竞争；经济生活由普通人主导，资本主义则为霸权所保护，是霸权的物化。”沃勒斯坦总结布罗代尔的历史发展观，认为他“看到的不是直线的进步，而是垄断力量（所谓真正的资本主义）和自由力量之间的持续紧张状态”。布罗代尔的资本主义理论终究要求我们把一切都“颠倒过来”。

布罗代尔还认为，资产阶级被分成商人、工业家和金融家是一个假问题，大资本家总是试图做一切事情——贸易、生产和金融。只有染指所有的部门，他们才有望取得垄断优势。垄断一直存在于资本主义中，它的作用一直都是举足轻重的。布氏还指出，资本主义一般历史的基本特征，即资本主义具有无穷的灵活性及适应变化的能力。这一物质文明、市场经济和资本主义的区分质疑了亚当·斯密和卡尔·马克思的共同观点中最为重要的一条，即在资本主义中竞争是普通的，而垄断是特别的，因而对垄断必须加以解释和反对。这在列宁的帝国主义论中有极为明显的延续，是其垄断帝国主义论述的逻辑起点。从布罗代尔对资本主义的颠倒来看，继承了马克思相关论述的《帝国主义论》的这一逻辑前提就受到了挑战，当然这并非质疑《帝国主义论》当时及当代对垄断资本主义现象的有力阐述。

参考文献：

［1］［英］艾瑞克·霍布斯鲍姆．帝国的年代（1875－1914）［M］．南京：江苏人民出版社，1999：66－67.

［2］［英］艾瑞克·霍布斯鲍姆．帝国的年代（1875－1914）［M］．南京：江苏人民出版社，1999：87－93.

［3］朱亚坤．近40年来国内外学界对列宁帝国主义论的研究述评［J］．当代世界与社会主义，2018（3）：201－208。此外，程广丽的综述也关注到围绕帝国主义论的比较突出的争论，指出主要争论集中在帝国主义论是科学理论还是薄弱环节以及帝国主义论“过时论”与非“过时论”等问题上。程广丽．回顾与前瞻：列宁帝国主义论研究三十年［J］．湖州师范学院学报，2018（7）：37－42.

［4］朱亚坤．近40年来国内外学界对列宁帝国主义论的研究述评［J］．当代世界与社会主义，2018（3）：204.

［5］刘禾．世界秩序与文明等级［M］．北京：三联书店，2016.

［6］［法］布罗代尔．15～18世纪的物质文明、经济与资本主义（第二卷）［M］．北京：三联书店，2002：430.

［7］汪晖．是经济史，还是政治经济学？［A］．许宝强 渠敬东编选．反市场的资本主义［M］．北京：中央编译出版社，2001：39－40.

［8］黄敬斌．全球化视野下的贸易、资本主义与经济史——以19世纪中西茶叶与鸦片贸易为例［J］．文史哲，2011（4）：106.

［9］［美］伊曼纽尔·沃勒斯坦．否思社会科学——19世纪范式的局限［M］．北京：三联书店，2008：250.

［10］［美］伊曼纽尔·沃勒斯坦．否思社会科学——19世纪范式的局限［M］．北京：三联书店，2008：256.

［11］［美］伊曼纽尔·沃勒斯坦．否思社会科学：19世纪范式的局限［A］．许宝强 渠敬东编选．反市场的资本主义［M］．北京：中央编译出版社，2001：74－90.

马克思关于人的自由全面发展思想的基本内涵、实现路径及现代启示

田 澍

摘 要：马克思主义哲学不仅将实现人的自由全面发展作为至高的价值追求，也将人的自由全面发展定义为共产主义社会的显著特点和本质特征进行深刻阐述。从经典文本对马克思关于人的自由全面发展进行阐述，探寻其思想中基本内涵、实现路径以及对当今现实社会对推动人的自由全面发展实现的现实启示。人的自由全面发展以生产力发展的决定作用、自由与全面的统一、社会历史进程的不断推进为基本特征，在人的自由全面发展的实现路径中，以共产主义社会实现人的自由全面发展为目标导向，在当今现实社会还需要以发展生产力为重要推动，同时应立足中国式现代化实践，以中国式现代化促使人的自由全面发展的实现。在当代中国，促进人的自由全面发展应以发展生产力实现人民对美好生活的向往，并发挥市场经济积极作用促使全社会成员共享发展成果，同时应注重生态文明建设促进人与自然的和谐发展。

关键词：自由；全面发展；生产力；共产主义；中国式现代化

人的自由全面发展是马克思主义哲学至高的价值追求，也是共产主义社会的显著特点和本质特征，更是马克思主义哲学人民性的集中表现，还是中国共产党百年栉风沐雨的奋斗目标。人的自由全面发展思想拥有丰富内涵，马克思对自由全面发展的主体、逻辑与层次进行了深刻分析归纳总结并对实现人的自由全面发展的路径提出科学建议。在当今社会，我们始终坚持以马克思主义为指导思想，在人的自由全面发展思想的指导下，我国大力发展生产力，以中国式现代化的伟大路径对实现人的自由全面发展

不懈探索。实现人的自由全面发展意义重大，在当今社会我们应继续以发展生产力为实现人的自由全面发展铺平道路，并更加注重市场经济和生态文明建设对实现人的自由全面发展起到的重要作用，以中国式现代化的科学道路促进伟大目标的实现。

一、马克思关于人的自由全面发展思想的基本内涵

马克思站在历史唯物主义的高度对人的自由全面发展的内涵进行了全面而深刻的分析，人的自由全面发展不仅是马克思主义哲学的理论内核，也是人类解放一直以来不懈努力的终极追求。人的自由全面发展作为共产主义的崇高理想之一，其实现程度取决生产力发展水平这一物质前提，并规定了人的自由全面发展是“自由”和“全面”两者相结合的发展在社会发展中逐渐推进的历史进程。

（一）生产力发展是人的自由全面发展的物质前提

马克思在《德意志意识形态》中对生产力发展与人的自由全面发展的关系进行了系统论述，生产力的发展决定了人的自由全面发展的实现。共产主义社会被马克思描述为一个“自由人联合体”，其主要特点在于生产力大力发展下的物质极大丰富和发展成果全体人民共享，生产力发展成为人自由发展的物质基础并体现在以下三个方面：第一，生产力发展程度影响人身体和精神的发展程度。作为生产力主体的“现实的人”在进行劳动实践时不仅可以改变客观世界，同时可以丰富自身的精神世界。第二，生产力的发展推动着人的活动及其能力的发展。劳动作为人类生产实践的集中表现形式，是人自由全面发展的根基和前提，生产力发展成为人的体质进化的重要动力，在生产力发展下人类完成了四肢分工、脑部结构的完善等一系列进化过程，人的体质得以进化。第三，生产力发展推动着人的个性发展。当生产力发展至极高水平后社会的个人的独特个性、潜能的自由得以发挥，并获得充分发展其才能的手段。

基于此，人的生活和自由全面发展的物质内容和现实基础来源于生产力发展，同时也为社会的发展和人的发展提供了新的本质力量、社会关系、交往方式和个性因素，生产力的发展不断满足人的需求和发展条件，

同时为人的自由全面发展铺平道路。

（二）人的发展是“自由”与“全面”的统一

《德意志意识形态》正面阐述和理论批判相结合中对唯物史观的阐述中贯穿着对唯心史观的批判，同时在对反面观点的批判中也正面发挥了唯物主义的历史观。马克思从系统阐述唯物主义历史观的基本原理到进一步发展无产阶级对于人的自由全面发展的科学社会主义发展观为人的自由全面发展奠定了丰富的理论基础，历史规律科学揭示了人的自由全面发展目标必须以先进的历史理论武装无产阶级，通过无产阶级的现实实践活动去改变不合理的私有制生产关系，进而推进人类历史进入一个崭新的社会阶段，即共产主义阶段才能达及。

在《1844 年经济学哲学手稿》中，马克思高度重视人的发展，但这种发展必须以经济发展为基础，提出了以经济推动人的发展的新路径。在《共产党宣言》中马克思、恩格斯提出：“代替那存在着阶级和阶级对立的资产阶级旧社会的将是这样一个联合体，在那里，每个人的自由发展是一切人的自由发展的条件”，共产主义社会的基本原则和前提条件是实现人的全面发展，个人自由不再只属于统治阶级范围的个人，而是平等的、自由发展的个人。在《资本论》中，马克思考察了人类社会生产的历史，进一步把社会主义、共产主义概括为比资本主义“更高级的、以每个人的全面而自由的发展为基本原则的社会形式”。全面发展即自由发展，即尊重人的个性和创造性的发展，是以人的解放为根本目的的发展。

人的自由发展与全面发展在人的发展中处于同等重要的位置且不可分割，就关系而言，人的全面发展是自由发展的前提和基础，全面发展是深度与广度相结合的发展，代表着事物整体的各个方面协调共荣，是人实现自由发展的基础条件。同时，人的自由发展作为全面发展的目的，又对全面发展起影响作用，自由发展需要遵循客观规律，在其基础上实现自由发展，自由不等同随意，违背客观规律会制约人的自由发展，也会对人的全面发展起阻碍作用。就整体而言，人的自由发展与全面发展内在统一并互为发展，两者都是基于时间的基础上使人的个性、人格、兴趣爱好、综合能力等发展因素得到最大限度的发挥，因此两者在实践中动态发展，并构成有机整体，相互交融。

（三）人的自由全面发展在社会历史进程中不断推进

在不同的社会历史背景条件下，人的自由全面发展的实现程度有所不同，人的自由全面发展不仅随着生产力发展而变化发展的历史进程，也随着不同的社会关系而变化发展。马克思站在唯物史观和生产关系变革的高度思考人类的社会形态问题，提出了五种所有制形式的构想，即“五形态”理论，并将人类社会发展划分为原始社会、奴隶社会、封建社会、资本主义社会和共产主义社会五种所有制形式。在原始社会中人类仅需要满足最基本的生存需求，每个人虽是平等的却也是落后的，更没有实现自由的可能。随着人类社会不断发展进入阶级社会，自由成为统治阶级特权，奴隶社会中奴隶主作为统治阶级有着统治奴隶的自由。在等级森严的封建制度下地主阶级作为统治阶级拥有并可以行使自己的“自由特权”，在封建社会和奴隶社会中，相比较下农民虽比奴隶获得一定的政治自由，但其自由程度是微不足道的。在资本主义社会中，资产阶级作为统治阶级虽以法律形式规定了人人享有自由，但这种资本主义下的自由是披着资本主义的“虚假外衣”的，正如马克思所看到的，在资本主义社会以“普遍利益”为幌子的“虚假的共同体”中个人不是平等自由发展的个人。现阶段，在经济水平和科学技术不断发展的背景之下，人在与社会的密切联系和深度交往中逐步实现自身自由全面的发展，当人的个性、人格、兴趣爱好、综合能力等发展因素得到最大限度的发挥时，人的自由全面发展也不再受社会关系的约束。马克思在《1857～1858年经济学手稿》中把人的发展程度作为标准对社会形态进行划分，并提出三大社会形态理论，即“人的依赖”阶段到“物的依赖”阶段再到“自由个性”的阶段，此后马克思在《资本论》中进一步深化发展了从“直接的社会关系”到“物化的社会关系”再到“自由人的联合体”的三大社会形态理论并对人实现自由全面发展必经阶段的阐释。

综上所述，无论是从唯物史观的生产关系变革的角度还是以人的发展程度作为标准对社会形态进行划分，人的自由全面发展都是客观与历史的发展过程。人的自由全面发展与社会历史发展的进程相统一，同时社会发展无法跳脱物质基础和客观规律，人的自由全面发展也是在历史社会发展过程中不断推进的。

二、马克思关于人的自由全面发展思想的实现路径

共产主义社会把“现实的人”定位为自由全面发展的主体和出发点并把实现人的自由全面发展作为价值追求，其实现应在消灭私有制的基础上，推动生产力的发展为实现人的自由全面发展提供经济条件，同时应在当今中国式现代化的道路中不懈探索、为早日实现人的自由全面发展探索汲取宝贵经验。

（一）生产力的发展推动人的自由全面发展

实践性作为马克思主义哲学的显著特征之一，适用于马克思在任何领域的理论与思想。对于人的自由全面发展来说，其目标的实现不能仅仅存在于观念中，而是通过实践对其进行发展。物质实践作为生产力发展的基本形式对人的自由全面发展具有直接影响。马克思把人的自由全面发展程度作为标准对社会形态进行划分，并提出由“人的依赖”阶段到“物的依赖”阶段再至“自由个性”的阶段的三大社会形态理论。在“人的依赖”阶段生产力发展水平较低，社会分工尚未出现，人们没有被生产与分工约束，人的自由全面发展有一定程度的实现；社会分工出现后，人类社会进入“物的依赖”阶段，生产力的发展与分工的深入为社会发展创造了巨大的财富，但同时人的自由全面发展在被分工的束缚中受到阻碍；分工消灭后，人类社会进入“自由个性”阶段，在“自由个性”阶段社会物质基础极大丰富，生产力水平极大提升，人类对于美好生活的追求得以满足，进而人的自由全面发展得以真正实现。

马克思在《德意志意识形态》中对生产力的发展与人的自由全面发展的关系进行论述并指出生产力的发展程度决定着人的自由全面发展的程度。同时马克思认为，生产力的发展不仅使人与世界的关系更自由，也使人与人的关系更自由。生产力的发展使人与世界的关系更加自由，这表现在：如果没有生产力和科学技术做支撑，将会导致普遍化的物质资料匮乏，结果就是“重新开始争夺必需品的斗争”。当社会的生产力水平较低时，自由的实现也随之遥远。《德意志意识形态》中写道：“阶级社会、生产力、社会状况和意识彼此之间可能而且一定会发生矛盾。”一方面生产

力的发展决定人的自由全面发展的实现，并对人的自由全面发展提出更高的价值追求；另一方面人对自由全面发展的追求又要求生产力需要继续发展。

生产力发展作为人类社会的物质实践，生产力发展与人的自由全面发展互为需要且是一个内在统一的整体，马克思认为人的自由全面发展与人类实践活动具有紧密联系，人的自由全面发展需要通过社会实践不断深化并需要依靠实践活动得以实现，社会实践的深化不仅为实现人的自由全面发展提供物质保障，也作为实现人的自由全面发展的根本方法得以存在。

（二）共产主义道路实现人的自由全面发展

马克思认为："只有在共同体中才可能有个人自由。""在真正的共同体的条件下，各个人在自己的联合中并通过这种联合获得自己的自由"。作为最高级别的社会共同体，个人在社会中的自由联合实现了认识世界和改造世界的相互统一，自由人的联合体区别于守旧的社会共同体而是一个在生产力发达至一定程度基础之上的人人拥有生产资料的新世界。马克思认为，在共产主义社会中人的自主活动与物质生活紧密结合。这种自主活动与物质生活的紧密结合不同于"和善"的面纱背后资产阶级对人类的剥削与压迫。共产主义社会揭开了资本主义私有制虚伪的"自由"弊端，并认为真正实现人的自由全面发展必须冲破资本主义私有制的精神枷锁、推翻资产阶级对多数人的剥削与压迫，以社会主义取而代之。正如恩格斯所说，我们需要建立一种新的制度，而"这种制度将给所有的人提供健康而有益的工作，给所有的人提供充裕的物质生活和闲暇时间，给所有的人提供真正的充分的自由。"但即使是在共产主义社会，要实现人的自由全面发展仍需要一定条件。"我们所称为共产主义的是那种消灭现存状况的现实运动，这个运动的条件是由现有的前提产生的。"一方面，共产主义实现人的自由全面发展需要经济基础，马克思经典作家常把消灭私有制作为实现共产主义社会的基础，实现人的自由全面发展应以生产力的发展消灭私有制，消除社会分工对实现人的自由全面发展的阻碍；另一方面，共产主义需要通过革命的手段以实现人的自由全面发展，实现共产主义社会和人的自由全面发展需要无产阶级以革命的手段推翻资本主义对人类的束缚，把人类彻底解救出来以实现最大程度的自由。

（三）中国式现代化推动人的自由全面发展

党的二十大指出中国式现代化的核心内涵，为中国式现代化和具体实现路径提供出未来的可行方案。同时中国式现代化也内在孕生着人的自由与全面发展的价值导向。中国式现代化的提出为中国发展提出了现实道路，中国式现代化的要求也是符合世界发展趋势、中国自身特点所制定出的为中华民族谋求复兴的宏伟蓝图。

中国式现代化是人口规模巨大的现代化，突出现代化目标的主体范围，在新征程中，党和国家对人民的殷切希望表明我们要让更多的人实现人的自由与全面发展。现阶段，改革开放如火如荼，人们从中受益，但由于长期历史因素的制约，还有许多人没有实现自由和全面的发展，因此在中国式现代化建设中党和国家应重点关注经济匮乏和物质短缺的地区，并积极通过政策引领、社会参与，以增加贫困地区居民福祉、扩大人自由全面发展的群体范围；全体人民共同富裕作为现代化标准之一，要求在社会主义制度下人民共建、共治、共享发展成果并真正做到受之于民、取之于民、用之于民、惠之于民的巨大人口受益的现代化。在新征程中，越来越多的社会成员可通过政策的倾斜和自身的努力实现对美好生活的追求。经济解放是人的解放的物质基础，人的解放是经济解放的价值旨归，做好“三农”工作，不断提升农民生活质量，使越来越多的人在物质上自由、精神上解放，为全人民的全面发展创造可能；中国式现代化是物质文明与精神文明相协调的现代化，突出现代化的目标的富裕维度，中国式现代化在提高人民物质生活水平时，不能忘记精神文明的建设。精神文明作为意识，对人们的实践具有能动的反作用，树立“主人翁”“建设者”意识，高举中华民族伟大复兴的旗帜，以思想引领越来越多的人置身于社会主义的伟大建设中，在思想引领下解放思想，以理性、科学、多元为目标，不断实现人的自由和全面的发展；中国式现代化同时强调人与自然关系，明确提出在现代化进程中需要实现人与自然和谐共生。突出现代化目标的重要保证，人是社会中的人，物质决定意识，意识对物质具有能动的反作用，保护自然就是保护人类社会和人类意识，坚持绿色发展，树立“绿水青山就是金山银山”的生态理念，确保人们赖以生存的自然环境可持续发展，为人的自由和解放提供良好的社会环境；中国式现代化是走和平发展道路的现代化，突出现代化目标的美好期待，当今的世界正处于百年未有之大变局，和平与发展仍是时代主题，但是不确定因素逐渐增加，中国为全世界提出智慧方案，以科学的思想武装头脑，科学预测人类未来，和平发展是唯一出路，不仅是国内和平，更重要的是世界和平，在国家间相互合作、互利共赢中为全世界人民谋求福祉并为全人类的自由全面发展增添动能。

三、马克思关于人的自由全面发展思想的现代启示

实现人的自由全面发展是马克思一生的价值追求，也是中国共产党百年栉风沐雨的奋斗目标。在新时代，我们应在坚持以马克思主义为指导，继承和发展马克思关于人自由全面发展的思想的基础之上以发展生产力实现人民对美好生活的向往、以市场经济促使全社会成员共享发展成果并积极建设生态文明以促进人与自然的和谐发展。

（一）以发展生产力实现人民对美好生活的向往

生产力发展作为实现人自由全面发展的基础，其发展程度直接影响人的自由和全面发展的实现程度，因此不能脱离具体而谈抽象，抽象和理论中的人不是社会要发展的主体也不会“现实的人”实现自由全面发展。人的自由全面发展是永恒和历史的统一，人的全面发展作为马克思主义的价值旨归，但在不同的历史阶段，在不同的社会生产力制约下，人们的发展状况会呈现出不同的状况，没有永恒的“自由”与“全面”，因此要根据历史背景和实践条件来看人的发展和解放。生产力的解放下造就人自由全面发展，全面发展就内在地包含物质和精神两个方面，物质富裕是精神富足的前提保障，精神富足是物质富裕的高层次追求，并为人的自由全面发展提供精神动力。随着解放生产力与发展生产力，科技与社会的协同发展，社会物质和精神财富的积累使人的自由全面发展创造了光明的前景。

当今我们处在新阶段，社会主要矛盾也随之变化。党的十八大以来，习近平总书记立足中国现状，不断丰富和发展人自由全面发展思想，站在世界的高度，高瞻远瞩地提出“四个全面”的战略部署，全面建设社会主义现代化国家，以高质量发展为总抓手，为人全面自由发展迈向更高阶

段，为实现最高理想目标提供了可能，全面深化改革为经济稳定续航，成为经济发展势能的重要支撑，全面依法治国为人自由全面发展提供了良好的社会环境，使人们的切身利益得到保证，促进了社会公平正义的发展，全面从严治党使党的领导干部保持先进性和纯洁性，为人自由全面发展提供政治保障、凝聚先进领导力量。

（二）以市场经济促使全社会成员共享发展成果

恩格斯曾设想了这样一幅未来社会的图景："彻底消灭阶级和阶级对立；通过消除旧的分工，通过产业教育、变换工种、所有人共同享受大家创造出来的福利，通过城乡的融合，使社会全体成员的才能得到全面发展。"经济的发展不仅是社会发展的决定性基础，其发展的程度也直接影响着人自由全面发展的实现。因此我们不仅需要注重市场经济对经济发展的重要支撑作用，也需要明确以"人的发展"为目的的经济发展。如今中国正处于关键时期，我们正稳步在新征程中，为实现第二个百年奋斗目标，全面建设社会主义现代化国家昂首阔步。以资本主义的历史局限性为历史借鉴，我们如果真的做到实现真正的人自由全面的解放，就必须用好市场经济这一经济发展手段，牢记市场经济的手段地位，树立正确的经济发展观念，这样的发展才是真正惠及人民的发展。市场经济只是服务于人民实现自身对美好生活向往需求的手段。党的十八大以来，党和国家深入贯彻人民思想，树立发展靠人民、发展为人民的发展理念，使改革开放和社会发展成果真正普及全社会人民；党的二十大提出，中国式现代化是全体人民共同富裕的现代化，并且强调在中国式现代化共同富裕的道路上，一个人都不能少、一个人都不能掉队，通过三次分配体制，真正让全体人民共同享有发展成果，这是对马克思、恩格斯人民性思想的继承，是党的初心和使命的集中体现，也是新时代、新征程、新的国际形式下使国家繁荣昌盛、人民幸福美满的创新方式。

（三）以生态文明建设促进人与自然的和谐发展

马克思曾指出，人靠自然界生活，人的生存和发展不可能离开自然而独立存在。人作为自然的有机组成部分，人与自然的联系具有无限的丰富性。生态文明是人类文明的一种形态，是一种发展理念，是以尊重、顺应、保护自然为前提，强调人的自觉与自律，强调人与自然的相互依存、共处共融，生态文明建设的主体是人。随着城市化进程和智慧化深度的进一步加速，不断出现自然缺失或自然疏离的现象，其现象的产生影响着社会成员的行为，进一步影响身心健康，对全民参与生态文明建设造成掣肘。在保护自然的同时，也应该更加注重人和自然的和谐发展，知晓与我们共存的花草树木，用手去触摸、用嗅觉去感知它们的存在，以实践为先行条件，实现人与自然关系的重建，在公园、田野、山水间看花鸟鱼虫、草木山川，实现感官认知的前提下增进对自然的敬畏，才能谈到自觉自律地尊重自然、保护自然，积极参与并推进生态文明建设，才能有效促使全社会积极参与生态文明建设。

近年来，党和国家在继承马克思关于人与自然和谐发展观的基础上，不断探寻节约自然环境的发展模式，实行高质量发展、低碳发展模式，为自然保护和资源利用打开了新局面。党的二十大提出，中国式现代化是人与自然和谐共生的现代化，正确地树立了科学发展、保护自然的经济发展观念，深化生态文明建设本质，构建了新发展理念，提升高质量发展，以“五位一体”为主攻方向促使经济结构转型至低碳、环保发展，正如习近平指出：“建设生态文明，关系人民福祉，关乎民族未来。”社会主义现代化目标与生态文明建设相结合成为中国特色社会主义的重要组成部分，自然环境的保护和发展，为人自由全面发展提供了重要的环境保障。“自然教育”关乎一代代人心智健康和均衡发展，关爱自然才会关心社会、国家和民族，才会把个人能力转化为参与生态文明建设的责任。实现人自由全面的发展，就需要在认识自然中把握客观规律，促进人与自然和谐共生，在自然发展中实现人自由全面的发展，随着实践和认识的深入，人们才会从“必然王国”迈向“自由王国”，人的自由全面发展的程度也才会随之提升。

四、结语

人的自由全面发展不仅是马克思主义哲学的理论内核，也是人类解放一直以来不懈努力的终极追求。在当今社会我们对于实现人的自由全面发展仍面临着许多亟待解决的问题，但“路虽远，行则将至、事虽难，做则必成”，在马克思关于人的自由全面发展思想的引领与指导下，中国共产党始终坚持以人民为中心的发展理念，经过不懈努力，伟大梦想一定会变为现实。

参考文献：

［1］马克思恩格斯选集（第1卷）［M］．北京：人民出版社，2012：420－422.

［2］马克思恩格斯全集（第23卷）［M］．北京：人民出版社，1972：648－649.

［3］沈现斌，曾家华．马克思关于人的自由全面发展思想及实践启示［J］．理论视野，2022，（09）：19－24.

［4］马克思恩格斯文集（第10卷）［M］．北京：人民出版社，2009：346－347.

［5］马克思恩格斯文集（第1卷）［M］．北京：人民出版社，2009：571－573.

［6］马克思恩格斯全集（第21卷）［M］．北京：人民出版社，1965：569－571.

［7］马克思恩格斯文集（第1卷）［M］．北京：人民出版社，2009：539－540.

［8］马克思恩格斯选集（第1卷）［M］．北京：人民出版社，2012：308－309.

［9］中共中央宣传部．习近平总书记系列重要讲话读本［M］．北京：人民出版社，2016：230－231.

新时期社会保障推动共同富裕的现状、挑战与路径

赵柏轩

摘　要：共同富裕是社会主义的本质要求，社会保障是促进和推动共同富裕的重要制度安排。社会保障和共同富裕在理念内涵、价值导向、目标方向等方面高度契合。当前，我国基本建成了覆盖全民、统筹城乡、功能完备的多层次社会保障体系，但是仍然存在保障项目统一性不足、保障体系发展不完备、灵活就业人员保障缺位等问题。因此，需要进一步优化社会保障项目筹资规则、提升社会保障项目保障力度、增加社会公共服务和补充性项目供给以及提高社会保障制度适应性，不断完善社会保障制度，推动共同富裕。

关键词：社会保障；共同富裕；均等化

社会保障作为一个重要的政策工具，对共同富裕目标的实现具有积极的推进作用。社会保障能够起到维护社会公平、增进人民福祉、促进经济发展、实现广大人民群众共享改革发展成果的重要作用。在中国共产党的带领下，中国人民消除了贫困问题，全面建成小康社会。社会保障作为脱贫攻坚的重要抓手和基础支撑，主要在两个方面发挥了不可或缺的作用。一是社会救助制度在标准设计、给付待遇等领域持续优化脱贫政策，并通过低保制度、特困人员救助制度等方式介入其中，发挥兜底作用。二是政府财政不断增加对贫困人口医疗保险、养老保险的补助支出，帮助贫困人口参与社会保险，解决贫困人口就医、养老问题，提升社会保险覆盖率。在迈向共同富裕的道路上，推动社会保障高质量发展、促进基本公共服务均等化等关系到人民群众美好生活关键任务仍需完成，保障项目统一性、保障体系完备性等影响共同富裕目标实现重要问题亟待解决。党的二十大报告指出，要健全覆盖全民、统筹城乡、公平统一、安全规范、可持续的

多层次社会保障体系。我们必须毫不动摇地推进社会保障的改革和发展，为推动和实现共同富裕提供有力保障。

一、社会保障与共同富裕的内在联系

共同富裕的核心要义是富裕和共享。“富裕”的内涵是在社会财富充分增长的基础上提升人民群众的生活福祉，“共享”是让人民群众能够公平地享受社会发展成果。社会保障则是通过制度、政策等对社会财富进行调节和再分配，促进社会财富分配格局更加公平公正，在此基础上不断提升人民生活水平。因此，实现共同富裕和推动社会保障发展具有内在一致性。

（一）共同富裕与社会保障理念互通

共同富裕与社会保障理念互通，两者都包含全民共享的思想理念。1951 年，为了保护工人职员的健康，减轻其生活中的困难，我国颁布并实行了《劳动保险条例》。依据此条例，国家对城镇职工及其家属实行了“劳动保险制度”和“公费医疗制度”，在农村则以互助保障制度为核心，建立了“五保”制度和合作医疗制度。这一条例的颁布与实施是新中国社会保障制度建设的探索和开端。从保障对象上来看，上述制度基本覆盖了我国全体人民，内含了“共享”的意蕴。1955 年，毛泽东在全国工商联执行委员座谈会议上首次提出共同富裕的思想，指出“我们还是一个农业国。在农业国的基础上，是谈不上什么强的，也谈不上什么富的。但是，现在我们实行这么一种制度，这么一种计划，是可以一年一年走向更富更强的，一年一年可以看到更富更强些。而这个富，是共同的富，这个强，是共同的强，大家都有份”。随后，在党的七届六中全会上毛泽东作《关于农业合作化问题》的报告中明确提出“共同富裕”的概念：“要巩固工农联盟，我们就得领导农民走社会主义道路，使农民群众共同富裕起来。”《劳动保险条例》所体现的“共享”意蕴与毛泽东所提出的“大家都有份”“共同富裕”理念互通。

进入新时代，习近平总书记提出“以人民为中心的发展思想”，其核心含义就是“共享”，即由人民群众共享发展成果。遵循这一理念，发展成果由人民共享，就不能停留在一部分人的先富上，也绝不能满足于少数人之间的“共赢”和局部地区内的“共富”。共同富裕是全体人民的共同富裕，既不能贫富悬殊过大，也不能只有少部分人享受，更不能是以牺牲部分人的福利而换取其他人的富裕。在共同富裕的征程上，每个地区、每个民族、每个人要共同奋斗，成果要全民共享，这才是真正意义上的共同富裕。社会保障是实现共同富裕，促进全民共享发展成果的重要途径。习近平总书记所提出的“完善覆盖全民的社会保障体系，促进社会保障事业高质量发展”要求，就是遵循这一理念，让经济社会改革发展的成果最大化地惠及全体人民。截至2020年末，我国参加基本养老保险人数达9.99亿人；基本医疗保险参保人数达13.6亿人，生育、工伤等各种社保项目覆盖人数不断增长。① 为全体人民共同富裕初步奠定了基础。2021年底，我国基本建成世界上规模最大的社会保障体系。

（二）共同富裕与社会保障价值重合

共同富裕与社会保障都共享公平的价值取向。实现社会公平是扎实推进共同富裕的重要价值目标。习近平指出，要“把实现人民对美好生活的向往作为现代化建设的出发点和落脚点，着力维护和促进社会公平正义，着力促进全体人民共同富裕，坚决防止两极分化”②，并强调，“我们必须紧紧抓住经济建设这个中心，推动经济持续健康发展，进一步把‘蛋糕’做大，为保障社会公平正义奠定更加坚实物质基础。”做大“蛋糕”是共同富裕的基本前提，分好“蛋糕”是共同富裕的结果保障。我国高度重视收入分配的问题，党的二十大报告提出：“分配制度是促进共同富裕的基础性制度。坚持按劳分配为主体、多种分配方式并存，构建初次分配、再分配、第三次分配协调配套的制度体系。努力提高居民收入在国民收入分配中的比重，提高劳动报酬在初次分配中的比重。坚持多劳多得，鼓励勤劳致富，促进机会公平，增加低收入者收入，扩大中等收入群体。”③ 三种

① 林闽钢.“十四五”时期社会保障发展的基本思路与战略研判［J］.行政管理改革，2020（12）：11－18.

② 习近平.高举中国特色社会主义伟大旗帜为全面建设社会主义现代化国家而团结奋斗——在中国共产党第二十次全国代表大会上的报告［M］.北京：人民出版社，2022.

③ 翟绍果，徐天舒.从城乡统筹到助推共同富裕：社会保障的现实挑战、制度逻辑与渐进路径［J］.中共中央党校（国家行政学院）学报，2023，27（02）：80－89.

分配制度相互协调配合，在促进共同富裕中发挥不同功能和作用。初次分配是根据市场规律和生产要素的贡献来获取报酬的过程，追求市场经济效率。在初次分配的过程中，生产要素配置不断优化，生产效率充分提高，社会财富的“蛋糕”被不断做大，为共同富裕提供物质支撑和基础前提。再分配则由政府主导，以公平为核心原则，运用税收、社会福利等手段调节社会财富分配。政府以税收的方式引导和调整个人、企业的经济活动，合理分配社会财富，实现分配公平。与此同时，政府还提供卫生、教育等基本公共服务的促进机会平等，注重普惠性发展，使经济社会发展可持续。三次分配则是对前两个制度进行补充，以公益和募捐等方式推动社会财富分配进一步趋于合理和公平。我国高度重视初次分配、再分配、三次分配制度体系建设，旨在逐步缩小社会群体之间的收入差距，不断改善和提高人民群众的生活质量，体现了我国不断推进社会公平正义，促进共同富裕的导向。

社会保障从本质上来说是对社会收入进行再分配，是一套以满足人民群众基本生活需要、缓和社会矛盾的社会保护体系，其中内在蕴含了公平的价值准则。党的二十大顺应新时代新征程的新要求，提出未来五年要健全“覆盖全民、统筹城乡、公平统一、安全规范、可持续的多层次社会保障体系”①。这一目标内在蕴含了公平的价值取向。“覆盖全民”体现了保障对象上的公平性。社会中的每个人都能够公平地享有社会保障，无论收入高低、从事何种行业，只要符合法律规定，都是受保障对象。“统筹城乡”强调区域的公平性。在全体社会成员都能够享受社会保障的基础上，要不断弥补城镇和乡村的保障力度差距和保障制度差异，推动社会保障更加公平。“公平统一”是对社会保障制度的整体性要求。要加大社会救助、社会保险的统筹力度，减少城镇和乡村之间，不同省份之间的差距，保证全体社会成员能够共享经济社会发展带来的成果。“安全规范”旨在以制度最大化保障公平价值实现。通过制订合理的政策、完善的管理机制，防止滥用和浪费社会保障资源，以保证社会保障资源的公平分配及合理利用。“可持续”是社会保障在未来发展上的公平性。社会保障制度应当合理安排各项内容和收支状况，从而保证这一体系的长期可持续发展。不仅现阶段人们能够享受到健全的社会保障，在未来也能够长期稳定地享受这

① 黄燕芬，孔伟艳．习近平收入分配思想研究［J］．武汉科技大学学报（社会科学版），2023，25（02）：147－155.

一保障。我国积极出台一系列政策推进社会保障事业公平稳定发展。2014年2月，国务院先后出台并推行《关于建立统一的城乡居民基本养老保险制度的意见》和《社会救助暂行办法》，推动城乡居民养老保险全国统筹和城乡社会救助制度的统一。2015年，国务院颁布《关于机关事业单位工作人员养老保险制度改革的决定》，将企业职工与机关事业单位养老保险统一，解决了长期以来职工养老存在差别的问题。2016年，《关于整合城乡居民基本医疗保险制度的意见》出台，城乡居民养老保险实现统一。2019年，国务院发布并实施《关于全面推进生育保险和职工基本医疗保险合并实施的意见》，医疗保险和生育保险实现统一。在指导思想和政策设计上，我国社会保障事业的公平价值充分显现，推动全体社会成员权利公平、机会公平、规则公平不断实现，进而保证了改革发展成果更多更公平地惠及全体人民。

（三）社会保障与共同富裕目标同向

共同富裕和社会保障都将增进民生福祉作为重要目标。马克思主义自诞生以来，就把实现全体社会成员的共同富裕与实现共产主义两个目标紧密联系起来。共产主义是社会发展的最终形态，是在实现社会全体人民共同富裕基础之上的每个人自由而全面发展。提高人民生活水平，不断满足人民群众对美好生活的需要是实现每个人自由而全面发展的必由之路。因此，在实现共同富裕的道路上，必须把提升民生福祉放在重要位置。新中国成立之初，我国所面临的是经济落后、民生凋敝的现象。社会主义改造完成之后，我国迅速开展社会主义现代化建设，在大力发展经济的同时，着重在民生建设方面下功夫。毛泽东同志也正是在这个时期提出了“共同富裕”的初步论述，在实践中不断提升民生福祉，在教育保障、医疗卫生保障和失业救济等方面建立起来了一系列制度。改革开放以来，中国特色社会主义进入新时期。邓小平同志明确指出，重视和改善民生、实现共同富裕是社会主义的本质要求，是社会主义优越性的集中体现；党和政府要致力于发展生产力，逐步提高人民的生活水平。“三个代表”重要思想、科学发展观也都对如何提高和改善民生作出了重要的指示。党的十八大以来，中国特色社会主义进入新时代，习近平提出了关于民生建设的系列思想，成为民生发展的重要理论指导。“为中国人民谋幸福”是不变的初心和使命，“以人民为中心”是最重要的发展思想，“增进民生福祉是发展的根本目的”是最终的目标定位。不仅要实现幼有所育、学有所教、劳有所得、病有所医、老有所养、住有所居、弱有所扶，更要实现“人民对美好生活的向往”。由此可见，我国现代化建设的路线随着时代不断向前发展，从物质文明和精神文明“两手抓、两手都要硬”，到“三位一体”“四位一体”和“五位一体”的总体布局，我国实现共同富裕的路径和目标不断清晰。

不断增进民生福祉是我国社会保障发展的出发点和落脚点，也是我国社会保障体系的重要发展目标。我国社会保障体系主要由社会救助、社会保险、社会福利和补充性社会保障共同构成。我国社会救助的定位是以缓解生存困难为导向的“兜底性”制度，为困难、弱势群体提供直接的资金支持和服务帮扶，保障其基本生存权利。我国社会救助水平与地区经济发展水平相适应，随着经济发展不断上升，2013～2021 年城市低保平均标准从每人每年 4480 元增长为 8537 元，农村低保平均标准从每人每年 2434 元提高为每人每年 6362 元，最低生活保障有了一定提升。我国社会保险旨在为全体人民遭遇重大风险时提供基本生活保障，如基本养老保险、基本医疗保险等。近些年来，随着经济社会的不断发展，社会保险力度也进一步提升。2013～2021 年，职工基本养老保险基金的人均支出从 1914 元/月增长到 3577 元/月，增幅为 87%；城乡居民基本养老保险基金的人均支出从 80 元/月增长到 191 元/月，增幅达 140%；基本民生保障水平显著提升。社会福利在提升民生福祉的过程中也扮演了不可或缺的一环。从其本质来看，社会福利既与社会救助相补充，为弱势群体提供帮扶；还在保障基本民生需要的基础之上，通过普惠型福利项目不断提升民众生活水平和民生福祉。我国在满足大部分民众的需求之外，也提供了补充性保障项目，如商业性养老保险、补充医疗保险等，让有需要的民众能够自行选择，进一步提升自身生活保障。我国的共同富裕不是强调绝对的平均主义和社会财富的整齐划一分配，而是在全体人民共同富裕的基础上容许存在一定的差别性，这也是补充性社会保障的定位和构建多层次社会保障体系的重要原因。

二、新时期我国社会保障的现状与挑战

社会保障在我国的建设和发展已经走过了 70 余年，经历了初创、探索和改革三个重大阶段，在增进民生福祉、助力实现美好生活上发挥了重要

作用，是我国社会运行的“保护网”和“稳定器”。随着中国特色社会主义进入新时代，社会保障事业的新挑战也随之出现，社会保障项目统一性不足、社会保障体系发展不完备、灵活就业群体保障缺位等问题亟待解决。

(一) 社会保障项目统一性不足

党的十八大以来，我国基本建成了全国统一的城乡居民基本养老保险制度和医疗保险制度，并在覆盖范围、缴费与使用等方面积累了一定经验，保障项目设置基本实现统一。但从保障项目管理来看，统一性建设仍然存在不足。保障项目筹资规则统一性主要地区之间存在差异，而保障力度统一性不足则在城乡之间、地区与地区之间有所显现。

第一，我国社会保障项目各地区筹资规则统一性不足。从养老保险制度来看，地区与地区之间的缴费标准参差不齐。在珠三角地区，大部分城市的企业所需要缴纳的城镇职工养老保险金额占比为12%，而在东北地区，企业则需要缴纳20%左右，差距较大。在医疗保险领域也有类似的情况，国家规定职工基本医疗保险的企业缴费比例为6%，但由于地区经济发达程度不同，地区间缴费比例也不同。例如，上海市医保局发布的文件规定企业缴费比例为10%，而贵州省多地仅与国家要求持平。

第二，社会保障项目在保障力度上统一性不足。首先，城市与农村之间在保障力度上存在较大差异。以养老保险为例，现行制度分为城镇职工基本养老保险和城乡居民养老保险。2020年，城镇职工基本养老保险的人均养老金约为3350元/月，城乡居民基本养老保险的人均养老金约为174元/月，前者是后者的19.3倍。按照《社会保险法》的现行要求，城镇职工基本养老保险由个人和企业按照一定比例共同承担，与居民收入挂钩；而城乡居民基本养老保险则由成员自行缴纳，政府虽然给予一定补贴，但补贴程度较为有限。根据国务院下发的《关于建立统一的城乡居民基本养老保险制度的意见》，国家规定城乡基本养老保险年缴费额最低为100元/年，最高为2000元/年，共计12个档位；选择500元以下缴费档位的每年政府补助标准不得低于30元，选择500元以上档位的补助不得低于60元，各地区可以按照自主增设一部分档位。尽管各个地区的补贴金额基本都高于国家规定的相关标准，但与城镇职工养老保险相比仍然差距较大。其次，地区与地区之间保障力度也存在较大差异。根据各地区人力社保部门发布的相关数据，2022 年城乡居民的每人每月基础养老金最低给付标准，上海市为 1300 元，北京市为 887 元，厦门市为 660 元，江西省为 123 元，贵州省为 113 元。保障力度的不统一对地区发展和经济建设造成了一定影响。城乡之间的保障力度不统一会导致农村劳动力大量流失，城市与乡村之间经济发展速度进一步扩大，加剧城乡之间对立，不利于社会稳定。而地区之间的保障力度不统一则容易造成非公平竞争和地区发展不均衡的问题，增加中央政府的负担。保障力度的不统一所形成的经济发展不平衡状况还会影响我国现代化建设进程，不利于推动共同富裕的实现。

（二）社会保障体系发展不完备

随着经济社会发展，我国社会保障体系的覆盖范围显著扩大、待遇水平逐步提高、保障功能不断增强。虽然我国社会保障体系建设在近些年建设成效显著，但是进入新时代，我国社会保障体系在公共服务供给上仍然存在短板，补充性保障项目发展仍需要提速。

我国面向老人和幼儿的公共服务发展不完备。随着经济社会发展，我国人口结构、家庭结构、劳动力市场结构发生了较大变化，诸如养老、托育等部分服务无法再依靠家庭内部自行解决，需要政府通过一系列政策措施增加相应服务。我国目前已经进入深度老龄化阶段。国家统计局发布的数据显示，截至 2021 年年末，我国 60 岁及以上人口 26736 万人，占全国人口的 18.9%，其中 65 岁及以上人口 20056 万人，占全国人口的 14.2%。根据全国老龄委公布的数据，2020 年，我国 60 岁以上失能老人超过 4200 万人，约占老年总人口比例的 16.6%。《中国养老服务蓝皮书（2012—2021）》预计，到 2030 年我国失能老人总人口将达到 1 亿人。数量众多的失能老人需要长期照护，即需要提供基础医疗护理及与之相关的生活照料服务。随着家庭结构变化以及劳动力外出就业影响，我国目前的家庭结构大多为双职工家庭，依靠家庭提供长期照护服务的可持续性较低，长期照护逐渐转变为社会服务。我国传统与养老服务有关的公共政策长期聚焦于自理老人，对失能老人的照护服务侧重不高。随着失能老人数量的不断增加和以家庭为核心的传统照护方式逐步瓦解，我国需要尽快出台较为完备的有关长期照护服务的公共政策。

家庭结构的变动不仅使原有的养老照护服务逐渐社会化，也暴露出了三岁以下幼儿托育服务的较大短板。由于近几年我国人口结构的变化，原有的计划生育政策逐渐退出历史舞台。在当前背景下，托育服务社会化的重要性逐渐凸显，这一产业的发展也成为影响着家庭稳定和社会和谐的重要因素。党的二十大报告提出要“建立生育支持政策体系，发展普惠托育服务体系”，再次强调了这一服务发展的重要性。

我国补充性保障项目发展规模和增速不足。补充性保障项目对于我国社会保障事业建设具有重要意义。一方面，发展补充保障可以满足社会成员个性化、多样化的福利需求。现代社会越来越注重社会成员的个性化需求，而基本社会保障通常只能提供基本福利，难以满足个性化需求。另一方面，发展补充保障可以减轻政府负担。随着老龄化、少子化和用工灵活化等现象的出现，社会成员对社会保障的需求增加。单靠政府的基本社会保障无法应对这些增加的社会风险。通过发展补充保障，调动社会和市场主体的力量，在政府引导下共同应对增加的社会风险，符合社会保障制度与中国社会健康发展的现实要求。我国补充性保障项目起步较晚、发展不足。以企业年金发展为例，我国企业年金发展明显滞后。从人力资源和社会保障部发布的 2022 年度《全国企业年金基金业务数据摘要》来看，建立企业年金的单位有 128016 个，参加人数为 3010.29 万人。从国家市场监督管理总局和国家统计局公布的数据来看，截至 2022 年我国拥有法人企业 5600 万个全国企业法人单位中仅有 0.22% 的企业建立了企业年金，参与企业年金的人数仅有 5.98%。虽然企业年金设立以来我国的参与人数和企业逐年上升，表现出向好发展态势，但是相比于逐年增加的法人企业建立数量、职工就业人数，企业年金设立的增速总体不足。

（三）灵活就业群体保障缺位

随着互联网产业的蓬勃兴盛，共享经济、平台经济等新经济业态得到充分发展，灵活就业人员数量不断增多。《中国灵活用工发展报告（2022）》蓝皮书资料显示，截至 2021 年年底，我国灵活就业者总数达到 2 亿人，占总劳动人口 7.5 亿人比重超四分之一。随着灵活就业人员数量的不断增加，维护好、保障好这类人员的各项权益也变得愈发重要。从国家层面看，灵活就业有效减轻了我国困难群体的就业压力，为我国解决就业这一最为重大民生问题做出了巨大贡献。党中央高度关注灵活就业人员的保障问题，党的二十大报告提出“完善劳动者权益保障制度，加强灵活就业和新就业形态劳动者权益保障”。灵活就业人员在创造社会财富的同时，对于传统的固定劳动关系造成了解构和冲击，也对依托传统劳动关系的社会保障制度提出了新挑战。灵活就业人员的社会保障缺位主要体现在现行社会保障制度参保方式适应性不足和缴费比率设置较高两个方面。

第一，参保方式适应性不足。根据我国现行法律和相关条例要求，工伤、生育等保险与劳动合同挂钩，由劳动者所在的公司进行缴纳，个人无法自行参与。但根据第八次全国职工队伍状况调查报告，全国仅有43%的新就业形态人员与平台企业或第三方外包公司签订了劳动合同，29%的人签订了劳务协议，其余28%的人没有签订任何形式的合同或协议，许多灵活就业人员无法享受到职业伤害保护。针对这一情况，目前多数平台选择的是商业化保险。以外卖平台为例，运营平台每天收取接单骑手最低3元的商业保险，涵盖人身意外和第三者责任险，最高可以享受20万元的意外伤害赔付。这种以商业保险作为职业保护方式的缺点也十分明显，一是缴纳成本较高，增加灵活就业人员负担；二是保障效能不稳定且持续性较差；三是外卖平台没有履行必要的责任和义务，不利于产业良性发展。生育保险参保问题也同样突出，我国生育保险的缴费主体为用人单位，且已与职工基本医疗保险并轨实施，个人无法单独参保。据统计，2021年我国灵活就业人员约为2亿人，但仅有4500万人参与职工医疗保险。大部分灵活就业人员因为户籍、就业时限等因素限制，选择自行参加城乡基本医疗保险，但生育保险并不涵盖在城乡基本医疗保险内。这就导致女性从业人员在生育期间无经济来源且无法享受生育保险，基本生活难以维持。

第二，现行缴费比率设置较高。与固定劳动关系的企业职工相比，灵活就业人员需要自行缴纳全部社会保险费用。按《社会保险法》的要求，参保比率一般为个人8%，单位不超过20%。其中单位缴纳部分计入社会统筹，个人缴纳部分计入个人账户。而根据国务院下发的相关文件要求，灵活就业人员参与职工基本养老保险的，按照总费率20%，由个人自行全额缴纳。其中计入社会统筹部分12%，个人账户部分8%，整体缴费费率偏高。根据自身情况需要，灵活就业人员可以自行选择缴费档次。但由于灵活就业人员工资收入稳定性较低且收入总金额不高，与缴费基数存在一定差距。而现行政策要求，如果收入总数未达到缴费线下限，则需按照最低线缴纳相关费用，出现“低收入，高缴费”的情况，会进一步加重灵活就业人员的缴费负担。部分灵活就业人员难以负担，只得选择断缴或退保，转而参与费率较低的城乡基本养老保险，但保障力度较低，无法满足保障需求。

三、新时期我国社会保障制度建设的路径探索

进入新时期，面对新变化，我国社会保障事业建设需要开拓新局面。在现有建设成果的基础之上，要优化各个保障项目的筹资规则，统筹各个项目的保障力度，进一步提升社会保障项目公平性。增加部分公共服务和补充性项目的供给，弥补市场空缺。同时面对经济发展的新形态，要从整体上提升现有社会保障制度的适应性，扩大社会保障制度的覆盖面，使法定人群都能够得到相应保障。

（一）优化社会保障项目筹资规则

从我国现有社会保障各项目的筹资规则来看，社会救助和社会福利的各项资金基本由国家财政支付，筹资规则相对清晰稳定。与之相比，社会保险领域筹资规则的统一性需要进一步加强。首先，制定统一的社会保险缴费基数确定方法，特别是明确个人和单位的缴费基数确定方法。由于我国的社会保险基金筹资与工资挂钩，因此要制定严密细致的工资收入核定与计算方法，将工资构成、计算方式及统计规则进行统一，以便能够精准计算单位及社会成员的社会保险缴费基数。其次，建立和完善社会保险精算制度。应当明确和统一费率调整规则和调整时间周期，防止各地区阶段性筹资差距过大，同时给予社会成员和单位充足的调整和缓冲预期。最后，持续优化中央政府与地方政府的筹资责任比例。一是要动态调整中央政府和地方政府对社会保险的筹资比例，及时评估各地方政府的财政支付能力，对于欠发达地区中央政府应当逐步加大财政和转移支付等方式的支持力度，以此提升政府在基金筹集中的比例，防止地区出现社保资金不足的风险。二是适当地颁布定向性、激励性政策，引导和支持相关企业与利益主体在有需要的地区发展，提升地方政府筹集相关项目基金的能力，减少地区差距的同时缓解对于中央政府的依赖情况。

（二）提升社会保障项目统筹力度

当前，我国正处在推进社会保障项目城乡、地区之间统筹发展的关键

期，在标准设计、管理制度等方面的建设任务仍然艰巨。在社会保险领域，我国农村社会养老保险与城镇居民养老保险虽然已经实现制度“并轨”，但在管理制度、缴费及待遇等方面的差距仍然存在。扎实推进共同富裕离不开社保基金的支持和参与，因此必须大力推进社保基金统筹建设，充分发挥其共济职能。推进社会保障项目城乡统筹，可以在以下三个方面着重建设：第一，以政府主导、社会参与的方式推动农村社会保障提质增量。一方面，国家财政在社会保障上的支出应当进一步向农村倾斜，提升农村社会保障水平；另一方面，引入和加强慈善事业、商业性保险支持农村社会保障建设。政府要充当规范性角色，在参与流程、合作原则及成本把控上加以控制，鼓励和引导符合要求的社会主体参与农村社会保障建设，在一定程度上分担政府职能。第二，减少农民与城镇居民社保权益差距。例如，建立覆盖全民的生育津贴制度，将职业伤害的保障范围由城镇职工扩展到农民群体等。第三，在前期统筹工作的基础之上，逐步修改现有法律法规和政策规定，使其与相关制度更加适配，增强时效性。弥合地区之间社会保障差异，一方面要针对社会保障项目保障力度较低地区设立补充性保障项目，尽可能提升地区社会保障项目水平；另一方面，应当进一步平衡各地区社会保障项目的运行成本。优化社会保障项目办事流程，减少非必要手续和资金的投入，将部分节省资金转化用于社会保障项目之中。并且建立必要的财政转移支付机制和资金调节机制，增强社会保障项目资金在各地区之间的流动，平衡地区差异，推动社会保障高质量发展。

（三）增加社会公共服务和补充性项目供给

针对公共服务供给不足的问题，应当进行分层分类解决。第一，对于现有体系进行一定的完善和优化。2016 年，我国启动长期护理保险制度试点和建设工作，先后有 49 个城市参与到了试点工作当中。在试点过程中，各个城市根据自己的特点进行了一定程度的创新和改善，形成了一些有特色、有效果、可复制的经验和做法，应当加以借鉴和总结，形成切实有效的制度进行推广，完善和优化原有的长期护理保险制度。同时，针对现有需求，发展以居家养老和社区养老照护为核心，涵盖养老、医疗、大健康的服务供给体系。在服务人群上，着重关注失能和半失能人群的照护工作。第二，提升现有服务质量。在托育服务领域，要在政府的支持和监管下，引入各类社会优质资源和市场竞争机制，保证资源供给的安全性和有效性。对于托育服务从业人员，一是要加大培训力度，保证其专业性和匹配性。设立动态考核机制，保证托育服务人员提供服务的高水平。二是要时刻对托育服务相关企业和从业人员保持高监管力度，保障幼儿安全成长。第三，增加优质公共服务供给。加大对高需求公共服务投入力度，增强公共服务市场化运营程度，鼓励优质社会资源参与其中，丰富公共服务供给。调整战略重心，将高质量教育体系和医疗体系放在核心位置，着重优先发展。同时注重城市与乡村之间、地区与地区之间的资源下沉和协调发展。

在推动社会保障建设的过程中，应当促进补充性保障的协同发展，推动优质项目建设。在资金层面，国家应当进一步拓宽筹资渠道。2019 年开始，我国启动了国有资本划归社保基金工作。但从目前的效果看，资金仍然存在一定的缺口，因此可以稳步扩大划归比例，继续增加部分资金。此外，还可以通过不断优化税制结构来为社会保障的发展提供更加有力的财政支持。在政策层面，应当出台相应的优惠措施来为企业年金、个人养老金等补充保障项目的发展空间。同时对于老年人、残疾人等特殊人群，应当丰富照料呵护服务、健康提升类补充项目的发展。较为发达地区可以推出定制化照料及看护服务等项目，提高社会保障项目供给更加精准。在增加项目的同时不断优化市场格局，吸引部分企业的加入，形成多元参与的格局，增加市场主体，提高供给效率及效能。

（四）提高社会保障制度适应性

随着灵活就业人员基数的不断扩大，社会保障制度的适应性也应当随之不断提升。首先，在现有制度保持稳定的情况下，应当对灵活就业人群的参与方式进行一定的改革并积极开展相关试点。针对这类人群的制度应当逐步从社会保障制度以“劳动关系”为核心转向以“个人专有账户”为核心。以自然月为单位对就业人员收入进行累进统计，并以此确定扣缴基数。这样既能够避免就业人员因为短期用工、未按时缴存而无法享受相应社会保障，造成自身权益受损；还能够避免企业雇佣临时劳动人员但并未履行缴费职责。但与此同时，也应当对于企业合法权益进行一定的保护，根据就业人员在各个企业的用工时长，合理地进行缴存比例的分配，保证企业的损失不会受到损害。

其次，根据灵活就业人员自身的特点，政府可以探索并设立特有的失业、工伤保险制度，由灵活就业人员独立自主缴纳，满足灵活就业人员的保障需要。针对现有平台企业选择的商业保险进行一定的规范和引导，如果符合准入机制，也可参与到灵活就业人员的保障中来。同时，明确灵活就业人员的认定要求和行为规范，避免有人“钻空子”，挤占真正灵活就业人员的保障空间，降低保障效能。对于生育保险，除了设立面向全民的生育津贴之外，应当将生育保险纳入城乡基本医疗保险，增强其覆盖范围。

最后，适当调节降低准入门槛，提供部分补贴。对于灵活就业人员，可以适当降低缴纳基数，具体可以参照各地最低工资标准为起付基准线，允许灵活就业人员适当降低缴纳金额，但与此同时要在一定程度上延长缴费年限，以保证社会公平性。对于低收入人员和困难人员，在降低缴费基准的基础之上政府给予一定的补贴，按比例计入个人账户和社会统筹账户，降低灵活就业人员因为经济困难而无法参与社会保险的风险，提升灵活就业人员参保的稳定性。

参考文献：

[1] 郑功成．共同富裕与社会保障的逻辑关系及福利中国建设实践［J］．社会保障评论，2022，6（01）：3－22.

[2] 陈旭辉．促进共同富裕的社会保障制度改革研究［J］．南方金融，2023（01）：78－89.

[3] 金红磊．高质量社会保障体系推进共同富裕：多维一致性与实现路径［J］．社会主义研究，2022（01）：91－96.

[4] 刘欢，向运华．基于共同富裕的社会保障体系改革：内在机理、存在问题及实践路径［J］．社会保障研究，2022（04）：45－59.

[5] 何文炯．建设适应共同富裕的社会保障制度［J］．社会保障评论，2022，6（01）：23－34.

[6] 汤素娥，柳礼泉．习近平关于增进民生福祉重要论述的理论意涵与实践要求［J］．海南大学学报（人文社会科学版），2022，40（05）：29－35.

[7] 申曙光．中国社会保障改革发展的新目标与新思维［J］．人民论坛·学术前沿，2021（20）：62－69＋95.

[8] 童成帅，周向军．新时代共同富裕的生成基础、逻辑内涵与实践进路［J］．西北农林科技大学学报（社会科学版），2023，23（02）：7－15.

《共产党宣言》中的“世界交往”理论与新时代中国外交

陈修琪

摘　要：《共产党宣言》体现的唯物史观和马克思主义的“世界交往”理论，为新中国外交特别是新时代中国外交奠定了坚实的理论基础，提供了科学指南。当前，面对世界百年未有之大变局加速演进，中华民族伟大复兴进入关键时期的新形势，我们要坚持以习近平外交思想为指引，坚持胸怀天下，全面推进中国特色大国外交，将推动构建人类命运共同体作为总体目标，将积极促进“一带一路”国际合作作为重要平台，将着力构建中国特色话语体系作为有力支撑，促进世界交往不断扩大，助力世界历史深化演进，开创人类更加美好的未来。

关键词：世界交往；人类命运共同体；“一带一路”；中国特色话语体系

习近平总书记在党的二十大报告中指出：“我们所处的是一个充满挑战的时代，也是一个充满希望的时代。中国人民愿同世界人民携手开创人类更加美好的未来！”[1]P63 发表于1848年的《共产党宣言》是马克思主义学说诞生的标志，指明了人类社会未来发展的必然趋势。当前，世界百年未有之大变局正处于加速演进之中，中华民族伟大复兴进入一个十分关键的时期，中国的对外交往随之不断扩大。《共产党宣言》中揭示的“世界交往”理论，为我们理解马克思主义的“世界历史”理论，掌握当今世界的时代特征和发展方向，坚定不移推进高水平对外开放，推动构建人类命运共同体，积极促进“一带一路”国际合作，提供了理论基础、实践方法和价值指引。

一、《共产党宣言》中的“世界交往”理论：新时代中国外交的理论基础

唯物史观是马克思主义的基石，为马克思主义的产生发展奠定了科学理论基础。早在“包含着新世界观天才萌芽的第一个纲领性文件”——《关于费尔巴哈的提纲》中，马克思就明确提出，人的本质“在其现实性上，是一切社会关系的总和”，[2]P135自觉地清除了费尔巴哈旧唯物主义的影响，为全面创立唯物史观清除了最后的障碍。在标志着马克思主义诞生的《共产党宣言》中，马克思和恩格斯再次深化了对唯物史观的认识。在1883年德文版序言中，恩格斯提出：“贯穿《宣言》的基本思想：每一历史时代的经济生产以及必然由此产生的社会结构，是该时代正是政治的和精神的历史的基础”。[3]380只有从这一科学的历史判断出发，世界历史才能第一次得到了科学的说明。由此可见，建立在“交往”基础上的“世界历史”理论是马克思主义的重要内容之一。

“交往”是唯物史观的重要范畴之一。19世纪的工业革命及其后出现的世界范围内的交通和通讯革命变革，世界由此进入了密集交往着的时代。马克思主义的“世界交往”理论应运而生。马克思主义视域中的“交往”主要包括物质交往和精神交往两种形式。“过去那种地方的和民族的自给自足和闭关自守状态，被各民族的各方面的互相往来和各方面的互相依赖所代替了。物质的生产是如此，精神的生产也是如此。”[4]404物质交往对于精神交往具有决定性意义，精神交往则对物质交往起着重要的推动作用。按照马克思主义的理论逻辑，伴随着社会生产力的发展，人类的物质交往和精神交往将会不断扩大，地域性和民族性的历史正在并终将会转变成为世界性的历史，这是一个不可逆转的历史发展潮流。其中，“世界交往”是关键的一环。

历史向“世界历史”转变的根本原因，是生产力发展以及与之相适应的交往的普遍发展。马克思主义创始人坚持辩证的思维方式，从不回避资产阶级的进步作用。马克思在《共产党宣言》中坦言：“资产阶级在历史上曾经起过非常革命的作用。”[5]402资产阶级的出现和运行使整个社会生产力得到了快速革新。尤其是在资本主义原始积累和扩张的历史阶段，“不断扩大产品销路的需要，驱使资产阶级奔走于全球各地。它必须到处落

户，到处开发，到处建立联系。”[6]404因此，资产的发展在客观上造成了世界交往的不断扩大，进而促进了世界历史的形成。而“实现共产主义的重要前提之一，是地域性的历史转变为世界性的历史”。[7]17同时，马克思主义的创始人还明确指出，在这一历史进程中，“资产阶级不仅锻造了置自身于死地的武器；它还产生了将要运用这种武器的人——现代的工人，即无产者。”[8]406由于资本主义发展的基本矛盾，终归会被更为先进的社会主义所替代。由此可见，在《共产党宣言》中，与唯物史观一同得到理论升华的，就有马克思主义的“世界交往”理论。

马克思恩格斯明确指出，西方资本主义国家主导的“世界交往”是不平等的，代表着一种旧的世界秩序。“资产阶级，由于开拓了世界市场，使一切国家的生产和消费都成为世界性的了”。[9]404资本主义的发展在客观上促进了国家间的密切交往。但资本积累的盲目性、侵略性和霸道性决定了资本主义在将世界逐渐联系起来的同时，带来的是利益捆绑、军事威胁、地区分裂、世界文明趋同等等诸多弊病。《共产党宣言》用中性的话语表达过这种可能：“资产阶级，由于一切生产工具的迅速改进，由于交通的极其便利，把一切民族甚至最野蛮的民族都卷到文明中来了。……一句话，它按照自己的面貌为自己创造出一个世界。”[10]404一方面，在资本主义文明主导下的全球生产方式的一体化发展趋势，成为导致政治和文化领域的同质化的物质基础。而上层建筑的同质化又进一步加强了物质生产领域的利益捆绑和彼此依赖。另一方面，资本主义文明主导的全球一体化进程发展至今，不但没有实现全世界的共同发展，还导致了日益加剧的全球分裂和贫富差距。资本所到之处，“统治—被统治”的二元结构和权力支配关系在社会生活的各个层面上被不断地再生产出来。[11]77－82正如《共产党宣言》所洞见的，“资产阶级使农村屈服于城市的统治。它创立了巨大的城市，使城市人口比农村人口大大增加起来，因而使很大一部分居民脱离了农村生活的愚昧状态。正像它使农村从属于城市一样，它使未开化和半开化的国家从属于文明的国家，使农民的民族从属于资产阶级的民族，使东方从属于西方。”[12]405由此可见，这种资本主义文明主导产生的“世界交往”，是以资本为中心的，具有“同化—分裂”的畸形逻辑。简而言之，以资本为中心的“世界交往”，在不断突破旧社会的物质生产方式、政治等级制度和文化樊篱的同时，又在各国内部与各国之间不断构建出新的分裂与失序。

新中国成立以来特别是改革开放以来，中国综合国力不断增强，中国与世界各国的联系逐渐深入展开。尤其是中国特色社会主义进入新时代，中国更加深度地参与“世界交往”。2021 年 10 月 14 日，习近平总书记以视频方式出席第二届联合国全球可持续交通大会开幕式并发表主旨讲话强调：交通是经济的脉络和文明的纽带。纵观世界历史，从古丝绸之路的驼铃帆影，到航海时代的劈波斩浪，再到现代交通网络的四通八达，交通推动经济融通、人文交流，使世界成了紧密相连的“地球村”。因此，从这里我们也可以看到，随着“世界交往”的扩大，“两个必然”终会实现，人类终将解放，并且不断自由而全面地发展着。因此，“世界交往”理论是新时代中国扩大对外交往的重要理论基础和科学指南。

二、推动构建人类命运共同体：新时代中国外交的总体目标

在人类历史发展的进程中，我们无数次看到：孤立、封闭往往与落后相联系；交往、开放则带来进步与发展。1984 年 10 月，邓小平同志指出，“中国长期处于停滞和落后状态的一个重要原因是闭关自守。经验证明，关起门来搞建设是不能成功的，中国的发展离不开世界”。[13]78 闭关自守不可取，屈服于西方资本主义国家的霸权和强权更是万万不可能的。根据不断发展的世界形势，习近平总书记深刻指出：“这个世界，各国相互联系、相互依存的程度空前加深，人类生活在同一个地球村里，生活在历史和现实交汇的同一个时空里，越来越成为你中有我、我中有你的命运共同体。”[14]272 构建人类命运共同体思想是习近平外交思想的重要组成部分，这一重要思想的提出和实践让新时代中国在保持自身独立与发展的前提下，担当起为人类做出新的更大贡献的重任。

构建人类命运共同体的思想与《共产党宣言》中的“世界交往”理论具有内在的深刻的统一性。“构建人类命运共同体”既是世界交往发展到当今阶段的客观要求，又打破了资本主义交往方式带来的弊端，帮助“世界交往”实现健康可持续发展。

人类命运共同体注重促进尊重文明多样性前提下的交往。当今世界，开放包容、多元互鉴是主基调。人类历史始终在不同民族、不同文化的相遇相知中向前发展、不同文化的相遇相关中间前发展。文明的繁盛、人类的进步，离不开求同存异、开放包容，离不开文明交流、互学互鉴。应坚

持世界是丰富多彩的、文明是多样的理念，让人类创造的各种文明交相辉映，编织出斑斓绚丽的图画，共同打破阻碍人类交往的精神隔阂，让文明交流互鉴、和谐共存，让人人享有文化滋养。在21世纪人类文明的大家园中，各国虽然历史、文化、制度各异，但都应该彼此和谐相处、平等相待，都应该互尊互鉴、相互学习，摒弃一切傲慢和偏见。唯有如此，各国才能共同发展、共享繁荣。

人类命运共同体注重促进世界民族大融合前提下的交往。当今世界，相互联系、相互依存是大潮流。随着商品、资金、技术、信息、人才的高度流动，无论近邻还是远交，无论大国还是小国，无论发达国家还是发展中国家，正日益形成利益交融、安危与共的利益共同体和命运共同体。冷战思维、阵营对抗已不符合时代要求。一体化的世界就在那儿，谁拒绝这个世界，这个世界也会拒绝他。

人类命运共同体注重促进各国公平正义前提下的交往。新中国成立以来始终坚持独立自主的和平外交政策，积极负责任地参与处理国际事务，在和平共处五项原则基础上同各国发展友好合作关系，在丰富的实践中不断探索上述命题的解决方案。习近平总书记在倡导推动构建人类命运共同体重要理念的同时，开创性地提出推动构建相互尊重、公平正义、合作共赢的新型国际关系，要走出一条国与国交往的新路。世界大潮滚滚向前，西方那种殖民主义的老路是走不通的。中国历来主张，每个民族国家都一律平等，共同享受独立和尊严。我们尊重各国人民自主选择的发展道路。我们坚决反对干涉别国内政，坚决维护国际公平正义。我们要顺应时代潮流，反对冷战思维和霸权主义，坚定不移走和平发展之路。

人类命运共同体注重促进各国互利共赢前提下的交往。任何自私自利、嫁祸他人、颠倒是非、混淆黑白的做法，不仅会对本国和本国人民造成伤害，而且会给世界各国人民带来伤害。任何国家都不能通过破坏他国利益而谋取私利，也不能从他国的动荡混乱中收获自身的稳定。全球事务应该由各国共同协商、共同治理，不能搞“一国独霸”或“几方共治”。那种以邻为壑、转嫁危机、蛮横霸道、损人利己的做法，既不道德，也难以持久，应该接受谴责。经济全球化促成了贸易大繁荣、投资大便利、人员大流动、技术大发展，是世界大势。各国不应将精力放在技术垄断和造谣抹黑上，而应当以彼此的发展作为自身发展的宝贵契机，抓住机会共谋发展，让发展成果惠及世界各国，让人人享有富足安康，建立更加美好的世界。

在21世纪的第二个十年，伴随着“人类命运共同体”的提出，共产主义的幽灵从欧洲游荡到整个世界，给世界带来了历史如何继续演进的新答案和新希望。

三、积极促进“一带一路”国际合作：新时代中国外交的重要平台

中国创造性地提出了“一带一路”国际合作倡议，其本质是一种国际交往，是对《共产党宣言》中“世界交往”理论的实际运用和创新发展。“物质的生产是如此，精神的生产也是如此。各民族的精神产品成了公共的财产。民族的片面性和局限性日益成为不可能，于是由许多种民族的和地方的文学形成了一种世界的文学。”[15]404 “一带一路”国际合作顺应时代发展的同时，注重倡导所有参与国不论大小一律平等，无论是发达国家还是发展中国家都可以加入经济合作中，其明显不同于西方发达国家主导的经济全球化，是实现经济全球化包容性发展的典范。2013年秋天，习近平主席提出共建“一带一路”倡议。今年是共建“一带一路”倡议提出10周年。在各方的共同努力下，这一倡议从蓝图变成广受欢迎的全球公共产品和开放合作的国际合作平台，为各国经济发展、民生改善带来实惠。

从共建“一带一路”倡议的深厚历史传承来看，交往是其初衷。2000多年前，我们的先辈怀着的正是友好交往的朴素愿望，开辟了古丝绸之路，开启了人类文明史上的大交流时代。1000多年前海上丝绸之路兴起，开启人类文明交融新时期。古丝绸之路绵亘万里，延续千年，是一条贸易之路，更是一条友谊之路，凝聚了先辈们对美好生活的追求，促进了亚欧大陆各国互联互通，推动了东西方文明交流互鉴，为人类文明发展进步作出了重大贡献。

从共建“一带一路”倡议的巨大现实贡献来看，交往是其结果。进入21世纪以来，面对各种全球性挑战，要和平、谋发展、促合作日益成为世界各国的共同关切和强烈愿望。“一带一路”倡议坚持经济合作与人文交流双轨并行，通过文明交流互鉴来超越文明隔阂，为了进一步推动构建人类命运共同体夯实人文基础。10年来，中国同各方推动教育、科技、文化等各领域人文交流合作，中外文化交流持续向多领域、深层次发展。据世界银行研究报告，共建“一带一路”将使相关国家760万人摆脱极端贫

困、3200万人摆脱中度贫困，将使参与国贸易增长2.8%～9.7%、全球贸易增长1.7%～6.2%、全球收入增加0.7%～2.9%。[16]20-24由此可见，“一带一路”倡议给有关国家的人民带来了实实在在的民生福祉，也促进了“世界交往”的不断扩大、不断加深，为世界历史的形成和人类解放提供了强劲动力。

从共建“一带一路”倡议的丰富发展经验来看，交往是其未来。“一带一路”倡议不搞封闭排他的“小圈子”，而是着力构建全球互联互通伙伴关系，秉持共商共建共享原则，走出一条互利共赢的康庄大道。倡导多边主义，把各方的优势和潜能充分发挥出来，聚沙成塔、积水成渊。无论是公路、铁路、航路还是网路，路通到哪里，中国同世界各国的合作就在哪里。截至2022年底，中欧班列累计开行突破6.5万列、运输货物超600万标箱、货值3000亿美元，已开通运行82条线路，联通欧洲24个国家200多个城市。中老铁路通车一年，已经累计发送旅客1600多万人次。2023年8月，中国援助印度尼西亚建设的第一条海外高铁“雅万高铁”开通运营。此外，中缅油气管道修通后，通过该管道运往中国云南提炼的原油已经突破4000万吨。[17]20-24新形势下推进“一带一路”国际合作，要着眼于打通内陆开放、向西开放通道，畅通海上开放通道，在提升“向东”开放水平的同时，加快“向西”开放步伐，推动内陆沿边地区成为开放前沿，实现开放空间逐步从沿海、沿江向内陆、沿边延伸。

如今，在后疫情时代，世界各国迫切需要进一步扩大交往，并肩协作，合力建设开放型世界经济，打造更具韧性的区域和全球产业链，实现合作共赢。中国的“一带一路”倡议对实现这一目标非常重要。中国坚持扩大高水平对外开放，人员、货物、资金和技术跨境流动更加便捷。中国开放发展的活力不断增强，为世界经济复苏贡献了更强动力。一个更加开放的中国将在促进世界交往中发挥更加重要的作用。

四、着力构建中国特色话语体系：新时代中国外交的有力支撑

落后就要挨打，贫穷就要挨饿，失语就要挨骂。进入新时代，中国已经摆脱了“挨打”和“挨饿”的问题。面对西方国家在意识形态领域不遗余力地抹黑和围追堵截，解决“挨骂”的问题刻不容缓。进入新时代以

来，中国在不断实现自身高质量发展的同时，展现出更多负责任大国担当。但是，中国的发展让一些西方国家感到了所谓“威胁”，同时，资本主义的发展在当代社会也遭遇了前所未有的危机。早在《共产党宣言》中，马克思和恩格斯就曾尖锐地提出：“资产阶级的生产关系和交换关系，资产阶级的所有制关系，这个曾经仿佛用法术创造了如此庞大的生产资料和交换手段的现代资产阶级社会，现在像一个魔法师一样不能再支配自己用法术呼唤出来的魔鬼了。……社会所拥有的生产力已经不能再促进资产阶级文明和资产阶级所有制关系的发展；相反，生产力已经强大到这种关系所不能适应的地步，它已经受到这种关系的阻碍；而它一着手克服这种障碍，就使整个资产阶级社会陷入混乱，就使资产阶级所有制的存在受到威胁。”[18]405-406为了维护自身在全球的利益链条，以及转移国内视线和转嫁国际危机。这些西方国家在经济上对中国大搞“单边主义”，设置“壁垒”的同时，在意识形态领域恶意妖魔化、污名化中国，力图破坏中国正常的对外交往。因此，着力构建中国特色话语体系，是为中国大国形象正名的重要方式，也是新时代中国外交的有力支撑。

关于话语传播的实践充分证明，异质化、差异化和个性化的话语往往更受人青睐，特色鲜明的话语通常具有更强的传播放大效应。自身话语的传播力决定国际交往的影响力。面对在国际舆论斗争中“失语挨骂”的问题，为了着力扭转国际话语体系中“西强我弱”的态势，我们必须加快构建中国特色话语体系，通过更为鲜明的“中国特色”增强信息传播力、扩大话语影响力、掌握国际话语主动权，更好展现新时代中国社会和中国人民的精神风貌，让世界重新认识和了解中国，为中国未来持续稳定对外交往和发展营造有利的舆论氛围。这就要求我们坚持马克思主义理论指引、扎根当代中国建设实践、汲取中华优秀传统文化。

坚持马克思主义理论指引，奠定中国特色话语体系的理论基础。中国哲学社会科学是在马克思主义指导下形成和发展起来的。马克思主义为中国哲学社会科学话语体系建设明确立场原则，强化价值引领，提供学理支撑。彰显话语体系的中国特色，必须坚持以马克思主义观察时代、解读时代、引领时代，自觉讲好中国人民推动和创造伟大社会变革的中国故事，建设具有强大凝聚力和引领力的社会主义意识形态。

扎根当代中国建设实践，丰富中国特色话语体系的时代内涵。实践是话语体系生成的源泉，实践与话语体系之间构成内容与形式的辩证关系。话语体系的特色归根到底由实践所赋予，越是深入实践、植根实践，就越能反映实践的本质，越能体现话语体系的独有特色。且14亿多人口的中国大地上每天都千变万化，中国特色社会主义道路的成功为我们讲好中国故事提供了丰富素材。因而，彰显话语体系的中国特色，必须从当代中国实践特别是新时代现代化建设的伟大实践出发，立足于当代中国的伟大社会变革和当代人类文明形态变革，聚焦中国社会转型发展进程中的个性问题和当今世界发展的共性问题，从中国式现代化建设实践中挖掘新材料、发现新问题、分析新情况，用中国道理总结好中国经验，把中国经验提升为中国理论，以概括出理论联系实际的、科学的、开放融通的新概念新范畴新表述，提炼出具有主体性、原创性和标识性的新理论和新观点，不断增强话语体系的时代内涵和世界意义，提升话语体系的涵盖力、解释力和说服力。

汲取中华优秀传统文化，厚植中国特色话语体系的历史基因。中华文明是世界上唯一自古至今、接续发展、从未中断的文明，源远流长、博大精深的中华优秀传统文化是我们最深厚发展根基，也是中国特色社会主义产生发展并不断取得胜利的文化沃土，体现了中华民族独有的思维方式、心性结构和精神烙印，为彰显话语体系的中国特色提供了不可或缺的思想内涵、文化语境与修辞方式。我们必须珍视和善用中华优秀传统文化的珍贵遗产，结合新时代的实践要求，深刻认识、充分挖掘、科学撷取中华优秀传统文化的思想精华，使其成为我们在新时代构建中国特色话语体系的重要资源。要重视和加强中华优秀传统文化的内涵创新、形式转化及语境重构，结合时代需要对其范畴、概念和术语进行创造性转化和创新性发展，在古为今用中塑造话语体系的中国特色、中国风格和中国气派。

总之，新时代新征程，我们要坚持以习近平新时代中国特色社会主义思想为指导，坚持“两个结合”，不断加强理论学习和实践本领，自觉担当起促进文明交流互鉴和世界各国交往的历史重任，推动历史车轮向着光明的前途奔涌前进。

参考文献：

［1］习近平．高举中国特色社会主义伟大旗帜 为全面建设社会主义现代化国家而团结奋斗——在中国共产党第二十次全国代表大会上的报告［M］．北京：人民出版社，2022：63.

［2］马克思恩格斯选集（第1卷）［M］．北京：人民出版社，2012：135.

［3］马克思恩格斯选集（第1卷）［M］．北京：人民出版社，2012：380.

[4] 马克思恩格斯选集（第1卷）[M]. 北京：人民出版社，2012：404.

[5] 马克思恩格斯选集（第1卷）[M]. 北京：人民出版社，2012：402.

[6] 马克思恩格斯选集（第1卷）[M]. 北京：人民出版社，2012：404.

[7] 钱乘旦. 新世界史纲要 [M]. 北京：北京大学出版社，2023：17.

[8] 马克思恩格斯选集（第1卷）[M]. 北京：人民出版社，2012：406.

[9] 马克思恩格斯选集（第1卷）[M]. 北京：人民出版社，2012：404.

[10] 马克思恩格斯选集（第1卷）[M]. 北京：人民出版社，2012：404.

[11] 郗戈.《共产党宣言》世界历史理论与人类命运共同体建构 [J]. 湖南科技大学学报（社会科学版），2018，21（4）：77－82.

[12] 马克思恩格斯选集（第1卷）[M]. 北京：人民出版社，2012：405.

[13] 邓小平文选（第3卷）[M]. 北京：人民出版社，1993：78.

[14] 习近平谈治国理政 [M]. 北京：外文出版社，2014：272.

[15] 马克思恩格斯选集（第1卷）[M]. 北京：人民出版社，2012：404.

[16] 丁一凡. "一带一路"建设十年成就及展望 [J]. 国家治理，2023（16）：20－24.

[17] 丁一凡. "一带一路"建设十年成就及展望 [J]. 国家治理，2023（16）：20－24.

[18] 马克思恩格斯选集（第1卷）[M]. 北京：人民出版社，2012：405－406.

浅论马克思恩格斯对宗教社会功能的论述

董颖波

摘　要：马克思恩格斯基于19世纪的社会现实，对宗教提出了批判，但实际上并未完全否认宗教的社会功能，而是承认宗教有一定积极意义。同时，马克思恩格斯认为宗教的意义究竟是积极的还是消极的，取决于它是否很好地服务于社会现实的发展与进步。从中可以得到的启发有，面对宗教问题，应该坚持唯物主义立场；面对宗教信徒，应该尊重其宗教信仰自由；面对宗教与社会的关系问题，应该从社会现实出发。

关键词：宗教；社会功能；马克思

马克思的《〈黑格尔法哲学批判〉导言》和恩格斯的“《布鲁诺·鲍威尔和原始基督教》《启示录》《论早期基督教的历史》《〈社会主义从空想到科学的发展〉1892年英文版导言》”等论著中有许多能够帮助我们“深入领会和把握马克思、恩格斯对宗教正负功能的分析”的内容。从中可以看到，马克思对早期基督教的发展历史、宗教改革时期的基督教的社会功能、宗教与社会的关系等问题进行了深入思考，并深刻批判了他们所处的19世纪中期的社会现实，为无产阶级的解放提供了科学的思想指导和有力的斗争武器，对于帮助无产阶级从当时处于统治地位的宗教思想中解放出来具有重要的意义。

一、马克思对宗教社会功能的论述

（一）马克思对宗教保持无神论的立场

由于马克思主义产生于19世纪，那个时候宗教对人的生活的主导作用已经退场，人们的理性能力得到极大发展，因而马克思主义对待宗教的基本态度是坚持无神论。但由于宗教依然是在西方社会中保持着影响的重要传统，马克思“并不否认宗教对个体和社会的影响”，而只是解构了宗教的形而上学基础，从世俗的、现实的角度来看待宗教，提供给人们一个看待宗教的科学视野。马克思主义坚持具体问题具体分析，认为“某一宗教对某一社会、阶层所起的功能究竟是正功能还是负功能端赖于从何种立场、何种角度来看待这一问题”，这就否认了有一种统一的、不变的存在来决定万事万物。马克思并不把宗教对社会的影响看作恒常不变的，或者与社会阶层无关的，而是重视区分社会中不同的阶层在受到宗教影响时到底吸收的是它的正面作用还是负面作用，这种作用是与人们的现实生活具有明显的利益关联的。如果能够增益人们的现实利益，则宗教对人的生活起到了正面作用，而如果减损了人们的现实利益，宗教就对人们的生活起到了负面作用。马克思站在社会底层人民的立场上，代表了广大人民的利益，他认为宗教对底层人民来说基本是起到了负面的作用，让他们蒙昧无知、受制于不科学的思维或想象，不能积极主动为争取自己的利益作斗争，不能团结起来反抗统治阶层，从而追求自身的解放，创造美好的生活。

学习从马克思主义的角度来看待宗教问题，就是要坚持认为“宗教是第二性的、附属性的东西，宗教所赖以生存的社会、社会的经济结构、物质的生产生活方式才是第一性的、根本性的东西，是社会决定了宗教，社会性质决定着宗教的性质，对宗教的性质必须以对其社会的分析为基石”。马克思主义指导人们，作为无产阶级，应该有自己的独立意识，不应该盲目接受宗教思想的统治，不应该盲目接受有神论，免得成为资产阶级思想体系的附庸，成为被牺牲和被压迫者。应该正确认识和分析自己所处的生活现实、自己所处的阶级状况、自己切身的利益诉求，并且正确认识保持每种宗教信仰的人所处的阶级及其生活现实，认识到自己与他人的区别，这样才能够更好地、实事求是地面对弥漫于全世界的各种有神论思想的冲击和挑战。无神论与有神论最显著的区别就是“谁创造谁”的问题的答案不同。宗教认为是神创造世界，而马克思从无神论的角度，坚定地认为宗教都是人创造出来的。

在马克思看来，宗教意义上的神圣天国并不是真实存在的，而只是人们创造出来、幻想出来的。马克思站在无产阶级的立场上对宗教进行批判，也就是对“以宗教为精神抚慰的那个世界”进行批判。人们以为天国是真实的，其实是将视角错误地放在了不该为自身的存在寻找现实性意义的虚幻之所，而没有把视角放在真正应该去实现人的现实性的国家与社会上。“人创造了宗教，而不是宗教创造人”，马克思批判基督教，也就是批判当时由资产阶级占统治地位的社会。他致力于引领无产阶级正确认识人的本质，认识到人不是抽象地存在着的，而是现实地存在着的。在国家和社会中活着的现实的人才是真实的，而宗教关于人的本质的认知则是虚假的、异化的、背离人的本质的。“宗教是还没有获得自身或已经再度丧失自身的人的自我意识和自我感觉”。因此，反对宗教也就是反对那个由宗教所控制的虚假的、不现实的世界，也就是对国家与社会的现实性的捍卫。马克思主义对宗教的批判反映了现代对传统的批判和决裂，反映了科学对宗教的挑战极其成功，宣告了维护西方社会封建统治和资产阶级统治的宗教思想被科学社会主义系统地继承、批判和超越。

（二）马克思不否认宗教对统治者的积极意义

马克思主义主张从具体的社会实际、社会需要出发，来看待宗教的社会功能。中世纪时期人们确信宗教所描绘的神圣天国，是与当时的国家、社会现实有关的，也是与当时人们对人的本质的理解有关的。基督教认为，现实的人生是虚无的，而只有神圣的创世者是唯一的终极实在，只有他能够确定人的本质。因此，人生的唯一意义就是听从那个神圣声音的号召，做他所命令的事。中世纪时期基督教是维护社会稳定的统治工具，也是束缚人们思想的教条。被这样的观念塑造起来的个人，具有安于现状、不思进取、对世间生活没有积极期待、消极被动而可以容受一切苦难等特点，这正符合中世纪的封建统治者对于社会现实秩序的统治需要和对人们进行思想控制的需要。

到了资本主义社会，资产阶级统治者需要维护其自身的统治，也进一步通过基督教来加强统治。马克斯·韦伯认为资本主义的发展与新教伦理之间存在重要的联系，肯定了文化因素对于社会的发展能够起到积极的推动作用，帮助人们理解为何资本主义社会的统治者积极地宣扬基督教精神，维护基督教的思想统治地位。在当时的社会中，宗教信条有助于维护资产阶级的统治、有助于强化现有的社会分层，对在现有秩序中只能被迫处于底层的无产阶级有百害而无一利，同时还对广大无产阶级的思想进行统治和奴役，对他们兜售虚幻的幸福，使得他们进一步服从和服务于这些使得他们与自身为敌、因而越活越痛苦的思想体系。

马克思看到了人类社会形态更替的必然规律，看到了资本主义社会代替封建社会、社会主义社会代替资本主义社会的必然性。更高的社会阶段超越了前一个阶段，是因为其对前一个阶段所积累的政治、经济、思想文化等方面的积极因素进行了继承和保留，并且克服了其消极内容。马克思并不否认基督教思想对欧洲封建帝国的统治者、对资本主义社会的资本家来说，具有维护其统治的积极意义，他更加着眼于无产阶级为了建设一个超越于资本主义阶段的更高的社会形态，应该在何种程度上对现有的一切进行克服和保留的问题。马克思对宗教的批判并不是对宗教本身意义的全然否定，并不否认宗教对统治阶级的意义与作用，而是站在无产阶级的立场上，说明了当时占统治地位的基督教思想并不能够代表无产阶级团结起来改造社会、实现人类解放。无产阶级在进行建立无产阶级政权的社会革命的过程中，需要自己的理论武器，需要真正代表自身利益诉求的思想理论。

马克思所生活的社会已经是能够尊重个人的独立自由、群己权界的现代社会，马克思对宗教的批判也并不妨碍传统宗教文化的积极因素被吸收——只要它能够促进人们的幸福。不过，作为无产阶级的代言者，马克思认为“废除作为人民的虚幻幸福的宗教，就是要求人民的现实幸福”，这或许说明在当时社会矛盾尖锐、宗教作为统治者统治工具的社会现实中，人民自身的幸福并不能够通过宗教得到实现。因而，马克思选择了批判和揭露尘世的苦难，揭掉掩盖着这些苦恶的神圣光环，促进人们祛除因宗教蒙昧而产生的幻想，运用自己的理智来进行思考和行动，建立自己生活的意义，真正得到幸福。

（三）马克思思考宗教问题的出发点和落脚点都是社会现实

有批评者认为，马克思对宗教传统的批判显示了其在神圣的宗教权威面前的傲慢与自大，马克思对现世生活的肯定和对“经济基础决定上层建筑”的论述可能会将人导向物质欲望的放纵，但是马克思的本意并不在于批判宗教，而是在于批判社会。正可谓“对天国的批判变成对尘世的批判，对宗教的批判变成对法的批判，对神学的批判变成对政治的批判”。随着自然科学的发展、技术的革新、资本主义社会中财富的不断积累，神学的权威受到挑战，人们已经不将献身于神圣的宗教生活视为人生的唯一意义，而是更加关心现世的幸福。出于对现世生活的追求，人们开始背离他们曾经仰望的神圣权威，放纵人的私欲，以牺牲弱势群体为代价，进行罪恶的资本原始积累，从而建立维护资产阶级利益的资本主义社会。由于资本的逐利本性，资本主义社会中必然出现“贫者愈贫，富者愈富”的两极分化，给社会底层的劳动人民带来了巨大的不公，具体呈现为资产阶级和无产阶级的尖锐对立、资本家对无产阶级的压迫和剥削等等。马克思顺应时代潮流、面对社会现实，提出对社会的批判，他的目的是改造社会。他科学地提出了理想社会的构想：“在共产主义社会中，即在个人的独创的和自由的发展不再是一句空话的唯一的社会中，这种发展正是取决于个人间的联系，而这种联系部分地表现在经济前提中，部分地表现在一切人自由发展的必要的团结一致中，最后表现在以当时的生产力为基础的个人多种多样的活动方式中”。

马克思认为，共产主义社会能够弥补了资本主义社会两极分化、不同阶级之间尖锐对立的缺点，能够使得包括无产阶级在内的所有人真正过上人际关系和谐、不受经济和社会方面的剥削的生活。在共产主义社会中，每个人的自由全面发展以一切人的自由与全面发展为前提，不再有任何形式的剥削、压迫、阶级分化存在。如此看来，在一个社会中，只要有一个人还在受剥削和压迫，马克思的理想就未能全然实现，对社会的批判和对底层民众的关怀就将持续下去。

然而，在当时的现实社会中，固化的社会阶层和人们根深蒂固的宗教观念使马克思的批判遇到了重重困难。因此，马克思也看到了暴力革命的必要性。作为统治阶级意识形态的哲学并不会否定自身，这时候就需要“武器的批判”，需要掌握群众，要有理论，要能说服人。“德国理论的彻底性从而其实践能力的明证就是：德国理论是从坚决积极废除宗教出发的。对宗教的批判最后归结为人是人的最高本质这样一个学说，从而也归结为这样的绝对命令；必须推翻那些使人成为被侮辱、被奴役、被遗弃和被蔑视的东西的一切关系”。马克思主义哲学之所以有坚强的力量，是因为它主张废除宗教及其带来的奴役，真正解放人民的力量，使人民能够拿起武器进行坚强的批判和勇敢的斗争，触动旧的制度大厦的根基，反对奴役、推翻压迫，成功建立无产阶级领导权。

二、恩格斯对宗教社会功能的论述

（一）基督教是适应当时的社会需要而造出来的

恩格斯通过社会学的角度来看宗教，他对宗教的态度是客观理性的，他认为不能把基督教视为完全骗人的，也不能盲目相信而陷入宗教狂热中。他看到了基督教作为罗马帝国的统治思想，并且保持其统治地位很长时间，一定是有理由的。恩格斯主张具体分析罗马帝国当时的社会背景和社会需要，从而进一步明确与基督教产生相关的问题，明确基督教的社会功能。

恩格斯坚持了唯物主义的观点，认为神是人造出来的，因而从根本上祛除了人们对基督教的迷信和盲从。他并不认为“基督教从诞生以来就体态完备、教义和伦理大体确定”，并且他通过对《启示录》的研究，敏锐地发现早期基督教并不存在后来被普遍接受的“耶稣是神”“三位一体”等观念，并且只是“具备成为世界宗教的潜在条件，也满足了罗马帝国和当时社会历史条件的需要，终于成为世界宗教”。这就是说，耶稣作为曾经存在过的一位先知、一位被牺牲者，他并不是要自己把自己塑造成神，而是由后来的崇拜者把他塑造成了神。并且这种崇拜又正好被罗马帝国当时的历史条件所需要，于是经由罗马帝国的推广和宣传，这个宗教成为世界宗教。因此，祛除对基督教的盲目崇拜，就需要切实了解当时是什么样的历史条件、什么样的社会需要，以及罗马帝国的统治者有什么样的利益诉求。精确分析当时罗马帝国统治者的诉求，并看到作为广大无产阶级，与统治阶级之间的利益诉求之不同，才能够更好地建立起自主性，不被统治者所蒙蔽。

恩格斯认为基督教的出现与当时的“总解体”有关。也就是说，随着罗马帝国的征服与扩张，它占领了大量的国土，粉碎了那些被征服地区原有的政治秩序、社会生活规则、宗教信仰等，使那些国家的人们失去独立性，不再能够维持自己过去的生活习俗，并且有了深重的苦难感受。在这种情况下，人们寻求信仰、寻求出路，希望心灵能够获得宗教的安慰。因此，罗马帝国的统治者看到了基督教既能够使个人各安其位、忍受苦难、灵魂生活得到满足，又能够促进帝国统一与和平稳定、形成思想上的大一统，也便愿意在帝国内外推广此种教义了。

（二）基督教在当时的宗教竞争中的优势

首先，基督教提供的信仰能够满足人们的精神需要。恩格斯在《论早期基督教的历史》中看到了基督教“适应了旧秩序解体、新秩序创建的社会需要”，也就是说，当旧的社会秩序解体后，人们在旧有的制度下所形成的信仰、观念等不能再满足人们的精神需要，因而被人们所抛弃。而人们依然希望得到精神的安慰，依然有信仰的需要。因此，这个时候像基督教这样的能够让人们在现实的苦难中有信心、有盼望的宗教就正好满足了这个需要。并且，在新旧秩序的更替中，旧秩序崩坏的任何一个碎片都能被这种新秩序所接纳其中，且这个新秩序它能够使得人们当下新的利益诉求得到满足，这便能够证明这种新秩序的优越性和新秩序代替旧秩序的必然性。当时的基督教作为一种新的信仰秩序，具有很强的包容性，它能够使得无论抛弃了什么样的旧传统的人都能够得到精神的安慰，其旧传统的碎片都能够被包容到其中来，因此也就更加容易得到人心，使人们在面对世间的苦难感到无能为力时仍然能够找到一种信仰的出路。

其次，它保留了人们的许多固有观念，使人们容易接受。早期基督教里保留了很多犹太教的观念，甚至早期基督徒并不认为自己是在传播一个新的宗教，而以为自己只是属于犹太教的革新教派。但是，之所以后来人们认为基督教是与犹太教不同的，可能还是因为它“对旧有仪式符号的继承和功能替换”。基督教取代了那些被征服者的宗教，超越了民族宗教的狭隘性，具有前所未有的独特性。这使得它非常几乎是一个全新的事物。但是它因为很好地吸收和化用当时已经被人们广泛接受的观念，而让人们觉得它并不是完全抛弃传统的，反而是继承并超越了传统的。与传统保持联系，是基督教在当时的宗教竞争中取胜的重要法宝。如“承认罪是灵魂得救的前提，以及‘献祭赎罪’的观念”等，是当时已经是被接受了的习俗，而不是基督教中独有的观念。虽然，基督教对于这些传统观念的融合的本意是推陈出新，建立自己的信仰体系，甚至达到对旧有信仰的完全取代，但是由于传统的顽固性和新的信仰被人们接受需要时间，因而基督教对旧有观念体系的吸收与融合的过程在中世纪一直持续着。

再次，它由于仪式的简化而跨越了民族的障碍。统一的帝国统治，需要统一的宗教，而每个民族宗教之间都有仪式上的种种差别，这并不利于罗马帝国的统治。恩格斯看到了基督教“由于它否定一切民族宗教及其共有仪式，毫无差别地对待一切民族，它本身就成了第一个可行的世界宗教”。在仪式上并不偏袒任何民族，使得基督教相对于那些促进民族内部团结而对其他民族带来疏离感和排斥感的宗教来说，具有不可替代的优势。尤其是相对于犹太教来说，基督教的平民化和开放性更是使得非犹太裔的基督徒收获了很多的归属感和尊严感。

综上所述，恩格斯看到了基督教之所以能够被罗马帝国的民众广泛接受，主要是因为它通过提倡和宣传创始人的牺牲，契合了人们在旧的信仰破坏后在新的秩序中寻找新信仰、内心渴望拯救与安慰的诉求；同时，它契合人们“在罪中堕落”这样一种普遍的感觉，并且将“罪孽意识”明确地提了出来，使得人们根深蒂固的一些观念都得到了整合；与此同时，它为“救赎”提供了人人都能够接受的形式，跨越了民族宗教在仪式上的障碍和壁垒，便于不同民族、不同出身的人接受和相信，因而成为世界宗教。这种宗教能够很好地实现个人的教化、维护帝国的统治，人们承认罪在自己，就不会互相斗争、产生内乱；人们相信救赎有希望，就能够保持现状，与现实的苦难和解，维护帝国的和平统一，因为它能够很好地契合那个时代的社会需要，因而一度得到了长足发展。

（三）宗教作为反抗斗争武器具有积极意义

从马克思主义的角度分析宗教的社会功能，不能抽象地去谈论这个问题，而应该将宗教放在具体的社会背景中去分析它的社会功能，做到“具体问题具体分析”。“按照马克思主义的立场，某一宗教对某一社会、某一阶层的功能是正功能还是负功能端赖于从何种立场、何种角度来看待这一问题”。马克思、恩格斯关心无产阶级，关心社会底层人民，并且号召他们为了改善现实的生活处境，拿起武器同带来压迫的统治者进行坚决的斗争。也因此这样的立场、观点和方法也塑造了他们对于基督教的看法。恩格斯认为早期基督教是底层人民反抗斗争的武器，因而对底层人民产生正功能。按照同样的思路，中世纪时候的平民起义，也以基督教为斗争武器，反抗统治者的专制压迫，因而它有正功能。到了宗教改革时期，基督教成为新兴民族国家反抗旧势力的斗争武器，因而也有正功能。由此可以看到，无论是在什么样的历史时期，只要是为社会底层的弱势群体代言，为它们发声，这样的目的就是正义的目的，而如果基督教服务于这样的目的，那它就是有积极意义的，是能够发挥其正面功能的。

（四）宗教作为“人民鸦片”具有消极意义

当基督教为统治者所用，而成为维护统治、压迫人民的工具时，它就是在发挥它的负功能。例如，在早期基督教没有成为罗马帝国国教时，它对统治者来说是负功能，对底层人民来说是正功能，而当罗马帝国统治者使基督教成为国教以后，它对于统治者来说就是正功能，而对于底层人民来说，不再是自主选择的反抗斗争的工具，而变成了被迫去相信的、被灌输的“精神鸦片”。统治者从维护自身利益的角度出发，必然与底层人民的利益形成尖锐的对立，而他们灌输的教条又使得人民无法选择地只能接受基督教，也因此而使得人民可能不得不接受一套与自身的利益与幸福为敌的宗教教条，这时候，基督教发挥的是负功能。这样的状况在中世纪时期普遍存在，人民由于缺乏文化教育而不得不接受统治者灌输的宗教信条，因而变得安于现状，不思进取，不能为了自己的利益诉求而奋起抗争。基督教的负功能在其作为统治思想的中世纪时期以其桎梏思想、压抑人性等特点，得到了集中的呈现。而在宗教改革时期，基督教作为教皇维护统一的拉丁—基督教世界的工具，压迫那些信仰新教的反叛者，其对于底层人民的负面功能再一次明显暴露。综上所述，马克思主义者坚持代表无产阶级的立场，坚持唯物主义，主张带领底层人民为了争取他们在现实世界中的幸福生活而斗争，因而反对一切维护统治阶级既得利益的宗教观念，破除宗教对无产阶级塑造出来的虚幻的“幸福”，为的是让人们体会到现实的、真实的幸福。

三、马克思恩格斯对宗教社会功能的论述的当代启发

（一）面对宗教问题，要坚持唯物主义立场

马克思主义是科学的理论体系，它让人们从宗教的蒙昧中解脱出来，认识到“天国”实际上是不存在的，因而也更加能够帮助人们认识人自身的本质。人不是匍匐在神坛下对生活中的苦难丝毫无能为力的卑微弱小的人，人可以是实践着的、革命着的，具有创造理想生活和改造现实世界能

力的具体的人。并且人的这种力量可以非常强大，尤其是无产阶级，他们对幸福生活的诉求使得他们革命的潜力非常强大，且他们有能力打碎万恶的旧世界，而建立一个美好的新世界。马克思、恩格斯进行大量的文献阅读、社会调查，他们不只是为了认识世界，还是为了改造世界。他们深切同情在资本主义社会中底层劳工的悲惨处境，他们批判和揭露资本主义社会的罪恶与不公，为的是带领受压迫的、受屈辱的无产阶级团结起来进行反抗斗争，真正建立属于自己的幸福生活，建立一个超越于资本主义社会的更高阶段的社会。

这对于我们在面对宗教问题时应该采取什么样的态度具有重要的启发。我们应该坚持唯物主义立场，深刻认知宗教本质的虚幻性，关注现实生活、现实社会，在面对宗教与社会的关系问题时，应该从社会现实出发，学习马克思恩格斯实事求是进行社会调查研究和独立思考的精神，妥善处理与宗教有关的事务。

（二）面对宗教信徒，可以尊重个人信仰自由

马克思、恩格斯主张在具体的国家、社会背景中考察宗教的正功能和负功能，反对就宗教谈论宗教，反对抽象地谈论宗教。我们需要通过阶级分析法，具体地看到每种宗教所维护的阶级利益，因而就能更好地减少蒙昧和迷惑。当一个宗教能够较好地服务于使人民生活得更好的革命、建设、改革的实践时，它是积极的；而当它阻碍了人们创造美好生活的实践时，它便是消极的。但由于一些国家和民族有历史悠久的宗教文化传统，宗教在人们的生活中也起到了一定的积极作用，因而宗教是不可能完全消除的。所以我们对待宗教应该尊重他们的宗教信仰自由，在不影响社会进步和公平正义的前提下，为宗教活动留出一定的时间和空间，积极引导宗教对社会产生正面作用，并警惕和防止宗教对社会的负面影响。

通过学习马克思恩格斯对于宗教社会功能的论述，我们可以更好地理解到宗教对于现实社会生活的意义，既不能脱离具体的国家、社会环境去看宗教，也不能脱离每个人现实的生活及其利益诉求去看宗教。应该坚持马克思主义“具体问题具体分析”的科学方法，正确地看待宗教，解决与宗教和社会生活相关的实际问题。

参考文献：

［1］李华伟．马克思、恩格斯关于宗教功能的论述及其对宗教社会学的贡献［J］．宗教学研究，2022（03）：7－11.

［2］马克思．《黑格尔法哲学批判》导言［M］．北京：人民出版社，1955.

［3］马克思恩格斯文集（第3卷）［M］北京人民出版社，2009.

［4］魏琪．马克思主义宗教观的形成与变迁［M］北京：宗教文化出版社，2008.

［5］马克思、恩格斯．德意志意识形态（节选本）［M］北京：人民出版社，2018.

［6］唐晓峰．马克思恩格斯列宁论宗教［M］北京：人民出版社，2010.

《共产党宣言》社会革命思想及其现实意义

李佳桐

摘　要：《共产党宣言》深刻阐释了马克思主义社会革命思想，既坚持真理又与时俱进，对马克思主义社会革命思想的发展起到了承上启下、继往开来的重要衔接作用。《共产党宣言》科学运用历史唯物主义阐明了共产党人的性质、特点和奋斗目标，展望了共产主义理想社会图景。《共产党宣言》公开指出共产党的行动纲领，指明共产党人进行公开斗争的道路。在新时代中国特色社会主义时代背景下，深入研读《共产党宣言》中马克思主义社会革命思想，对正确认识和理解中国社会革命问题、继续推进中国特色社会主义进程中的伟大革命具有十分重要的现实意义。

关键词：《共产党宣言》；社会革命；马克思主义；现实意义

《共产党宣言》是马克思恩格斯为共产主义者同盟起草的纲领性文件，1848 年在伦敦发表，其发表标志着马克思主义的公开问世和科学社会主义的诞生。《共产党宣言》科学运用历史唯物主义，深刻揭示了资产阶级必然灭亡、无产阶级必然胜利的客观规律；详细阐述了共产党人的本质特征、独特之处以及他们奋斗的目标，展望了共产主义社会的美好前景；明确阐述了共产党的行动纲领，指出了共产党人通过采取公开斗争的途径来实现目标。《共产党宣言》虽历经 170 多年岁月洗礼，但其理论仍然没有过时，它对当代中国的发展具有重要的指导价值和意义。

一、《共产党宣言》背景与无产阶级革命思想策略探索

（一）《共产党宣言》引言与革命思想的联系

《共产党宣言》中的引言占据了极其重要的地位，开诚布公地宣布共产主义已经成为不可阻挡的“力量”，但却困难重重，因为一切旧势力都想要围剿他，如欧洲中世纪封建势力的代表，教皇代表神权、沙皇代表皇权；梅特涅是奥地利的首相，代表的是封建王朝，而基佐是当时欧洲最进步的人，但却无法容纳共产主义；以及更多来自不同国家的激进派和警察们统统联合起来对其进行围剿。这里马克思通过三个对比来说明一切旧势力都想围剿他，因此共产党人公开阐明其观点意图的目的就在于与旧势力抗争到底。

“一个幽灵，共产主义的幽灵，在欧洲游荡”，“幽灵”指的是各种层出不穷地反对现存秩序的社会运动。之所以用幽灵指代，是因为此时人们并不了解这些运动存在的根据和诉求，因而不能成为确定力量，而《共产党宣言》的作用恰恰是解决这一问题的关键，换言之，《共产党宣言》是使幽灵成为真正的变革社会力量的关键，体现了无产阶级社会革命的重要性。在德文版序言中，“每一个历史时代的经济生产和必然产生的社会结构，都是这个时代政治和精神的历史基础。”这句话明确表明了生产力决定生产关系、经济基础决定上层建筑的观点。诚然，要想明确无产阶级社会革命的内涵，就必须明白无产阶级社会革命的根本动力，社会基本矛盾是无产阶级社会革命发生的根本动力。我们在幼时对社会主义就呈现出一些灌输式学习，当然灌输学习也是一种理论教育方法。所以在这一阶段耳濡目染地理解了马克思和恩格斯关于社会基本矛盾的论述，经过系统学习并结合社会生产生活实际，可以说，社会革命的基本论述，就是要把社会革命发生和发展的时代背景讲清楚，把社会革命的根本动力、直接动力、根本问题、主体力量讲清楚。

共产党人所肩负的历史使命是《共产党宣言》中最重要的一项内容，它在理论阐述部分深刻细化了共产党人同广大无产阶级之间的关系，以及共产党人是如何将自己的理论同无产阶级社会革命所联系在一起的。共产党人在无产阶级社会革命和政治革命中都扮演着重要的角色，深化这一认

识对于我们更好地理解《共产党宣言》是十分有必要的。

（二）无产阶级的形成与革命实践策略探究

在《共产党宣言》出现的时代，也就意味着资产阶级对资本主义的实践逐渐占据了主流地位，统治阶级和被统治阶级清楚地简单地划分为两大直接对立的阶级。随着对于海外航行的大发现，大贸易时代的来临促使了一般商品和交换交易手段的增加，资产阶级逐渐积累起自己的财富，以充实的物质基础强化自身的阶级。封建时期的行会工业经营方式已经无法满足新市场迅速增长的需求，因此生产力随之得到了飞跃式的发展。市场总是扩大，导致需求也在不断扩大。随着需求扩大而进行的工业革命和机器革新促使现代资产者成为新一代的产业大军首领，他们消灭了传统的手工业者，将其生存空间挤压殆尽。资产阶级的产生伴随着社会交易手段的发展和一般商品的丰富，它破除了一切封建的和田园的关系，人与人之间的关系不再伪装在形形色色的羁绊之中，这其中就包括所谓的宗教虔诚和尊长关系。人们得到了一定程度的解放，从而投身到了现代的工业生产之中。与此同时，资产阶级破除了一切职业的道德光环和其他社会关系，将其赤裸裸地变更为雇佣者与被雇佣者的关系。

那么无产阶级进行社会革命的根本原因又是什么呢？资产阶级不断地提高生产力会陷入供需不平衡的循环之中，生产力过剩的条件下就要消灭生产力，市场过剩的条件下又要加大生产力的发展，最终利益受损的是被开辟市场的国家以及在消灭生产力的过程中的工人阶级。这些是无产阶级进行社会革命的原因之一。工人作为市场上的一种可以流动的“货物”，他们的价格起伏会随着实际的竞争以及社会生产关系的变化而变化，为了可以在现代社会中生存下去，工人就不得不将自己出卖给资产阶级。但是随着机器和分工的逐渐发展，对于工人的需求和要求也在逐渐降低，工厂中的工业生产越来越多地有妇女和儿童进行参与而不再是男人的特权。当工厂主人对工人剥削之后，工人获取微薄的工资在换取生存成本的过程当中其实也被小资产阶级进行了剥削。这些人当中是上一个时代中的资产阶级，由于受到更大的资产阶级社会的竞争和排挤导致这些人也被推向了无产阶级的队伍之中。

无产阶级的最终产生联合的基本动力一方面是受到资产阶级的压迫；另一方面是社会的工业化进程促使了农村和城镇各个区域的人们进行了联

合，这些无产阶级的联合如果只靠乡间小道要很久才能形成一个群体，但交通系统的升级为无产者的联合与无产阶级组织的形成提供了便利条件。无产者的组织随着人数的壮大和范围的扩大化逐渐组成组织，多个不同的无产阶级组织又促成了无产阶级的形成，无产阶级是一个与资产阶级相对立的组织，它可以迫使资产阶级对他们承认为一个个别的组织个体，如在《共产党宣言》一文中就讲到了英国的10小时工作制法案的例子。

二、《共产党宣言》社会革命思想的实践表现与本质

（一）资产阶级的发展与无产阶级革命的爆发

无产阶级革命的爆发产生于无产阶级自身生活水平日渐下降的背景下，无产阶级的矛盾和资产阶级也就是当时社会的统治阶级逐步发展直到两者之间再也不可调和。工人自身的社会待遇与生存成本的上升从根本的原因上来讲，其实是受到了资本家以及逐渐扩大到失控的市场规模之间的影响，过于庞大的生产力以及资本之间的无序竞争伴随着无节制的开辟市场，使得社会的生产秩序之间的失调最终影响到普通的工人个体乃至整个无产阶级。较为发达的交通工具快速地联合起来无产阶级的各个组织最终形成鲜明的阶级来进行与资产阶级的社会革命。在旧时代的革命中，通常是统治阶级与被统治阶级的革命，资产阶级作为当时的被统治阶级通过自身的力量以及联合未经组织起来的无产阶级的力量最终推翻了封建主义使得自己成为统治阶级。

（二）无产阶级社会革命意义

社会基本矛盾会引领无产阶级走向社会革命，社会革命最终会与政治革命联系在一起，最终拓展出新的政治生命。革命的本质就是一个不断推翻重建的过程，无论是社会革命还是政治革命皆是如此，它们本质上并无不同，针对的革命对象都是社会的整体结构。社会革命推翻打破旧有的社会生活，所以它是社会的，政治革命通过对社会上层建筑的推翻重建完成他自身的政治意义。

无产阶级的革命主体是无产阶级，这在《共产党宣言》之中清晰明确

地说明了，但这并不代表革命只能是无产阶级参与，资产阶级需要同一切与资产阶级对立的阶级进行斗争，就像资产阶级在旧时代推翻封建阶级的过程一样，推翻的过程中联合了无产阶级个体的力量，那么无产阶级的革命也要联合一切小资产阶级甚至是由于思想认识提升而转移到无产阶级阵营的一批人，以此来壮大革命的队伍，有了革命的力量那么将地方性的革命推向全国性革命的时候也就不晚了。

无产阶级的革命发展必须经过几个阶段，从政治革命逐渐演变成社会革命，最终的目标是实现共产主义。通过夺取政权是阶级革命胜利的前提和根本保证，马克思在《国际工人协会成立宣言》中总结1848～1864年这一时期工人运动的经验后强调，工人阶级正肩负着夺取政权的伟大使命，社会革命的主要意义和内涵就表现在对资产阶级私有制的改革，使之彻底转化为社会主义公有制的经济[1]。

（三）无产阶级革命与资产阶级革命的本质区别

对于马克思主义政党的组建最言简意赅的一句话就是共产党人并不是与工人阶级相对立的或者特殊的群体组织，共产党人所建立的政党利益与无产阶级是完全相同的。共产党人认为私有制是剥削阶级社会的根本，所以共产党人自己的根本理论就是要消灭私有制，消灭私有制是为了保护无产阶级的利益，因为无产阶级没有什么自己的东西需要保护。在《共产党宣言》中清晰阐明了共产党人的性质，共产党人是无产阶级的先锋队[2]。共产党人的理论原则就是消灭私有制[3]。

无产阶级革命与资产阶级革命的天壤之别就在于，无产阶级革命主张政治革命先行，先掌握国家机器以后，再开始社会革命，从而对现实机制进行变革；而资产阶级革命主张社会革命先行，在新的生产方式已经形成的条件下进行政治革命。社会基本矛盾会引领无产阶级走向社会革命，社会革命与政治革命紧密联系在一起，最终拓展出新的政治生命。革命的本质就是一个不断推翻重建的过程，无论是社会革命还是政治革命亦是如此，两者本质上并没有什么区别，所针对的革命对象都是社会的总体结构。社会革命推翻打破了旧的社会生活，因此它是社会的，政治革命则是通过对社会上层建筑的推翻重建完成自身的政治意义。

无产阶级革命的两大条件：其一，社会生产力高度发达，发达到资本主义体系无法容纳的程度；其二，工人超越雇佣劳动所带来的自我竞争而普遍地联合起来，这就需要无产阶级在共产党人的指导下认清资本主义剥削的本质，进而响应实现全世界无产阶级联合起来的口号。

马克思认为无产阶级革命的结果是取消阶级存在的条件，然后取消统治阶级，从而真正使得共产主义的原则：自由得以实现[4]。《共产党宣言》中指明了实现共产主义的基本途径，同时也是共产党人的最低纲领，于是进而呈现出社会主义的重要特征，即社会主义的最高纲领，“通过无产阶级专政，消灭阶级对立和阶级本身存在的条件，国家消亡，最终实现共产主义”[5]。

三、《共产党宣言》中社会革命思想的现实意义

《共产党宣言》一针见血地阐明了无产阶级社会革命思想，在持续变化中不断发展，既坚持真理又与时俱进，具有承上启下、继往开来的重要作用。《共产党宣言》在阐述社会革命理论的同时也对当时的社会现象进行了深刻的讨论，赤裸裸地揭露出统治阶级和被统治阶级之间的关系并且为进一步的社会革命指明了方向。《共产党宣言》具有当代价值和意义，它并没有过时，不仅如此，它给党的思想建设带来的广泛而深远的影响，一直持续到今天。

（一）社会革命思想所带来的历史经验和深刻启示对当代社会和个人价值观念具有重要指导意义

首先，在社会的发展中，群体的利益往往会发生摩擦和碰撞，利益的失衡会导致不公正和不平等现象的产生，社会革命可以反映人们对不公正和不平等的不满情绪，敦促我们建立公平正义的社会制度，消除种族、性别、阶级等歧视，确保每个人的平等权利，实现社会的公正正义。其次，历史上数次被鲜血染红的社会革命时刻警醒着我们：和平与理性是解决社会矛盾的最佳途径，对话、合作是推动社会变革的有效手段。再次，社会革命引起一系列的文化、价值观念的碰撞和交流构成了社会的宝贵财富，我们应该尊重不同文化、宗教、价值观念，促进文化的多元共存。教育是民族振兴、社会进步的重要基石，教育以促进人的发展与社会进步为目的，社会革命启示我们应该加大对教育的投入，普及多元化知识，培养具

备创新精神和批判思维的公民。同时，在社会革命中，公民的参与至关重要，我们应该推动各阶层更广泛地参与社会事务，发挥公众的智慧和力量，达成社会共识，增强社会凝聚力，弘扬社会主义核心价值观。最后，社会革命的经验启示我们，必须重视环境保护，推动可持续发展，将美好的家园留给子孙后代。

建立一个和谐共存、互相尊重、互惠互利的社会环境需要政府、社会组织和个人的多方合力与共同努力。在社会的发展中，我们需要坚持公正和包容，倡导互助与合作。重视教育，培养创新思维，激发人才潜能，推动社会不断向前。同时，民主决策和公众参与是社会进步的关键。政府应当设立更多渠道，聆听民意，促使决策更加普惠、透明。保护环境是我们的共同使命，我们应该践行绿色发展理念，筑牢生态保护屏障，推动可持续能源的利用，共同维护地球家园。

更为重要的是，我们要保持对历史的警醒，汲取历史教训，珍惜和平，追求共同发展。习近平总书记曾说过“一切向前走，都不能忘记走过的路，走得再远、走到再光辉的未来，也不能忘记走过的过去，不能忘记为什么出发。”[6]历史会照亮我们的前方，此行的尽头，尚未可见。了解历史才能看得远，理解历史才能走得远。唯有这样，我们才能建设一个更加和谐、稳定、繁荣的社会，为人类的美好未来共同奋斗。

（二）对当代中国发展具有重要的研究价值和研究意义，有助于指导中国特色社会主义平稳运行与发展

在新时代新征程背景下，理解和应用《共产党宣言》中的社会革命思想有助于指导中国特色社会主义的平稳运行与发展。它为中国在坚持社会主义基本制度的同时不断推进改革开放提供了思想指导。与此同时，它也提醒着我们，中国特色社会主义要与时俱进，适应新时代的要求，保持党的纯洁性和先进性，以应对新的挑战和机遇。诞生于19世纪的《共产党宣言》其中的社会革命思想依然具有深刻的现实意义，可以为解决当今社会问题提供有益的参考和启示。它是一个持久的思想宝库，为我们探索社会公平、正义和人类进步的道路提供了重要的指导。

（三）深入理解和研读《共产党宣言》是每一位共产党人的责任与义务

深入理解《共产党宣言》这一文献有助于党员坚定信仰，理解为什么选择共产主义道路并为之坚守的底层逻辑，从而拥有坚定的信仰基础。《共产党宣言》深刻地分析了历史中的阶级斗争和社会变革。通过研读它，可以获得对历史发展脉络的深层理解，更好地剖析当代中国社会中出现的各种问题和挑战，从而培养良好的历史洞察力。研读《共产党宣言》可以启发党员思考如何应对新兴挑战，如科技革命、环境问题和全球化问题等。深入理解《共产党宣言》有助于党员保持党的先进性和纯洁性，通过不断学习和思考，党员可以更好地理解党的历史使命，并为党的事业作出更大的贡献。

学习马克思主义基本原理就是深刻感悟和把握马克思主义真理力量，坚定马克思主义信仰，追溯马克思主义政党保持先进性和纯洁性的理论源头。我们从中可以深刻学习领悟到科学社会主义的诞生过程；以及在当代中国，《共产党宣言》所蕴含的科学原理和精神又是如何运用并应用到具体实践中去的，从而坚持和发展中国特色社会主义，谱写出新时代的新篇章。

四、结语

世界社会主义500多年来，历经磨难却铿锵前进，中国特色社会主义是对中华民族5000多年悠久历史的传承，具有极其深厚的历史渊源和现实基础。《共产党宣言》距今已有170多年的历史，但是依然具有极其深远的研究价值与研究意义，为我们今后的蓬勃发展指明了根本方向和目标。[7]社会主义的实现所建立的底层物质需求来自生产力的不断发展，马克思主义政党就是要把历史使命作为自我革命的动力，要在实现历史使命的过程中不断进行自我革命，只有这样才能正确地领导无产阶级从而取得最后的胜利。

《共产党宣言》第一次在理论部分对马克思主义政党的建设理论思想体系做了系统详尽的论述，全面阐述了马克思主义建党理论思想，其中包括共产党的性质、宗旨、先进性和纯洁性、最高纲领和最低纲领、政治革命、思想教育、政策策略等诸多方面。在党的建设理论方面需要着重强调的是，我们的马克思主义政党要时时刻刻保证队伍的先进性和纯洁性。一些党内人士在过去的实践中没有经受住考验，事实上被资产阶级所收买最终成为“资产阶级化的无产阶级”，他们的背叛对无产阶级革命事业造成了严重的打击，使得一部分无产阶级组织本质上异化为维护资产阶级体制的工具。马克思主义政党要不断维护工人阶级的利益，政党所提出的一切理论原则都不是凭空捏造的，它们是事实客观规律和社会现象的陈述和总结，无产阶级的最高利益和最长远利益要依靠马克思主义政党来实现。

新时代新征程下就是要强化并引导人民群众坚定不移对“中国共产党为什么能、马克思主义为什么行、中国特色社会主义为什么好”的信念以及实现中国梦的定力与底气，与此同时坚定政治信念，牢记使命担当，厚植爱国主义情怀，增强爱国主义信念，坚定“四个自信”，挑起时代大梁，从而能够担当起新时代国家统一和民族复兴的历史重任。这一路走来，中国共产党历经无数风雨和挑战，但始终坚定不移地走在了实现中华民族伟大复兴的道路上。新时代新征程下，在实现中华民族伟大复兴的进程中，中国共产党从中国的具体实际出发，带领中华人民以伟大的自我革命不断推动伟大的社会革命，继续全面深化改革开放，加强法治建设，提高国家治理体系和治理能力现代化水平，实现人民群众对美好生活的向往。只有通过伟大的自我革命，我们才能够跳出历史周期律，应对各种风险和挑战。这将使中国不断走向国际舞台的中心，推动全球和平、稳定和繁荣，实现中华民族伟大复兴的中国梦，最终建设成为一个“天下大同”的共产主义社会。这是一段漫长而充满挑战的征程，但中国共产党将始终坚定不移地引领着我们走向更加光明的未来。

参考文献：

［1］王振金．马克思主义经典作家从严治党思想及当代价值［J］．新西部，2017（31）：1－3．

［2］刘淑兰，杨帅．领导干部提升“政治三力”的时代诉求与实践进路［J］．科学社会主义，2021（5）：109－115．

［3］张荣臣．不断开辟马克思主义党的学说的新境界——中国共产党推进马克思主义党的学说中国化的百年进程［J］．理论学刊，2021（1）：42－49．

［4］娄伯承．马克思的“人的自由全面发展理论”与人的责任关系探析［J］．内

蒙古农业大学学报（社会科学版），2010，12（4）：285－286.

［5］李培山.《共产党宣言》的现代性思想与新时代中国特色社会主义现代性［J］. 唐都学刊，2021，37（3）：32－36.

［6］习近平. 在庆祝中国共产党成立95周年大会上的讲话［J］. 台声，2021（8）：8－19.

［7］李爱华.《共产党宣言》理论价值的当代意义［J］. 当代世界与社会主义，2023（1）：55－63.

浅析人民群众是历史的创造者

梁丽媛

摘　要：“人民群众是历史的创造者”是马克思历史唯物主义的重要内容。人民群众的生活历程即社会的发展历程，其发展历程亦是其生活历程，其生命历程与其发展历程具有一致性。人民群众是社会物质和精神财富的缔造者，是人类历史进步的决定性因素。在适应社会基本矛盾的发展进程中，人民群众促进了社会结构的变化，从低级走向高级，从愚昧走向文明，从贫穷走向普遍繁荣。在我国的发展历程中，始终强调人民群众的主体地位和历史地位，坚持人民群众是历史的创造者。在新的历史阶段，人们的实践活动和形式发生了新的变化，科学理论也有新的发展。就其现实意义而言，我国在开展人民主体性建设的过程中，要重视在意识形态层面上确立民众主体意识，突出领导力；强调在制度上肯定人民主体性和历史地位，积极推动基层民主，强化人民当家作主的制度保障。坚持人民群众的主体性，肯定他们的历史功绩，才能真正激发人民群众对社会发展的积极能动作用。

关键词：人民群众；唯物史观；历史作用

中国共产党成立以来，始终强调人民的主体地位，以及人民群众在历史上的作用。毛泽东曾指出“人民群众是创造世界历史的驱动力”“人民是历史的创造者”。这一命题，既是历史唯物主义的基本思想，也是马克思主义对“历史主体”的一个正确的答案。坚持人民群众是历史的真正创造者，也是唯物史观的基本观点，更是马克思主义关于什么是历史真正主体的正确回答。中国共产党的群众观点、群众路线是以人民为历史的创造者为前提的。随着马克思主义的理论与实践的深入发展，历史唯物主义与大众史观的内涵不断丰富与深化，“人民是历史的创造者”的思想也应当得到进一步的深化与发展。在当代中国，在新的科学研究成果和新时期中国特色社会主义的新实践的基础上，进一步认识和论证这一思想，对于当代马克思主义的发展有着重大的理论指导作用。

一、“谁创建了历史”的两种回答

对于“谁创建了历史”这个问题，长期以来有两种截然相反的看法：一是英雄史观，二是群众史观。英雄史观否定了民众对历史的创造和运用，认为只有英雄人物、帝王将相，才可以左右整个历史的发展；群众史观则认为，唯物主义与“无产阶级和劳动群众的科学历史观”是一种内在的统一性，它决定了人民群体的历史确定性。“英雄人物”指的是英雄豪杰、天才人物、英雄好汉等。在非限定的情况下，人们通常把“人民群众”理解为一个整体的社会的绝大多数成员。

（一）英雄史观的提出

“他们之所以夸大英雄作用，而忽视人民群众的历史作用，是因为在历史发展过程中，英雄人物凭借自身的远见卓识、深谋远虑、刚毅果敢和超群能力，在历史发展的关键时刻发挥了超出常人的作用，并且作为时代印记和历史事件一起被人们铭记。”[1]撇开国家发展历程不谈，在我们的一生中，我们每个人都离不开一个英雄，例如，戚继光、岳飞、霍去病、亚历山大等，是我们从小就敬仰的偶像，我们从小就知道了很多关于他们的传说。胡克的英雄史观指出：“我们的论旨在于主张：‘那具有事变创造性的人物对于历史阶段有着决定性影响。’”[2]他说，一方面，“只有当历史局势容许今后发展道路有重大选择的余地时，英雄人物的活动才会发生决定作用。”另一方面，“我们能够预测一场革命或一次战争的到来，但不能总是预言它的结局如何。那个结局有时可能决定于领袖人物的个性。”[2]一个民族的历史，是用一个英雄的传说或者一个真实的英雄的功劳，来表示一个年轻人的功劳。因为缺乏对这个世界的认识，所以儿童时代伴随着童话和英雄的传说。

英雄史观强调社会意识支配社会存在，否定历史中人民群众的创造功能，过分强调优秀的个人作为历史的统治者，这是一种理想化的历史观。“英雄”是与“民众”相一致的历史概念，一般是“卓越”的代表。有时还泛指对历史发展具有重大影响的人物，如帝王、将军和思想家等。在马克思之前，所有的社会史学说都几乎忽视了民众对历史的影响，只是直接或间接地宣传了“英雄”的历史思想。英雄主义的历史思想主要有：主观唯心主义、客观唯心主义的英雄史观。主观唯心论的观点是，历史的发展是由几个英雄豪杰和帝王的意志、品格才能决定的，他们只是一种消极被动的“惰性物质”，是一种盲从的追随。黑格尔相信，历史并非个体意志的产物，它取决于一定的主观意志，但是，他也把那些伟人看作“世界精神”的代表。他曾经说过，拿破仑是个骑士，是个有世界气概的人。他把那些伟人看作是在满足世人的需要，以发现自我、实现自我、回归自我的世界的历史。

马克思的理论话语中的“英雄”，不仅是“杰出人物”，而且是普通英雄。要想了解马克思的英雄观，必须先弄清楚“英雄”这个概念，也就是说，在马克思的学说中，究竟谁是“英雄”；或者说，谁才是真正的英雄。不同的国家、不同的学说，对于英雄的认识也是不一样的，就像是现代中国和西方的英雄，有着很大的区别。西方的英雄主义倾向于个人主义，而我们却喜爱群体性的英雄。

（二）群众史观的提出

马克思的主要成就是：“剩余价值理论”和“历史唯物主义”。群众史观是历史唯物主义思想中的一个重要组成部分。“所谓‘群众史观’就是把人类社会的历史首先理解为是人民群众生产活动的历史，即人民群众是历史的创造者，也就是把人民群众看成是推动社会发展的主要动力的一种历史理论。”[3]当时的生产力发展中体现了马克思主义群众史观发展的客观条件，这是资本主义社会生产力和生产关系发展到了一定程度的必然结果。它强调了“社会存在决定社会意识”这一观点，强调了“人民群众创造了历史”，承认了人民群众在历史中的突出地位，指出了历史发展的主要动力就是人民群众以“平行四边形法则”形成的合力。马克思主义的群众史观，是指“人民群众是历史的创造者”这一思想。

马克思的群众史观在历史唯物论中占有举足轻重的地位。历史唯物主义的产生和发展起来以后才形成了群众史观。在这之前，尽管也有人对民众的历史角色给予了一定的关注，但是还没有真正确立起一种“群众史观”。长期以来，马克思主义哲学对大众史观的宣传与研究都十分重视，但至今尚无系统、深入的研究；近年来，学界对群众史观的轻视、否认，形成了一种新的观点。从实践上讲，“群众史观”是“人民群众”“群众路线”的理论依据。对群众史观进行深入、系统的考察，并以此为依据，对其进行正确的认识与解释，既有理论意义，又有实践意义。

（三）英雄史观与群众史观的联系

人民群众是决定英雄人物历史角色的决定性力量。“英雄”和“卓越”都是“时代”的产物，也就是“时势造英雄”。所谓“时势”，其本质是指广大人民的革命斗争和他们的发展动向，是整个民族和整个阶级的正当的或前进的运动和发展的潮流。首先，要有一个创造英雄的物质基础，要有一个舞台来展示他们的才华；而这一切物质基础都是人民自己创造出来的，这个舞台是靠人民自己的奋斗和实践来实现的。有些英雄是在群众斗争、阶级斗争和民族斗争中，从一般的个体中得到了直接的发展。其次，只有那些英雄人物的理想和愿望能够正确地反映出时代和社会发展的需要，正确地反映了人民和先进阶层的要求，才能成为真正的英雄和卓越的人物。如果他们的想法和愿望违背了社会的发展，违背了人民和进步阶级的需要，他们就会成为一种毫无价值的东西，成为一种妨碍历史进步的反动力量。新中国成立以后，人们公开否定英雄史观、宣扬英雄史观的论调早就消失得无影无踪。但是，近几年来，在学界却有一种变相反对群众史观的说法，比如有人主张，“英雄与群众”一起创造历史。这个看法似乎很笼统，似乎把英雄和群众两方面的角色都纳入了创造的过程之中，其实是一种矛盾，偏离了人们作为历史创造物的基本观念。这个观念将“英雄”与“群众”并立，从而否认了人民在历史创作过程中的主导作用；但是，他们没有认识到，人民是英雄的缔造者，也没有认识到人民是英雄历史角色的决定性力量。

群众史观虽然没有否定杰出人物对历史发展的影响，但是它与英雄史观有着本质上的不同。从历史发展的角度来看，我们必须突出杰出人物在历史发展中所扮演的角色：首先，英雄是时代和人民大众的产物，是时代和人民的综合作用造就的，因而反对任何不切合实际地夸张英雄在历史发展中的地位和作用。其次，历史上卓越人物所扮演的角色，是不能脱离历史发展的客观规律的。只有在符合历史发展客观规律的基础上，才能成为一名真正的卓越人才。“因此，我们的结论是，历史由时势创造，时势由合力创造，合力由群体中的每个人创造。这里每个人，包括群体中的英雄与群体中的群众个体，因此，由合力论可以统一英雄史观和群众史观。”[4]

二、人民群众是历史发展过程中的决定力量

（一）人民群众创造历史的内涵

在历史发展过程中，人民群众的作用是不可忽视的。他们是社会变革的主体，通过自己的努力和行动推动着历史的进程。人民群众的力量体现在各个方面，包括经济、政治、文化等领域。同时人民群众的创造力也受到一定的社会历史条件的制约。社会历史的发展包括经济基础、政治制度、文化传统等多个方面的发展。在理解与历史之间的辩证关系时，人民群众需要认识到其在历史发展中的重要性和社会历史条件对他们的制约。这就是它所具备的某种历史条件性与历史局限性。人民群众是历史唯物主义的一个重要社会历史概念。这既包括数量规定性，即社会中的大多数人又包括质的规定性，即所有促进社会和历史发展的人。它包括阶级社会中的各个阶级、阶层和社会团体，在不同国家和历史阶段，人民的生活方式可能各不相同，但无论如何，它的主要构成成分和稳定性都包括劳动群众和知识分子。“人民群众通过社会实践活动创造了丰富的社会物质和精神财富，奠定了社会进步的基础，代表着社会生产力的水平，推动了社会历史的发展，也就是说，人民群众是历史的创造者，是创造历史的主体。但社会历史的发展是有自己的客观规律的，人民群众创造历史并不是随心所欲的，而要受到一定社会历史条件的制约。”[5]

首先，人民群众是社会物质财富的创造者。无论是农业、工业、服务业还是知识产业，都离不开人民群众的劳动和创造。他们通过努力工作，创造出各种产品和服务，为社会的发展和进步做出贡献。一切物质财富都是通过人民群众的伟大实践而衍生。其次，人民群众是精神财富的创造者。正如毛泽东曾说：“人民，只有人民，才是创造世界历史的动力。”[6]这不仅揭示了人民群众在社会进步与发展中的重要地位，也深入阐述了人民群众的实践活动是精神财富的源泉。马克思在《剩余价值学说》中提出，人类的精神财富并非天赋，而是来源于人民群众的实践活动。无论是

宏大的社会制度，还是细腻的生活习俗，都是人民群众在长期实践中总结、创造出来的。诸如李白、杜甫等大文豪的诗歌，贝多芬、莫扎特等音乐巨匠的作品，都是人民群众在生活实践中孕育出的精神财富。这些精神财富不仅丰富了人们的精神世界，也推动了人类社会的发展。最后，人民群众不仅是精神财富的创造者，也是社会变革的决定力量。他们的实践活动不仅孕育出丰富多彩的精神产品，也在推动着社会的不断进步和发展。在新的历史时期，我们要更加重视人民群众的作用，积极发挥他们的主体作用，不断推动社会的进步和发展。

（二）人民群众在历史发展过程中起决定作用

“人民群众是生产实践活动的主体，是生产力的主要承担者和体现者。人民群众直接从事社会生产实践活动，为人类社会生存和发展创造物质生活资料。人民群众的生产实践活动是精神财富生产的源泉，同时，也为精神财富生产提供了必要的物质条件。”[7]人民群众在历史发展过程中的作用问题，是“群众史观”中的一个重大问题，也是其中一个关键问题。换言之，群众史观的观点是：群众对于一个社会的发展具有决定性的影响，但其影响的范围和程度在各个时期都不尽一致。人民群众的历史作用的发展道路不是直线式前进的，而是螺旋式上升的曲折的但不断发展的道路。

第一，人民群众是社会物质财富的创造者。社会的发展和进步所依赖的前提条件是人类所需物质的生产，而人民群众又是生产劳动力的主体，人们的衣食住行等物质基础是进行政治活动、科研开发、文娱艺术的物质前提，只有这些人民群众的生产物质的基础，人类文明才会延续和发展，以致发展出今天的人类文明。物质是一切的基础，它促进了社会经济、文化、政治、科技的发展。而物质的丰富程度代表了生产力水平，人民群众是社会的主体，也是生产力的主体，所以人民群众的力量决定着社会发展所需物质财富的创造力量，在推动社会发展、创造社会物质财富过程中起到决定性作用。同时，历史上的人们，虽然被经济剥削、政治压迫和意识形态约束，但他们仍然在不断地进行着实践，不断地推进着社会的前进。因此，群众的角色实质上是一种物质的力量。

第二，人民群众是社会精神财富的创造者。物质财富产生的主体是人民群众，精神财富产生的主体也是人民群众。中华文明五千年文化，在这期间创造的精神财富量极其庞大，创造群体依旧是当时的人民群众。人民群众对美好生活的向往是一切精神财富的发生源泉。先有早期的四大发明，随着人们的生活越来越好，越来越便捷，从而创造了诗词歌赋、山水诗画，在这些历史过程，人民群众享受到了精神财富带来的好处，在享受其中的过程中人们就需要更多的精神财富来丰富自己的精神世界，人民群众在精神财富创造过程起到了决定性的作用。

第三，人民群众是社会变革的决定力量。人民群众在创造物质和精神财富方面是主体，同时人民群众也是社会变革方面的决定力量。在社会发展的进程中，随着生产力的进步，社会制度也会随之发生改变，那么这个时候就必须要借助人民群众的力量，人为地引导进步的方向，不能任由生产力随意发生改变，历史上每一次社会发生变革的时期，都是由人民群众力量决定其变革的方向。从原始社会到奴隶社会，从奴隶社会到封建社会，从封建社会到资本主义社会再到今天我们的社会主义社会，每一次无不是站在群众肩膀，借助人民的力量。因为群众是基础，是社会正常运转发展的基础，也是政治力量的基础，没有人民群众就不会构成今天多样性的社会，所以在社会的形态与变革的过程中，人民群众是创造历史的决定力量。

三、人民群众历史决定作用的现实意义

“一切为了群众，一切依靠群众，是我们党的群众路线的核心，是领导者处理群众关系的根本原则，也是我们一切工作的出发点和归宿点。”[8] 人民群众在中国人民和中国共产党人们的心中，一直处于主体地位。中国共产党一直将人民群众创造历史这一理念贯彻在党执政的过程中，同时也将其奉为执政追求。进入新时代，我们更要凝聚团结人民群众加入建设社会主义伟大事业中，实现中华民族伟大复兴。

首先，人民群众的发展决定着社会历史的发展进步。在人类社会发展的过程中，人们往往能够通过发挥主观能动性和创造性来实现自我的价值体现，汇聚每个个体的力量，推进社会形态和历史样貌的革新。人们从事物质劳动丰富社会生产力，发明新的劳动工具，生产满足人类发展所需的各种工具，这个过程开发出了“人化自然”。而且在社会生产和社会交往中，逐渐建立起多种社会关系和社会体制，逐步架构起不断完善的人类社会，以推进社会的进步。这些正是人类的创造性和能动性的发挥所产生的

结果。但随着人类社会环境和生活方式的改变，慢慢地，人类也会不断调整新的交往方式和创造方式。特别是改革开放以后，在马克思主义思想的影响下，在中国共产党的正确带领下，我国的发展一直遵循着人类历史发展规律，集结了人民群众创造历史的力量，创造了中国乃至世界人类历史发展的奇迹。改革开放至今，我国在经济方面得到了飞速的提升，实现了年均9.5%的经济增长速度，远远超越同期世界发展的速度，这些成果都是依靠中国共产党正确领导下的人民群众的辛勤、智慧、艰苦奋斗而得来的。

其次，在思想上和实践上坚持人民群众的主体性有利于推动社会历史的发展。改革开放以来，不仅取得了经济飞速发展的成果，而在人与自然、社会发展规律和人类思维方面也得到了了巨大的发展，并在世界发展规律、变化趋势和更好认识现实世界方面也取得了更高的提升，同时创造了大量的社会精神财富。中华文明五千年文化，从古至今中国人依靠自己的智慧，形成了独特的文化习俗、民族信仰和语言特征，造就了我国如今大义凛然的民族气节和坚韧不拔的民族精神。中华民族是注重传承的民族，五千年来一脉相传的智慧结晶，如唐诗宋词、兵马俑、长城、四大发明等，无不处处体现了中华文明的广博深邃。中国共产党建党后，在不同时期，面临着不同的威胁，逐步演化出了长征精神、抗战精神、雷锋精神、“两弹一星”精神、改革开放精神、抗震救灾精神、大庆精神、铁人精神等，这些精神的开创者、传承者、受教者，都是我国的人民群众，迸发出革命力量、创造力量、智慧力量也都是我国的人民群众。中国人民的这种精神，是民族精神的一种重要内容，它是鼓舞着我们不畏艰难、勇往直前的精神宝库，是我们中国文化前进的精神之灯。

最后，社会历史的发展取决于人民群众的整体性、多样性。纵观人类社会发展的历史，人民群众一直是社会变革的主要力量，起着变革成功的决定作用。纵观国内外，当初在欧洲被资本家压榨的劳动者，不断在欧洲各国发起运动，发动者都是人民群众。尤其是国内，中华民族五千年的历史中，社会的变革和创新都是由人民群众作为主要力量的。当今，站在历史的新起点，我们更要紧紧依靠人民群众，坚持做好“从群众中来，到群众中去”，坚持把实现好、维护好、发展好广大人民群众的根本利益作为全面发展的初心，从此落脚点出发，让更多人享受到国家快速发展的成果，公平公正地惠及全体人民群众，激发人民群众的变革创新的热情，让更多的人民群众投入伟大的社会主义事业建设中，为实现中华民族伟大复兴而奋斗。

四、结语

在人类社会发展历程中，人民群众即是决定性力量。人民群众是社会发展实践的主体，同时能够创造不同时期的历史。纵观历史，人民群众是在不断解决矛盾中创造历史，这种历史的创造与社会的推进是密不可分的。在解决社会问题时，人民群众是适应生产力发展需要的一种社会力量，因此，人民的整体发展趋势将决定整个社会的发展趋势，也就是人民将最终确定其发展的结果。在经济发展的进程中，人们的经济地位、利益以及他们在经济发展中所起的重要角色是不一样的。人们在创造的同时，也要受历史环境的限制，特定的时期所取得的生产力的程度也会对人们的创造产生作用；民众在政治活动中所能表现出的历史的水平也是不同的。并且，在各个历史阶段，人们都会自觉地被这个时代的人们所感染。所以我们要坚持依靠人民群众的力量，拥护人民群众的利益，才能建设好我们中国特色社会主义伟大事业，带领人民走向美好幸福生活。

在中国特色社会主义伟大事业的进程中，在党中央领导下，把“以人民为本”的理念贯穿始终，坚持以“以人为本”“以民为本”，以“社会发展”为核心，这是马克思历史唯物主义关于人民群众的历史创造的思想和原则。同时，坚持“以人为本”的思想，也充分表现了马克思主义政党的执政理念，反映了中国共产党的价值取向和政治取向。从历史演进的观点来看，中国特色社会主义的伟大实践与创造都是以人民为中心，充分顺应和拥护人民群众的根本利益和诉求，为实现人们对美好生活的憧憬与追求而不懈奋斗。

参考文献：

［1］徐斌．马克思主义是什么［M］．北京：学习出版社，2020：162－163.

［2］胡克（Hook，S），王清彬译．历史中的英雄［M］．上海：上海人民出版社，1964：38－40.

［3］林城．哲学与教育反思现实（上）［M］．北京：华龄出版社，2020：161－162.

［4］李国旺．国学与经济学《大学》启示录［M］．太原：山西人民出版社，

2011：34－35.

［5］陈铁夫，朱志勇．马克思主义哲学基础［M］．徐州：中国矿业大学出版社，2016：264－265.

［6］冯文彬．中国共产党建设全书1921－1991第5卷．党的作风建设［M］．太原：山西人民出版社，1991：237－240.

［7］张丽莉．中国特色社会管理思想的发展与创新［M］．石家庄：河北人民出版社，2021：57－65.

［8］于国平．办公室主任工作艺术全书［M］．北京：中国物资出版社，1998：78－79.

共同富裕视角下《哥达纲领批判》分配正义思想之当代启示

刘骋霄

摘　要： 马克思对于分配正义问题的观点并没有独立的著作，大多是通过对庸俗社会主义和资本主义思想的批驳和更正，这些对于错误解读和理解的批判为实现中国式现代化提供理论支撑，其中在《哥达纲领批判》中关于分配正义问题的观点能够为新时代共同富裕的建构带来理论指导和现实启示。

关键词： 哥达纲领批判；分配正义观；共同富裕

党的二十大报告指出，“共同富裕是中国特色社会主义的本质要求，也是一个长期的历史过程。我们坚持把实现人民对美好生活的向往作为现代化建设的出发点和落脚点，着力维护和促进社会公平正义，着力促进全体人民共同富裕，坚决防止两极分化。”[1]这深刻阐明了共同富裕是关系民生福祉的重要问题，是推进中国式现代化发展的根本任务。共同富裕下的社会主义分配更加注重分配正义问题，致力于构建人人共建、人人共享的合理分配格局。马克思在《哥达纲领批判》中论述的公平正义观是理解分配正义问题的理论依据，能够为在实现共同富裕过程中保障分配正义提供价值导向和现实启发。

一、共同富裕思想发展历程

共同富裕是中国特色社会主义的本质体现，是实现共产主义社会的现实路径，这一思想生发于马克思主义原理与中国古代儒家思想不谋而合，两者共同追求社会成员各尽其力、人人为公，去除私有制共同创造物质财富，最终实现物质条件充盈、人民需求满足的理想社会。新中国成立后，中国共产党依据马克思主义对未来社会的构想，结合中国过渡时期的实际国情，在《中共中央关于发展农业生产合作社的决议》首次提出“共同富裕”一词，旨在用明白易懂、简单通顺的表达向农民描述未来群众都能够完全摆脱贫困并获得普遍生活的美好愿景，引导农民自觉将个人土地所有制变为集体土地所有制，顺利完成走集体化道路，进而过渡到社会主义的任务。毛泽东强调，社会主义制度的确立是实现共同富裕的前提，发展生产力是实现共同富裕的基本物质基础，避免两极分化现象是实现共同富裕的基本要求。在过渡时期，我们党探索共同富裕的道路虽然遭遇了严重挫折，但仍然在曲折中前进，不仅为广大农民所接受，也得到全国工商界人士和其他社会阶层的认同。随着改革开放的全面展开，邓小平丰富和发展了共同富裕的理论，深刻地指出贫穷不是社会主义，生产力的发展要突破传统体制的束缚，允许部分地区、部分人先富起来，先富带动后富，最终实现共同富裕。他强调，社会主义最大的优越性就是共同富裕，这是体现社会主义本质的一个东西，并且共同富裕是一个长期而复杂的历史过程，所以要实行先富带后富的战略措施以逐步推进其实现。由此可见，共同富裕是社会主义本质特征的体现，是一个先富带动后富循序渐进的过程，在社会主义发展中处于不可或缺的地位，其发展首先必须有社会主义制度作为基础性保障，其次需要有高度发达的生产力创造物质基础。党的十八大以来，党带领人民全面深化改革，打赢脱贫攻坚战，全面建成小康社会，为推进共同富裕的实现创造了良好的经济条件和发展环境。习近平总书记在党的二十大报告中指出，“城乡区域发展和收入分配差距仍然较大”，要“完善分配制度”，具体要“坚持按劳分配为主体、多种分配方式并存，构建初次分配、再分配、第三次分配协调配套的制度体系”[1]，这些重要论述指出，在当前推进共同富裕过程中发展不平衡不充分的问题显著，分配方式急需调整，物质和精神富裕同样重要。如何在中国特色社会主义的具体条件下，实现分配正义为推进共同富裕赋能，成为一大现实问题。

二、《哥达纲领批判》中马克思的分配正义思想

马克思的分配正义观并没有通过独立的手稿或文献进行表达，多是通过批判唯心主义观点或是曲解科学社会主义观点间接性地表达出来的，因

此可能会产生马克思不认同“公平分配”“劳动所得”“平等权利”等观点的认知误区。然而并非如此，与此相反，马克思利用唯物史观和剩余价值理论深入对分配正义问题进行了思考，揭开了拉萨尔主义空喊“公平”“正义”的表面行为，切中时弊地指出分配正义是具有历史阶段性特征的，是根本上取决于生产的，以实现人的自由全面发展为价值旨归的问题。

分配正义根本上取决于生产。决定分配正义问题的根本性因素应当回溯到生产源头上，而非纠结于表面的分配方式上。庸俗的社会主义不能正确理解马克思的剩余价值理论，一味地效仿资产阶级经济学家把分配与生产脱离开分析。对于这种现象，马克思痛批他们忽略了分配与生产之间真实的关系，一味“开倒车”，用“公平的”“正义的”“分配”“权利”等词语煽动被压迫的无产阶级群众，将无产阶级的贫困归结于资产阶级在分配中占据垄断地位，实际上就是用资产阶级旧的理念和方法分析社会主义新的问题，是极其空洞的、无用的。马克思指出，“消费资料的任何一种分配，都不过是生产条件本身分配的结果”[2]，资本主义社会现有的分配方式对于社会而言是“正义的”，因为生产资料被控制在非劳动者手中。因此，非正义的并不是分配的方式，而是生产的方式，想要彻底改变非正义的分配，就必须对生产进行彻底的变革。拉萨尔机会主义在纲领中提到：“劳动所得应当不折不扣和按照平等的权利属于社会一切成员”。[2]这一主张对于被压迫的德国工人党来说无疑是精神上的极大刺激，获得相当的话语权，享受平等的权利，得到正义的分配而非被资产阶级剥削是他们最本质的追求和期望。但是我们忽略了得出结论的上文“劳动是一切财富和一切文化的源泉”。[2]只有满足三个限制条件，这个观点才能成立。首先，个体以所有者的身份对待自然界；其次，自然界是个体唯一的劳动资料和劳动对象；最后，人们通过劳动从自然界中产生价值。此时，劳动才成为使用价值的源泉，劳动才能成为财富的源泉。由此可见，生产资料掌握在劳动者手中是劳动成为财富源泉的基本要求。但是在资本主义社会中，劳动资料被资产阶级占有，因此，只具备劳动力但是没有生产资料的无产阶级只能沦为依附于资产阶级的奴隶，只有经过资产阶级的允许才能进行劳动。在资本主义社会中，存在两方面的不公平：首先是生产资料所有制的非正义，资产阶级对生产资料的私有化占有剥夺了劳动者自由、平等进行劳动的权利，一无所有只剩劳动力的工人必须依赖资产阶级的资本才能生存；其次是劳动产品所有制的非正义，工人与生产过程相异化，劳动成为维持生存的手段，工人的剩余价值全部归资本家所有，留下的只是维持工人不灭绝的低微的收入，导致工人同自己的类本质相异化，个体自由全面发展受到抑制沦为仅会工作的机器。最终，工人同人相异化，无产阶级因生产资料和劳动产品所有权的非正义，以及生产过程中对工人自由和发展的抑制，导致无产阶级和资产阶级产生不可解决的矛盾。马克思认为即使重新分配劳动所得，通过再分配途径将资本家的部分财富转移给劳动者，也不能根本解决问题。只要私有制存在，剩余价值还是会被资本家占有，无产阶级的劳动力还是会成为商品被压榨，无产阶级还是无法实现自由的发展[4]。由此可见，想要真正实现资本主义模式的分配方式根本是要进行生产方式的根本性变革。只有在生产资料公有制的前提下，劳动才能为劳动者带来财富，劳动者生存和发展的权利才能真正掌握在自己手里，才能真正实现公平的分配。由此可见，生产资料私有制是分配正义实现的基本性前提。

分配正义问题具有历史阶段性特征。正义问题对于社会来说并不是永恒不变的问题，而是历史性的、阶段性的问题。马克思认为国家、法律、政治、科学、艺术、道德等不是虚无缥缈的东西，而是实际地在物质生产过程中产生和建构的，并且受生产规律的调节，并非永恒存在的。随着生产力的发展，前一个社会形态当中的非正义性被不断纠正，后一个社会形态中又会因特定的生产方式和生产关系而产生新的非正义问题。因此，正义问题尤其是分配正义问题是具体存在于历史的各个阶段，需要根据生产力和生产关系的发展而变化。马克思在《哥达纲领批判》中，将以公有制为前提的社会主义社会的分配方式分为两步。第一步的分配原则是“按劳分配”。在共产主义社会的初期，即共产主义社会刚刚从资本主义社会中脱胎出来，还没有进行独立发展，但是此时的社会的生产物质已经归全体社会成员所有。个体“除了自己的劳动，谁都不能提供其他任何东西”“除了消费资料，没有任何东西可以转为个人的财产”[2]。这个时期的共产主义社会还带着资本主义社会精神、政治、经济等方面的痕迹，生产力并不发达，社会整体的物质财富并不丰富，因此只能运用等价交换的原则，采取按劳分配的分配制度。“生产者的权利是同他们提供的劳动成比例的；平等就在于以同一尺度——劳动——来衡量”[2]这种分配方式是最适用于共产主义社会初期的，但是只实现了形式上的公平。由于共产主义社会初期经济结构的限制，这种分配方式忽略了劳动个体的差异性，把人们只当作劳动者，忽略了他们的身份背景、家庭需要、劳动能力等因素，在劳动力贡献量和生活需求量并不平等的条件下号召实现人人权利的平等，实质上是不平等的。这种形式上的正义是受到生产力匮乏及其影响的文化发展的限制，在社会主义初级阶段是无法避免的。第二步的分配原则是“按需分配”。在共产主义高级阶段，生产力高度发达，个体不必被迫进行劳动，并且脑力劳动与体力劳动的对立消失，人们的思想觉悟大幅提升，劳动不再是谋生的手段，而是人发挥长处实现自我的第一需要。此时的共产主义社会，在生产资料公有化的前提下，生产力大幅提升，集体财富充盈，人们摆脱了对物的依赖，解决了劳动者劳动异化的问题，使得劳动真正成为有益于劳动者并且服务于劳动者的活动。劳动不再是衡量人们权利的尺度，社会物质资源的充盈使得人们不必再出卖劳动力来获得消费资料，生产资料和消费资料的公有化让人们有机会选择自己喜欢的劳动方式，人们在劳动中获得自我发展而不是生存资本。此时，需求成为衡量人们权利的尺度。这样的分配方式摆脱了共产主义社会初期忽略个体劳动能力差异性的局限性，真正实现了公平和正义。

分配正义问题以人的自由全面发展为价值旨归。以往的分配问题总是围绕着物展开，多是探讨商品、地产、资产的所有权以及分配问题，却没有深入生产层面，没有深入人的需求这一分配的源头和本质而展开。这也体现出了资本主义分配方式对物的依赖和占有欲望，只能着眼于表面物质的多少，不能看到分配正义问题背后真正满足劳动者需求的使命。马克思在《1844 年经济学哲学手稿》中提出劳动异化理论，阐述了无产阶级和资产阶级水火不容的根本原因，即资产阶级剥夺了无产阶级自由平等地进行自我实现和自我发展的权利。资产和地产的垄断使得无产阶级除了自身的劳动力外再无其他可以贩卖，因此无产阶级只能靠劳动力换取生存资料。但在马克思看来，劳动不仅仅是生存的手段，甚至不应该是生存的手段，交换劳动力获取生存的资本其实是劳动者被奴隶和被束缚的体现。因此，在社会主义理想中的高级阶段的共产主义社会中，劳动不再是谋生的手段。由于物质资料的充盈，人们不必依靠劳动换取生存的资本，此时的劳动已经去掉了依附的属性，更具有创造性，可以独立地成为人实现自我价值的途径。并且由于生产力的提高和物质的富足，消费资料的分配和生存的需要已经不是主要矛盾了，此时人的自我实现才是主要矛盾，人的思想觉悟获得质的飞跃，劳动成为他们实现自我价值的主要途径。共产主义社会高级阶段能够为个体的发展提供需要的物质资料，以帮助其获得精神上的富足。劳动转变为促进人自由全面发展的手段是一种契合人性发展的正义，因此，“各尽所能，按需分配”是共产主义社会最终追求的分配正义原则，也是人本主义的充分彰显。共产主义高级阶段的按需分配不仅实现了权利的平等，还实现了结果的平等，真正达到了分配的实质公正。这不是一种抽象的正义观念，而是基于历史唯物主义的科学认知。其实现条件包括高度发展的生产力、社会分工的消除、劳动自由自觉，将人们自由发展的需要置于首位。马克思的分配正义观最终的价值旨归还是回到了人这一本体上，生产力的提升和消费资料的充足都是为人能够自由全面的发展而做努力。马克思描绘了这种自我实现的理想图景“在共产主义社会里，任何人都没有特殊的活动范围，而是都可以在任何部门内发展，社会调节着整个生产，因而使我有可能随自己的兴趣今天干这事，明天干那事”[3]。以往的正义着眼于人人平等的均等原则，而马克思则提出要实现差异化的正义，要实现适于不同个体自身特性的个性化发展，才能算得上实现了个体自由全面的发展。

三、《哥达纲领批判》中马克思主义分配正义观对新时代共同富裕的启示

效率和公平相平衡。新时代，全面建设社会主义现代化国家新征程、向第二个百年奋斗目标进军的关键时刻。发展是首要任务，但是在追求快速发展的过程中，也不能忽略对现有分配制度公平性的监督，只有在生产力和生产关系同时发展并且契合的情况下，才能为共同富裕创造安定的发展局面。市场经济作为社会主义经济形态中不可跨越的阶段，其自由竞争性、配置资源的有效性、平等性和自主性给每个个体提供了更加广阔的发展平台和权利。市场经济能够营造开放活泼的竞争氛围，激励人民自觉进行劳动生产，有利于推动生产力快速发展，能够快速累积物质财富，为建立福利性和保障性开支提供物质保障。但是市场经济给人们带来巨大的利益刺激也会使得社会发展忽略人文关怀。我们不能为了实现共同富裕而积攒财富，却忽视了劳动力提升过程中劳动者本身对于分配公平的需求。实现共同富裕的价值旨归是人自由而全面的发展，但是在实现的过程中如果忽略了劳动者自由而全面的发展，一味追求经济的提升，岂不是本末倒置。因此，新时代要实现的共同富裕，其社会主义分配要更加注重公平和效率之间的平衡，分配领域要更加广泛和包容，分配机制要更加具有协调性和联动性。在物质生活领域，调节和规范高收入群体，帮扶和保障低收

入群体，并且使低收入群体在促进共同富裕中得到重点关注；在精神生活领域，着力于满足人民群众多样化、多层次、多方面的精神文化需求，实现人民群众物质富裕和精神富足的有机统一，才能激励劳动者为社会发展作贡献，从而提高生产力水平。党的二十大报告强调，“坚持多劳多得，鼓励勤劳致富，促进机会公平”[1]，实现效率和公平的统一，才能实现人民意愿与国家发展的统一。始终坚持按劳分配，尊重“多劳多得”，拒绝为了形式主义的公平而牺牲劳动者的成果，走上“均贫富”的老路，形成“仇富”等畸形思想。

绿色保护与文化建设相统一。分配正义问题要回溯到生产方面解决，在大力发展生产力、快速积累社会物质财富的过程中要注意限制生产发展的两大因素。首先是劳动受自然条件制约，生产不能超过自然承载能力，发展必须是可持续的发展。因此新时代的生产力发展不能以牺牲自然环境为代价，也不能为了发展的快速进步而忽略了对环境的保护和关注，要时刻坚持“人与自然和谐共生”“绿水青山就是金山银山”的生态保护理念，自觉遵守党的二十大报告强调的关于保护绿色环境的四项要求，即：“加快发展方式绿色转型；深入推进环境污染防治；提升生态系统多样性、稳定性、持续性；积极稳妥推进碳达峰碳中和”[1]。在发展生产的过程中承担起中国作为大国的环境担当，让发达的生产力与美好环境共存。其次是所有制的规定，在发展生产力的同时要同步推进生产关系变革，更好地实现财富和资源的共享，真正实现共建共享的和谐局面，使得生产力的发展服务于基础保障性措施，而不是产生两极分化。为此要坚持推进国有经济布局优化和结构调整，发展混合所有制经济；深化国有企业改革，完善中国特色现代企业制度；形成以管资本为主的国有资产监管体制，有效发挥国有资本投资运营公司功能作用，加强国有资产监管，防止国有资产流失；深化农村集体产权制度改革，发展农村集体经济，完善农村基本经营制度等措施巩固公有制地位。

正确认识劳动的功能，劳动不只是社会集体财富的来源，也是个体创造性的表达，在快速积累社会财富的同时，要注重保障劳动者的自由全面发展。马克思在《哥达纲领批判》中指出人全面发展的权利还要受到“社会的文化发展”的制约，“文化发展”是指由生产力和经济发展决定的社会文化发展情况，包括社会成员普遍的思想觉悟和文化水平，它是生产力和经济发展的结果，也是社会未来实现生产力解放的必要前提。经济结构所决定的整体社会的发展状况，包括社会成员的知识文化水平以及思想文化觉悟。这种文化发展是生产力和经济发展的结果，同时也是生产力解放的必要前提。也就是说，人的自由全面发展不仅仅是共同富裕社会带来的社会文化的结果，也是共同富裕社会出现的必要前提。如果在建设共同富裕社会的过程中忽略了对人的自由全面发展的引导，则不可能会出现人人自觉劳动，将劳动当作自身创造力体现和自我实现途径的情况了。实现共同富裕的全过程必须以人民的需求为中心，以劳动者的自由全面发展为宗旨，不能因追求物质而舍弃对人民思想文化的提升或是抑制其发展。因此，共同富裕过程需要健全教育体系，做到教育、就业机会均等，消除就业歧视，减少职业差别，为劳动者自由发展创造更加丰富的机会和更加广阔的平台。新时代共同富裕的建设要兼顾物质和精神两个方面，促进实现人民物质生活和精神生活的双重富裕，强化主流价值的引领，削弱国内外思潮对社会发展的负面影响，谨防国外意识形态的渗透和同化，以社会主义核心价值观、社会主义先进文化凝聚人心。大力发展文化事业和文化产业，满足人民多样的文化需求，整治文化娱乐方面的不良影响和不正之风，避免娱乐成为糟粕文化的载体，影响大众的文化认知。各领域都要坚持深入思想教育工作，加强主流文化的引领作用，对组织内的错误文化进行及时的批驳和纠正，营造组织内良好的精神文化环境，创造良好的社会文化氛围。

参考文献：

［1］习近平．高举中国特色社会主义伟大旗帜 为全面建设社会主义现代化国家而团结奋斗——在中国共产党第二十次全国代表大会上的报告［J］．党建，2022（11）：4－28．

［2］哥达纲领批判［M］．人民出版社，2018：15、8、16．

［3］马克思恩格斯选集（第1卷）［M］．人民出版社，2012：435、537．

［4］冯霞，简智荣．《哥达纲领批判》的分配正义观对新时代共同富裕的启示［J］．社会主义研究，2022（4）：42－48．

列宁《怎么办?》中职业革命家思想及现实启示

邹雅琪

摘　要：《怎么办？（我们运动中的迫切问题）》是列宁阐明新型马克思主义政党理论的重要著作，建立一个集中统一的职业革命家组织和确立政党组织内部的领导核心是该书的核心议题。中国共产党运用列宁的职业革命家思想，将列宁党建理论同中国具体实际相结合：坚持马克思主义理论的科学指导，坚决维护党中央的权威；增强党组织的凝聚力，建设高素质干部队伍；保持党员队伍的先进性，增强使命型政党的生命力。总体来看，职业革命家思想不仅对俄国社会民主党的建设和俄国新型无产阶级政党的诞生奠定了理论基础，也对新时代中国共产党守正创新推进马克思主义中国化，增强党的内聚力、战斗力、生命力具有重要的现实启示。

关键词：列宁；《怎么办?》；职业革命家；列宁党建理论；现实启示

一、职业革命家思想的理论来源

列宁职业革命家思想是立足于俄国武装革命的实践探索，针对俄国的现实情况和面临的现实问题所产生出来的实际理论，它的诞生也证明了在复杂的革命运动中由集中统一的马克思主义政党来领导革命的重要性。

（一）职业革命家产生的背景

19 世纪末的俄国是带有极强封建性的帝国主义国家，许多劳动人民处于水深火热之中，生活极端困苦。由于俄国社会封建残余根深蒂固，剥削压迫愈演愈烈，社会矛盾激化，一场属于俄国内部的社会革命就此拉开序幕。随着工人罢工、农民起义、学生运动等一系列的斗争相继失败，这让列宁认识到，盲目的起义与罢工不仅会弱化革命队伍的力量还会严重影响工人参与革命的信心。一些革命党人尽管拼尽全力，但还是因为缺乏经验而无法应对复杂的现实斗争，这导致革命队伍受到冲击，革命组织找不到正确的实践方向。当时俄国社会民主党成立不久，缺乏科学的理论指引，在革命斗争中有偏离正确道路的潜在危险，并且1901～1902年列宁和其他许多马克思主义革命家正遭流放，社会民主党缺乏一个坚强的领导核心。要想结束党内思想的混乱，列宁认为俄国革命的第一要务是建立一个集中的群体组织，一个长期平稳且拥有力量的职业革命家组织。并且从俄国社会民主党内部的“经济派”的手工业生产方式来看，他们用最原始的方式进行斗争，不去联系其他党小组，没有把革命的各个部分组织起来，这种自发的运动往往会导致运动的失败和地方组织的破坏。列宁在书中驳斥了“经济派”的手工业方式，对机会主义观点持反对态度，“因为无产阶级的自发斗争如果没有坚强的革命家组织的领导，就不能成为无产阶级真正的‘阶级斗争’。”①这里说明了建立一个集中统一的马克思主义政党的合理性。职业革命家思想的提出是从保证俄国革命可以顺利推进角度考虑的，因为当前俄国社会需要的是“一个全俄的集中的组织”，一个集中的职业革命家政治领袖组织。从当时俄国的情况来看，只有做到这样才可能保证革命斗争的坚决性和稳定性，尽早结束党内分裂和混乱的局面，从而做好充分的准备发起进攻。

（二）职业革命家的含义

职业革命家是一个典型的身份概念，这层身份要求他们必须是对马克思主义理论和实践都十分了解的党员。职业革命家的定义是忠诚于革命事业、能够完全献身于革命事业、以革命活动为毕生追求的人。列宁认为：“一个统一的、强有力的、有纪律的各个部分都有计划发展的组织才是职业革命家组织。”②因为职业革命家具备坚定的革命信念与奉献的革命精神，拥有过硬的革命专业技能，能够为革命事业努力奋斗的革命组织者和领导者，那么由其组成的政党是不同于其他为了选举需要而设计的政党组织模式，这样的马克思主义者政党拥有集中的权威、组织严密、纪律严明的特点。因为有了坚强的领导核心，才能认为是真正的政党。这样的组织可以由职业革命家发挥革命引领作用，凝聚组织力量，领导组织走向先进，走得更远、更稳。列宁就是一个伟大的职业革命家，在党内，他同持妥协立场的孟什维克进行斗争；在党外，他毫不妥协地反对伯恩施坦的修正主义。再到后来随着列宁对革命实践活动的深入，列宁逐渐成为全党的领导核心，俄国的革命斗争逐步有了专业组织的集中统一领导。随着社会主义革命在俄国取得了成功，列宁领导的布尔什维克党带领苏维埃人民建立了世界上第一个社会主义国家，并开始领导苏维埃俄国进行国家建设。列宁作为一名坚定的马克思主义职业革命家，他坚定地把理想推向现实。这就是领袖存在的意义，也是职业革命家存在的必要性。

（三）职业革命家思想与使命型政党

奥斯汀·兰尼曾以现实政治的本质，意识形态在塑造政党的政治态度、活动方式和行为模式方面的结构功能特征为根据标准，将现代政党明确区分为使命型政党和经纪型政党。[③]使命型政党有自身的生成逻辑和特质，也是列宁想要建立的一个新型无产阶级政党，列宁认为，要特意挑选培养训练一些同志，这些同志的时间和精力都将贡献于革命工作和任务，并且这样的革命活动需要吸收工人群体的加入。[④]按照列宁的构想，党应该由关键领导人（主要是职业革命家）和众多的地方组织网组成，这些是组成使命型革命政党所具体要求的。只有这样才能克服其他政党或组织存在容易滋生的自由、分散、宗派倾向，与自发产生的手工业方式完全不同，力量汇集以后才会最大可能地实现宏伟目标。职业革命家和职业革命家组织是政党强大力量的来源，更是对马克思主义党建理论的丰富。基于当时俄国需要迫切进行革命运动的国情，列宁像“拿起杠杆就能撬动地球”的阿基米德一样坚信：“给我们一个革命家组织，我们就能把俄国翻转过来。”[⑤]这里掷地有声地说明了培养意志坚定的职业革命家以及建立革命家组织的重要性，只有这样才能领导俄国人民开展反对沙皇专制制度和资本主义的斗争，这在俄国社会革命中属于重要的变革条件，也是列宁党建思想重视组织的领导核心和保证组织的集中统一领导的表现。职业革命家思想与其衍生出来的在非常时期下建立革命家组织的观点，能帮助俄国社会民主党向新型马克思主义政党转型，它也是列宁对俄国政党建设道路中的一条突出的理论贡献。

二、职业革命家对俄国革命的指导意义

在马克思和恩格斯看来，无产阶级政党必须有自己的革命领袖去领导革命。无产阶级政党是人民的政党，历史因其创造出来，在革命的过程中人民需要先进理论的引导。革命家组织应当是善于根据工人运动现状制定计划，工人群众因此才可能获得专业技能与才干，具备坚定的社会主义信念从而成长为职业革命家，带动实现无产阶级革命的胜利。列宁职业革命家思想在俄国早期政党建设中对俄国社会革命有着重要的指导意义。

（一）坚持马克思主义理论的科学指导

由于马克思主义理论首先是工人阶级追求独立的理论思想，是工人阶级的思想武器，因此用理论武装头脑，是给无产阶级反抗压迫指了一条明路。职业革命家组织在社会民主党中的领导作用应该是强有力的，通过扎根广大工人群众，将科学的革命理论用合适的方法灌输给工人阶级，从而让分散的团体统一，统一的组织加强专业化水平并能扩大无产阶级的阵营，以壮大革命力量。列宁认为“只有以先进理论为指南的党，才能实现先进战士的作用。”⑥坚持以先进的理论引领工人革命运动，用马克思主义武装头脑，阐明以马克思主义为指导思想对无产阶级革命运动方向确定有着重大意义。因为对于当时的俄国来说，社会民主党的理论水平与工人革命运动形式发展不一致，“经济派”崇尚自发性、主张经济斗争、坚持公开的革命家组织的种种观点暴露出来了思想和理论的分歧，他们置之不理无产阶级的政治任务，不承认党的领导作用，严重阻碍了俄国社会民主党向新型马克思主义政党的转型。列宁严厉批判这种将政党的理念变成空洞口号的行为，指出当前的社会民主党必须勇于同非马克思主义思想作斗争，只有当社会民主党坚持以马克思主义作为指导思想时，方能建立一个能使政治斗争拥有力量，具有稳定、可靠、可继承等特点的革命家组织，充分发挥对工人运动的领导作用，才能在黑暗的专制统治下有组织有计划地完成革命任务。这里列宁不仅说明了一个组织从涣散到专业的问题，也表达了一个系统完备的组织内部需要以科学的思想武装工人头脑，给社会

民主党指明了进行无产阶级斗争的正确方向，使其成为一个牢固、集中又有战斗力的革命组织，并实现无产阶级的任务成为可能。列宁《怎么办?》一书中的职业革命家思想在引导工人运动步入反对沙皇制度和资本主义的命运抗争道路上至关重要，并且为无产阶级进行彻底的、解放自身的革命运动指明了方向。

（二）着力增强党组织的凝聚力量

俄国革命大大解放了工人的阶级意识，在这一过程中许多人揭露了资产阶级统治的剥削实质，也使得一部分人对俄国“经济派”展开彻底的批判。列宁在批判“手工业方式”时说：“我们首要的最迫切的实际任务是要建立一个能使政治斗争具有力量、具有稳定性和继承性的革命家组织。”⑦由职业革命家进行统一领导的斗争，可以保持其所领导的工人运动具有继承性特点，可以保证无产阶级运动的顺利进行并开展地方工作，这就为俄国工人运动稳定性提供了重要的组织保障，保障其队伍组织能进行坚持不懈的斗争。对比俄国社会民主党内部的“经济派”的手工业生产方式，继承性和稳定性正是职业革命组织的优良特征。只有这样的革命家组织才能结束革命队伍中思想上分歧和组织混乱的状况，强化党组织的凝聚力量。

由于无产阶级革命事业的特殊性和复杂性，即使有大多数群众自发地投入革命斗争的洪流中，这些群众很有力量也富于革命斗志与激情，在实际斗争中却不能发挥有效的力量，个体虽然微弱，但如果这些力量能被统一组织起来进行严密的工作，他们就能发挥一个组织的凝聚力。无产阶级的政治领袖所提出的思想观念之所以可以变成社会变革、进步的先导，是因为他们为群众指出的革命方向，能够在革命斗争中起着不可或缺的作用，这里突出了领导人参与组织的作用。在列宁《怎么办?》一书中，职业革命家是运动的策划者、组织方向的制定者、革命的实施者，他们是维护本阶级利益的强大群体，他们发展新型无产阶级政党建设理论，并且在革命运动中精准掌握斗争方式，这里突出了人发挥主观能动性和创造性的作用。如果一个组织没有领袖来领导，群众的活动就会处于涣散、无序的状态，无论是否处于革命当中，都不可能取得预想的成果。并不是所有的革命党人都能担当政党领袖的角色，把革命当成毕生职业的人要不怕承担风险，不怕牺牲，脚踏实地，无私奉献，当然还要有聪明的头脑和专业的技能。有着丰富斗争经验的职业革命家才能发挥政党内部领导者的作用，他们所代表的无产阶级是在长期的群众斗争和群众实践中产生的，代表着广大人民群众的根本利益，其发挥的历史作用和做出的历史贡献是重大和深远的。放眼整个苏维埃政权的建设时期，列宁的职业革命家思想为苏维埃的社会主义建设事业贡献了有力的组织力量，提供了可靠的组织保障。

(三) 保持党员队伍的先进建设

在以列宁为首的富有经验的马克思主义者流亡海外，许多党员忽略了马克思主义思想政治理论学习，导致党内一些干部无法辨别马克思主义与机会主义，也无法正确看待经济派思想体系。从无产阶级斗争的进程来看，任何对社会主义意识形态灌输工作的淡化、退让和背离的行为，都等于是放弃共产主义理想，向资产阶级意识形态让出阵地，这极大地损害了无产阶级的利益。列宁在《怎么办?》指出："这种职业革命家的人数是很有限的，只能是'十来个'富有天才、经过考验、受过专业训练和长期教育并且彼此配合得很好的领袖。"[8]这样的政治领袖和先进代表代表了职业革命家队伍，他们是被无产阶级推举出来策划并领导运动的，他们是革命队伍中的关键少数，是革命的重要力量。他们经过心志铸炼、政治淬炼、专业训练和现实锻炼，成为俄国民主运动的先进战士。

职业革命家思想并不是只适用于革命年代的阶级斗争，在社会主义建设时期同样需要职业革命家以及对职业革命家队伍的培养。苏共在改革时期忽视了对关键性少数（党员干部）关于职业革命家思想的教育，没有维护好党的领导核心和党中央的权威，处理党务和政务的人不能很好地管理一个政府部门以及管理一个国家。领袖集团内部出现一些不正常的现象，从小问题酿成大悲剧，且无人无力解决，最终使党的各级领导集团蜕变为信念上的异化阶层，为苏联解体埋下伏笔。从党员队伍建设上来看，提高职业革命家组织成员素质，努力清除党内不良分子，保证党组织的先进性和纯洁性，这都是需要在党员队伍建设的过程中解决的，要在革命实践的历练中培育真正的先进战士。就是这些革命队伍中的关键少数，在面对新情况新考验时使其领导的组织成为社会革命、建设、改革中的帮手和助力。

三、职业革命家思想的当代影响

列宁撰写的《怎么办?》不仅解决了当时俄国革命运动中的迫切问题，其中萌生的职业革命家的思想也为俄国建设无产阶级新型政党奠定了思想基础，对于俄国政党组织如何确立领导核心和提升政治领导力提供了方向。列宁的职业革命家思想可以用理论武装头脑，可以用组织凝聚人，可以提高革命家组织素质，为队伍培养一批先进的战士，这对于组织与个人来说均有深远的影响。时至今日，列宁党建理论也影响着新时代新征程中国共产党的建设与创新发展：职业革命家思想对我国坚持和加强党中央的集中统一领导、建设高素质干部队伍、守正创新勇于自我革命、推进马克思主义中国化时代化具有重要意义。

（一）坚决维护党中央的权威—增强党的内聚力

严密的组织体系是马克思主义使命型政党的优势和力量所在，而系统完备的组织不仅需要科学理论来指导工人进行革命运动，还需要能使组织成长进步为一个牢固、集中又有战斗力的革命组织的领导核心。列宁在书中针对“经济派”的自发组织倾向，明确提出要建立一个严密团结的职业革命家组织，期望及早清除俄国社会民主党内存在两个派别的问题，即建立一个强有力的领导核心。毛泽东在抗战时期面对统一领导的问题时曾说过：“实行一元化的领导很重要，要建立领导核心，反对一国三公。”⑨改革开放以来，邓小平在中国共产党进行社会建设时强调：“党的领导关键在‘领导核心’，没有核心的领导是靠不住的。”⑩江泽民在讲到领导集体的团结时指出：“核心是在斗争实践中形成的，核心的作用要通过集体领导来实现和发挥，维护核心要通过维护和贯彻党的路线方针政策的效果来体现”。⑪领导一个大党，治理一个大的国家，必须有一个团结统一的核心。职业革命家思想在社会主义新时期所发挥的作用应是坚持和加强党中央集中统一领导，坚决维护党中央的权威，使党组织思想高度统一。党的二十大报告里指出：“全面建设社会主义现代化国家、全面推进中华民族伟大复兴，关键在党。”⑫坚持中国共产党的伟大领导是在世界形势深刻变化的历史进程中始终走在时代前列的根本原因。党的二十大通过的党章首次写入“党是最高政治领导力量”的重大政治论断，这是全党的一条基本共识，也是新时代推进党的事业的重要遵循。坚持“两个确立”，做到“两个维护”，这不仅仅是一个重大理论问题，它还关系着无产阶级政党的政治原则问题和党内党外的思想认知问题。从理论到实践，我们要能够坚持辩证统一、主观与客观，从思想、理论、制度、实践上同向集中发力；既要加强思想建设，提升政治素养，内化于心，同时也要注重落实，外化于行，使命型政党既要富有理想抱负，又要具有强烈的实践理性。只有这样，党组织才不会是一盘散沙，坚持和加强党中央集中统一领导，保证正确方向、形成强大合力。

（二）建设高素质干部队伍——增强党的战斗力

职业革命家思想引领着组织内部要建设高素质干部队伍，在抓好全党的马克思主义理论学习的同时，还要提高党员干部在政治层面的判断力、领悟力和执行力，科学树立全党上下团结统一的思想。在执政环境日益复杂的时代条件、多种利益群体和价值的纷争之下为我们党内统一思想带来了严峻挑战。所以打铁还需自身硬，要想炼就金刚不坏之身，必须坚定党组织内部的信念，就必须用科学的理论武装党员的头脑。始终保持党组织的先进性，在重视思想建设、建设高素质干部队伍的同时，坚决批判错误的社会思潮，用马克思主义中国化时代化的最新理论成果指导和引领群众。毛泽东把列宁的职业革命家思想运用到中国革命的干部问题中，他认为一个政党一定要提高政治和理论水平，培养马克思主义干部。“指导伟大的革命，要有伟大的党，要有许多最好的干部。”⑬这是毛泽东对列宁职业革命家思想的继承和发展。在新中国的社会主义建设时期，毛泽东同志担忧中央可能出现修正主义，多次强调领导人、领导集团的重要性；邓小平同志在党的十三届四中全会前后强调：“中国问题的关键在于共产党要有一个好的政治局，特别是好的政治局常委会。只要这个环节不发生问题，中国就稳如泰山。”⑭这说明了中央领导集体对于保证党的稳定性，实现党和国家的长治久安非常重要，它实质上就是职业革命家思想演变的领导干部管理科学化的重要价值所在。无产阶级政党是用马克思主义理论武装起来的政党，其思想和行动要体现科学智慧，增强无产阶级政党领袖的政治意识，提升政党整体的政治和理论水平，才会提升政党的政治领导力。习近平总书记在社会主义现代化建设时期多次谈到：“高级干部要成为马克思主义政治家，各级领导干部要成为政治上的明白人。”[15]领导干部要有对“国之大者”了然于胸，讲政治必须加强自身的政治领悟力，明确自己的职责定位。习近平指出，“领导干部特别是高级领导干部担的是政治责任，必须对党中央精神深入学习、融会贯通，始终同党中央保持高度一致。”[16]一个政党的战斗力可以通过一个政党领导干部队伍来体现。自身素质过硬的领导干部有着特殊的人格内涵和道德规定，可紧密团结人民群众，人民群众视其为领导者和改革者，进而实现无产阶级自己的愿望，完成自己的使命。由职业革命家思想引领的党员干部是高素质干部队伍，是政党的重要骨干，他们投身革命并且领导革命，贯彻党的方针、政策并且坚持正确的政治方向，领导干部是全党的“关键少数”，也是建设、执政治国的骨干力量，建设高素质干部队伍也是在无形中增强着使命型政党的战斗力。

（三）勇于自我革命—增强党的生命力

培养真正的革命家组织，必须同一切反对马克思主义的人做最坚决的斗争。列宁在《怎么办?》中对“经济派”的观点进入了深入批判：“真正的革命家组织是会用一切办法来清除其中的不良分子的”。[17]这里体现了无产阶级政党的显著特点和优势：毫不畏惧问题、勇敢修正错误、善于自我革命。无产阶级政党要想不断前行，就必须选择在自我革命中锻造自己。早在俄国的建党初期列宁就明确自我批评的概念，不论是党组织还是党员个人都会出现错误，犯过错并不可怕，至关重要的是要敢于公开承认错误、纠正错误。批评与自我批评是自我革命的重要体现，是解决党内问题的重要方法。在中国的第二次国内革命战争时期，毛泽东指出：“党内批评是坚强党的组织、增加党的战斗力的武器。”[18]他要求广大党员必须充分认识到党内批评是增加党的战斗力，以达到阶级斗争胜利的重要方法。在保持党的先进性和纯洁性方面，邓小平认为：“为了保持党在马克思列宁主义基础上的团结和统一，必须大大发展党内的批评和自我批评。”[19]邓小平在继承自我批评思想的过程中纠正思想僵化，加强党风建设，同时为党的建设清除了思想障碍。江泽民依据当时历史时期的国内外形势，强调要坚持“党要管党，从严治党”。江泽民认为在新的历史条件下，从严治党是保持党的先进性和纯洁性，增强党的凝聚力和战斗力的保证。[20]用好批评与自我批评的武器，只有对自身严格要求，不断提升党员干部的自我纠正能力，才能切实巩固党的执政地位、完成党的使命，这里凸显了自我革命的价值取向与时代意义。在新时代的征程上，中国人民将继续自我革新。习近平总书记继续丰富和完善了自我革命的科学内涵，不断深化对共产党执政规律的认识，总结和运用党的历史经验，革故鼎新推进马克思主义中国化时代化。习近平强调：“回顾党的历史，我们党总是在推动社会革命的同时，勇于推动自我革命。”[21]作为无产阶级的先锋队，共产党具备了特有的先进性和革命性，这种特性决定了党能够进行自我批评和自我完善。无论是思想上的自我批评，还是制度上的自我革命，正因为我们党一直坚定不移、决心不懈，才能够在危难之际绝处逢生，失误之后拨乱反正，成为生命力顽强的马克思主义的政党。无产阶级政党必须学会把握历史潮流和社会发展趋势，勇敢破除革命事业前进发展的束缚，勇于自我革命来增强党的生命力。

四、结语

中国与苏俄的无产阶级革命，都是在敌人占据强大资源的绝对优势背景下展开的，每个行动都涉及组织成员的生死存亡，列宁的职业革命家思想在革命斗争中发挥了重要的作用。在中国共产党领导革命、建设、改革发展下的一百年来，职业革命家思想也成为无产阶级政党建设的重要内容之一。优秀的无产阶级革命领袖能够在认清时代发展潮流的前提下做出战略调整，明确前进的方向，坚决抵制错误的社会思潮，发挥政治主动性，捍卫党的领导核心地位。在新时代新征程中使命型政党必须科学把握执政规律，继续提高执政能力和执政水平，重视对干部队伍的有效培养与管理，正因为有了专业的组织和优秀的马克思主义领导干部，中国共产党才能在全国范围内建立起强心聚力的党组织，才能为实现民族复兴贡献力量。

注释：

①列宁全集第6卷．北京：人民出版社，1986：128.

②列宁全集 第6卷．北京：人民出版社，1986：98.

③Austin Ranney. Governing：An Introduction to Political Science，Prentice－Hall，Inc.，1987：165－166.

④列宁全集 第6卷. 北京：人民出版社，1986：100.

⑤列宁全集 第6卷. 北京：人民出版社，1986：121.

⑥列宁全集 第6卷. 北京：人民出版社，1986：24.

⑦列宁全集 第6卷. 北京：人民出版社，1986：100.

⑧列宁全集 第6卷. 北京：人民出版社，1986：115-116.

⑨毛泽东文集 第三卷. 北京：人民出版社，1996：69.

⑩邓小平文选 第三卷. 北京：人民出版社，1993：310.

⑪江泽民文选 第二卷. 北京：人民出版社，2006年，第480页。

⑫高举中国特色社会主义伟大旗帜为全面建设社会主义现代化国家而团结奋斗——在中国共产党第二十次全国代表大会上的报告（2022年10月16日），北京：人民出版社，2022年，第63页。

⑬毛泽东选集 第一卷. 北京：人民出版社，1991年，第277页。

⑭邓小平文选 第三卷. 北京：人民出版社，1993年，第363-365页。

⑮习近平谈治国理政 第四卷 中文版，北京：外文出版社，2022年，第47页。

⑯习近平谈治国理政 第四卷 中文版，北京：外文出版社，2022年，第44页。

⑰列宁全集 第6卷. 北京：人民出版社，1986年，第134页。

⑱毛泽东选集 第一卷. 北京：人民出版社，1991年，第90页。

⑲邓小平文选 第一卷. 北京：人民出版社，1994年，第240页。

⑳江泽民文卷 第二卷. 北京：人民出版社，2006年，第46页。

㉑在“不忘初心、牢记使命”主题教育总结大会上的讲话，北京：人民出版社，2020年，第16页。

参考文献：

专著类：

[1] 中共中央马克思、恩格斯、列宁、斯大林著作编译局. 列宁全集 第6卷[M]. 北京：人民出版社，1986：24-134.

[2] Austin Ranney. Governing: An Introduction to Political Science [M]. New Jersey: Prentice-Hall, Inc., 1987: 165-166.

[3] 毛泽东. 毛泽东文集（第三卷）[M]. 北京：人民出版社，1996：69.

[4] 邓小平. 邓小平文选（第三卷）[M]. 北京人民出版社，1993：310-365.

[5] 江泽民. 江泽民文选（第二卷）[M]. 北京：人民出版社，2006：46-480.

[6] 毛泽东. 毛泽东选集（第一卷）[M]. 北京：人民出版社，1991：90-277.

[7] 习近平. 习近平谈治国理政 第4卷 中文版 [M]. 北京：外文出版社，2022：44-47.

[8] 习近平. 在“不忘初心、牢记使命”主题教育总结大会上的讲话 [M]. 北京：人民出版社，2020：16.

[9] 邓小平. 邓小平文选 第一卷 [M]. 北京：人民出版社，1994：240.

报告类：

[10] 习近平：高举中国特色社会主义伟大旗帜为全面建设社会主义现代化国家而团结奋斗——在中国共产党第二十次全国代表大会上的报告（2022 年 10 月 16 日）[R]. 北京：人民出版社，2022：63.

浅谈社会主义发展历程及其科学性

于嘉涛

摘　要：在历史的发展进程中，空想社会主义应然而生，但因为历史局限性，导致其必须向科学化发展。而社会主义的科学性正是将社会主义摆脱了以往的理论空谈，迈向实际实践的理论，其基础是从实际行动和实际成果出发，从而得出理论与现实情况相结合的科学结论。对于空想社会主义的不断演化过程、社会主义的科学性论述进行整体化论述，以科学社会主义的指导为基本方向，以焕发新时代科学社会主义的强大生机。本文通过探讨社会主义的发展历程，从早期的理论构建到不同国家的实践应用，以及对社会主义的科学性进行分析。通过回顾社会主义的历史，来更好地理解其核心原则和未来发展趋势。

关键词：空想社会主义；社会主义；科学性；中国特色社会主义

社会主义是在16世纪初以空想的方式诞生的，也就是现在理论界的空想社会主义。随着时代的变换，科技的进步和文化的革新，空想社会主义也逐步演进为科学社会主义，其理论包含于马克思主义理论的三大组成部分之中，它是我们中国进行社会主义革命、建设和改革的指导思想。本文将探讨社会主义的发展历程，重点关注其理论形成和实践应用，并评估其科学性。

一、社会主义的发展历程

（一）空想社会主义为社会主义提供了理论基础

社会主义诞生至今已然五百多年了，《乌托邦》一书的发布标志着空想社会主义的出现，也标志着社会主义逻辑的起点。

在恩格斯看来，空想社会主义大致上是分为三个阶段的。第一个阶段，空想社会主义的诞生，抑或说16世纪和17世纪的早期空想社会主义。空想社会主义源自于乌托邦这样一个理想层面的国家，其主张采取绝对温和的方式方法实现过渡到社会主义（共产主义），究其根本，空想社会主义思想学说在一开始就是为了反映了最底层劳动群众的生存现状，想要通过某种方式能够改变当时不平等的社会现状，人们追求幸福生活的利益迫使他们以一种憧憬未来社会的方式勾画了愿景的蓝图。理想化是其思维出发点的显著特征，同时初期还存在一定的理论实践盲区，企图直接在封建社会中实现绝对的平均，从而消灭私有制，建立人人平等的公有制社会，这一思想在当时社会条件的限制下试图跨越到绝对的平均主义，其难度本身就是不切实际的，所以最终也只能是“空中楼阁”。第二个阶段为18世纪的中期空想社会主义。如果说早期的空想社会主义仅仅停留在对于未来美好社会的憧憬，那么这一时期则形成了直接的社会主义（共产主义理论）。随着时代的发展，空想社会主义也不断完善并发展到达了巅峰时期，在19世纪初出现了形态最完备的空想社会主义，这便是第三个阶段。19世纪的空想社会主义是社会主义的直接和主要思想来源。这种空想社会主义源于深厚的政治、经济和文化根基，并在人类历史上发挥过积极的作用。它多次在社会主义运动中出现，这不仅表明这一思潮具备一定的历史合理性，同时也凸显了批判空想社会主义的任务不可能一蹴而就。

（二）空想社会主义的历史局限性

空想社会主义之所以是“乌托邦”式的理念，究其原因是其存在历史的局限性。第一，空想社会主义思想不能真正把握社会发展的客观规律，了解社会的本质属性，仅仅局限于将纯粹的正义、理性等抽象概念作为驱动社会主义实际发展的动力。虽然空想社会主义者提出了许多抽象的概念，但它们缺乏具体的实施计划。他们的社会模型往往是理想化的，因此很难将这些理念付诸实践。第二，空想社会主义仅仅强调了资本主义是必然终结的，却未能揭示导致资本主义终结的经济根源。它仅仅是停滞在对资本主义终结的预测上，提出了一些令人憧憬的社会构想，但没有提供解决资源短缺的问题以及提高生产效率的具体方法，完全忽视了推翻资本主义过程中实践的力量。第三，空想社会主义提出了埋葬资本主义的要求，但却未看到实现这一目标所需的力量。不论上述空想主义的任何阶段，都只是沉浸在未来美好生活的“乌托邦”中，看到了底层无产阶级的困苦，但却忽视了无产阶级的历史地位和历史能力，认识到了无产阶级是迫切需要解放的阶级，但没有认识到无产阶级本身就具有能够解放自己的能力，最终只能将无产阶级的解放寄希望于统治阶级的改良。第四，空想社会主义是一种否认资本主义，试图用空想社会主义代替资本主义，但是其并没有找到实现空想社会主义的手段。他们从根本上认为阶级斗争是暴力的手段，觉得通过这种方式带来的绝对是弊大于利，与马克思主义不同，空想社会主义否认阶级斗争和革命暴力作为实现社会变革的手段。他们更倾向于通过道德、教育和社会改革来改善社会，而不是通过暴力或革命来推翻资本主义。这鲜明体现了空想社会主义所具有的历史局限性，也体现了阶级斗争对推动社会发展的历史意义。

总的来说，空想社会主义是一种理想主义的社会理论，试图替代资本主义并提出一个更公平、和谐的社会愿景。然而，它的缺点在于缺乏明确的实现方法。与马克思主义不同，空想社会主义者更强调和平、非暴力的社会改良，但这也使得他们的理论在实践上更加抽象和不切实际。

（三）社会主义从空想到科学的转变

社会主义从空想到科学的转变代表了社会主义思想的发展过程，从早期的抽象理想主义和空想社会主义转向了更加具体、科学和实践导向的理论框架。这一转变主要发生在19世纪中期，特别是卡尔·马克思和弗里德里希·恩格斯的思想贡献。科学社会主义这一词汇也是与前面所讲的空想社会主义对应来讲的，同时也是为了讲述与其他任何非科学的假性社会主义的区别。不可否认的是，社会主义从空想到科学绝对是社会主义里程碑上浓墨重彩的一笔。马克思主义将社会主义从理想主义和抽象的状态转化为科学社会主义，并展开了对资本主义制度的深刻批判，提出了历史唯物主义和剩余价值理论等科学性概念，这些理论为社会主义的理论和实践提供了坚实的基础。社会主义以“两个伟大发现”为理论依据。这些理论发现不仅解开了资本主义生产的隐秘之谜，还使得社会主义由空想转变为一种科学。其中唯物史观更是马克思主义其中的关键核心，也就是通过历史唯物主义，马克思与恩格斯成功解决了哲学领域的核心问题，最终实现了唯物主义和辩证法的和谐统一。同时，他们也实现了自然观和历史观的统一，并揭示了人类社会发展的客观规律。此外，剩余价值理论揭示了资本主义剥削的内在机制，从而证明了资本主义被社会主义所替代的历史必然性；针对空想社会主义面临的历史局限性做出了对应的回答，找到了资本主义最终走向灭亡的根源和力量，根本上肯定了无产阶级的能力；确认了无产阶级的历史使命是在社会发展的客观规律基础上，推动为了无产阶级自身和全人类的彻底解放而进行的斗争。在对空想社会主义的剖析，其强调了对社会历史和经济结构的深刻分析。马克思和恩格斯认为，社会的发展和演变受到特定的经济基础（包括生产方式和生产关系）的驱动，这一观点与空想社会主义者的抽象理念有所不同。要理解和实现社会变革，首先需要深入研究和理解资本主义社会的经济和社会结构。

马克思主义强调了阶级斗争作为社会变革的关键驱动力。资本主义社会内部存在阶级对立，即资产阶级和无产阶级之间的对立。这种对立是资本主义社会内在矛盾的表现，只有通过阶级斗争和无产阶级革命，无产阶级才能夺取政权并推翻资本主义制度。马克思和恩格斯的著作，尤其是《共产党宣言》和《资本论》，系统地阐述了社会主义的理论基础和社会变革的历史发展过程。马克思主义鼓励实际的社会实践，而不仅仅是抽象的理念。马克思主义者参与了工人运动和社会变革的实际工作，他们通过组织工人和劳工阶级的政治行动，推动了社会主义的实际实施。这种实践使得社会主义不再仅仅是一种空想，而是变成了一种可行的社会变革方案。

马克思主义是在空想社会主义的背景下，通过深入的社会分析、对阶级斗争的强调以及社会主义的建立，将空想社会主义转化为一种具有科学性和实践性的社会理论，创建了科学的社会主义，完成了第一次伟大的历史性飞跃。

（四）科学的社会主义由理论向实践的转变

科学的社会主义是一种政治哲学体系，将科学方法与社会主义理念相结合，旨在创造一个公平、平等和可持续的社会。理论奠基可以追溯到卡尔·马克思和弗里德里希·恩格斯的马克思主义思想。他们的著作《共产党宣言》和《资本论》强调了科学方法的应用，以揭示资本主义社会的内在矛盾和阶级斗争，为社会主义提供了理论基础。马克思主义将科学方法与社会主义原则相结合，强调社会问题的科学分析和社会改革的科学指导，这一理论框架强调了社会主义的科学性。除了苏联和中国外，其他国家也尝试了社会主义的实践，这里就不做详细论述。每个国家的情况各不相同，但都试图通过社会主义模式来实现社会公平和经济独立。实践部分挑出具有相应特点的两国来展开分析，俄国革命与苏联的兴起以及中国的社会主义现代化。

20世纪初期，以列宁为主要领导的布尔什维克党以社会主义为理论依据，在俄国成功实施了十月革命，建立了全球范围内的首个社会主义国家。这一事件标志着科学社会主义从理论阶段迈向现实，代表了社会主义历史上的第二次重大历史性进步。列宁继承了马克思主义的社会主义同时又结合俄国本身的发展并对社会主义的内容进行了进一步的丰富。俄国十月革命成功之后，社会主义的思潮传入中国。社会主义也从之前的一种国家模式，传播到世界层面，促进社会主义的实践进一步加深，演化为多种模式。

社会主义发展进程时至今日，是以中国的社会主义建设突出体现了新世纪新时代的社会主义蓬勃生机。从新民主主义时期开始，以毛泽东同志为主要代表的中国共产党进一步将马克思基本原理与当时中国实际国情相结合，开辟了“农村包围城市，武装夺取政权”这一条属于我们自己的中国革命道路，并且基于科学的社会主义下建立了社会主义新中国，完成了国际上社会主义历史上的第三次伟大飞跃。社会主义运动史上的第四次伟大飞跃，发生在20世纪80年代左右。中国特色社会主义在中国显现出它应有的活力与生机。之后，中国开始改革开放，总结开辟了中国特色社会主义道路，形成了中国特色社会主义理论体系，从而实现了社会主义运动历史上又一次伟大的历史性飞跃。从现在的角度回顾这段历史可以看出中国采取了一种不同于苏联的道路。中国的改革开放政策允许市场力量发挥作用，同时保持党的领导。这一模式在中国取得了巨大成功，使数亿人摆脱了贫困。时至今日，中国特色社会主义进入了新时代，使得社会主义在百年未有之大变局的国际局势下展现出更加强大的生命力。上面的这些伟大的社会主义的科学实践无一不说明着社会主义的正确方向，尤其是中国对社会主义的贡献更是不可磨灭的。

社会主义的发展历史是一个复杂而多元化的过程，反映了不同国家和时期对社会主义理念的理解和实践，凸显了理论和实践之间的紧密关系。马克思主义为社会主义提供了科学的理论基础，而实践应用则验证了理论的可行性和有效性。尽管在实践中存在许多挑战和问题，但社会主义仍然继续对追求社会公平、平等和可持续发展的目标产生重要影响。随着时间的推移，社会主义需要不断适应新的挑战，以确保其在实践中的可行性和有效性。

二、社会主义的科学性

（一）社会主义的“科学”解释

科学社会主义中的“科学”二字该作何解释，抑或是它与空想社会主义的该作何区别。从时间跨度的角度来看，中国特色社会主义能够在中国迸发新的活力，以及列宁继承发展的社会主义创立苏联，本质上都根植于社会主义的“科学”属性。所谓科学，本身就是能够正确反映客观事物的本质以及其发展规律的知识体系。而将社会主义冠以科学的名号，这就归功于马克思和恩格斯在理论上的伟大贡献，是他们将社会主义从空想升华为科学。这种转变绝不是凭空产生的，其主要还是分为两个方面：一方面，从客观现实来看，是源于资本主义制度的不断发展其本身的内在矛盾也在不断地加剧，以及无产阶级反对资产阶级的意识觉醒和两者阶级斗争的进一步深化；另一方面，从理论体系来看，除空想社会主义为科学社会主义提供的思想来源外，还要着重提及马克思主义哲学和政治经济学的建立，其中特别是两个伟大发现（唯物史观与剩余价值理论）的生成。

对不同学者的观点进行深入了解后，对于“科学”二字的解释大致总结为四点：第一，科学方法的应用。科学社会主义强调将科学方法应用于社会和经济问题的解决。这包括系统的观察、数据收集、实证研究、假设验证和理论构建等科学方法。通过科学方法，社会主义者试图理解社会问题的本质，寻找解决这些问题的方法，从而实现社会的改革和进步。第二，社会科学的运用。科学社会主义认为社会科学，如经济学、社会学和政治学等，是理解和解决社会问题的关键工具。社会科学的理论和研究成果可以为政策制定和社会改革提供指导。因此，“科学”在这种情况下指的是运用社会科学知识和方法来分析社会、政治和经济现象。第三，客观性和实证主义。科学社会主义通常强调客观性和实证主义。这意味着社会主义的决策和政策应该基于客观数据和证据，而不是主观信仰或意识形态。科学社会主义者追求实际可行的政策，通过科学研究和分析来支持他们的观点，以确保政策的科学性和有效性。第四，经济规划和管理。在一些社会主义国家，如苏联和中国，科学社会主义也强调科学化的经济规划和管理。这包括使用科学方法来管理国家的经济资源，实施中央计划经济，以实现公平的资源分配和经济增长。

科学社会主义中的“科学”一词涵盖了多个方面，包括科学方法的应用、社会科学的运用、客观性和实证主义，以及经济规划和管理的科学性。同时也要求这些概念强调的是社会主义运动的理论基础和实践方法必须是科学的、客观的和可验证的，才能确保社会改革和政策的成功。

（二）社会主义的“科学”体现

社会主义的科学性强调了运用科学方法和基于客观事实的理论来分析、理解和解决社会、经济和政治问题。在了解对于社会主义科学的字面释意后，回归科学性内容来看，主要分为四个层面。

第一，陈述了理论与现实实践趋势之间的实际联系。在上述社会主义的发展历程也有提及，空想社会主义更多的还是偏向于纯粹的“理性”，相对地忽略现实的重要性。在空想社会主义的设想之中，总是冠以“人性”“理性”抑或是“绝对的正义”，将现实中无产阶级底层群众遭受的苦难标榜为对于真理正义的漠视，即使已经预示到了资本主义必然灭亡的命运，却依然保留着通过“理想方式”改变资产阶级的禁锢。以至于不论是空想主义初期的“乌托邦”幻想，还是中后期的小范围内实践探索（空想社会主义者也进行过实践探索，但以欧文为代表，先后在英美等地经过多次实验但均以失败告终），但不可否认的是这些空想社会主义者的不断实践也为后来科学社会主义的探索发展提供了参考。反之，科学社会主义是建立在社会的经济关系与政治关系基础之上的科学理论，科学社会主义以广泛的历史观念深入探讨了社会主义与其他人类社会形式之间的互动。它揭示了生产力与生产关系、经济基础与上层建筑之间的相互关系，从而推动了人类社会从较低层次到较高层次、从相对简单到复杂的发展规律。科学社会主义也发现，高度发达的社会生产力是推动资本主义向共产主义演进的关键，而只有在共产主义下，人的全面自由发展才能真正实现。它也明白了共产党的形成并不是自然而然的，需要依靠无产阶级和资产阶级社会力量相结合。无产阶级必须担负起打倒资本家的伟大历史使命，正像列宁所提到的，他“教导工人阶级进行自我认知和自我意识，用科学代替幻想。”

在历史的进程中，随着生产力的不断增长和工人运动的前进，科学社会主义理论得到了持续丰富和发展。后来的马克思主义者根据各国的不同国情，推动了革命、建设和改革的进程。因此，科学社会主义不仅使社会主义理论变得科学化，而且因为明确了无产阶级的角色，将社会主义从理论转化为现实。

第二，它向我们呈现了未来社会主义社会的核心特征。对于未来社会主义，可以明确的是必须坚守以社会公有制的方式掌握生产资料，这一制度将决定劳动成果的公平分配，以确保社会中的每个成员都能享受丰富的物质生活。此外，社会的公有制还决定了每个人在国家和社会中都能够平等地享有地位，从而消除了一切阶级差异和对立。在这一背景下，整个社会的生产和资源分配都会按照社会成员的需求有计划地进行。那些通过共同劳动而分享劳动成果的人们，将会过上富足的物质生活，同时也会拥有充实的精神生活，因此，他们成为真正完整的人，体现了“每个人的自由发展是一切人自由发展的条件”的理念。

第三，科学阐述了无产阶级政权的思想以及建立其自身的阶级政党。马克思和恩格斯找到了推动社会变革的根本性力量，以及要如何找到这股力量的发展方向以及该起何种作用，要想使得社会力量服从于无产阶级本身的意识形态以及更好地发挥这股力量从而实现目标，就要求我们必须建立属于自己的政党——共产党。明确其最为重要的一点，共产党没有属于其本身的利益，它的首要任务就是带领全部无产阶级和广大人民，推翻私人所有制，推翻资产阶级的统治，夺取政权。就中国而言，中国共产党的成立是为了领导人民群众完成时代性的革命任务。在这个过程中，人民群众的利益始终被置于首位。回顾党的百年历史，党领导无产阶级成功完成了新民主主义革命，接着直接迈向了社会主义，跨越了卡夫丁峡谷。从理论角度来看，唯有无产阶级能够夺取政权、运用政权来摧毁一切被资产阶级用来维护其统治的国家机构，消除资本家的私人所有权，将生产工具置于无产阶级的支配之下，这才能真正实现解放。科学社会主义的“科学性”内涵包括以下核心原则：公有制的生产资料、有计划的社会生产、按劳分配原则、建立无产阶级专政的国家、促使人与自然和谐共存，以及逐步实现人的自由和全面发展，这些是坚守科学社会主义所秉持的基本原则。唯有站在正确的无产阶级立场上，树立为无产阶级和整个人类服务的理念，运用科学的世界观和方法论审视时代的现实基础，方能真正构建和完善科学的社会主义，从而实现人类社会美好的追求和理想。

第四，科学社会主义本质的实事求是和与时俱进。科学社会主义理论自创立以来的历史证明，它的理论是经得起检验的，同时也是正确的，充分展现着社会主义的蓬勃生机。但它并非一成不变的，在科学社会主义的理论指导实践过程中，经过不断地淬炼，随着实践的深化发展而不断丰富与完善。社会主义发展历程的四次历史性伟大飞跃，同样也能看到科学社会主义的实事求是与时俱进的特点。

三、结语

空想社会主义开创了世界社会主义思想，为后来的社会主义提供了众多有价值的元素。两者都从各自独特的角度对资本主义体制进行批判，奠定了无产阶级意识觉醒的基础。它们共同渴望构筑一个美满、幸福的理想社会，并对未来社会进行了预见性的描绘。然而，将空想社会主义转化为社会主义是历史的使命，马克思和恩格斯应时代之需完成了这一科学性的改进。

科学的社会主义，作为一种政治哲学体系，融合了科学方法和社会主义原则，力图构建一个公平、平等、可持续的社会。其演化历程包括理论构建和实践应用，各国在不同时期采用了不同的模式。然而，科学社会主义在实践中也面临众多挑战，需要不断适应变化的社会和经济条件。社会主义的科学性体现在于它明晰了现实与时间的联系，科学地预示了未来社会的发展，论述了无产阶级思想和政权，以及其坚实的科学本质，一直秉承着实事求是的原则，与时俱进。

最后，科学社会主义源于理论，深植于实践之中。探讨社会主义的强大活力以及其科学性，必然需要将科学方法与社会主义原则相融合，同时关注可持续发展的目标。在未来，社会主义必须持续适应新的挑战，包括全球化、气候变化和技术革命，以确保其在实际运用中的可行性和有效性。透过深入研究与不断创新，科学的社会主义可以继续为实现社会公平和可持续发展的目标贡献力量，使其在 21 世纪焕发更为强大的生机与活力。

参考文献：

[1] 马克思恩格斯选集（第 3 卷）[M]. 北京：人民出版社，1995.

[2] 阎晓阳．如何理解“科学社会主义的入门”？——基于《社会主义从空想到科学的发展》[J/OL]．北京航空航天大学学报（社会科学版）：1－7 [2022－12－26]．DOI：10.13766/j.bhsk.1008－2204.2021.0989.

[3] 杨澜，吴卫卫．科学社会主义与新时代中国特色社会主义研究 [J]．品位·经典，2021 (18)：32－34.

[4] 谭天，赵本琼．科学社会主义与空想社会主义之比较 [J]．南方论刊，2020 (10)：29－31.

[5] 钟望，王振兴，殷宇冰．论中国特色社会主义与科学社会主义的关系 [J]．学理论，2020 (4)：11－14.

[6] 刘丹丹．科学社会主义的发展轨迹及其科学性 [J]．中学政治教学参考，2019 (25)：31－32.

[7] 王黎明．社会主义从空想到科学 [J]．平顶山学院学报，2019，34 (4)：17－21.

[8] 胡振良．社会主义从空想到科学的发展——马克思恩格斯创立科学社会主义 [J]．党建研究，2018 (2)：61－64.

[9] 许进品．科学社会主义展现时代发展活力 [J]．当代广西，2022 (15)：19－20.

[10] 马丽萍，李春华．浅析空想社会主义和科学社会主义的联系与区别 [J]．延边党校学报，2012，27 (06)：23－25. DOI：10.16332/j.cnki.cn22－1302/d.2012.06.033.

[11] 许耀桐．正确认识和评价空想社会主义——读《科学社会主义概论》的导论和第一章 [J]．科学社会主义，2011 (4)：34－37.

[12] 陈奕君．浅谈空想社会主义与科学社会主义的内在联系和界限 [J]．南昌教育学院学报，2010，25 (11)：4＋6.

[13] 周云姗．浅谈科学社会主义的科学性 [J]．重庆社会主义学院学报，2009，11 (05)：90.

[14] 高圣洁．社会主义从空想到科学的发展历程 [J]．信阳农业高等专科学校学报，2008 (03)：13－15. DOI：10.16593/j.cnki.41－1433/s.2008.03.029.

[15] 茶娜，高利英．社会主义从空想到科学的发展 [J]．理论研究，2001 (3)：45－47.

[16] 李皓．科学社会主义与空想社会主义的根本区别 [J]．中央财政金融学院学报，1990 (06)：5－8，98.

[17] 铁鎏．空想社会主义为科学社会主义的创立提供了哪些宝贵的思想材料 [J]．理论教学，1986 (02)：43－45，42.

[18] 闫莉．科学社会主义的“科学性”及其当代确证 [J]．中共山西省委党校学报，2017，40 (05)：6－9. DOI：10.13964/j.cnki.zgsxswdx.2017.05.002.

人工智能视域下的网络意识形态安全问题研究

赵智涵

摘　要： 随着人工智能、大数据等新兴事物的出现，除了会推动经济社会快速发展，也会对我国的意识形态安全造成一定影响。中国式现代化是指中国在人工智能高度发展和信息与网络化高速发展的背景下实现的现代化进程，维护我国的网络意识形态安全便是其中一项极其重要的任务。因为有了问题意识才可以不断巩固和发展马克思主义在网络意识形态领域的主体作用。运用人工智能打赢网络意识形态安全保卫战，需要从人工智能的前期研发，中期实践运用和后期监督三个方面入手，提供一个完整的保护屏障，更好地使网络意识形态安全尽早地实现中国式现代化。

关键词： 人工智能；网络意识形态安全；中国式现代化

习近平总书记曾在向国际人工智能与教育大会致贺信中指出，人工智能是社会发展的重要动力，它对新时代的社会产生着深刻变革，人工智能正将社会推入人机协同、跨界融合的智能时代。[1] 马克思也曾指出："如果从观念上来考察，那么一定的意识形式的解体足以使整个时代覆灭。"[2] 可见意识形态工作是为国家立心，为民族立魂的工作，关乎我国举什么旗、走什么路等重大现实问题。"互联网是一把双刃剑"，它的普及一方面给人们的生活带来便利，另一方面也导致网络意识形态安全受到较大冲击。新时代以来，习近平总书记多次强调维护网络安全，推动网络强国建设。人工智能不仅在促进经济社会发展中扮演着重要角色，也会用在解决国家网络意识形态安全的新场景中来更好地实现中国式现代化的美好愿景。

一、马克思主义视域下人工智能的内涵

“人工智能”作为综合交叉学科，包括计算机科学、逻辑学、生物学和哲学等众学科，人们借助大数据、机器算法学习、互联网等技术促使人工智能蓬勃发展。首先，人工智能具有“人”的特性，让机器具备完成某种复杂目标的能力，即把人的部分智能活动机器化。最开始，人脑对材料加工进行发明，但是这种加工只是机械的利用；进入信息时代，一切事物开始趋于“智能化”，不仅实现了“主体客体化”，随着技术的进一步发展，将逐步实现“客体主体化”。

马克思曾指出，人作为社会的主体，社会发展最终是人的发展。人的发展是人个性的全面发展；人的发展是人类社会关系的全面发展；人的发展是人的活动和各种能力的发展。人工智能使人类生活条件得到极大改善，如人工智能应用在工地上，让机器人帮助人类做一些危险系数高的施工工作。

恩格斯曾强调：“科技是一个重要的杠杆，其快速地推进着历史的发展。”[3] 如今我们正在经历新一轮的革命——信息革命，物联网提供感知信息的实现，使得人工智能由最初的计算智能走向感知智能，无疑人工智能会对社会生产力产生重大影响。唯物史观中所提到的生产力的三要素：劳动者、劳动对象、劳动关系将均会改变。其一，劳动者的改变，人工智能会简化工人的劳动形式；其二，劳动对象的形式会增多，虚拟客体也会成为新的劳动对象；其三，劳动工具会更加先进。人工智能同样也会对生产资料所有制、财富分配、企业竞争及政府管理多方面产生重大影响。

二、维护网络意识形态安全的重要意义

中国式现代化进程不仅仅局限于现实生活中，也存在网络世界里。网络意识形态安全作为国家重要战略问题，包括发展、安全两重内涵。随着互联网的普及，意识形态斗争除存在实体世界，也逐渐延伸到虚拟网络中。由于网络传播的便捷性和快速性，对网络意识形态安全问题带来巨大的隐患。在网络空间中，能否实现国家安全及网络意识形态安全的一个重

要标志就是是否坚持马克思主义所倡导的意识形态。在这一背景下，利用人工智能技术，以主动出击的态度来应对网络意识形态问题，就成为保障中国式现代化和国家安全的重要手段。

（一）确保网络意识形态安全是在总体国家安全观中推进的重要内容

党的二十大报告指出，必须始终坚定不移地贯彻总体国家安全观。从传统国家安全观到新安全观到最新的总体国家安全观，都可以总结出党中央对于国家安全的高度重视。意识形态安全是总体国家安全观的重要防线，涵盖了政治理念和文化价值观等各种方针策略在人民群众和国际社会中的认可与支持。随着全球化进程的推进，与之相呼应的是各种反动势力反对中华文明，网络意识安全的多元化趋势使此局面愈演愈烈。要想实现社会主义现代化，必须加快推进网络意识形态安全建设。网络意识形态安全关乎国家安全，只有深刻理解国家安全观的内涵，真正解决网络意识形态安全问题，将网络意识形态安全管控在合理范围，为实现中国式现代化及中华民族伟大复兴提供安全保障。

（二）确保网络意识形态安全是在建设网络强国中的重要内容

网络强国建设是中国式现代化实现的一个重要方面。截至 2023 年 6 月，我国网民规模达 10.79 亿人，显然我国已是网络大国，但要建成网络强国，还需要经历量变到质变的飞跃，为此需要我们继续加强科技创新，培育新时代网络人才，增强与其他网络强国进行交流互鉴，高质量实现网络安全维护工作。网络意识形态安全是影响网络安全的首要因素，要想建成网络强国，维护好网络意识形态是最根本的保障。我们要紧紧抓住人工智能发展的历史机遇期，用人工智能技术引领网络强国建设，并维护好意识形态安全这一建设网络强国的首要任务，以此来促进中国式现代化的强大动力。为此我们要构建一套合理的网络治理体系，以马克思主义为指导，使网络强国建设助力中国式现代化进程的推进。

（三）确保网络意识形态安全是应对网络霸权主义的重要途径

中国式现代化的一个重要特征是走和平发展道路。霸权主义是利用强迫手段迫使人们从事他们不愿从事的工作，它践踏了公平正义思想。在网络世界中，霸权主义表现为西方国家利用强大的网络实力和互联网媒介，强行向其他国家宣传所谓的“民主”和“普适”价值观，并对其他国家进行侮辱和诽谤。由于西方国家拥有强大的经济实力，大部分媒体也掌握在其手中，同时具备领先的传播技术，因此更容易实施网络霸权主义。中国打破了东欧剧变和苏联解体的命运，自实行改革开放以来，创造了经济快速增长和社会长期稳定的奇迹，凸显出相较于资本主义制度的优越性。然而，西方国家一直试图向中国渗透资本主义价值观念。随着人工智能、网络新媒体的流行，西方网络意识形态向中国进行传播呈现出更加隐蔽、多样的特点。因此，为了更好应对西方的图谋，确保中国的网络意识形态安全，必须强调马克思主义的指导地位，真正捍卫社会主义的意识形态阵地。

（四）确保网络意识形态安全是实现马克思主义政党长期执政的基本保障

中国式现代化的另一重要特征是中国共产党的领导，共代表的是社会主义意识形态属性，代表着必须坚持中国特色社会主义道路。在互联网迅猛发展的今天，各种新观点、新看法和新思想的涌现对主流意识形态提出了新的要求。由于网络安全意识形态对意识形态话语权体系产生深远影响，因此确保网络意识形态的安全变得至关重要。一旦意识形态话语体系遭到冲击，马克思主义的指导地位就会处于危险境地，政治权力也可能会掌握在他人手中。因此，网络意识形态安全与党的长期执政天然存在辩证的关系。尽管我们已经进入新时代，但仍处于社会主义初级阶段，这一基本国情没有变。我们仍需全面深化改革，但改革也会受到网络意识形态安全的威胁。因此，我们应该在党的领导下，沿着中国式现代化的道路发展，沿着社会主义前进，以更好地维护党的长期执政建设。

三、人工智能破解网络意识形态安全问题的理论逻辑

（一）正确的伦理规范是破解网络意识形态安全问题的理论准备

虽然人工智能仅仅是对理论思维的模拟、延伸和扩展，并不会直接体现人的价值，但人工智能是由人来设计及研发的，所以需提前考虑人工智能的伦理道德问题，确保人工智能可以为网络意识形态安全提供正确的价值引领，是真正为人类幸福出发的。

第一，淡化不同人群接收意识形态的差距，做到公平公开公正原则。人工智能领域的公平公正原则，是在网络中维护用户的合法权益，避免产生不必要的纠纷的重要前提。在网络空间，遵循此原则，其一，可避免对特殊人群产生歧视，确保每个人可以公平使用此资源，构建和谐的网络意识形态空间；其二，可减少各种充斥在网络中的意识形态威胁，尽可能避免不平等现象的发生。

在网络意识形态中，将人工智能以公正为设计原则，一方面，可以破除“暗箱”操作的不公开、不透明的致命弱点，提升对人工智能的信任。对于“数字贫困者”，通过人工智能技术，使他们有接触意识形态内容的机会，缩小获取内容上的差距，实现主流意识形态内容上的无差别。另一方面，此设计可有效降低对数据、算法等的滥用及引发的社会不平等现象。同时可遏制资本的无序扩张，导致人工智能被国内外不法分子所利用，造成网络意识安全风险。

第二，满足人民获取意识形态的需要，做到以人为本原则。人工智能的研发要做到以人为本，并以此为原则研发技术。关于人工智能做到以人为本的问题，得出以下结论：其一，技术研发应始终围绕人的需要展开，防止人工智能漠视人类需求，甚至最后威胁人类自身；其二，伦理方面需尊重人的尊严，确保人的主体地位；其三，人应发挥主观能动性，针对风险，将其扼杀在摇篮之中。

以往的意识形态传播由于太过关注内容的传播，而忽视了受众的真实需要。所以，人工智能的前期技术研发上应坚持“以人为本”，把用户需求摆在首要位置；发挥设计机制，让主流意识形态贯穿于人工智能的技术

之中。因为人个体的差异性，在内容篇幅与语言特点上均有所不同，基于以上问题，遵循“以人为本”原则，更好地使人工智能与个体差异结合，满足意识形态个体化差异。

机器学习是指用计算机模拟再现人类的学习活动，简单来说就是机器利用大数据应用及先前的经验探索规律，并根据规律科学预测。因此可以利用分析数据特征，形成差异化的聚类特征，利用算法技术，将主流意识形态内容进行差异化小组传播，进而抓住人的兴趣，精准投送，潜移默化中形成对主流意识形态的认可。

第三，划清意识形态安全的伦理道德底线，做到坚守道德与责任的原则。坚守道德与责任，作为人工智能前期研发中必须坚持的伦理道德，同样也在坚守“以人为本”原则。技术研究人员应将道德规范嵌入技术当中，进而发挥技术对道德的引导。

在网络意识形态安全领域中，应紧紧围绕“良芯”展开，赋予其良心。在人工智能的研发中，融入人类普遍认同的价值理念以及道德规范，用道德评估技术的应用，做到真正为人民谋幸福。基于以上技术的应用，人工智能过滤形形色色的内容是就会将道德作为一项重要标准，清除其中的反主流意识形态内容，维护网络意识形态安全，保持网络意识形态领域的一片净土。

（二）精准的研判是破解意识形态安全问题的实践路径

人工智能可以根据前期研发，在网络意识形态中自我应用进行先前设计的作用。通过人工智能轻松识别出与主流意识形态不相符的内容，研判预测出风险走向，提早进行预防与应对，创新意识形态内容的传播途径与方式，起到引领作用，真正提高正确的意识形态内容的传播与扩散。

第一，精准捕获反意识形态内容的传播与扩散。所有人现在都生活在网络的世界里，信息传播、媒体舆论与传统方式相比已发生重大改观，谁都可以在虚拟世界里发表自己的想法，不同意识形态之间不可避免地要发生碰撞。在网络中传播的反意识形态存在宣扬拜金、利己等价值观念，通过社会热点，煽动网络用户，引发社会对这种非道德的价值理念的追捧，弱化对主流价值形态的认同力。

但传统的意识形态安全治理具有局限性和滞后性的特点，没有办法精准捕捉数据，面对这种情况，人工智能可发挥技术优势。通过计算机视觉技术、自然语言处理技术，便可轻松筛选出反主流意识形态内容。为此可建立反主流意识形态数据库，搜集整理归纳分析反主流意识形态语句特征，总结规律，并及时更新，做好比对，由此判断是否是非主流意识形态话语体系。计算机视觉技术具有与人类一样的观察识别能力，能快速捕捉网络空间的图片、视频等，进行加工处理。为此可建立反主流意识形态图片视频库，利用图片深层处理技术，挖掘网络中的不当图片及视频与主流意识形态所宣扬的进行相似程度计算，快速筛选出反主流意识形态内容，避免传播扩散。利用人工智能技术，同人类一起担当“主流意识形态”的安全卫士。

第二，正确研判网络意识安全风险的走向。网络中过度娱乐、低俗、碎片化的内容获得广泛传播，会潜移默化地扭曲用户的价值理念，引发舆论危险，造成网络意识形式安全风险，呈现出以下三个问题：其一，意识形态颠倒风险，国际局势紧张引发资本主义意识形态与社会主义意识形态的较量日益白热化，引发外国敌对分子企图扰乱我国国家安全的稳定局势；其二，舆论难以控制，受资本主义制度的影响，网络平台过度关注“流量数据”，某些平台以及用户，为了赚取流量，不惜放上一些虚假信息进行病毒复制般的传播扩散，引发舆论危机；其三，网络意识形态风险预警监控能力不足，网络用户容易被错误思想所带偏且第一时间被发现和处理。

为此，人工智能中的机器学习有望解决此问题，变被动为主动。正如习近平总书记所言：“维护网络安全，首先要知道风险在哪里，是什么样的风险，什么时候发生风险。”[4]机器学习的应用可以做到：其一，全面掌握网络的舆论潮流，实时监测用户数据，快速捕捉网络热点，监测舆论风向；其二，有效监控隐匿的意识形态话语权，整理归纳并分析，深入背后找出隐匿背后的真实定义；其三，在监测出风险后，及时破解危险，将风险定义为不同等级，并发出不同的报警信号。为此工作人员可轻松地进行前瞻性思考，未雨绸缪，又可以在风险发生后，快速进行应对，防止过度传播，靶向治疗，提升网络治理的精度。

第三，创新意识形态内容的传播路径与方式。随着时代的进步和社会的发展，主流意识形态也必然要随着历史的脚步，在传播途径上进行更新。除了保持传统接地气的叙事方式的优势之外，还需要吸引大众的眼球。形式对内容具有反作用，有了好的传播形式自然而然会对内容的传播产生积极影响。传统主流意识形态传播基本只注重内容，缺乏对传播形式进行包装创新，在传播途径上做足文章，满足人们兴趣，主动出击。

人工智能使多样化的传播变为了现实，为用户营造了三维沉浸式的体验，优化了传统信息的单向传播模式以及二维的呈现方式。利用技术，满足用户真实需求，提供私人定制的推荐。要想做到以上需要做到以下几点：其一，利用数据挖掘技术，拓宽主流意识形态传播广度，挖掘海量信息中有潜在价值的信息，并结合观众喜好以及应用算法推荐技术，契合用户个性化需求，精准投送；其二，利用算法推荐技术增加主流意识形态的传播深度，推荐符合用户个人特征的私人定制内容，同时利用算法设计一套价值评价体系，对意识形态内容进行评估，剔除不符合要求的意识形态；其三，利用 AI 技术进行虚拟形象设计和语音合成，提升主流意识形态的传播效力。如虚拟主播的设计与实现，利用虚拟形象进行传播扩散主流意识形态，为用户提供全新的学习观看场景，满足受众的探索求知欲望，更加有利于主流意识形态在网络的传播。

（三）健全的监督体系是破解网络意识形态安全问题的最后保障

人工智能技术的应用，会引发授予权力、约束控制两者之间不对等的矛盾，最终导致技术失去控制。为避免“技术利维坦”风险出现，必须做到明确监督主体，确定监督道德伦理规范，健全法律法规体系，确保人工智能朝着可控、健康、安全的方向前进。

第一，明确监督主体，为网络意识形态安全提供引导力量。人工智能存在多个治理与监管责任主体，各方面都有可能面临风险，所以利用传统思维，很难对人工智能进行全方位监督。为了更好发挥人工智能与网络意识形态安全“联起手来”，的优势政府部门应制定合理的策略解决意识形态风险，形成“政府领导，多元主体协同监管”的监督形式，促进网络安全建设。因此应做到以下几点：其一，利用政府管理协调作用，引导智能规范化发展；其二，划定企业的责任与义务，增强企业运用人工智能当中的合法性和合理性，部分加强可控操作能力建设，避免造成意识形态危机；其三，从个体层面，作为使用人工智能技术的人，应利用人工智能产品监管人工智能，避免对人工智能技术进行滥用，侵害别人合法权益。个人也应积极参与人工智能相关的实践科普活动，发现问题后，及时上报，协助解决问题。

第二，确定监督道德伦理规范，为网络意识形态做好伦理支撑。法律法规的制定具有强制性，虽可强行约束人类，但流程之复杂，时间之滞后，远不如道德伦理的自我约束。就目前而言，“德治”和“法治”同等重要。德治是维护网络意识形态的重要补充，是建设中国式国家安全现代化的必由之路。因此应做到以下几点：其一，为技术前期研发者制定相关道德准则和行为规范；其二，网络用户应完善相关评价机制，建立网络空间道德规范，并以此作为准则评价用户，激励用户进行健康网络行为；其三，对于相关从业者，加强管理，制定行业行为准则，规范行为，确保自觉维护主流意识形态的安全工作。

第三，制定监督法律法规体系，为网络意识形态筑牢法制保障。人工智能维护网络意识形态安全，也可能对法律规范、公平正义等方面产生负面影响，对意识形态安全产生破坏，所以人工智能的法治化管理也应得到重视。网络不是不法之地，针对意识形态安全问题，应为此制定强有力的法律作为后盾支撑，为此国家颁布了一系列法律法规来加强法制化管理，促进意识形态安全工作。因此应做到以下几点：其一，加强对人工智能领域的立法工作，使人工智能的立场与主流意识形态的立场相一致；其二，做好网络意识形态安全法制保障工作，使人工智能与网络意识形态安全紧密结合，构建“以人为主，内容完整，实用性强”的保障体系，使其向着正确的轨道发展；其三，利用网络资源，开展网络安全教育，如通过经典案例讲解、有奖知识竞答等方式吸引网民参与，使每人都成为学法、遵法、守法、用法的新时代好公民，形成一个良好的网络环境。

参考文献：

[1] 习近平．向国际人工智能与教育大会致贺信［N］．人民日报，2019-05-17（01）．

[2] 马克思恩格斯文集（第八卷）［M］．人民出版社，2009：140．

[3] 马克思 恩格斯．马克思恩格斯文集全集（第十九卷）［M］．北京：人民出版社，1963：372．

[4] 习近平关于网络强国论述摘编［M］．北京：中央文献出版社，2021．

深化情感认同，增强共产主义理想信念感召力

彭　俊

摘　要：通过深化人民群众对无产阶级领袖、英雄模范先进事迹和红色文化的情感认同，促使群众朴素的情感认同上升为对它们共同蕴含的共产主义理想信念的思想认同，达到增强共产主义理想信念感召力的效果。

关键词：共产主义理想信念；认同；感召力

理想信念作为人类社会特有的精神活动和精神现象，在人们成长成才和建功立业道路上起着重大作用。一个有正确、健康、坚定理想信念的人相比没有理想信念的人，面对相同困境会有全然不同的表现，前者表现出强烈的韧性和拼搏精神，后者则会有消颓和畏难情绪。理想信念犹如海上灯塔，照亮许多黑夜中航行的船只，一方面指引前进方向，避免驶入歧途撞上暗礁；另一方面给人持续的精神鼓舞和精神支撑，从危难中汲取精神力量。人因理想而成才，因信念而坚强。理想信念说到底是人的价值追求，反映人们世界观、人生观和价值观在实践活动的价值选择。由于价值追求分为不同层次，理想信念也相应分为不同层次，其中共产主义理想信念追求全人类自由全面发展和最终解放，是人类最高的价值追求，因而是最伟大的理想信念。习近平指出："坚定理想信念，坚守共产党人的精神追求，始终是共产党人安身立命的根本。对马克思主义的信仰，对社会主义和共产主义的信念，是共产党人的政治灵魂，是共产党人经受住任何考验的精神支柱。"理想信念是根，使人立足当下砥砺人生，共产主义理想信念是共产党人和马克思主义者的最高价值目标，是其拼搏奋斗的最大动力源泉。

情感认同是植根一个人内心最深厚的力量，其作为一种意识形式，以一种潜移默化的主观体验影响着人们的精神世界，是人们接受外界意识或

文化感染而自发形成的一种感情状态，具体表现为对某种事物产生亲切或厌恶的情感。“在实践活动中，情感影响着主体的认识向度、实践动机和行为取向，是人的全面发展不可忽视的力量。从情感在认识活动中的作用来看，它是推动主体认识活动得以展开的内部动力机制，对主体认识活动的发起和停止具有重要的影响。”[1]人处在社会生活中会受到社会对人内心世界的塑造和影响，悄然形成对某一种物或人的朴素感情，不自觉地表达出喜欢或厌恶、亲切或疏远、热情或冷漠，间接影响人们现实生活中的行为取向。

深化情感认同，增强共产主义理想信念感召力，就是采取一种潜移默化的思想教育方式，直接或间接地把共产主义理想信念内嵌于个体的情感感受，从情感上认同共产主义理想信念，避免简单粗暴的理论“灌输”，让人们潜移默化地产生情感认同，感同身受地体悟共产主义理想信念的科学内涵、奋斗精神和现实基础，达到增强共产主义理想信念感召力的效果。具体来说，就是通过多种途径展示无产阶级领袖的人格魅力、英雄模范的先进事迹和红色文化的丰富内涵，使人们接受思想感染的同时引发情感共鸣，推动共产主义理想信念沁入心灵，感召人们从情感认同上升为思想认同，最终坚定共产主义理想信念。

一、无产阶级领袖的人格魅力

情感认同是发自内心的真情实感，不是依外部强力刻意制造的，人对某一类人或事越有深厚的感情，越符合自己的世界观、人生观和价值观，就越会产生深刻的认同感。无产阶级领袖人物始终站在共产主义运动前列，是共产主义理想信念的重要现实载体，在其身上最大限度体现着共产主义理想信念，所以共产主义理想信念的情感认同首先表现在对无产阶级领袖的人格魅力的认同和敬仰，人们对他行为的认可和由衷的爱戴就是对共产主义理想信念的认同。从某种意义来说，人们认知历史时首先接触的是历史人物，更容易关注到历史人物的人格魅力而忽视历史事件背后的群众力量，这是因为历史人物身上凝缩着历史事件的主要冲突，人们观察历史表面时常常突出历史人物的历史作用，同时历史人物本身的人格魅力在言行举止中的表现，也容易引起人们的关注，但无论如何历史人物只是人民群众历史创造作用的表现。普列汉诺夫指出：“一个伟大人物之所以伟大，并不是因为他的个人特点使伟大的历史事变具有个别的外貌，而是因为他所具备的特点，使他自己最能为当时在一般的和特殊的原因影响下所发生的伟大社会需要服务。”无产阶级领袖不同于历史上的其他人物，他们代表的是无产阶级的利益，是人民大众根本利益的集中体现，汇聚着推动社会进步的群众力量，他们在历史关键阶段做出的魄力抉择和困苦环境下表现出的坚强意志，往往令旁观者、无力者和后来者为之折服和敬仰，自发产生出一种朴素的敬佩感和认同感。

无产阶级领袖的人格魅力产生于青年时代的立志担当。无产阶级领袖人物的历史任务是完成人类有史以来最伟大而艰巨的社会革命，他们身上不仅凝结着群众的历史合力，是无产阶级政党“最有威信、最有影响、最有经验、被选出担任最重要职务而称为领袖”的人，同时他们完成时代使命任务中使自己的人的品质得到最大程度发展，以自身的人格魅力吸引群众自发产生敬仰钦佩之情。这种人格魅力的最大体现就是对人民群众饱含深切而炽热的感情，志愿为人民利益而牺牲所有。尤其是无产阶级领袖的青年时期，便自觉担起实现民族复兴、人类解放和实现共产主义重任而立志奋斗，最能使人们从他们的崇高理想中汲取奋斗力量，在内心产生强烈的震撼和敬仰，深化人们对其为之奋斗的共产主义理想信念的情感认同。马克思中学时就立志：“如果我们选择了最能为人类福利而劳动的职业，那么，重担就不能把我们压倒，因为这是为大家而献身；那时我们所感到的就不是可怜的、有限的、自私的乐趣，我们的幸福将属于千百万人，我们的事业将默默地、但是永恒发挥作用地存在下去，面对我们的骨灰，高尚的人们将洒下热泪。”[2] 从这时起马克思树立“最能为人类福利而劳动”的人生志向，也预示着未来他将走向一条充满曲折苦难而又光辉伟大的人类解放道路。青年周恩来为中华之崛起而读书，青年毛泽东写下“孩儿立志出乡关，学不成名誓不还”“俱往矣，数风流人物，还看今朝”等诗句，这些都呈现出立体化、形象化的无产阶级领袖的人格魅力，使人感受到老一辈无产阶级革命家青年时期为人类解放、民族复兴而表现出的高尚道德情操和崇高理想信念。

无产阶级领袖的人格魅力根源于对人民群众的深厚感情，表现于全心全意为人民服务的言行举止。人格魅力是一个人由内而外产生的对他者的吸引，能够在日常生活中以自身力量帮助他人，实质上是一个人积极服务社会、拥有良好群众基础的表现。无产阶级领袖作为无产阶级政党的领导者，不是脱离现实的高高在上的“上帝”般的人物，而是具体的有血有肉的“真实”的人，他的人格魅力源于为人民事业的呕心沥血和殚精竭虑，即使身居高位也严格要求不脱离群众，始终不忘自己的人民勤务员本色。无产阶级领袖人物的个人事务，不只是关系个人，还关系到国家，他们的品行和言行成为人们的精神支撑，作为支撑人民群众渡过难关的精神支柱，所以他们在困难时期因对人民群众的深厚感情而更加严格要求自己，拒绝特权。20 世纪 60 年代的几年，全国粮食欠收，毛泽东作为国家领导人首先带头自降粮食定量，与群众共克时艰，从而有过一星期不吃米饭，7 个月不吃肉、不喝茶的记录。周恩来同样与全国人民同甘共苦，带头不吃猪肉、鸡蛋，不吃稻米饭。“你把人民放在心上，人民便把你记在心中。为人民做得越多，人民就越支持和牵记你”。习近平在陕北担任梁家河党支部书记时，带领群众修沼气池、打坝、创办铁业社、缝纫社等，用每一滴汗水和每一份付出实实在在办好事关群众利益的事，生动诠释了他说的那句话：“干在实处，走在前列”，所以当他离开梁家河前往北京时，村中百姓都出来欢送他就不足为奇了。

无产阶级领袖的人格魅力塑形于历史任务的实现过程。当一个人的行为有了历史意义时，那么他的言行就超脱了个人而具有历史作用，需要对历史负责，同时后人也会根据他对历史的作用评判是非功过。人们不会忘记对历史做出贡献的人，一个人对历史的作用越大，对后世影响越深远，人们对他的怀念和感恩也就越长久。无产阶级领袖作为无产阶级政党的领导者，是最具无产阶级性质的人，对推动历史前进起着重要作用。他指引人民群众前进的方向，指导无产阶级政党采取正确的策略和政策，坚韧不拔而又灵活多变地处理运动过程中的具体问题。回溯中国共产党的革命历史，众多共产党人坚定不移地追求共产主义理想信念，勇敢地同反对势力、自然灾害、生老病死展开不妥协的斗争，坚定地同高官厚禄、纸醉金迷、富贵名利展开不投降的斗争，在历史最关键阶段做出最正确决定，彻底推动历史进入下一阶段。毛泽东在解放战争不失时机提出“打倒蒋介石，解放全中国”的口号，在渡江战役时写出“宜将剩勇追穷寇，不可沽名学霸王”的具有将革命进行到底精神的诗句，在美军入朝时力排众议做出抗美援朝、保家卫国的决定。邓小平 1978 年毅然决然实行改革开放这一决定当代中国前途命运的关键一招，把中国命运引向民族复兴的正确道路。无产阶级领袖的人格智慧和处世原则为人民群众的历史创造活动提供了榜样标杆和经验借鉴，获得了群众的高度敬仰和真诚爱戴，也为共产主义理想信念赢得了公众的广泛信任，影响一代又一代中国人民树立共产主义理想信念。

二、英雄模范的先进事迹

英模是指由中央一级党和政府认可、树立和宣传的，在革命和建设中，忠于职守、贡献突出、具有全国性影响且具有道德或精神引领功能的英雄模范典型或先进集体。[3]其在中国共产党革命史、新中国建设史、改革开放史中为人民做出突出贡献的奋斗事迹以一种潜移默化的方式引起人们的情感认同。使命呼唤担当，榜样引领时代。人民群众是历史活动的实践主体，是社会主义事业的建设主体，每一时代都会涌现出众多的人民英雄，他们从人民群众中脱颖而出，在平凡的事业中创造不平凡的人生，以自身的实干赢得人们对共产主义理想信念真实性的信任。中国共产党领导中国人民建设中国特色社会主义，常常主动树立英雄模范和先进典型，达到在全社会引领精神方向、提供精神力量的作用。这些英雄模范的先进事迹共同蕴含的共产主义理想信念，促使人们在认同英雄模范先进事迹中感染和洗礼心灵，进而坚定共产主义理想信念。

英雄模范先进事迹为全社会提供精神引领。习近平总书记指出："人无精神则不立，国无精神则不强。"精神引领就是通过传导正能量的精神，引导社会群体树立正确的世界观、价值观和人生观，激发个人和集体的社会责任感和使命感。英雄模范是时代的产物，是每一个社会主流价值观的载体，是不同时代精神的折射。"它直接或间接地折射着一个国家或是民族、一个社会或是团体的人文精神和价值取向。"[4]在他们身上代表着人民群众历史主体性的最大发挥，展现着不同时代人民群众为完成历史任务而表现出的奋斗精神，不只是一个群体的象征，而且是一个时代的象征。黄继光象征着革命军人舍生忘死的胜利精神，象征着当时民族自立图强的复兴渴望。这是一代人的呐喊，通过一个个具体的英雄模范表现出来，忘记、诋毁这些英雄模范，就是忘记、诋毁人民的奋斗历史。英雄模范的先进事迹是"现实中的个人"的事迹，是实实在在的实干，每一个英雄模范都是现实的人民英雄，无论是新民主主义革命时期，还是社会主义革命和建设时期，在这些时期涌现出来的英雄模范都是实现共产主义理想信念的实干榜样，他们身上蕴含的共同的精神特质和行为取向，塑造着一代又一代人们的精神面貌，具有鲜明的价值导向。例如，20 世纪 60 年代"向雷锋同志学习”的浪潮，影响着数代人们争做雷锋。英雄模范的先进事迹是时代的先进事迹，承载和展示着当时的时代特质，新民主主义时期突出“革命理想大于天”的牺牲精神，新中国建设初期突出“拼命也要拿下大油田”的奋斗精神，改革开放时期突出“摸石过河”的创新精神。每一时代都有每一时代的英雄，如果没有，人们也会把他创造出来。人民英雄来自人民。马克思曾指出：“每一个社会时代都需要有自己的伟大人物，如果没有这样的人物，它就要把他们创造出来。”英雄模范是时代精神的体现，具有突出的先进性和时代性，在全社会犹如一块块磁石产生出强大的磁场效应和辐射力量，影响人们的理想选择、行为取向、价值标准，对人们厚植爱国情怀、践行社会主义核心价值观、坚定共产主义理想信念等方面，有着独特的精神引领作用。

英雄模范先进事迹为全社会提供精神力量。先进典型是一个历史时期社会经济、政治、道德、文化等诸方面进步程度的集中体现，标志着这个历史时期人们的社会实践和理性认识所能达到的最高水平，是引导我们社会走向文明进步的最有感召力的路标。[5]英雄模范先进事迹为全社会提供精神力量是通过树立典型实现的，把典型身上蕴含的优秀品质具象化为立体、鲜活的榜样人物，激励全国人民向榜样看齐，凝心聚力，为中国特色社会主义事业注入持久的精神动力和道德滋养。毛泽东曾说过：“典型本身就是一种政治力量。”回望历史，抓典型、树典型、学典型一直是中国共产党和中国社会主义建设事业中进行思想政治教育的重要手段，是党凝聚人心、汇聚民力的重要法宝。例如，丽江华坪女高的张桂梅校长，用自己的生命把一个个贫困女孩送出大山，在新征程谱写出“半边天”的新华章；河南刘庄村原党委书记史来贺，数十年如一日服务刘庄群众，被誉为“解放以来在群众中享有崇高威望的共产党员的优秀代表”。在党领导中国人民进行革命、建设、改革的各个时期，先进典型超越榜样教育的时空界限，彰显出强大的影响力、辐射力和感染力，承载着每个时代的主流精神诉求和价值取向，也凝聚着对共产主义理想信念的共同价值追求。

英雄模范先进事迹为全社会提供精神支柱。精神支柱，是民族凝聚力和向心力的重要支撑，是综合国力的重要组成部分。马克思主义认为，在一定条件下，精神力量可以转化为物质力量。精神支柱是支撑一个人、一个民族精神世界的“四梁八柱”，一方面是世界观、人生观和价值观的底层构架；另一方面是活在记忆中的人和事给予不同程度的精神力量，而英雄模范使人在面对磨难和困难时从中汲取精神力量，支撑起濒临崩塌的精神世界。英雄模范是中国人民和中华民族的脊梁，是稳定人们精神世界的重要支撑。习近平总书记强调“一个有希望的民族不能没有英雄，一个有前途的国家不能没有先锋。”英雄模范以其自身的品行、情怀和坚守，支撑一代又一代人在艰难困苦中坚持下去，构成为我们民族记忆中极为重要的一部分。榜样的力量是无穷的，英雄模范身上的美好品质能激发人内心的真善美，以自身壮举产生强大的说服力，让群众直观、立体地从现实生活中受到教育和引导，激发人们开拓进取的内生动力。弘扬英雄模范先进事迹中蕴含的崇高精神、爱民情怀、优秀品格，能够引导人民群众理解和认同英雄模范的精神所在，使英雄模范的丰富内涵转化为共产主义理想信念，进而成为推动工作的强大力量。

三、红色文化的丰富内涵

红色文化作为党带领中国人民在百年奋斗历程中所创造和培育的先进文化，源于中国共产党人的革命历史和中国特色社会主义的建设历史，凝聚着人民利益的高度实现，富含牺牲一切的革命精神和深沉厚重的历史文化内核，具有独特魅力和时代价值，既是中国共产党人的宝贵精神财富，也是中华民族的珍贵精神记忆。红色文化是人民革命中产生的文化，文化因此是“红色”的，而人民革命中的“革命”是共产主义革命，所以红色文化是共产主义革命的文化，是为共产主义理想信念而奋斗的文化。红色文化作为先进思想文化因子的高度凝练和升华，已然深深地融入中华民族的灵魂血脉之中，激励着一代又一代共产党人为共产主义事业奋斗终身。[6]邓小平指出：“为什么我们过去能在非常困难的情况下奋斗出来，战胜千难万险使革命胜利呢？就是因为我们有理想，有马克思主义信念，有共产主义信念。”[7]这种文化不仅塑造了一代又一代中国共产党人和中国人民的精神世界，树立了勇于战胜一切困难的理想，坚定了坚持中国共产党领导的信心和实现中华民族伟大复兴的信念，也成为中国人民认同革命历史、凝聚团结奋进力量、坚定共产主义理想信念的重要途径。

红色文化潜移默化地塑造和丰富中国人民的精神世界。红色文化作为承载共产主义理想信念的重要载体，使人们在潜移默化中被先烈的革命精神触动，对先烈勇于牺牲、前仆后继的行为产生感谢、感恩、感激之情。尤其是红色文化的旅游载体，能使人们身临其境地受到革命遗址的精神滋养，在情景交融中引发与先烈的情感共鸣。历史是最好的教科书。中国革命波澜壮阔的历史进程，革命者感天动地的丰功伟绩和矢志献身的革命胆略，革命旧址、遗物展现的震撼心魄的场景，填补了现代社会物欲横流带来的精神空虚，满足了群众对精神富足的情感期盼和灵魂托付，成为感动、教育和滋养后来人精神世界的最佳载体。通过红色文化的熏陶滋养，用潜移默化的方式塑造和丰富中国人民的精神世界，实现人们对革命先烈及其精神的认可、感恩和向往，把共产主义理想信念建立在情感认同基础上，激发和凝聚起为共产主义事业开拓进取的精神力量。

红色文化的丰富内涵使共产主义理想信念更加饱满。红色文化诞生在中国共产党领导人民夺取政权的血与火的历史，是中国共产党把马克思主义基本原理与中国具体实际相结合、把共产主义理想信念与中国革命现实相融合而生成和发展的先进文化，蕴含中国共产党人和中国人民崇高的理想追求。虽然共产主义理想信念的实践主体是人民群众，是群众生产生活中由内而外产生的理想信念，具有突出的主体性，但理想信念的产生和铸牢还需要外界的精心保育，用红色文化的丰富内涵填充共产主义理想信念的内容，使共产主义理想信念坚实化、饱满化、立体化。红色文化中崇高的理想追求本质上是共产主义理性信念的追求。追溯红色文化的发展历程，可以看到，一部红色文化发展史就是一部为共产主义理想信念奋斗的历史。“中国共产党之所以叫共产党，就是因为从成立之日起我们党就把共产主义确立为远大理想。我们党之所以能够经受一次次挫折而又一次次奋起，归根到底是因为我们党有远大理想和崇高追求。”以伟大建党精神为源头，中国共产党人从井冈山精神到延安精神，从抗战精神到抗美援朝精神，从“两弹一星”精神到载人航天精神，一以贯之的是对马克思主义信仰、共产主义理想的矢志追求。

红色文化新的传播方式使共产主义理想信念时代化。在新的历史条件下，通过把红色文化与新型技术形态相结合，创新红色文化传播方式和途径，采用广大人民群众喜闻乐见的网络形式，实现红色文化的创造性转化、创新性发展，扩大红色文化受众面，赋予红色文化新的生机活力。同时必须打破关于红色文化的狭隘认知，抵御认为红色文化是战争年代的产物现在过时了的看法。共产主义理想信念是红色文化的核心内涵，红色文化则是共产主义理想信念的文化载体。如果直接向群众宣传共产主义理想信念，必然会犯空谈理想信念脱离实际的错误，正所谓理想信念不是一朝一夕的产物，而是日日夜夜精心培育的结果。红色文化包含着共产主义理想信念的价值内核，宣传红色文化就是宣传共产主义理想信念，通过红色文化多途径全方位的传播方式，使共产主义理想信念融入社会价值观念，在人们内心深处培育和呼唤共产主义理想信念。例如，近些年的《志愿军：雄兵出击》全景式再现了新中国成立后党中央和毛主席坚决捍卫国家安全的坚强意志，再现了志愿军战士们不怕牺牲、勇于战斗、视死如归的大无畏精神，让观影群众受到一次生动的爱国主义教育和深刻的共产主义理想信念教育。时代的进步潮流洗涤落后腐朽的事物，而以新的技术手段赋予珍贵的文化遗产新的生机活力。因此，对后数代的传承就是对中华民族伟大复兴中国梦和共产主义理想信念的始终坚持，对它的创新就是中华民族伟大复兴中国梦和共产主义理想信念在不同历史阶段的体现和凝聚。

四、结语

理想信念是关系“举什么旗、走什么路”的方向性大问题。作为人类历史上最宏伟的理想社会，共产主义寄托着数千年来人民群众对美好社会的向往，当人类进入21世纪，人工智能、5G网络、量子通信等高新技术相继出现，在人类眼前展现出一幅生产力高度发展的图景。但随着经济全球化的迅猛发展和改革开放的深入推进，各种文化思潮蜂拥而至。一方面给中国提供吸收世界优秀文化的机会，实现交往、交流、交融；另一方面，碰撞、冲突和交锋日益激烈，造成人们思想混乱，怀疑共产主义理想信念的真实性和必然性。因此，我们越坚定不移地走社会主义道路，越要坚定不移地坚持共产主义理想信念，因为缺失共产主义理想信念将使社会主义道路迷失方向，而不走社会主义道路将使共产主义理想信念丧失现实基础。进入新时代我们必须实现共产主义理想信念与中国特色社会主义道路有机结合，正确处理前进道路上面临的风险挑战，通过挖掘无产阶级领袖、英雄模范先进事迹和红色文化中共同蕴含的共产主义理想信念，深化人民群众的情感认同，引发情感共鸣，铸牢共产主义理想信念。

参考文献：

［1］欧阳康，熊治东．马克思人的全面发展学说的情感意蕴及其当代意义［J］．世界哲学，2018，（4）：5－13，160.

［2］马克思恩格斯全集（第一卷）［M］．北京：人民出版社，1995，459－460.

[3] 魏勇. 新中国前十七年间英模文化研究 [D]. 山东师范大学，2009.

[4] 柳礼泉，庞申伟. 英雄模范与先进典型人物价值示范作用研究综述 [J]. 湖湘论坛，2013，26 (4)：73－77.

[5] 陆平. 典型效应弱化的心理障碍及对策 [J]. 空军政治学院学报，1996 (03)：36－37.

[6] 郝相赟. 马克思的共产主义思想研究 [D]. 兰州大学，2020.

[7] 邓小平文选（第3卷）[M]. 北京：人民出版社 1993：110.

共同富裕视域下中国智慧的三重阐释

尹保红　梁　雨

摘　要： 走共同富裕道路，开创中国式现代化，是中国共产党为之奋斗的目标。习近平总书记在庆祝中国共产党成立100周年大会上的讲话中指出："我们坚持和发展中国特色社会主义，推动物质文明、政治文明、精神文明、社会文明、生态文明协调发展，创造了中国式现代化新道路，创造了人类文明新形态"[1]。这表明我国正在稳步向前发展，中国人民在中国共产党的领导下奔向共同富裕目标。在党的二十大报告中更是强调"中国式现代化是全体人民共同富裕的现代化"，中国式现代化作为中国智慧，对于我们在新时代解决发展不平衡、不充分问题，实现共同富裕目标有着重要启示。鉴于此，在共同富裕视域下，从理论、历史和实践三重维度来阐释中国式现代化新发展道路，为世界更好发展指明前进方向，贡献中国智慧。

课题： 本文系"北京市高等教育学众2023年立项面上课题（课题编号34）"阶段性成果

实践中的坚定来自理论上的明确认识。不言而喻，共同富裕理念要在现实中实现，扎实推进全体人民共同富裕，意味着我们需要从理论层面了解中国式现代化发展道路中的共同富裕思想。

一、把握共同富裕的思想源流

共同富裕思想源自马克思主义的科学探索。在《共产党宣言》中马克思认为人类社会是按照客观规律逐渐发展演进的，共产主义代替资本主义是历史发展的必然。他在对资本主义社会进行批判的过程中，又对未来社会进行一定的设想与阐述。他所阐述的未来社会，区别于资本主义生产资料私人占有，在该社会中人人都能够享有共同的财富。据此，马克思的阐述指出了社会发展动力源泉，即从生产力与生产关系、经济基础与上层建筑两对矛盾来阐述社会运动发展的过程，正是由这两对矛盾相互作用，人类社会不断发展前进，揭示了资本主义必然灭亡与共产主义必然胜利的根源。简而言之，生产力决定生产关系，生产关系反作用于生产力，生产力的迅猛增长可以加快实现共同富裕的步伐，在资本主义的私有制环境中，这种方式比以往更能推动生产力的迅猛增长。然而，资本主义社会中仍然存在生产社会化和资本主义生产资料的私有化之间的根本冲突，这导致了更为严重的垄断和经济危机等问题。因此，不管资本主义的自我调节能力有多大，都改变不了它必然灭亡的命运。就我国而言，马克思关于共同富裕的设想通过对资本主义社会生产方式的剖析，指出有关生产力发展、生产资料公有制以及公平分配等论述，这为我国强化经济建设，实现共同富裕目标提供强有力的理论指导。

共同富裕思想根植于中华优秀传统文化的土壤。作为五千多年的实践产物，中华优秀传统文化蕴含着丰富的共同富裕理念精粹和实践智慧，是新时代推进全体人民共同富裕的重要文化根基。在历史悠久的传统文化中，中国人民的思想蕴藏着与共同富裕相关的理想追求和富民理念。“大道之行、天下为公”的社会愿景，中国古代有志之士早在几千年前就描绘出对国家发展的前景，勾勒出与当代实现共同富裕目标大同小异的远景。“贵贱均贫富、损余补不足”的财富均平思想，这种平等观念早在先秦诸子百家的言论中就已普遍存在，为当代提供了处理人们之间社会地位和社会财富关系的思想智慧；“保息六政、薄赋敛省签役”的国家贫富治理理念，用六政来保护人民的利益，稳定民生，这对于中国的社会工作具有深远的借鉴意义；“天地与我并生、万物与我为一”的人与自然和谐共生追求，这与纯粹理性的数字和术语相比，这种充满人文气息、能够有效呼唤起人类对自然的亲近与敬畏的理念。以古人之规矩，开自己之生面。习近平总书记指出：“不忘本来才能开辟未来，善于继承才能更好创新”[2]。五千年的中华优秀传统文化将为中国式共同富裕目标提供不竭的智慧源泉。

中国式现代化道路是将马克思主义与中华民族优秀传统文化作为其共同富裕思想的源流。马克思、恩格斯关于共同富裕的思想，为中国式现代化道路实现目标提供了理论基础。“大同小康”等中华优秀传统文化彰显着中华儿女追求共同富裕的传统价值观，为中国式现代化道路实现目标提供了文化底蕴。

二、推进共同富裕的历史进程

习近平总书记指出：“我们要以史为鉴、开创未来，在全面建设社会主义现代化国家新征程上继续担当历史使命，掌握历史主动，不断把中华民族伟大复兴的历史伟业推向前进”[3]。中国式现代化道路要实现共同富裕不仅需要依靠紧密的理论逻辑，更需从历史中汲取前行的养分。历史逻辑在于展现共同富裕目标下中国式现代化道路的演进历程，中国式现代化是一条经得起历史检验并获得成功的正确道路，在此展现共同富裕的思想是对中国式现代化道路实现目标最准确、最生动的“历史阐释”。

（一）初步奠基时期

1840年鸦片战争以后，西方列强在中华大地上恣意妄为，封建统治者孱弱无能，中国逐步成为半殖民地半封建社会，国家蒙辱、人民蒙难、文明蒙尘，中国人民和中华民族遭受了前所未有的劫难[4]。在这种情况下，不可能自发地实现生产方式的变革，更不可能使人民生活摆脱剥削和压迫。中国的先进知识分子开始探索中国的发展道路，但都以失败而告终。中国共产党在此背景应运而生，中国式的共同富裕探索之路由此产生了坚强的领导核心。

以当时中国的具体国情和社会性质来看，中国农民人口占总人口的绝大多数。毛泽东指出：“中国的革命实质上是农民革命”。中国共产党为解决农民土地问题，在根据地开展多种土地斗争，井冈山《土地法》《关于土地问题决议案》《中国土地法大纲》等的颁布，帮助农民获得属于自己的土地。进行土地斗争后，中国人民在国家几千年的发展过程中，终于拥有了属于自己的土地，农民可以任意地支配属于自己的土地如何使用，享用自己的劳动成果。根据马克思主义与中华优秀传统文化的共同富裕思想，中国共产党在此艰苦的革命年代尽可能地调动广大农民参与生产和革命的积极性，建立起中华人民共和国，为实现共同富裕目标创造了根本社会条件。

（二）曲折前进时期

新中国成立之后，由于长期受到阶级压迫和战争的影响，给新生的中国带来了贫困落后的烙印。在共同富裕思想促发作用下，中国共产党人领导中国人民直面经济、政治、文化和军事等方面的一系列挑战。

在具体的社会主义建设过程中，中国共产党人按照“一化三改”的总路线开展了共同富裕的尝试与探索。1953 年提出的《中共中央关于发展农业生产合作社的决议》首次明确“共同富裕”，借助合作社，达到人民互帮共建的目的，促进社会生产力快速发展，由此中国共产党领导人民开展全国性的社会主义改造运动，分别对农业、手工业、资本主义工商业进行改造，实现了社会主义公有制对私有制的替代。改造生产资料私有制的问题，这为生产力提供快速发展的条件。与此同时，保障生产力快速发展的另一条件即解决国家工业化问题，这一时期经过实施多个“五年计划”，改变了新中国当时“一穷二白”的工业基础，建立了较为完整的工业体系和国民经济体系。这就形成了中国工业的新面貌，从而推动了当时中国工业从弱到强的发展情况，为国家内部经济发展换来了良好的环境。社会主义革命与建设时期实现了中华民族有史以来最为广泛而深刻的社会变革，生产资料公有制和社会主义制度的确立，为实现共同富裕的目标提供了坚实的制度保障。

（三）稳步提升时期

十一届三中全会开启了改革开放的伟大历程，中国共产党人围绕着“什么社会主义”和“怎样建设社会主义”核心问题进行探索。这一时期，邓小平同志遵循马克思主义的共同富裕思想，根据国内国外的经验教训，形成了“让一部人、一部分地区先富起来”的重大致富策略。

十一届三中全会明确强调要在经济工作中“认真执行按劳分配的社会主义原则”以“克服平均主义”的倾向。在“一个中心，两个基本点”这一总路线的指导下，中国共产党开始打破传统的“铁饭碗”模式，由此确立起改革开放的三大目标：第一，解决人民温饱问题；第二，20 世纪末中国人民进入“小康之家”；第三，21 世纪中叶达到中等发达国家水平。

中国共产党在该时期为推动社会经济快速发展，提出“先富带动后富”的策略，利用一部分先富的人带动更多的人富裕起来，最终实现共同富裕。

（四）扎实推进时期

党的十八大以来，中国的脱贫攻坚进入“啃硬骨头”“攻坚拔寨”的关键时期。以习近平同志为核心的党中央坚持以人民为中心的发展思想，以新发展理念为指导，为实现人民的美好生活而奋斗。

党中央大力践行共富共强的脱贫攻坚目标，提出了“六个精准”“六稳六保”等一系列举措，使得“绝对贫困”问题得到根本的解决。全面建成小康社会的同时，也加快了对实现共同富裕目标的步伐，创造了历史上前无古人的伟大成就。正是得益于改革开放的战略决策，中国社会经济迅速崛起，实现了从发展相对落后到经济总量稳居世界第二的伟大成就。我国经济实力与国际地位不断增强，这为实现共同富裕提供了新的科学内涵，共同富裕不仅强调“富裕”，更要强调“共同”。实现全体人民共同富裕，要以“共同”为思想主题来解决面临的贫富差距加大等问题。

共同富裕的实践求索是内嵌于百年党史中的，也是随着新时代中国特色社会主义事业的推进而不断向前发展的。共同富裕必须在社会主义探索过程中不断深化，继而分阶段逐步实现。

三、实现共同富裕的实践路径

中国式现代化道路实现共同富裕既是一个理论建构的问题，也是一个历史叙事的问题，更是一个实践经验的问题。从马克思主义与中华优秀传统文化中寻找理论依据，从中国共产党百年奋斗历史进程中探索实践经验，积极稳妥地走出扎实推进共同富裕的成功实践路径。目前，我国面临着发展不平衡不充分问题仍然突出，经济发展质量效益不够高，产业发展差距较大第三产业占据主要地位，城乡区域发展和收入分配差距仍然较大等诸多挑战。

以党的集中统一领导汇聚共同富裕的“合力”。中国共产党的领导是推进实现共同富裕的根本政治保障。当前，世界百年未有之大变局加速演进，中国式现代化虽取得重大成就，但仍然面临着众多严峻挑战。全球环境复杂多变，地缘政治冲突加剧；西方国家坚持“冷战”思维，对外挑起意识形态上的竞争，打压新兴国家的发展空间，传统安全压力逐渐加大；一些西方国家蓄意挑起军事冲突，恐怖主义抬头。习总书记指出，“全面建设社会主义现代化国家，实现中华民族伟大复兴，前途是光明的，道路是曲折的，还会面临许多激流险滩，要勇于迎接各种风险挑战”[5]。因此，中国式现代化只有在中国共产党的领导下才能得到充分发展，保障中国特色社会主义的发展稳步前行，为实现共同富裕目标保持强劲动力。历史证明，社会主义的事业蓬勃发展都是在党的领导下有计划地完成。中国共产党代表着最广大人民的根本利益，在党的领导下，能够保证中国式现代化始终坚持社会主义的政治方向，坚持以人民为中心的发展思想。

坚持和完善社会主义市场经济体制，为经济快速发展实现共同富裕目标提供制度保障。共同富裕目标的实现，要求生产资料归人民所有。作为世界上最大的发展中国家，我国仍处于社会主义初级阶段的基本国情没有改变。这需要我们明确实现共同富裕目标并不是一蹴而就的，而是循序渐进的。在我国改革开放前，虽遵循共同富裕思想进行发展，但由于忽视了生产力实际情况，实行单一的公有制经济，进而阻碍了生产力的快速发展。据此，实现共同富裕目标，现阶段必须根据我国基本国情与生产力的实际状况，建设高水平的社会主义市场经济体制，推动生产力高水平的发展，筑牢全体人民共同富裕的物质基础。生产资料归谁所有就决定了生产成果由谁享有，在资本主义条件下，生产资料归资本家所有，从而无偿占有工人所创造的劳动成果，致使贫富差距两极分化严重。与其相反，社会主义市场经济体制是以马克思主义为理论基础，“按劳分配为主体，多种分配方式并存”在这一经济体制中，能够更好地为推动实现共同富裕目标提供经济制度保障。

在高质量发展中扎实推进共同富裕。高质量发展指经济发展的速度与质量同等重要，即在保持经济持续增长的条件下，既强调速度与规模的持续增长，也要注重质量与效率的提升。我国当前经济发展状况已从高速增长阶段转入高质量发展阶段，但仍处于社会主义初级阶段，面临着城乡之间以及地区之间的发展仍不平衡，不同群体收入仍然存在差距等现实问题。按照原有的粗放型经济发展方式，无法解决现实状况，这就要求必须贯彻落实高质量经济发展，从根本上追求质量的提升，以科技创新促进和提升质量，缩小城乡、区域、收入发展差距，推动共同富裕进程，确保“2035 年共同富裕取得实质性进展”这一预期目标顺利实现。发展是党执政兴国的第一要务，高质量发展意味着经济发展从有没有到好不好的方向进行转变，是满足人民对美好生活向往的更高阶段。在推进共同富裕的过程中，不能忽略经济质量的发展，它能够让更多发展成果惠及人民生活中。

大力推进民营经济发展。习近平总书记在民营企业座谈会上强调，“民营经济是社会主义市场经济发展的重要成果，是推动社会主义市场经济发展的重要力量，是推进供给侧结构性改革、推动高质量发展和建设现代化经济体系的重要主体，也是我们党长期执政、团结带领全国人民实现‘两个一百年’奋斗目标和实现中华民族伟大复兴中国梦的重要力量”[6]。当前在经济全球化和信息技术大发展的时代，民营企业不断面临新机遇和新挑战。民营企业需要提高科技创新能力，推动民营企业数字化转型，积极培育数字经济产业和新的经济增长点，加强信息交流与合作，促进信息共享和开放，打破“数据孤岛”，推动数字化转型的互联互通，从而实现经济更加多元化发展。民营经济的发展壮大，为完善基本经济制度创造了有利条件，为经济高质量发展提供了有力支撑，为实现共同富裕奠定了坚实物质基础。促进民营经济发展壮大，进而以民营经济的高质量发展助力中国式现代化新征程。民营经济作为非公有制经济中主要的经济组织形式，其发展是要促进所有制结构的多元化和协调发展，保留我国社会主义生产关系中的生产资料所有制仍然适合生产力的方面。民营经济的发展对缩小收入差距，促进我国分配制度改革具有积极意义。

以乡村振兴着力补齐共同富裕的“短板”。全面推进乡村振兴战略，以中国式现代化为导向，这表明国家“以人民为中心的发展思想”。目前我国还有几亿农民，生活水平较低，就业问题亟待解决，面临该现状，必须以农业农村的现代化发展要求来执行，以中国式现代化发展要求为指引，开展全面推进乡村振兴。农业农村现代化发展的目标，归根到底是“人”的现代化，如果要跟上第四次产业革命的浪潮，就必须提升农民的思想观念与专业技术。同时要利用合理资源，开展乡村产业振兴，为农民就业创业提供更广阔的平台，实现更高质量的就业发展，提升农民生活水平，助力城乡全体人民共同富裕取得实质性进展。全面推进乡村振兴，避免了按照西方“并联式”的现代化发展模式，以农民自我发展为强大动力，能够缩小城乡居民收入差距，有力推动农村农民共同富裕，助力全体人民共同富裕建设。

参考文献：

［1］习近平．在庆祝中国共产党成立100周年大会上的讲话［J］．党建，2021，(07)：4－9.

［2］中共中央宣传部．习近平总书记系列重要讲话读本［M］．人民出版社，2014：100.

［3］曲颂，徐伟，陈效卫，张悦，岳林炜，刘慧，程是颉，张光政，彭敏，谢佳宁，吴乐珺，吴杰，毕梦瀛．为实现中华民族伟大复兴而共同奋斗［N］．人民日报，2021－10－11（3）.

［4］中共中央关于党的百年奋斗重大成就和历史经验的决议［N］．人民日报，2021－11－17（1）.

［5］深入贯彻新发展理念主动融入新发展格局 在新的征程上奋力谱写四川发展新篇章［N］．人民日报，2022－06－10（1）.

［6］习近平．在民营企业座谈会上的讲话［N］．人民日报，2018－11－02（2）.

马克思主义实践观对乡村振兴战略的指导意义

王冠涛

摘　要：在党的十九大报告中，党中央依据农村发展的实际状况提出了乡村振兴战略。在实施乡村振兴战略中取得了许多重大成就，也遇到一些问题，解决这些问题需要马克思主义实践观的指导。本文从马克思主义实践观的内涵入手，阐释了乡村振兴战略所蕴含的实践观品质，概述了当前我国实施乡村振兴战略取得的成就和遇到的问题；同时，针对实施乡村振兴战略中遇到的问题，从马克思主义实践观的角度来寻找解决这些问题的途径。

关键词：马克思主义实践观；乡村振兴战略；意义

实践观作为党治国理政的重要理论基础不仅体现在党对社会主要矛盾的变化的科学判断中，同时体现在党的基本路线中。从新中国成立以来，中国共产党就始终坚持以马克思主义实践观为理论指导，不断带领中国人民取得一次又一次的胜利。在今天，推进乡村振兴工作需要我们继续坚持和发展马克思主义实践观，在马克思主义实践观的指导下，确保2050年乡村振兴全面实现。

一、马克思主义实践观的论述

（一）马克思主义实践观的内涵

实践观是马克思主义的核心观点，马克思正是在实践的基础上才在哲学领域发现了历史唯物主义，由此解决了以往哲学家仅仅停留在解释世界，而忽略了在现实中改变世界的问题。实践是主体对客体的客观物质性活动，它是人的根本存在方式，同时也是社会性历史性的活动。一旦脱离了实践的基础，必然走向唯心主义，从而不能真正地认识世界和改造世界。

第一，实践是改造世界的客观物质性活动。实践以人的生产实践为主而进行的认识世界和改造世界的活动，具有客观物质性和主观能动性两种属性。“实践把人的目的、理想、知识、能力等本质力量对象化为客观实在，它具有物质的、客观的、感性的性质和形式。[1]”在马克思看来，实践是一种客观物质活动，具有物质的形式，与思想观念本身有着本质的区别。毛泽东同志对实践的形式作出进一步表述，他认为实践并非只可以表述为生产实践活动，还可以有各种形式，如政治生活、艺术活动和阶级斗争等。实践作为人的一种本质力量，是人在改造客观世界的重要物质力量，一切物质性活动都离不开实践的展开，都是在实践的基础上产生的。因此，实践是改造客观世界的物质性活动。

第二，实践是人存在的根本方式。实践是人的存在的根本方式，离开了实践，就丧失了人的客观存在，同时在人的实践活动中所产生的社会关系也不复存在，人类社会也就不复存在。马克思正是因为发现了社会实践的存在，才揭示出以往的哲学家所没有发现的唯物史观，进而得出人民群众是历史的创造者的结论。首先，人类在认识世界和改造世界过程中所需要的物质产品来源于实践，并依靠社会实践来构建生产关系，进而形成了人类社会；其次，在实践基础上形成的生产力和生产关系的矛盾运动推动的人类社会不断向前发展，同时在社会不断发展的过程中也不断促进着人的自由而全面的发展；最后，在这种辩证的发展过程中揭示了人类的本质，即人的本质在于实践基础上的社会性，因此实践是人存在的根本方式。

第三，实践是社会历史性的活动。实践作为一种改造客观世界的活动，既不能脱离客观的实际状况，也离不开人的意识的发挥。在实践过程中，客观世界的实际状况并不是固定不变的，随着实践活动的开展，人的意识作用于客观世界的实践活动中时，客观世界的实际状况也会随之变化，同时，人的认识也是不断发展的，因此实践作为认识基础上的客观活动也是不断发展的。这就表明了实践所具有的社会历史性，正如马克思所说的：“人们自己创造自己的历史，但他们并不是随心所欲的创造，并不是在他们自己选定的条件下创造，而是在直接碰到的、既定的、从过去承继下来的条件下创造。[2]” 因此，人们的实践是社会历史性的活动，而不是脱离社会的抽象、固定不变的实践。

（二）马克思主义实践观的理论特征

实践的观点是马克思主义首要和核心的观点，它贯穿马克思主义的各个方面。坚持一切从实际出发的观点就是实践观的方法论，体现了实践观实事求是的理论特质，同时实践的主体是人的实践，体现了实践观中以人民为中心的价值取向。实践本身是一个辩证的发展过程，随着社会实践的发展而不断发展，在这个发展过程中体现了它与时俱进的发展方向。

第一，实践观具有实事求是的理论特质。实事就是“客观存在的一切事物，求就是去探求，是指客观存在的规律。实事求是就是要一切从实际出发，理论联系实际。”[3]实事求是就是要强调在认识世界和改造世界的过程中要遵循客观规律，即客观实际状况。要按照客观事物的发展规律来开展一切工作，同时要注重总结这些规律和经验。中国特色社会主义的发展过程就是一个改造世界的合规律性和认识世界的合目的性的过程，正是坚持马克思主义实践观中实事求是的理论特质，党才带领中国人民不断取得一个又一个的胜利，从新民主主义革命的伟大胜利到社会主义革命的伟大胜利、改革开放的伟大胜利，再到中国特色社会主义进入新时代，都离不开实事求是的理论特质的指引。实践观的实事求是理论品格要求在乡村振兴中要践行实事求是的基本准则，从制订乡村振兴的战略到开展乡村振兴的工作都要坚持从农村的实际状况出发。

第二，实践观是以人民为中心的价值取向。马克思主义实践观中实践的主体是人，在实践过程中所要达到的目的也是实现价值。实践是一个不断探索真理和求取价值的过程。这就决定了马克思主义实践观中以人民为中心的价值取向，始终坚持一切实践为了人民。人民群众是历史实践的主体，也是实现价值的主体。马克思也正是认识到了这一点，才将实践观从自然领域延伸到社会历史领域，才发现了与以往旧唯物主义不同的群众史观。同时，“在马克思看来，人在实践过程中要正确处理好人与自然的关系，应当合理调节人与自然之间的物质变换。”[4]因此，马克思提倡辩证看待问题，既不能动摇实践主体的地位，同时强调人民群众作为变革社会的实践主体。在尊重客观规律的基础上进行实践创造。那么这就要求我们在开展乡村振兴的工作中，既要发挥人民群众的实践主体作用，也要注重处理好保护农村的自然环境，在兼顾两者的情况下为人民群众创造生产富裕、生态良好的生活环境，从而达到以人民为中心的价值取向。

第三，实践观具有与时俱进的发展方向。理论来源于实践，又回归于实践。正是在这种不断发展的辩证发展过程中，马克思主义才保持源源不断的生命活力。党正是在实践的发展过程中，才将马克思主义中国化不断地实现新的飞跃。当前，中国特色社会主义进入新时代，也就意味着当前中国的发展状况发生了改变，中国当前的实践也要发生改变，正是在这样的时代背景下，以习近平同志为核心的党中央根据实际发展状况，提出了乡村振兴战略。在当下，我们既要坚持乡村振兴战略的理论指导，又要注重在实际工作中不断丰富发展乡村振兴战略，实现乡村振兴战略新的发展，为乡村振兴战略的实现提供理论来源。

二、乡村振兴战略是马克思主义实践观的具体运用

马克思主义实践观以人民群众的生产实践活动为主体，以人民群众实现美好幸福生活为价值取向，以促进人的全面发展为追求目标。作为党的一项重大战略，“乡村振兴战略以实现农业农村的现代化为总目标，坚持农业农村优先发展的总方针”，努力解决发展不平衡不充分的问题，是对马克思主义实践观的践行。

（一）乡村振兴战略的提出

从新中国成立一直到今天，党中央始终高度重视农业农村的发展，在社会主义改造时期通过建立农业合作社来调动广大农民生产的积极性，从而实现了农业规模化发展的初步建设。在改革开放时期，由于农村的客观实际情况发生了改变，党中央通过实施家庭联产承包责任制，将所有权和经营权分开，从而极大地加快了农业农村的现代化发展。在当前，由于我国的社会主要矛盾的转化，我国发展的实际状况也发生了改变，发展的问题集中体现为城市与农村的发展差距过大。在城市中主要表现为过度建设和开发，而在乡村主要表现为基础设施建设不完善、公共服务部分缺失、基层治理较差、生态环境缺乏保护的问题。这些问题阻碍着我国作为社会主义国家对公平正义的发展的实现，同时也影响着广大人民群众对幸福美

好生活的追求。为了解决这些问题，党中央依据当前我国发展的实际情况，提出了乡村振兴战略。

（二）乡村振兴战略的内涵

乡村振兴战略是实现社会主义现代化的必然要求，是中国特色社会主义的本质要求，是符合社会主义的发展规律的，要想准确理解党的乡村振兴战略就需要从其总目标和总要求出发。在新时代下，党中央根据农村发展的实际状况提出了乡村振兴战略的总目标和总要求。

第一，乡村振兴战略的总目标是要实现农业农村的现代化。通过制订这个总目标，为乡村振兴工作的开展指明了方向。围绕着总目标，党中央还提出了实施乡村振兴战略的时间表，针对每个阶段提出了不同的发展任务，这就使实现乡村振兴有了具体的目标，变得更具有可操作性。乡村振兴战略的总目标与我国全面建设社会主义现代化强国的战略步骤是相吻合的，这充分表明，以习近平同志为核心的党中央把发展乡村建设摆在了一个更重要的战略地位，表明了我国对发展农业和农村工作的重视。实现农业农村的现代化不仅是农村高质量发展的要求，更是解决城乡发展差距问题的关键。

第二，乡村振兴战略的总要求是“产业兴旺、生态宜居、乡风文明、治理有效、生活富裕”[5]。这五个方面主要是针对农村政治、经济、文化、社会、生态的方面提出的，体现出党中央所要求的乡村振兴是全方位的振兴，不再是以往简单地开展乡村建设工作，而是要以产业振兴为驱动，带动乡村的经济、政治、文化的发展，真正实现乡村振兴的高质量和可持续的发展。这五个方面是党中央治国理政中的“五位一体”的理念在乡村振兴领域的具体展开，体现了以习近平同志为核心的党中央的科学合理的治国理念。

（三）乡村振兴战略的实践品质

乡村振兴在实践中精准把握总要求和总目标，这不仅是对马克思主义理论特质的运用和实践观价值的追求，更重要的是落实到具体的乡村振兴实际中。立足新时代，深入挖掘及运用马克思主义实践观的丰富内涵，有利于乡村振兴战略的实施，从而加快农业农村现代化。

第一，总目标是对马克思主义实践观价值的追求。马克思主义实践观强调实践是人对客观世界的物质改造活动，实践的目的和结果是追求真理和价值。人类社会是通过人民群众的社会实践活动而不断发展的，这就决定了在实践过程中必须发挥人民群众的主体地位，坚持以人民群众为中心的价值取向。乡村振兴作为以人民为中心的实践活动，深刻体现着实践观价值的取向，其总目标更是对实践观价值取向的追求。乡村振兴战略的总目标是要实现农业农村现代化，这是国家在解决当前发展不平衡不充分问题的重大体现，也是社会主义国家实现共同富裕的前提条件。当前的发展差距集中体现在城市和农村的发展差距，优先实现农村的现代化是解决城乡发展差距问题的关键，解决好农村的发展问题是党中央坚持以人民为中心的集中体现，也是维护广大人民群众利益的体现。社会主义是以实现共同富裕和人的自由全面发展为目的的，不是少数人的社会主义，坚持实现农业农村的现代化就是补齐中国发展的短板，就是社会主义发展的必然要求。

第二，总要求是对马克思主义实践观理论特质的践行。实践观的理论特质，实事求是是马克思主义实践观理论特质的集中体现，要求我们要在实践中尊重客观实际状况，以此为依据来开展工作。根据农村实际发展状况中出现的问题，党中央提出了实施乡村振兴战略的总要求，通过总要求来指导乡村振兴工作在乡村政治、经济、文化、社会、生态领域的开展。

（1）产业兴旺。在之前的乡村工作的开展中，大多是进行资金援助和政策支持，随着农村实践情况的变化，党中央认识到仅仅靠政策和资金援助是不能够带动农业农村发展的，必须依靠发展乡村产业来带动农业农村的发展，只有乡村有了支柱性的产业，才能够实现可持续的发展，因此党中央提出了产业兴旺的总要求。

（2）生态宜居。当前，存在部分地区为了实现快速发展而盲目开发农村的工作，通过破坏环境来实现快速发展，为了追求高农业产量，过度使用化肥和农药，结果不仅没有带动农业的发展，反而破坏了农村的生态环境。根据这些实际状况，党中央提出了生态宜居的总要求，强调要加强对农村生态环境的保护，树立绿水青山就是金山银山的发展理念，实现人与自然的和谐共生，来打造生态宜居的乡村。

（3）乡风文明。在当前，大部分农村地区仍然存在一些落后、封建的思想；部分农民存在“等、靠、要”的发展思想，对于开展农村建设缺乏积极性和参与性。对此，党中央提出乡风文明的总要求，要加强农村的思想道德建设，培育乡村振兴文明新风，通过加强农民的思想文化修养来培养其主人翁精神，增强责任意识，从而建设乡风文明的新时代乡村。

（4）治理有效。在农村的治理中面临多重难题，当前的农民利益要求日益多元化，农村基层组织建设薄弱化，部分农村干部存在“官本位”的思想，忽视了对农民利益诉求的回应，同时存在贪污腐败现象，严重损害党的形象，对开展乡村振兴工作都造成极大阻碍。为了回应这些问题，提出了治理有效的总要求，要建设自治、法治、德治相结合的乡村治理体系。

（5）生活富裕。生活富裕是乡村振兴的根本。农民是乡村振兴的主要力量，解决好农民增收和民生保障是农民当前最大的实际问题，为了解决这些问题，使农民真正成为发展的受益者，党中央提出了生活富裕的总要求。

三、实施乡村振兴战略取得的成就及存在的问题

作为新时期中国特色的乡村建设，乡村振兴战略在过去几年的努力下，尤其是2020年的脱贫攻坚的全面胜利，已经取得了空前的成绩。但是，在取得的成就中也存在一些问题，这些问题大多是脱离实践观的指导，忽视当前农村发展的客观情况造成的，因此必须在乡村振兴工作中坚持马克思主义实践观的指导对目前的情况进行分析，不断地改革、创新，使农村的实践走向成熟。

（一）乡村振兴战略在实践中取得的成就

马克思主义实践观作为系统科学的理论体系，蕴含着丰富的思想内容，是当前乡村振兴工作科学高效进行的理论需要。在乡村振兴实践活动开展过程中，以实践观理论为指导，科学高效地开展了乡村建设实践活动。在开展乡村振兴实践活动中，所取得的成绩是有目共睹的，大大加快了我国农业农村的现代化建设。

第一，脱贫攻坚成果取得全面胜利。2020年，在党中央的领导下，我们国家实现了全面小康。在贫困人口方面，大量减少了贫困人口，有力地提高了偏远山区的幸福感和获得感，相比较以往，实现了历史性的突破。

党带领人民大力发展贫困地区的基础设施和交通设施，有力地拉动了贫困地区的经济发展。从2013年的6079元到2020年的12588元，脱贫地区农民人均可支配收入增加了11.6%。此外，大力支持贫困地区的产业发展，扶持地方产业链的发展，带动当地的就业。

第二，粮食产量连年丰收。自党的十九大实施乡村振兴战略以来，粮食产量稳步提高，粮食产量已经实现了连续十八年的丰收。针对粮食安全问题，党中央大力惩治粮食系统中的腐败问题，为把饭碗牢牢端在自己手里提供了有力的保障。同时，推进种子的自主研发，提高农业的科研水平，这些都大大地提高了粮食的产量。

第三，农业现代化建设步伐明显加快。在党的领导下，我国的农业现代化建设取得明显进展。农业生产的科技含量和机械化程度不断提高，农业在生产、管理、经营、服务等领域都有了新的发展。新型经营主体不断发展壮大，各类新型经营主体正在成为引领适度规模经营、推动现代农业发展的有生力量。此外，农业对外合作不断深化，农业领域“一带一路”建设积极推进。

（二）实施乡村振兴战略存在的问题

在实施乡村振兴战略中，部分村镇的建设背离客观实际情况，过于追求政绩任务，由此造成了一些问题，主要体现在：部分乡村建设脱离实际，缺乏有效开展；乡村产业发展相对落后，缺乏创新；乡村基层治理相对薄弱，缺乏群众参与。

第一，部分乡村建设脱离实际，缺乏有效开展。一些乡村出现了脱离实际状况来开展乡村振兴工作的问题。首先，部分村镇在开展建设工作中，打造所谓的网红村镇，追求跟风建设，大量修建宾馆酒店、商业街、民宿，忽视了当地的产业发展格局；其次，一些村镇的相关领导干部追求美化环境，挖土填田，修建人造湖，将农田改造成林业、花草种植，结果给农村居民实际生活造成很大不便。这些地方村镇不经过实地考察就盲目开展乡村振兴工作，不仅没有促进当地农村的发展，还对地方农村农业的发展造成较大伤害，从而影响党的乡村振兴战略的有效开展。

第二，部分乡村产业发展相对落后，缺乏创新。在当前我国的农村产业结构仍然以农业为主，采取小规模的生产模式，集中生产能力不高，缺乏创新。农业生产结构不平衡，大部分产业以发展种植业为主，与第一产业和第三产业结合不密切，大多都是出售初级农产品来获利。此外，由于社会主义市场经济快速发展带来的一些问题，农业生产者更加重视经济效益，没有树立品牌意识，也不懂得如何结合其他产业来实现协同发展，导致在市场中竞争不力，难以发展高质量的产业。

第三，一些乡村基层治理相对薄弱，缺乏群众参与。在当前的乡村治理中，由于各种因素的影响，造成农民群众对于农村工作的积极性不高，参与度不足。首先，基层党组织的管理方式较为落后，基层党组织大多沿用以前的管理方式，办事效率低下，开展工作进度缓慢，没有建立起相关的管理制度，多数情况下以管理者参与基层治理，面对新的挑战和困难难以下手；其次，受农村传统观念的影响，农村居民普遍存在对权力的服从和依赖，不能积极参与到农村治理中来，多数是动员、被动的参与，对农村的管理缺乏科学的认识。

四、实践观对乡村振兴工作的指导意义

在当前，我国顺利完成了全面建成小康社会的任务，进入了下一个阶段，在当前这个阶段，乡村振兴工作已经取得了许多成就，但也面临许多问题。在解决这些问题中，必须遵循马克思主义实践观的指导。在开展乡村振兴工作中，尊重客观规律、充分发挥人民群众的主观能动性、坚持人民群众的实践主体性，是完成当前乡村振兴任务的必由之路。

第一，要尊重客观规律，合理开展乡村振兴工作。列宁曾指出：“规律是本质的现象。” “规律就是关系。……本质的关系或本质之间的关系。”[6]要遵循客观事物的规律来开展工作，避免主观的影响。在开展乡村振兴工作中，应该遵循实事求是的原则，根据农村的发展状况，现有产业状况，既不脱离实际情况盲目开展工作，也不过分追求目标任务，要遵循农村发展的客观规律，在正确认识和运用客观规律的基础上脚踏实地开展工作。

第二，要发挥主观能动性，创新乡村产业发展。实践观强调在尊重客观规律的前提下，要充分发挥人的能动性，人的能动性主观能动性有两方面的含义：一是人能够主动地认识客观世界；二是以理论为指导积极地对客观世界进行改造，在实践的基础上使两者统一起来。创新乡村产业的发展就需要人们不断认识世界和改造世界。要创新产业发展方式，进行产业

融合发展。要坚持跟紧时代发展的趋势，注重加强创新来发展产业。同时，在当前开展乡村振兴工作中，要注重当前互联网对农村产业发展的重要性，互联网作为一个平台经济，具有促进农村产业快速发展的作用。

第三，坚持人民群众的实践主体性，完善乡村治理。马克思主义认为，人民群众是实践的主体，是推动社会发展的决定性力量。正如马克思所说的："历史什么事情也没有做，它并不拥有任何无穷无尽的丰富性，它并没有在任何战斗中作战！创造这一切、拥有这一切并为这一切而斗争的，不是历史，而正是人，现实的、活生生的人[7]。"社会的发展是建立在主体实践活动基础上的，是人民群众改造客观世界的结果。因此，乡村振兴必须坚持人民的主体地位，充分发挥人民群众在乡村振兴工作中的创造主体、实践主体的作用。要让农民充分理解自己在乡村治理中所扮演的角色，从而让农民在自我意识中建立起对自己家乡建设的主人翁意识，充分调动起对自身所生活乡村发展水平所肩负的责任感。

参考文献：

[1] 马克思 恩格斯．马克思恩格斯全集（第1卷）［M］．北京：人民出版社，2009：499.

[2] 毛泽东．毛泽东选集（第1卷）［M］．北京：人民出版社，1991：283.

[3] 马克思 恩格斯．马克思恩格斯文集（第2卷）［M］．北京：人民出版社，2009：470.

[4] 毛泽东．毛泽东选集（第1卷）［M］．北京：人民出版社，1991：256.

[5] 马克思 恩格斯．马克思恩格斯全集（第1卷）［M］．北京：人民出版社，2009：356.

[6] 习近平．在中国共产党第十九次全国代表大会上的报告［R］．2017－10－18.

[7] 牛震．统筹兼顾"抓主抓重"——国新办就《人类减贫的中国实践》有［J］．农村工作通讯，2021.

[8] 腾讯网：农业农村部发展规划司．"十三五"时期农业现代化发展情况报［Z］．2021－5－08. https：//new. qq. com/omn/20210618/20210618A0E9YQ00. html.

[9] 列宁．列宁选集（1—4卷）［M］．北京：人民出版社，1972：170.

[10] 马克思 恩格斯．马克思恩格斯文集（第1卷）［M］．北京：人民出版社，2009：295.

[11] 胡俊，刘薇．乡村振兴背景下农村产业结构调整研究［J］．科技风，2020（3）.

［12］李园．马克思主义实践观视域下精准扶贫的实现路径研究［D］．导师：刘凌峰．沈阳工业大学，2020.

［13］杨小龙．马克思主义实践观及其当代价值研究［D］．导师：于浚湜．长春工业大学，2019.

［14］刘红娟．马克思主义实践观及其当代价值［D］．天津大学，2015.

“三条文化带”视野下北京红色文化的传承与利用初探

肖建杰　王琳琳

摘　要：深入挖掘以北京长城文化带、西山文化带和大运河文化带所蕴含的红色文化资源及其价值，揭示“三条文化带”所承载的红色文化的精神内涵与文化价值，进而提出在“三条文化带”建设中北京红色文化传承的实施路径和保护方案，是加强马克思主义中国化、时代化、大众化的需要，是落实首都“四个中心”的战略定位的实际需要，是“建设国际一流和谐宜居之都”的需要，有助于推动红色文化教育和“三条文化带”建设共同发展。

关键词：三条文化带；北京红色文化；传承与利用

2017年8月18日上午召开的推进全国文化中心建设领导小组第一次会议上蔡奇再次明确指出“建设全国文化中心，要集中做好首都文化这篇大文章”，并且明确指示“首都文化是我们这座城市的魂，主要包括源远流长的古都文化、丰富厚重的红色文化、特色鲜明的京味文化和蓬勃兴起的创新文化这四个方面。”在“十四五”规划中，北京明确提出将“推进长城文化带、西山文化带、大运河文化带的保护利用”列入主要任务。发挥好文化带联结古今文化、优化城市功能布局、促进沿线区域发展的作用，构建融合历史人文、生态风景与现代设施的城市文脉。

“三条文化带”串起的古都文脉，也将带动京津冀三地社会文化更好发展。“三条文化带”蕴含着丰厚的红色文化资源。如果说“三条文化带”是北京的金名片，那么，红色文化资源就是镶嵌在这张名片上的一颗颗璀璨的明珠，是“三条文化带”之魂，是其他文化在新时期的与时俱进及创新，是中华民族精神在新的历史阶段的延伸和发展，是“三条文化带”建设不可或缺的重要组成部分。

一、红色文化内涵、形式和实质

所谓红色文化指的是自中国共产党成立以来，领导中国人民经过长期的革命战争、社会主义建设和改革开放大潮洗礼的过程中逐渐形成的，反映中国共产党和最广大劳动人民的理想、信念、道德、价值，对美好生活的追求和向往，以多样化的文化方式传承、记载、歌颂和承载这一历史过程和现实的文化综合体。其基本表现形式主要有两种：一是物质层面，如在革命和建设中留下的遗址遗迹，包括革命烈士陵园、革命博物馆、纪念地等；二是精神层面，微观层次是红色歌谣、红色故事、红色传说、红色戏曲、红色人物传记、红色影视作品等，中观层次包括在革命和建设道路中所形成的路线、理论、纲领、方针、政策，宏观层次是在革命和建设中所表现出来的革命精神，如红船精神、井冈山精神、长征精神、延安精神、西柏坡精神、雷锋精神、航天精神、抗击非典精神、抗疫精神等。

红色文化实质是中国共产党领导全国各族人民在长期革命、建设、改革进程中创造的以中国化马克思主义为核心的先进文化，集中体现了中华民族在实现伟大复兴中国梦道路上的价值追求和精神风貌。

二、北京红色文化的特点、地位和作用

北京是一座历史文化名城，具有光荣的革命传统。正是在京华大地上，在中国共产党领导下，在新民主主义革命时期、社会主义革命和建设及改革开放时期，北京人民前仆后继、英勇斗争，书写了惊天地、泣鬼神的光辉革命历史，留下了丰富而宝贵的红色文化资源。

北京红色文化具体包括红色遗存（红色遗址、红色遗迹、红色地标）、红色事迹（红色先驱、红色故事、红色精神）、红色作品（红色文艺作品、红色出版物）等。其中，北京红色遗存是红色事迹和红色作品的发生和发展地，是北京人民红色事迹和红色精神的重要见证，不仅记录着革命先烈为抵御外侮、反对强权和压迫，争取民主自由所进行的不屈不挠的英勇斗争历程，而且蕴含着宝贵的革命精神，激励着一代又一代人不忘初心，自强不息，拼搏奋进。

（一）北京红色文化具有三个特点

一是数量丰富，分布广泛。北京16个区均有覆盖，郊区略比城区多三分之一。北京从中心城区到京郊大地，整个红色文化谱系透过城区和京郊这两条主线，呈现为一个数量丰富的红色文化有机整体。相对全国其他红色地区，无论是红色遗存总数还是较大的红色遗址群数量都是遥遥领先的；北京红色遗存类别划分上具有旧址多、遗址多、纪念馆多、纪念碑多、烈士墓多、烈士陵园多的特点。二是底蕴深厚，价值巨大。在新民主主义革命初期，北京作为马克思主义在中国的发源地，为马克思主义在中国的发展和中国共产党的创建起到了奠基作用；在抗日战争期间，北京成为抗战的中坚力量；在解放战争中，北京成为和平解放的重要一环；在社会主义革命建设和改革开放中，作为首都的北京，事实上起到了全国发展的核心地位和作用。三是时间连续，结构完整。北京市作为新民主主义革命的发祥地，在中国革命进程中具有先导作用，相对全国其他各地的红色文化只局限于某一个历史阶段红色史迹，北京的红色文化呈现出时间连续、结构完整的鲜明特点。在时间维度上，北京地区是红色文化唯一没有间断的地区。在空间维度上，作为中国第一批历史文化名城的北京市，蕴藏着丰富厚重的革命文物资源，具有鲜明的红色基因。近年来，北京市秉承首善标准，以整体性原则，着力推动革命文物保护利用工作，初步形成了以北京大学红楼、卢沟桥宛平城、双清别墅和天安门为核心的中国共产党早期北京革命活动片区、抗日战争片区、“进京赶考”建立新中国片区三大红色文化主题片区。这些形成了点、线、带、片贯通的革命文物集中连片保护利用格局。

（二）北京红色文化在全国红色文化中具有独特地位

作为中国共产党的孕育地，作为全国解放胜利的指挥中心，作为新中国建设的政治中心，北京在全国红色文化中具有独特地位。其中，一些红色遗存成为北京重要的地标性建筑物，这些红色遗存是展现北京红色文化的一个重要方面，分别蕴含着传播真理、酝酿建党、孕育革命、地下斗争、筹备建国等不同时期的历史作用、独特地位和巨大贡献。

一是中国红色文化的发源地。北大红楼，不仅是新文化运动的大本营，而且是马克思主义在中国早期传播的第一个重要阵地，同时也是中国共产党早期组织的重要活动地，为中国共产党的成立做了主要准备工作。二是全国红色文化的中心。北京红色文化不仅数量丰富，而且结构完整，无论是马克思主义的宣传还是中国共产党的成立、抗日战争、解放战争，还是新中国成立后作为全国发展的政治中心、文化中心和国际交往中心，北京都起到了核心枢纽作用。三是首都先进文化的灵魂。北京红色文化是伴随马克思主义在中国的传播、宣传和革命实践中而诞生、形成和发展，始终代表着先进生产力的发展要求和先进文化的前进方向，在中国革命、建设、改革开放各个历史时期的思想文化领域发挥着引领和主导作用，成为中国特色社会主义现代化建设的精神动力。

（三）北京红色文化作用

红色文化作为北京文化的灵魂，以其鲜明的政治立场、崇高的价值取向、深厚的群众基础、顽强的奋斗精神等，必将为建设政务环境优良、人居环境国际一流的和谐宜居之都首善之区提供强大精神动力。一是助力首都意识形态建设，强化北京政治文化认同。北京红色文化作为政治文化的一部分，是重要的意识形态建设资源，是引导国内外民众从政治上理解认同北京的重要窗口，对维护党的政治合法性、增强其政治权威性、维持政治体系运转具有积极作用。二是引领先进文化之都方向，推进北京四个中心建设。北京红色文化是首都先进文化之都建设的灵魂，对其他文化起着方向指引和动力支持作用，是新时代北京建设“四个中心”、建设国际一流的和谐宜居之都的智慧财富和力量源泉。三是传承首都红色基因，培育社会主义核心价值观。北京市作为中国的政治文化中心，肩负着传承红色基因，延续红色血脉，引领国民意识形态建设的时代重任，更应该以昂扬的姿态、坚定的脚步落实社会主义核心价值观的培育事业，起到全国模范带头作用。北京红色文化来自北京地区近百年来，代表着革命先驱探索救国救民的道路，传播马克思主义，酝酿建党，进行新民主主义革命、社会主义革命、社会主义建设和改革开放的艰苦历程，代表着北京人民以爱国主义为核心的社会主义核心价值观的集中展现。四是筑造北京三条文化带灵魂，促进京津冀三地协同发展。“三条文化带”串起的古都文脉，也将带动京津冀三地社会文化更好发展。加强以三条文化带为桥梁的京津冀三地红色文化发展，坚持三地优势互补、互利共赢，扩大三地红色文化的联合与协作、融通，必然会为三地文化增添红色基因，促进京津冀三地文化产业的共同繁荣。

三、关于北京“三条文化带”红色文化建设的不足之处

当前，对北京地区长城文化带、西山文化带、大运河文化带的保护与利用关注较多的有：三山五园、聚落文化、民俗文化、生态文化等，而关于红色文化建设方面尚有不足。

其一，“三个文化带”上的红色文化资源没有很好地整合开发利用。例如，北京缺少特色干部培训学院和全国知名红色品牌。相对于浙江红船干部学院、井冈山干部培训学院、延安干部培训学院、焦裕禄干部培训学院、西柏坡干部学院等均已经进行了多年的建设，然而富含红色精神的北京却没有建设这样一个全国性红色精神干部培训学院，因此，需要立足“三个文化带”建设，寻找这方面的突破口。其二，缺少红色文化爱国主义教育示范区。在“三个文化带”上众多北京红色遗址群中，尚没有一个核心教育基地，因此，需要打造这样一个核心区域，以这个核心教育基地为基点，深度挖掘其红色文化内涵，把各自所包含的相关红色文化教育资源由点连线，进而成片，建成几个成规模的、系统化的红色文化教育示范区。其三，郊区部分重要红色遗存亟待抢救。北京的郊区基本都处于“三个文化带”上，蕴藏着丰富的红色文化遗存，很多红色遗存尚没有来得及进行统计和保护，有很多红色遗存不仅长久失修导致了倒塌毁坏，而且面临着因经济发展造成的开发占用而消失的困境。其四，部分全国保护单位面临困境。以长辛店二七大罢工遗址群为例，该遗址群存在房屋设施多年失修、建筑结构破坏严重、隶属关系混乱、人力资源严重不足等严重问题，亟待进行抢救性保护和传承。其五，部分红色遗存管理方式陈旧。许多红色遗存由于没有合理规范的有效保护，存在严重的管理方式陈旧、经营方式单一、人员严重不足等问题，并且缺少新媒体技术宣传手段。

四、加强北京"三条文化带"红色文化建设意义重大

在2016年12月全国高校思想政治工作会议上，习总书记再次强调要"加强革命文化和社会主义先进文化教育，继承革命传统，传承红色基因"。因此，传承和利用"三条文化带"上所蕴含的丰富红色文化资源便具有了重大的理论和现实意义，具体如下。

一是加强马克思主义中国化、时代化、大众化的需要。2016年12月，习近平在全国高校思想政治工作会议上讲话指出："加强革命文化和社会主义先进文化教育，继承革命传统，传承红色基因"。北京"三条文化带"实际上是由北京红色文化、北京传统文化和北京区域文化等诸多文化元素交互作用而逐渐融合而成的一种特色文化，是社会主义文化的重要组成部分，是弘扬爱国主义精神、开展社会主义核心价值观教育的生动教材，它能引导人们不断主动适应马克思主义的先进文化，有助于推进马克思主义的中国化、时代化、大众化。

二是落实首都"四个中心"的战略定位的实际需要。只有民族的才是世界的，红色文化是具有中国特色的文化，加强北京"三条文化带"红色文化建设，整合"三条文化带"上的悠久、博大和深厚的红色历史文化资源，既是落实习总书记关于首都作为全国政治中心、文化中心、国际交往中心、科技创新中心城市的战略定位、履行好首都职责的需要，也是弘扬北京历史文化传统和时代精神、展示历史文化名城神韵、创造新型的城市文化的需要。

三是"建设国际一流和谐宜居之都"的需要。2014年，习近平在视察北京时指出"要在疏解非首都核心功能上更好地发挥作用；建设好首都，推动北京持续健康发展；在加强生态环境建设，打造国际一流的和谐宜居之都上更好地发挥作用"。北京作为马克思主义中国化的主要发源地，作为革命战争年代艰苦卓绝的地下斗争主战场，作为社会主义建设的核心城市，富含源远流长的古都文化、丰富厚重的红色文化、特色鲜明的京味文化和蓬勃兴起的创新文化。其中所蕴含的红色文化作为北京文化的灵魂，以其鲜明的政治立场、崇高的价值取向、深厚的群众基础、坚决的奋斗精神等，必将为建设政务环境优良、人居环境国际一流的和谐宜居之都首善之区提供强大精神动力。

四是有助于推动红色文化教育和“三条文化带”建设共同发展。文化是一个民族的灵魂和血脉，是一个民族的精神记忆和精神家园，体现了民族的认同感、归属感，反映了民族的生命力、凝聚力，是综合国力的重要体现。作为中国特色社会主义文化重要组成部分的红色文化，是中国传统文化不可分割的重要组成部分，是我们党领导人民在实现中华民族的解放和自由的历史进程和社会主义建设的伟大实践中产生的特有的文化现象。北京作为历史名城，处处都留下了中国共产党带领人民进行艰苦卓绝革命斗争和全面建成社会主义现代化强国的足迹，所以其中所蕴含的红色文化恰恰是先进文化之魂、首都文化之魂。红色文化以实物为载体，形式多样化，往往具有鲜明、生动和深刻的特点。所以，开展以红色文化为主题的教育活动，比其他形式更能将革命历史、革命传统和革命精神，给人们以知识的汲取、心灵的震撼、精神的激励和思想的启迪，增强爱国主义教育效果，增强民族自豪感和使命感。因此，将红色文化的传承与利用有机融入“三条文化带”的规划、开发、建设中，让红色文化为“三条文化带”增光添彩，反过来，“三条文化带”建设助推红色文化事业，两者相互借力，共同发展。

五、加强北京“三条文化带”红色文化建设具体建议

“长城文化带、大运河文化带、西山文化带”所蕴含的红色文化是首都文化核心，是中国共产党领导各族人民在革命斗争和建设实践中形成的伟大精神基因，是对民族文化的传承与创新性发展，它们共同构成了民族精神和时代精神的文化之源。当前我国正处于全面建成小康社会、实现中华民族伟大复兴的新时代，必须不断加强“三条文化带”上的红色文化资源的利用和建设，具体如下。

（一）系统梳理、实地调研，找出存在问题

通过系统梳理、深入挖掘北部长城文化带、东部运河文化带、西部西山文化带上的红色文化资源，然后进行深入调研。例如，长城文化带上以八路军“司马台抗战”为中心的红色文化资源，大运河文化带以通州党组织的活动、抗战中“通县暴动”为中心的红色文化资源，西山文化带以革命公墓、斋堂抗日根据地、“双清别墅”及首钢工业遗址区等为中心的红

色文化资源。在以上基础上研究“三条文化带”上红色文化的传承与利用现状，指出存在的不足及制约因素。

（二）科学分类、准确评估，提炼精神价值

首先，通过对“三条文化带”红色文化历史资源状况全面系统地分类整理和调查研究，深入挖掘“三条文化带”上的各类红色文化资源与历史遗存，包括所产生的历史背景、分布特点、所属类型、历史地位等，形成一套完备的“三条文化带”红色文化信息资料库。其次，对其传承价值进行判断和评估，包括政治价值、经济价值、历史文化价值、国际交往价值、精神文化价值多个维度。其中，精神文化价值是最基本的，在红色文化的传承与利用上，必须有轻重之分，既要保护与传承自身存在的其他价值，更要最大限度地发挥其精神价值。最后，提炼“三条文化带”上北京红色文化的传承价值。即，政治价值、历史文化价值、经济价值、国际交往价值、精神文化价值及在区域发展中的地位和作用，特别是着重揭示“三条文化带”所承载的文化之源与红色文化的契合点和统一性。例如，长城文化所体现的自强不息的民族精神和抗击外敌的爱国主义精神，运河文化所体现的中华民族的勤劳勇敢精神，西山文化所追求的人与自然和谐共生、中外平等交流等。

（三）打造三大区域、融合资源，发挥整体力量

第一，在“三条文化带”区域内，打造“京北”“京东”“京西”三大红色文化传承典型示范区。在每一片区内，构建以革命遗址点为中心，如长城之密云段司马台八路军活动遗迹、平谷白乙化烈士纪念地、通州潞河中学为点状分布，以红色文化活动区为重点，如京西门头沟之斋堂、百花山、马兰峪之革命根据地为主，形成几条革命遗址文化探访路线。第二，注重融合红色资源。一方面是把逐项红色文化资源串联整合，形成一个整体，为首都文化增添红色基因，如革命公墓（如万安公墓）、烈士陵园、革命纪念碑、革命纪念馆、名人故居、工业遗址等按照不同的红色主题，加以整合，形成三个不同文化内涵的革命遗址文化线路，为教育和展示提供平台。另一方面是在整合中注重红色文化与各种文化的融合。在“三条文化带”建设的背景下，红色文化的传承与利用，必须注意和不同

文化带上的各种文化相结合，将红色文化有机融入文化带区域历史文化、生态文化、民俗风情、景观文化等内容，打造特色文化品牌。第三，加强京津冀三地协同研究。习近平主席 2014 年 2 月 26 日在北京主持召开座谈会，专题听取京津冀协同发展工作汇报，强调实现京津冀协同发展，是面向未来打造新的首都经济圈、推进区域发展体制机制创新的需要，是探索完善城市群布局和形态、为优化开发区域发展提供示范和样板的需要，是探索生态文明建设有效路径、促进人口经济资源环境相协调的需要，是实现京津冀优势互补、促进环渤海经济区发展、带动北方腹地发展的需要，是一个重大国家战略。“三条文化带”横跨京津冀地区，并且三个地区的红色文化是紧密相连的关系，形成了你中有我，我中有你的局面，所以在研究中要坚持三地优势互补、互利共赢，在借鉴国外文化遗产保护理念的基础上，加强京津冀三地的联合与协作，强化红色文化与各类文化的统筹规划与开发、展示与教育的融通，设计“三条文化带”沿线红色革命遗址主题探访路线。

综上所述，在习近平新时代中国特色社会主义思想指引下，以北京长城文化带、西山文化带和大运河文化带所蕴含的红色文化为研究主体，以红色文化的传承保护与传播利用为核心内容，深入挖掘现存各种红色文化资源及价值，重点揭示“三条文化带”所承载的红色文化的精神内涵与文化价值，进而提出在“三条文化带”建设中北京红色文化传承的实施路径和保护方案，大力弘扬北京“三条文化带”所蕴含的红色文化，加强对广大党员干部、青年学生和人民大众的红色教育，对于保障新时代中国特色社会主义改革的正确方向，保证中国梦的顺利实现有着重大的意义。

参考文献：

[1] 王爱华. 多维视野下的红色文化 [M]. 成都：西南交通大学出版社，2011.

[2] 李水弟. 红色文化与传承 [M]. 南昌：江西人民出版社，2009.

[3] 张爱芹，王以第. 红色文化与道德建设研究 [M]. 青岛：中国海洋大学出版社，2008.

[4] 田汉云. 清代学术主潮与大运河文化带 [J]. 淮阴师范学院学报，2016 (06).

[5] 汤羽扬，刘昭祎，张曼. 区域协同发展框架下的“北京长城文化带”建构初探 [J]. 北京建筑大学学报，2016 (09).

[6] 陈名杰. 西山文化带文化传承与创新对策建议 [J]. 前线，2016 (11).

[7] 李祖平，安小文. 红色文化自觉与社会主义核心价值观全覆盖——基于文化软实力视域 [J]. 成都理工大学学报（社会科学版），2015 (01).

中国式现代化视域下政府信任价值阐释与逻辑建构

尹保红　高开兰

摘　要：中国式现代化与国家治理现代化，二者关系紧密。国家治理现代化水平的提高，必然离不开政府信任的建构。政府信任具有无形的价值资产，是社会信任体系的核心和灵魂，对于社会的经济、政治和文化的发展至关重要。本文系“北京市高等教育学会 2023 年立项面上课题（课题编号 34）”阶段性成果

关键词：政府信任；社会治理；国家治理现代化

党的十八届三中全会通过的《中共中央关于全面深化改革若干重大问题的决定》提出：“推进国家治理体系和治理能力现代化”。这是中国共产党高度重视现代化，不断推进中国式现代化建设的必然结果，也是中国共产党对于现代化认识的最新成果。“中国式现代化”是习近平总书记在庆祝中国共产党成立 100 周年大会上提出的重要论断。2021 年 11 月，党的十九届六中全会审议通过的《中共中央关于党的百年奋斗重大成就和历史经验的决议》指出：“党领导人民成功走出中国式现代化道路，创造了人类文明新形态，拓展了发展中国家走向现代化的途径，给世界上那些既希望加快发展又希望保持自身独立性的国家和民族提供了全新选择。”[1] 中国式现代化与国家治理现代化，二者关系相辅相成、关系紧密。没有国家治理现代化，就没有中国式现代化。中国式现代化的顺利推进，可以提升国家治理现代化水平，现代化由此构成国家治理的题中应有之义。而现代化的治理，必然离不开政府信任的建构。政府信任是文明社会能力的一个组成部分，是政治参与、企业成就、利用新技术的意愿的先决条件。政府信任是社会信任体系的核心和灵魂，对于社会的经济、政治和文化的发展有着重要的作用，政府信任一旦产生，就会具有一定的稳定性和恒定性，并

产生巨大的作用。政府信任度的高度与政府信任的正、负效应紧密相连，对社会发展产生不同结果。政府信任度高，其影响积极；反之则消极。

一、政府信任系统的价值阐释

从认识论角度讲，主体和客体是人从事实践活动和认识活动的一对哲学范畴。主体是实践活动和认识活动的承担者；客体是主体实践活动和认识活动指向的对象。马克思主义哲学认为，人不仅是自然存在物，本质更是“一切社会关系的总和”。主体与客体作为一对关系范畴，只有在相互关联中才具有自己的本质和规定，相互脱离便无所谓主体和客体。主体是人，但人并不等于主体。人作为主体的属性并非与生俱来，尚未完全具有实践和思维能力的儿童可以称作人，但并不具备主体的本质，只有具备一定认识和实践能力并与客体发生关系后才构成完整的主体。在政府信任这一对关系范畴中，公民是主体，政府是客体，相互依存，不可分割，才能构成政府信任。作为抽象整体的公民，可以分为微观主体和宏观主体两个层次。

人类社会的发展不能缺少信任。自从有人类以来，信任就一直伴随人类成长。从一定意义上讲，人类社会的成长就是一部信任成长的历史。但直到人类的近代历史以来，才出现了现代意义上的“信任”。对于信任的研究，已经超越了心理学家和社会学家的研究范围，成为一个交叉的跨学科研究课题。如果没有信任，日常生活中的最基本的活动也将无法进行。有限的个人能力无法完成所有必要的工作，必须与外部进行合作，这个外部可能是人，也可能是机械设备，这个时候信任就能充当令人满意的社会协调手段。一个具有牢固信任关系的社会，能够以最少的社会管理成本获得更多的自由，能够应对更多的意外的突发事件。

在一个完全不同于传统社会的全球风险社会体系中，全球化趋势不可阻挡，世界各国变成一个相互依存的有机整体，无论是社会内部合作还是不同社会之间的协作都比以往任何时候更为迫切，同时对信任的需求也比以往任何时候增加了，全世界内在地要求建立相互信任合作的国际互信机制。这就要求每一个社会必须首先建设好自己社会内部的信任机制。政府信任在本质上是一个人心所向的问题，民众对政府的信任和认可，是政府与民众之间相互关系的心理基础，关系到政府乃至整个政治体制的前途命运。作为政府与公众社会之间的一种良性互动关系，政府信任是执政合法性的重要来源，是政治稳定与社会和谐的重要保障。

公众对政府的评价是政府获取公信力和信任的力量之源，所以公众的评价对政府的合法性存在和行政执政有重要意义。在政府信任范畴中，政府是客体，公民是主体。在政府评价中，公民是评价主体，政府是被评价的客体。所谓政府评价是指在一定的政治体制、政治结构和政策体系前提下，一个国家的评价主体依据特定的标准和尺度对政府及政府行为的各方面状况进行衡量并得出一定结论（主要是价值判断）的认识活动和政治活动。对政府的评价不仅仅与道德和情感有关系，更是一种工具理性的认知。如果评价标准被公众认可，政府能够向公众提供足够产品和服务，公众对政府就会有一种基本的信任。政府信任机制的建立有节减成本、扩充权威和赢得民心以下三种功能。

（一）节减成本：政府信任的经济效应

经济是社会存在与发展的物质基础和最重要前提。任何社会的存在都离不开物质财富的创造与人民生活水平的提高。政府信任的经济效应指政府信任对一个国家和地区的经济发展所产生的影响。在现代社会生活中，管理经济是政府最主要的职能，政府是主导经济发展的重要参与者。政府信任体现了公众对政府权力的认可、支持和拥护，政府信任度高，则政府权力易于正确行使且能达到预期目标，反之则不易。恩格斯曾经讲过：“国家对于经济发展的反作用可能有三种：它可以沿着同一方向起作用，在这种情况下就会发展得比较快；它可以沿着相反方向起作用，在这种情况下，像现在每个大民族的情况那样，它经过一定的时期都要崩溃；或者是它可以阻止经济发展沿着既定的方向走，而给它规定另外的方向——这种情况归根到底还是归结为前两种情况中的一种。但是很明显，在第二和第三种情况下，政治权力会给经济发展带来巨大的损害，并造成人力和物力的大量浪费。”[2]可见，如果政府信任度高，则国家权力和经济发展的方向一致；如果政府信任度低，则国家权力和经济发展方向相反或抵触。

政府信任对于经济发展的效应，主要体现在两点：第一，政府信任为经济发展提供制度环境。用经济学理论来解释政府信任的经济效应，具体体现在政府信任降低了交易成本，节省了交易费用，简化了复杂机制。任何一个交易过程必须处在一定的交易环境中才能进行，交易环境中的制度环境最为重要，即一个国家和地区的制度确定性状况影响着人们对于经济制度的预期，从而对交易成本和费用具有绝对的影响意义。当经济主体进行交易时，制度的确定性状况是必须考虑的因素，以避免不必要的损失。高度的政府信任强化了交易主体的交易信心，并且预示着拥有稳定的制度环境，而制度环境的稳定有利于促进交易的顺利进行，提高交易主体的经济效益。

第二，政府信任度高，则公民高度信任政府，同时也信任政府的政策，制度的确定性预期就高。而政府信任度低，就意味着政府“制度失灵”和缺失，市场交易主体就会通过非制度渠道和制度缝隙谋求预期利益的稳定性，从而增加了非生产性成本和费用，同时为政府官员和市场交易主体之间的权力寻租和腐败提供了空间。因此，政府信任与非生产性成本、权力寻租是高度相连的。另外，社会在转型过程中，如果制度变化过于频繁，制度确定性和稳定性大大降低，市场主体的交易成本就会随着制度恶化和风险加大而加大，从而影响人们的投资信心，政府信任度就会随之大大降低。因此，制度的确定性和环境影响交易成本的增减。政府信任为经济发展提供道德支撑。信任是市场经济的最主要道德支柱。英国古典经济学家约翰·穆勒指出：“随着信用基础—信任—的扩大，（利用信任的）各种方法将得到发展，借助于这些方法，甚至数额极少的资本（每个人留在手头以应不时之需的金钱）也可以用于生产性用途。”[3]在这里，穆勒把信任当作资本投入生产的一个重要条件，认为如果不存在信任这种东西，就会引起普遍不安和不信任，资本就难以为社会创造财富。福山也认为，一个社会的信任程度高度是影响经济效益的重要文化因素。市场经济是契约经济，因为任何契约都不可能预先规定一切可能性。因此，契约的制定依赖于信任的基础。政府作为市场规则的制定者和维护者，可以为公众在市场交易过程中提供一种稳定的普遍性信任基础。当在陌生社会中无法判断和预期自己不熟悉的人时，就需要信任政府来推动契约的执行，政府信任既可以降低市场主体交易花费的成本，又可以激励和约束契约的签订和履行。因此，政府信任为经济发展和契约执行提供了道德环境。信任度高的政府稳定了人们的心理预期，为交易主体进行交易提供了道德和信念支撑。同时，政府信任水平同社会信任水平呈正比例关系。帕南特通过对意大利南部和北部的研究证明，意大利南部经济发展水平低，低信任度政府水平影响了社会信任，两者交互作用、相互影响。在政府信任水平低的情况下，黑社会组织就在很大程度上代替了政府，在人们的社会关系调整中发挥重要作用，社会的整体道德水平和道德环境就十分低下，人们之间无法产生一般信任。

（二）扩充权威：政府信任的政治效应

政府信任的政治效应，指政府信任对一个国家和地区的政治发展所造成的影响。政府作为公权力的代表，其信任度高低关系到公共责任和公共利益的实现程度，构成其执政合法性的基础。福山通过研究信任对经济繁荣的意义，就进一步指出，信任作为社会资本，“它的最重要的影响力不在经济生活中，而是在社会和政治生活方面。”[4]洛克、霍布斯也指出，信任是政府和社会秩序的主要原则基础。政府信任的降低，表面是政府权威的丧失，而本质上是对公共责任和公共利益的侵害。所以，政府信任的政治效应主要体现在其政治合法性基础之上。政治合法性指政治统治依据传统或依据公认的规范而得到人民的同意、支持和服从，一个政府必须培养公民对它的尊重和自愿服从，要让人民广泛认识到政权的统治是合法的。其根本问题是公民对政权统治的支持和拥护。合法性概念本身蕴含“社会认可”的意思，社会认可实际上反映了公民对政府的信任程度。卢梭认为拥有人民的公意是政治合法性的唯一基础，如果政府的行为符合公意，体现了人民的意志，那么政府就是合法的，如果政府的行为不符合公意，那么政府就是非法的。因此政府的合法性来源于他对人民意志的体现。合法性就是公众基于公共利益之上对政府权力的承认和政府行政活动正当性的认同。从本质上讲，政府只有赢得公众的信任才能取得真正的合法性，政府信任是合法性的来源和根基。如果公众撤回对政府的信任，政府存在的合法性就会大大降低甚至完全消解，官民矛盾和冲突在所难免，反政府的异己力量就会动摇政府的执政根基。

从公共管理的角度看，政治合法性包含形式的合法律性和管理的价值观能得到公民的认同的两个方面。政治合法性的获得，首先取决于政府的宣传，即政府为了强化自己的统治地位而运用意识形态的、法律的和道德伦理等各种手段为自身存在所作的种种论证；其次取决于政府行政的实际行动和行政结果在大众当中赢得的广泛信任和忠诚。因此，合法性概念本身也包含一定程度的信任关系。但如果政府行使公权力违背了“一切为了公共福利”的宗旨，产生公共利益政府化、政府利益部门化、部门利益个人化的腐败行径，其信任度就会大大降低，就会导致社会产生强大的反政府力量，政府的合法性就会逐渐消解，暴力无从维护政府的合法性。当然，政府信任也不等同于政治合法性。一个具有传统合法性的政府完全有可能对其民众实施暴政，高压统治下的人民可能会对政府失去信任，但是不会质疑政府的合法性。但是政治合法性是政府信任的基础，合法性是政府存在所必须的，如果公民对政府更多的只是猜疑和担心，其合法性就会逐渐丧失，危及政权的生存。

政府信任和政府合法性呈正比例关系。良好的政府信任关系能够增强社会和国家的凝聚力，降低社会运营成本，提升政府绩效，增进政治合法性。政府信任度越高，对强制的需求就越少，同时也促进公民与政府相互合作，有利于营造民主政治所需的良好政治氛围。但是，公民对政治体系的信任如果超越一定限度就会形成信任定式或刚性信任，可能产生阻碍政治变革和助长政府腐化等负效应。

（三）赢得民心：政府信任的文化效应

文化传统和习俗规范对于信任产生有很重要的作用。公民是否信任政府，不但取决于政府的行为，同时也取决于公民用什么样的标准来衡量政府，而这一标准主要是由一个国家或地区的文化传统和社会规范来决定的。弗朗西斯·福山认为，信任由文化决定，社会信任根植于宗教、伦理、习俗等文化资源之中。文化具有内隐性，渗透在社会生活的各个领域之中。文化通过对传统的继承，对秩序和制度起着维护作用，从而具有“稳定剂”的作用。政府信任作为公众对政府的政治认知和理性情感，属于政治文化的范畴，对整个社会文化具有导向功能。

二、政府信任机制的价值意蕴

政府信任作为一种社会稀缺资源，是整个社会进步的重要指标，对于促进经济增长、民主发展和社会稳定，具有重要意义。它可以节约市场经济过程中的交易成本，减少政府行政运行成本，增强政府合法性基础，推动国家的法治化进程和民主化建设，促进和谐社会的构建，其理论意义和现实价值不可估量。而在一个社会的信任系统中，政府信任处于核心地位，对于缓解社会矛盾、消除社会对立、减少社会交往成本、简化社会复杂机制和协调各种利益纠纷起决定作用。民众的支持和信任是一个政权合法存在的前提基础，也是任何政体正常运转的重要保障。政府只有赢得社会、赢得公众的信任，才有可能去构建一个繁荣稳定、永久和平的和谐社会。

信任是在后天社会交往中所获得的一种行动策略，不仅是个人理性计算的结果，更是社会的历史文化传统所约束的后果，其本身难以摆脱特定社会文化和历史传统的影响。东西方文化对公民与政府之间关系的定位差异很大。这种差异决定了其政治逻辑完全不同。西方基督教的文化传统只给予政府有限度的承认和有条件的肯定，并带着怀疑、批判的眼光来看待世俗政府。对于政府这把“双刃剑”，人们既不可不信任，也不能完全信任。社会契约论者认为，公民与政府之间是一种委托—代理的交换关系，双方地位平等。公民让渡自己的一部分权利给政府，政府必须为公民提供服务。如果政府不能满足人民的要求，公民有权利撤回对政府的支持。但是中国传统文化与此定位截然相反。在中国传统文化中，公民与政府的关系类似家庭中的父子关系，是一种子民关系。“子民意识”是我国封建家庭家族生活调整人际关系的产物，是传统的家长制国家生活的前提。“子民”的本义是强调官吏要“爱民如爱子”。民众将政府和官吏看作照顾其子民的“天地”“衣食父母”，民众则作为子民和顺民。

在这种文化传统影响下，政府主要依靠自身的道德修养来自律，而缺乏足够制度和法律对自身权力的约束。虽然儒家和法家等也强调政府要取信于民，但只是一种道德上的空洞说教，没有实际配套的制度安排作为约束。并且“君者，舟也；庶人者，水也。水则载舟，水则覆舟”的信任是一种由血缘维系的宗法型和封建礼俗型为主体的特殊主义信任，局限于忠君孝亲的礼制框架之内，是对一家一姓“家天下”的信任，所表现的只能是百姓对于代表天意的君主及其属臣的依附。这种对政府的信任感只是一种人格信任，而不是现代社会所体现的普遍主义的制度信任。这反过来又严重削弱了对政府和官吏的信任度。

文化的视角与心理学把信任看作个人的心理态度的视角不同，信任更多地被看作是一种文化资源，是现代社会文化整合的重要组成部分。信任文化最重要地体现为人际关系的融洽和社会关系的和谐。提升政府信任度，构建新型政府，必须建设信任文化。正如美国著名政治学家亨廷顿所认为的那样，社会文化中缺乏信任将给公共制度的建立带来极大的障碍。

那些缺乏稳定和效能的政府的社会，也同样缺乏公民间的相互信任，缺乏民族和公众的忠诚心理，缺乏组织的技能。因此，政府对于信任文化的建设必不可少。

三、政府信任机制的路径建构

民主制度的信任结果导致国家运营成本比较低。众所周知，信任可以减少交易成本，简化复杂机制。信任嵌入民主制度的网格后，产生的效果就是使国家的运行成本降低。国家运营成本是指一国政府为了维持本国社会秩序、维护社会稳定与发展所要花费的代价。在民主制度下，政府权力来源于公民的选举，因而具有合法性和权威性，能够得到绝大多数国民的认同与信任。在民主体制下，社会成员的参与、合作意识会明显增强，公民之间的相互平等关系使得加入各种社团组织的积极性很高，容易融入社会集体之中。执政者得到各个社会阶层成员的信任和支持，社会整合比较顺利，政府和公民的信任关系得以良性循环。

（一）借助于多种研究方法的交叉和组合来研究问题

首先，以唯物辩证法的矛盾分析法则为主导，运用经济学、社会学和政治学的三种基本分析工具探究政府信任问题的历史演化和现实存在。以矛盾分析法则中怀疑—不信任—信任、对立与稳定、斗争与和谐三对矛盾范畴和影响社会信任机制的市场化、民主化与社会交往三个主要外生变量为分析线索，由此展开对政府信任问题的历史和现实梳理。

其次，运用对比分析法。研究思路上，从纵向的历史传统角度，考察政府信任关系，分析影响政府信任度的主要因素。横向上，从制度层面，研究政府信任对政府行为和政府绩效的影响，以及政府为提高信任度所采取的措施，探讨政府信任出现危机之后，产生的各种危害与后果。本文试图通过研究政府信任机制各因素的整合功能，来寻求构建和谐政府良好信任关系的途径。

同时，把经济学的委托—代理理论引入政治学领域，运用委托—代理理论方法分析政府与民众之间的权力来源和权力归属问题。

再次，引入结构功能理论和社会冲突理论。运用结构功能方法和社会冲突方法，把社会看作为一个在整体上均衡有序但又对立冲突的系统，系统中的每一部分都对系统整体的生存与整合发挥着必不可少的作用，协调运行是整个社会系统及其各个子系统的运行状况的主流。

最后，采用实证研究方法，以问卷调查、访谈和座谈、文献阅读相结合的方式，咨询各个行业和层次的公众关于对政府行政责任和行政绩效的评价，以及政府在处理突发事件和应对危机方面的能力和表现，在重大决策制定和落实方面的社会影响，探讨公众对政府职能部门在民生建设、公共产品供给和公共事务管理等方面的满意度和可信度情况。

（二）马克思主义的国家和阶级学说是对资本主义政府信任的否定

马克思认为，自从原始社会瓦解之后，全部阶级社会的历史都是剥削阶级与被剥削阶级、统治阶级与被统治阶级之间斗争的历史。阶级和国家从来都是历史现象，阶级是生产发展到一定历史阶段的产物，国家是阶级矛盾不可调和的产物，是阶级压迫的工具。

在阶级社会中，社会基本矛盾集中表现为阶级矛盾和阶级斗争，社会形态的更替必须通过社会革命，社会革命是阶级斗争的最高形式，阶级斗争是阶级社会历史发展的直接动力。正如马克思在 1852 年《致约·魏德迈》信中所指出的："我的新贡献就是证明了下列几点：①阶级的存在仅仅同生产发展的一定历史阶段相联系；②阶级斗争必然要导致无产阶级专政；③这个专政不过是达到消灭一切阶级和进入无产阶级社会的过渡。"[5]马克思阶级斗争学说的主要贡献在于他认为阶级和国家的产生、发展、灭亡是由一定的生产力发展水平决定的，一定的社会经济发展、生产方式和交换方式的改变决定着不同的阶级或国家结构。

关于国家和阶级的起源，恩格斯在《家庭、私有制和国家的起源》中指出："国家是社会在一定发展阶段上的产物；国家是表示：这个社会陷入了不可解决的自我矛盾，分裂为不可调和的对立面而又武力摆脱这些对立面。而为了使这些对立面，这些经济利益相互冲突的阶级，不致在无谓的斗争中把自己和社会消灭，就需要有一种表面上驾于社会之上的力量，这种力量应当缓和冲突，把冲突保持在一定'秩序'的范围之内；这种从社会中产生但又自居于社会之上并且日益同社会脱离的力量，就是国家。"随着生产力的发展，私有制使贫富分化加大，社会日益分裂为经济利益相对立的两大阶级，陷入了不可调和的矛盾之中，这就是国家产生的最初意义。为控制这种无序矛盾，需要一种凌驾于社会之上的力量，并且设有体现这种力量的专门机构，这便逐渐发展为国家的雏形。

在阶级社会中，政府作为国家权力的行使者有自己的利益诉求。建立在私有制基础上的政府，只代表少数统治阶级的利益，私有制使政府同社会公众的利益矛盾始终处于无法缓和的境况。它只会尽力实现少数人利益的最大化，而不可能把社会大多数人的利益作为政府的价值取向。正如恩格斯所讲过的一样，国家是文明社会的概括，它在一切典型的时期毫无例外的都是统治阶级的国家，并且在一切场合本质上都是镇压被压迫被剥削阶级的机器。在私有制社会，统治阶级为了维持长久的剥削地位，不得不采取一些缓和矛盾的政策，以取得人民的信任。私有制政府不仅在文字上宣称自己代表全体公民的利益，而且会在促进社会福利上作出一些让步，但这个前提是不能损害统治者的既得利益。例如，封建社会毫无民主，而资产阶级的议会民主赐予人民某些民主自由，承认人民有权参加选举和管理国家事务，实行三权分立的权力制衡。议会是立法机关，有权“监督”政府。共产党有合法存在的权利，无产阶级可以和资产阶级进行公开的、合法的斗争。但在私有制社会，享受民主权利需要物质条件。广大无产阶级由于没有财产和其他原因，实际上被排除在民主生活之外。资产阶级议会民主制的实质仍然是资产阶级专政。正如列宁所讲：“凡是存在着土地和生产资料私有制、资本占统治地位的国家，不管怎样民主，都是资本主义国家，都是资本家用来控制工人阶级和贫苦农民的机器。至于普选权、立宪会议和议会，那不过是形式，不过是一种支票，丝毫也不能改变事情的实质。”所以，资产阶级的民主自由和资产阶级政府具有狭隘性和虚伪性，难以取得人民的真正信任。

四、结语

由此可见，国家和阶级不是从来就有的，随着生产力的发展，在未来社会也必将消失，作为国家行政权力机构的政府同样会消失，但公共管理的职能机构并不会消失。对于这一点，恩格斯在《家庭、私有制和国家的起源》中指出，国家并不是从来就有的。曾经有过不需要国家而且根本不知国家和国家权力为何物的社会。在经济发展到一定阶段而必然使社会分裂为阶级时，国家就由于这种分裂而成为必要了。现在我们正在以迅速的步伐走向这样的生产发展阶段，在这个阶段上，这些阶级的存在不仅不再必要，而且成了生产的真正障碍。阶级不可避免地要消失，正如它们从前不可避免地产生一样。随着阶级的消失，国家也不可避免地要消失。在生产者自由平等的联合体的基础上按新方式来组织生产的社会，将把全部国家机器放到它应该去的地方，即放到古物陈列馆去，同纺车和青铜斧陈列在一起。

参考文献：

［1］习近平．坚定不移沿着这条光明大道走下去（奋进强国路·总书记这样引领中国式现代化）．人民日报，2022-02-28.

［2］恩格斯．"致康·施米特"，马克思恩格斯文选，第二卷［M］．苏联外国文书籍出版局，1955：493-496.

［3］约翰·穆勒．政治经济学原理及其在社会哲学上的若干应用［M］．商务印书馆，1991：42.

［4］弗朗西斯·福山．信任：社会美德与创造经济繁荣［M］．李宛容译，远方出版社，1998：368.

［5］孙国华主编．中华法学大辞典法理学卷［M］．中国检察出版社，1997：310.

中国共产党在抗日战争时期的宣传动员方式探析

——以抗日根据地的文艺宣传为例

张　莹

摘　要：在抗日战争时期，动员全民抗战成为中国共产党的重要历史任务。为动员全民参战，中国共产党采用了多元化的宣传动员方式。本文以抗日根据地的文艺宣传方式为例，在追溯抗日根据地各大文艺团体基础之上，指出政治方向明确、大众化程度高、感染力强是抗日根据地文艺宣传的三大特点，巡回公演戏剧和编演、传唱爱国歌曲是各大根据地文艺团体开展宣传动员的主要形式。而这些宣传动员方式，在抗战时期激发中国人民的爱国热情、动员全民参战等方面，发挥了重要作用。

关键词：中国共产党；抗日战争时期；宣传动员；文艺宣传

1927 年，井冈山胜利会师，中国共产党建立起了属于自己的第一块红色革命根据——井冈山革命根据地，拥有了属于自己的第一个武装——中国工农红军。在此基础之上，中国共产党开始了根据地的文艺宣传工作及文艺宣传队伍的建设。革命年代文艺宣传的形式主要是以表演戏剧和传唱红色歌谣为主，尤其是根据地的戏剧宣传，它直接成为文艺宣传中最重要的一种方式，同时也是群众最为喜欢、最易接受的一种宣传方式。在文艺宣传的队伍建设方面，早在 1929 年 12 月召开的红军第四军第九次党代表大会上，中国共产党就以文件的形式强调了建立专门的文艺宣传队的重要性，毛泽东同志指出：充实军队政治部宣传队的艺术股，选拔各部队中挑选优秀士兵担任宣传员，以大队为单位在士兵会内建立俱乐部。[1] 其负责的内容主要有发放传单、编写标语口号、编写传唱红色歌谣、表演戏剧等。经过土地革命十年的漫长洗礼，其文艺宣传的经验日益丰富，为之后抗日战争时期的文艺宣传奠定了坚实基础。

一、抗日战争时期各大根据地的文艺团体

（一）陕甘宁抗日根据地的文艺团体

陕甘宁根据地在抗日战争时期发挥了不可替代的作用，尤其是以革命圣地著称的延安地区，它不仅是中国共产党各大领导人抗战思想交汇的地方，更是新型的文艺娱乐活动发源的地方，其中以戏剧为代表的延安文艺更是为抗战时期的文艺宣传添上了浓墨重彩的一笔，而承载着戏剧的文艺团体更是数量之多，贡献之大。其中较为著名的有以下几个文艺团体：

抗战剧团是由土地革命时期成立的工农剧社演化而来的。1936 年 8 月，土地革命时期成立的工农剧社为了适应建立抗日民族统一战线这一新的形势，改名为人民抗日剧社为抗日战争时期的思想宣传服务。到 1937 年 3 月，在人民抗日剧社的基础上又成立了人民抗日剧社总社，“下辖中央剧团、中央机关工作人员的平凡剧团、铁拳剧团、延安青年剧团等戏剧组织。”[2]这时的人民抗日剧社的成员已发展到 200 人，上演的戏剧的类型除了话剧之外，还有歌舞剧、活报剧、歌剧等。之后，1937 年 8 月，人民抗日剧社又改名为抗战剧团，归属陕甘宁根据地文协领导。1942 年 5 月，在抗战剧团的基础之上成立了陕甘宁边区艺术干部学校，而抗战剧团也就随之结束了。抗战剧团从抗战爆发开始到 1942 年 5 月结束，在将近 5 年的时间里发挥了巨大的宣传动员作用。“抗战剧团继承和发扬了苏区文艺的光荣传统，紧密地配合抗日战争，约有一半的时间在各地工作，宣传群众、鼓舞群众。”[2]为民族解放的神圣事业，为边区的宣传教育工作的顺利开展，做出了巨大的贡献。

1937 年 8 月，西北战地服务团在延安成立，其全称是十八集团军西北战地服务团（简称“西战团”）。它是在党领导下建立的具有半军事化性质但以宣传为主的文艺团体。它的建立和活动一直受到党中央及毛泽东同志的关心与支持。在延安举办的欢送西北战地团出发抗日前线的晚会上，毛泽东就致词：你们要用你们的笔、用你们的口与日本打仗。西北战地团也不负众望，对抗日战争时期的宣传做出了突出的贡献。“西北战地团在出发之前就编排了 16 个独幕剧，在秧歌舞的基础上创作了《打倒日本升平舞》，练唱了抗日救亡歌曲，大鼓、相声，绘制了宣传画，书写了标

语。”[2]在这些准备的基础之上，西北战地团踏上了文艺宣传的征途，以其惊人的毅力和高度的革命热情，走到哪里宣传到哪里，为抗日军队演出了多种类型的节目，如京戏、大鼓、秦腔、相声、活报、双簧等。同时，在极其艰苦的条件下，还为军队上演了大型话剧《八百壮士》、《突击》以及许多独幕剧。1938 年 7 月，西战团返回延安，11 月又踏上奔赴晋察冀抗战前线的征程，为西北地区的人民带去了诸多文艺节目。活跃在抗战前线的西战团，为中国人民的抗战事业和促进敌后抗日根据地的宣传教育活动做出了贡献。

在抗日战争时期，陕甘宁边区的群众自发地组成了诸多民间宣传团体，其中较为著名的有两个：一是陕甘宁边区民众娱乐改进会。它是在陕甘宁边区文协的领导和帮助下成立的一个群众性的文艺团体。它的宗旨是利用并改进传统的文化艺术，创造民族大众的文化艺术，使广大群众的一切娱乐活动能够配合伟大的抗战胜利。因此，该团体的主要任务就是收集和改编民间流传的歌谣小调、提倡和发扬民间戏剧。另一个是陕甘宁边区民众剧团（简称“民众剧团”）。它是属于陕甘宁边区文化界救亡协会领导的。该剧团的特点是革命性与群众性相结合。民众剧团的演出，内容是革命的，语言是大众化的，形式是民众熟悉的。它主要是通过巡回演出的形式来开展抗战时期的宣传，是一个走到哪里宣传到哪里的民间团体。

（二）晋察冀抗日根据地的文艺团体

随着晋察冀抗日根据地的建立，担任重要宣传任务的文艺团体也纷纷建立起来。晋察冀根据地的文艺团体数量之众、种类之多，但依据领导主体的不同，可将诸多的文艺团体分为两大类型：一类是由党中央领导创建的文艺团体。自 1937 年 11 月，由晋察冀军区政治部成立的抗敌剧社之后，各大分军区也纷纷成立了剧团和剧社来对本军区开展宣传教育活动。除了各分军区创建的剧团之外，还有晋中军区的火线剧社、平西挺进军的挺进剧社、冀东军分区的尖兵剧社、回民支队的抗战剧社等。同时，还有从延安赶来开展宣传教育活动的文艺团体，如西北战地服务团、联大文艺学院、联大文工团等。这些文艺社团主要是由党中央领导人组织创建的，宣传的对象主要侧重于军区的官兵；而另一类是由民间群众自发组织形成的地方社团。随着文艺宣传的不断深入，晋察冀边区的农民群众的政治觉悟也随之不断提高，对以戏剧为载体的这种文艺形式产生了强烈要求，也纷纷自发组织建立了文艺社团。其中，在抗战中贡献较为显著的地方剧社有晋中区的新世纪剧社、边区抗联的群众剧社、大众剧社等。就农村剧团的整体情况而言，其数量之多，影响之广。“从抗战爆发到1942年6月，边区剧团达3277个，其中晋中区有1721个，北岳区有1556个。”[2]这些民间剧团在抗战期间为晋察冀根据地文艺运动的发展起到了巨大的推动作用。

抗敌剧社是晋察冀根据地较为具有代表性的文艺社团，它在1937年11月成立，1938年初开始投入戏剧创作，如《活路》、《警号》、《小英雄》等都是反映武装斗争的作品，但这些作品大多是以报导性的宣传为主，虽在一定程度上起到了安定民心、鼓舞士气的作用，可缺少了与边区人民群众的密切联系。1939年6月，《抗敌报》专论指出：边区的戏剧运动是全边区人民武装斗争抗日斗争的产物，它有强烈的战斗性和战斗作用，因此，边区的戏剧应“迅速的反映与报道当地当时的群众斗争、武装斗争的新事件、新胜利……以教育广大人民，动员广大人民。”[2]经此之后，边区的文艺工作者深入群众实际生活，创作出了一批反映敌后斗争的好作品，如《到山那边去》、《回到祖国的怀抱》、《参加八路军》、《狼牙山五壮士》等。而晋察冀根据地的文艺也因此迎来了繁荣景象。

（三）晋冀鲁豫抗日根据地的文艺团体

抗日战争时期，随着抗日根据地的巩固和发展，以戏剧为中心的文艺宣传也迅速发展起来。而作为抗日根据地的重要组成部分晋冀鲁豫根据地，同样是通过建立众多的文艺剧团来促进根据地的宣传教育的发展，如太行山剧团、先锋剧团、战友剧社、新民主剧社等，其中太行山剧团为促进本地区宣传教育的发展作出了突出的贡献。

太行山剧团是在1938年5月由晋冀豫边区的党委领导的，由联合抗日流动剧团和陵川孩子抗日宣传队合编而成的一支文艺团体。该剧团的主要任务就是“要像太行山一样坚强，为太行山的军队，特别是为广大农民演出，深入宣传动员一切抗日力量。”[2]1939年2月，中共北方局、晋冀豫区党委决定以太行山剧团作为骨干，在山西长治成立具有抗日统一战线性质的晋东南民族革命艺术学校。而太行山剧团仍保留原来的建制继续开展活动。太行山剧团不仅为广大农民演出，而且还为正在硝烟战场上的战士演出。曾为黄烟洞战斗中的战士进行慰问演出时，受到了一二九师司令员刘伯承和政委邓小平的表扬，邓小平说：“保卫黄烟洞的不是一个团，还有太行山剧团。"[3]1941 年 4 月，太行山剧团称为总团，其下设立了各大分团，而演出的节目除戏剧之外，还有歌剧、歌表演、歌舞剧、街头剧、活报剧、秧歌剧等，受到了晋冀鲁豫根据地军民的极大欢迎。

二、抗日根据地文艺宣传的特点

（一）政治方向明确

抗日战争时期，各大根据地的文艺作品最显著的特点就是政治方向明确，即文艺工作者所生产出来的文艺作品都是为实现抗战胜利这一终极目标服务的。毛泽东在《延安文艺座谈会上的讲话》中就详细地阐述了文艺与政治的关系，即文艺服从于政治。首先，从宏观上来讲，一切文化和文学艺术都是属于一定的阶级，属于一定的政治路线的。任何超阶级的艺术是不存在的。因此，由无产阶级领导而形成的文学艺术显然是无产阶级革命事业的一部分。它是为无产阶级的政治服务的，是为大多数群众的政治服务的。"革命的思想斗争和艺术斗争，必须服从于政治的斗争，因为只有经过政治，阶级和群众的需要才能集中地表现出来。"[4]其次，从微观上来讲，在抗日战争时期，中国最根本的政治就是抗日，所以，党的文艺工作者要在同一切赞成抗日的文艺工作者团结起来，组成文艺统一战线为抗日这一根本政治服务。因此，抗日根据地的文艺工作者无论是戏剧的编写还是歌曲的谱写，都是围绕着抗日这一最根本的政治主题展开的。

（二）大众化程度高

大众化程度高是抗战时期根据地文艺娱乐活动的重要特征。这种大众化主要体现在两个方面：一方面是文艺语言的大众化；另一方面是文艺形式的大众化。这主要是由宣传对象的特点决定的。在抗战根据地，文艺娱乐活动的宣传对象主要面对的是普通群众，而根据地群众普遍文化程度不高的特点，决定了在根据地宣传的文艺语言必然不是专业性强、晦涩难懂的，而应是浅显易懂，与群众的生活语言相吻合的。例如，从抗战时期仍流传至今的文艺作品《白毛女》《王贵和李香香》等，都是用生活中广大人民群众常用的语言或比语，使群众一听就懂。群众能听懂宣传内容是达到宣传目的的基本前提。而考虑到根据地群众对宣传形式的接受度，抗日根据地的宣传形式，主要是采取将群众喜闻乐见的民间娱乐活动与新文化内容相结合的形式，这是当时促进文化宣传形式大众化的又一特色。“这个特色表现在新的形式和新的主题、新人物相适应，表现在吸收民间艺术新形式为广大人民群众服务”[2]，使宣传的新文化内容融入群众更易接受的娱乐活动中，在继承中国优良的传统文化基础之上，促进了文化宣传的大众化。

（三）感染力强

只有感染力强的文艺宣传作品才更能唤醒民众意识，凝聚民心。因此，抗战时期文艺作品的感染力强不仅是抗战时期的文艺宣传的重要特征，而且也是促使抗战时期文艺活动宣传效果显著的重要因素。一部感染力强的文艺作品，无论是戏剧还是歌曲，或是其他形式的文艺作品，都离不开题材的选取。而当时的文艺作品大多以选取反映阶级斗争、民族斗争的题材为主。这主要是由当时的社会实际和广大人民群众的实际需要决定的。只有选取反映阶级斗争、民族斗争的题材，才能切实地将文艺作品与抗日战争紧密地结合起来，才能真正地反映人民群众的切实需要，才能使其深受感染，得到鼓舞。

三、抗日根据地文艺宣传的形式

（一）巡回公演戏剧

抗日战争时期，在各大根据地以戏剧为中心的文艺团体纷纷建立，这些文艺团体通过对戏剧的巡回演出来达到宣传教育的目的。

1. 将演出戏剧作为各根据地宣传教育方法的缘由

在抗日战争时期，各文艺工作者都纷纷选择将戏剧作为宣传抗战思想、动员人民群众的重要方式。究其原因，除土地革命时积累的丰富经验外，戏剧自身的特点和戏剧走与工农兵相结合道路的转型是不容忽视的两大方面。

首先，戏剧具有极强的感染力，而这种感染力是与它自身的呈现形式和文艺工作者编演戏剧的能力密切相关的。戏剧向来是艺术与广大群众直接结合的主要方式，它是以舞台为载体，在观众面前直接呈现，甚至会出现一种台上台下互动的模式。它可以使观众身临其境地感受着戏剧所营造出来的氛围，通过演员流露出来的不同情感来极大地调动观众的情绪，通过台上演出的各抗战真实事迹来迅速地提高观众的思想政治觉悟。

同时，文艺工作者编演戏剧的能力是戏剧具有极强的感染力的另一个重要因素。一部好的戏剧，无论是从取材、编写还是到排练、演出，都需要文艺工作者付出极大的心血。就取材而言，文艺工作者为选取真实的抗战事迹，需要不顾危险地奔赴在抗战最前线、不辞辛苦地深入广大群众的真实生活中去，只有这样得到的事迹才具有感染力，才能引起观众的共鸣。因此，在抗日战争时期，根据地的戏剧主题主要有四种类型：一是反映战斗中英雄事迹；二是揭露日伪军的残酷暴行；三是反映帝国主义压迫下农民的艰苦生活；四是反映军民的鱼水情。在所选主题的基础之上，文艺工作者通过运用通俗易懂的话语，通过对戏剧场景氛围的营造，使一幕幕抗战戏剧呈现在观众的面前。“在观众面前展开的是令人泣下和令人发指的血淋淋的人生和战争的现实。在这里还能看到未来的光明远景和侵略者、反动力量的灭亡。”[5]这样极富感染力的戏剧演出，无疑是对根据地军民进行抗战宣传的最有力的武器。

其次，戏剧走与工农相结合的道路。1942 年延安文艺座谈会的召开，不仅为延安文艺的发展，同时也为全国文艺的发展指明了未来发展的道路。毛泽东在文艺座谈会上明确指出，抗战革命的胜利不仅需要一支手里拿枪的军队，同时也需要一支团结自己、战胜敌人的文化军队。“要使文艺很好地成为整个革命机器的一个组成部分，作为团结人民、教育人民、打击敌人、消灭敌人的有力武器”[4]。如何更好地使用这一武器，就是要使文艺与广大群众相结合，走与工农群众相结合的道路。这是因为一切文学艺术都来源于现实生活。毛泽东在座谈会上指出：“作为观念形态的文艺作品，都是一定的社会生活在人类头脑中的反映的产物。革命的文艺，则是人民生活在革命作家头脑中的反映的产物。”[4]而《延安文艺座谈会上的讲话》的发表更是指引革命文艺工作者未来发展前进的光辉灯塔和胜利的旗帜。“一切革命的文学艺术家只有联系群众，表现群众，把自己当作群众的忠实的代言人，他们的工作才有意义。只有代表群众才能教育群众，只有做群众的学生才能做群众的先生。”[4]自此，延安的文艺，甚至其他各大根据地的文艺都迎来了新的局面。题材上更侧重于对反映阶级斗争、民族斗争、革命英雄人物的选取上，语言更加通俗易懂，具有大众化、民族化的特点。同时，戏剧表演更多地采用群众喜闻乐见的民间形式和新文化内容相结合的方式。这也是根据地戏剧更受当地人民群众欢迎的重要因素。

2. 抗战时期宣传的具有代表性的戏剧

抗日战争时期，文艺工作者走与工农群众相结合的道路，将人民群众的实际生活作为戏剧文艺的源泉，从而形成的作品数量之多，宣传效果显著。其中流传较为广泛的作品有《白毛女》、《兄妹开荒》、《刘胡兰》等，这些作品都是抗日战争时期根据地文艺工作者编写的不同题材、不同形式的戏剧中的代表之作。

《白毛女》是反映农民阶级斗争题材的代表之作。它是由鲁迅艺术学院集体创作的一部大型歌剧，同时也是延安文艺座谈会之后歌剧在思想上、艺术上走向成熟的标志。《白毛女》是根据晋察冀根据地民间流传的“白毛仙姑”的故事改编而成的，它通过对喜儿这一生动、鲜明的形象塑造，揭露了阶级压迫下农民的真实生活，深刻地反映了农民与地主阶级之间的尖锐矛盾，展示了只有在党的领导下进行革命斗争才能消灭剥削阶级、才能翻身做主人的深刻革命主题。

《兄妹开荒》是由鲁迅艺术学院集体创作的一部秧歌剧，它是文艺工作者将民间艺术形式——秧歌，运用到戏剧等艺术作品中的开端。《兄妹开荒》这部秧歌剧描写的是兄妹二人积极响应政府号召进行开荒生产，并在开荒生产中决心向劳动模范看齐，争做劳动模范的场景。它通过对根据地存在的一个小小的侧面的描写，反映了根据地居民在大生产运动中呈现出来的劳动热情和对幸福生活的向往，赞美了劳动、歌颂了党和政府的正确领导，使整个文艺作品具有了浓厚的生活气息和强烈的感染力。

《刘胡兰》不仅是塑造革命英雄人物题材的代表之作，同时也是揭露日伪军残酷暴行题材的代表之作。它是文艺工作者对抗战时期发生的真实事件改编而成的，通过对刘胡兰这一英雄人物形象的塑造，对广大观众进行宣传教育，达到提高根据地军民政治觉悟的目的。

（二）编写、传唱抗日救亡歌曲

在抗日战争时期，文艺工作者在将戏剧作为对根据地进行宣传的重要方法的同时，也将抗日歌曲作为了对根据地宣传的有效手段。

1. 抗日救亡歌曲的发展历程

自1919年五四新文化运动开始至1931年九一八事变的爆发，中国新音乐的创作得到了初步的发展，而音乐的主题主要是围绕启蒙、救亡、文化等元素展开的，因此，在此期间，以救亡为主题的歌曲仅是诸多歌曲中的一支，尚处于发展的萌芽阶段。但自九一八事变爆发之后，音乐界的文艺工作者将歌曲的主题集中在了“救亡”这一主题之上，抗日救亡歌曲得到了迅速的发展。到1937年七七事变爆发，中国的抗日救亡歌曲又迎来了一个新的发展阶段，以致最终走向成熟。

因此，从纵向来看，抗日救亡歌曲实际上经历了两大不同发展阶段：第一阶段是从1931年九一八事变到1937年的七七事变全面抗战爆发。在这一阶段，以聂耳为代表的一大批音乐家掀起了著名的“左翼”音乐运动。尽管当时建立的音乐小组的规模较小，但却已开始进行群众性的救亡革命歌曲的编写。这些音乐小组“在组织上接受中国共产党的领导。最先，他们的活动是有关苏联的文艺、音乐理论的学习，展开革命群众歌曲的创作、研习。”[6]之后，逐渐将编写的救亡歌曲深入当时进步电影和戏剧的创作之中，受到了社会舆论的大力支持。“左翼”音乐运动在一定程度上抵制了当时泛滥成灾的低级庸俗的歌舞音乐的同时，也将中国救亡歌曲创作提高到一个新的历史高度，使抗日救亡歌曲在群众中产生了极其广泛的影响，对于促进全面抗战的爆发起到了群众歌曲形式的宣传鼓动作用。

第二阶段是从1937年七七事变到1945年抗战全面胜利。这一阶段既是抗日战争全面爆发的阶段，也是抗日救亡歌曲迅速发展走向成熟的阶段。在“左翼”音乐运动的基础之上，“一个以抗日救亡为标志的、群众性更加广泛的革命音乐运动得到了更加迅速的发展”，即音乐史上所称的抗日救亡运动。在轰轰烈烈的抗日救亡歌咏运动的开展下，以抗日救亡为主题的歌曲逐步成为音乐界抗日民族统一战线的领导力量。其中，继1938年在武汉成立的“中华全国歌咏协会”和“中华文艺界抗敌协会”之后，以武汉为中心，在全国出现了救亡歌咏运动的高潮。“与此同时，在抗日民主根据地，以延安为中心，也开展了轰轰烈烈的抗日歌咏活动。抗日音乐工作者的队伍得到了空前的发展和壮大，抗日的歌声传遍了全国的各个穷乡僻壤。”[6]

2. 抗日救亡歌曲的主要类型

随着抗日救亡歌咏运动的深入开展、抗日音乐队伍的不断壮大，以抗日救亡为主题的革命歌曲的数量多到至今都无法精确统计，仅在由大陆花山出版社出版的《抗日战争歌曲集成》中就收录了6000多首作品。虽抗战歌曲数目庞大，但根据不同的标准可将其进行类型划分。

首先，根据抗战歌曲反映的内容的不同，可将其划分为以下几种：一是揭露日军侵略罪行的歌曲，如《松花江上》、《有家归不得》、《忘不了》等；二是反映全民族一致抗战的歌曲，如《抗敌歌》、《国共合作歌》、《保卫中华》等；三是期盼抗战胜利的歌曲，如《捷报》、《向胜利飞翔》、《坚持到最后的胜利》等；四是反映各大保卫战的歌曲，如《保卫卢沟桥》《保卫我们的平津》等；五是反映抗战中各种战略战术的歌曲，如《爆炸战》、《地雷战》等。以上仅是从歌曲反映的内容进行划分，虽有不尽完善之处，但大体在反映内容上呈现出抗战时期的歌曲特色。

其次，根据歌曲的不同表现风格及形式，可以将抗战歌曲分为以下几种：一是各种进行曲，如《义勇军进行曲》、《抗日军进行曲》、《八路军进行曲》等，这种以进行曲的形式为依托的抗战歌曲是抗战时期歌曲的主流形式；二是大型合唱套曲，如《黄河大合唱》、《生产大合唱》、《八路军大合唱》等，这种以大合唱为依托形式的抗战歌曲，更加彰显了中国人民坚持抗战到底的决心和气魄；三是用民歌或戏曲音乐填词的歌曲，如《去当兵》、《送郎上前线》等；四是抗战歌剧，如《木兰从军》、《秋子》等，这种形式的抗战歌曲，以富有感染力的歌词和演员的生动表现为依托，使抗战歌曲的宣传效果得到了极大的提升。

抗战戏剧和歌曲，作为抗日战争时期的重要宣传动员方式，以其丰富的内容、生动鲜活的表现形式，唤醒了民众抗日救亡的民族意识，在动员民众参战方面发挥了重要作用。现如今，这些戏剧、歌曲作为抗战时期的历史文化遗存，它既记录着日军侵华的累累罪行，也彰显着中华民族团结一致、共御外侮的顽强斗志，是研究抗日战争这段历史的珍贵史料。同时，抗战戏剧和歌曲，能够为我们重现当时的战火岁月，是当前开展爱国主义教育的重要红色文化资源。鉴于此，对现存抗战戏剧和歌曲的收集和整理亟待加强，便于民众传颂、铭记历史，对铸牢中华民族共同体意识具有重要意义。

参考文献：

［1］中国人民解放军文艺史料编辑部编．中国人民解放军文艺史料选编（红军时期）（上册）［M］．北京：解放军出版社，1986.

［2］肖效钦，钟兴锦．抗日战争文化史［M］．北京：中共党史出版社，1992.

［3］中国人民解放军文艺史料编辑部编．中国人民解放军文艺史料选编（抗日战争时期）（第3册）［M］．北京：解放军出版社，1988.

［4］毛泽东选集（第3卷）［M］．北京：人民出版社，1991.

［5］中国人民解放军文艺史料编辑部编．中国人民解放军文艺史料选编（抗日战争时期）（第2册）［M］．北京：解放军出版社，1988.

［6］汪毓和．中国近现代音乐史（第3版）［M］．北京：人民音乐出版社，2002.

新时代视域下“三个务必”的理论蕴涵及其价值指向

秦　爽[①]

摘　要：“三个务必”是党中央站在新征程的关键节点，深刻洞察百年未有之大变局，敏锐把握世界之变、时代之变、历史之变，对新时代党的建设提出的新要求。“三个务必”蕴含着我们党坚定的立场和永恒的追求，蕴含着新征程上共产党人的工作态度和作风，蕴含着新的赶考路上共产党人的斗争精神和本领，不仅是对“两个务必”的继承和创新，还表明党对执政规律的深刻把握，体现新时代管党治党高度的政治自觉和战略谋划，党对中华优秀传统文化的坚定继承和创新发展，彰显党解决自身独有难题的时代智慧。“三个务必”为走好新的“赶考”之路提供新的政治标准和政治要求，具有丰富的理论蕴涵，为共产党人加强党性修养提供锐利的思想武器，为持续推进全面从严治党提供坚定的信仰支撑，为党的自我革命提供强大的精神动力，为党的建设明确政治使命、坚定理想信念、增添时代内涵，对新征程上深入推进党的建设新的伟大工程具有明确的价值指向。

关键词：新时代；“三个务必”；理论蕴涵；价值指向；新的“赶考”

在党的二十大开幕会上，习近平总书记首次提出“务必不忘初心、牢记使命，务必谦虚谨慎、艰苦奋斗，务必敢于斗争、善于斗争”[1]的重大论断。正如1949年，毛泽东在革命走向胜利的关键时刻对全党提出“两个务必”的要求。今天，在建党百年的时代节点上，习近平总书记站在新的历史高度，深刻把握世界发展大势和时代发展潮流，充分预见前进道路

---

①　基金项目：该论文为北京社科基金重点项目“北京香山红色文化资源的深度挖掘与价值阐释研究”阶段性成果，项目编号：21JCB027。

作者简介：秦爽（1995－），女，汉族，河北邯郸人，北京建筑大学马克思主义学院硕士研究生，研究方向为马克思主义中国化。

上的风险挑战，对全党发出“三个务必”的时代号召。“三个务必”是对毛泽东“两个务必”思想的继承和升华，体现新时代我们党对自身更高的政治标准和更严的政治要求，展现出我们党作为一个先进的马克思主义政党，始终坚守人民立场的历史担当精神，始终坚持先进性和纯洁性建设的自我革命精神，始终直面前进道路上风险挑战的历史主动精神。伟大的思想都是历史与未来相碰撞的产物，“三个务必”不仅是对百年大党成功之路的历史性总结，同时也是对我们党接续奋斗、谱写时代华章的未来性展望，其蕴含着深厚的历史底蕴和丰富的时代意蕴，对新征程党的建设具有重要的时代价值。

一、新时代视域下“三个务必”的三重理论蕴涵

“三个务必”重要论断是对中国共产党人百年实践最凝练、最深刻的诠释，解开了新时代十年间我们党能够取得如此伟大成就的奋斗密码，体现了党破解历史周期率“两个答案”的使命追求和目标要求，是对新时代党的建设提出的更加严格的要求。“三个务必”本身自成体系，三者相辅相成，既强调党坚定的人民立场和明确的奋斗目标，又指明实现奋斗目标的必要条件和实践路径，体现党对执政规律的深刻认识，彰显马克思主义认识论与方法论的高度统一。

（一）“务必不忘初心、牢记使命”蕴含党对根本立场的坚守和对历史使命的不懈追求

“不忘初心、牢记使命”是对中国共产党的性质宗旨、历史重任和时代追求的集中展现，不仅体现出共产党人永远为人民、为理想而奋斗的坚定信念，也体现出党对人民的忠诚、对政治立场的坚守、对理想信念的执着、对初心使命的担当和对民族复兴伟业的不懈追求。

一百多年来，中国共产党之所以能够发展成为世界上最大、最先进、最成功的马克思主义政党，正是因为其有着异于其他任何政党的鲜明优势和特色，即始终坚持人民至上的政治立场，始终把人民放在党和国家一切事业的首要位置、放在共产党人心目中最高的位置。中国共产党从来都没有任何自己的特殊利益，而是始终坚持把实现好、维护好和发展好人民的

切身利益作为党发展的主线。中国共产党为人民而生，党建立于中华民族危难存亡之际，以拯救中国人民于灾难困苦之中，使中国人民获得彻底的解放，使中华民族实现真正的独立为己任；党始终将实现人民的美好生活作为矢志不渝的价值追求，把实现中华民族的伟大复兴树立为光荣的历史使命。中国共产党因人民而兴，正是因为党始终坚持群众路线，始终走好群众路线，才能赢得人民的拥护和爱戴，在百年奋斗历程中实现党和国家事业的稳步向前发展；正是由于党自成立之时就树立远大理想，并且始终坚定不移地站稳人民立场，才得以取得革命、建设、改革的成功，取得一项项令世人惊叹的伟大成就；中国共产党源自人民，党的根基在人民，对人民主体价值的不懈追求是百年大党永葆青春活力的重要原因，马克思主义是被人民认同、喜爱并坚定拥护的理论，人民性是马克思主义最鲜明的本质属性，早在党成立之时，广大共产党人就已经深刻地认识到人民的重要性，因此自诞生之日起，党就在人民群众中扎下坚实的根基；中国共产党的底气在人民、血脉在人民，回顾党的百年奋斗征程，党从群众中来、到群众中去，正是凭着人民的力量、凭着群众的智慧，才实现了革命、建设、改革的胜利，取得了今天的非凡成就，中国共产党属于人民，因此党对人民忠诚也就是对自己忠诚，党的一切最终回归于人民也回归于自己。在党的二十大报告中，“人民”一词在全文出现了177次之多，足以见得党的力量在人民、底气在人民，中国共产党已经深谙只有依靠人民才能推动时代进步、实现民族复兴。

中国共产党跨越百年时空，历尽沧桑而不曾有对初心的任何质疑和动摇，饱经风霜而不曾淡忘肩上的历史重担和使命追求，“务必不忘初心、牢记使命”要求全体党员永远铭记我们从哪里来、又要到哪里去的问题，牢记我们为什么而奋斗、为什么人而奋斗的问题，牢记是为了更好地出发，只有时刻保持“赶考”的初心，将“赶考”的追求扛在肩上、刻在心中，才能在自觉的行动中走好新的“赶考”之路，最终实现中华民族伟大复兴的光荣使命。

（二）“务必谦虚谨慎、艰苦奋斗”蕴含党永葆政治本色的必然要求和作风保障

“谦虚谨慎、艰苦奋斗”是中国共产党的优良传统、精神状态和政治本色的集中体现，展现了共产党人安不忘危的风险意识和高度的政治清

醒，展现了党始终坚持实事求是，敢于正视自我、修正自身、突破自身、提升自身的优良传统，是我们党本着对人民负责的政治原则和更好为人民服务的宗旨而代代相传的优良作风。

以史为鉴，可以知兴替，历史周期率是千百年来一直困扰着各个国家、各个政权的历史性难题，73 年前，毛泽东自信地指出，我们党已经找到了破解历史周期率的答案，即“民主”，党要牢牢坚持人民民主，让人民来监督政府、监督党，正是因为对历史周期率有着深刻的把握和充分的思考，“两个务必”才得以诞生。一百多年来，中国共产党始终牢记“生于忧患，死于安乐”的古训，始终发扬实事求是的优良作风，对自身的发展现状和外部环境的风云变幻始终保持着清醒理智的判断，对革命的胜利、对社会主义建设过程中的治国理政实践、对改革过程中取得的成就始终保持冷静的头脑，不断增强预防风险挑战的能力和抵御危机困难的本领，继承并发扬谦虚谨慎的坚定毅力，不断培养艰苦奋斗的意志品质，才取得了今天的伟大成就。

新时代以来的十年，党和国家的事业取得了举世瞩目的伟大成就，实现了全面建成小康社会的人间奇迹，人民的生活也得到了全方位的改善，国民幸福指数持续上涨，人民的幸福感、获得感不断提高。但尽管如此，我们党也并未因此而骄傲自满，抑或是沉醉于现有的成就之中止步不前，而是深刻洞察时代发展大势，清醒地明白取得的成绩越大，面临的形势也就越复杂，并且深刻把握国家发展存在的问题以及社会主要矛盾的变化，深刻认识“四风”问题依然严峻，对党的“四大考验”依旧存在并将伴随党和国家事业的发展，“四种危险”的问题依然复杂并且十分尖锐，前进道路上可能遇到困难、更加严峻的风险与挑战，因此，在迈上新征程的关键时刻，党中央再次强调“务必谦虚谨慎、艰苦奋斗”，要求全体党员在复杂的局面下不被迷惑、不被诱惑，保持清醒的头脑，主动走出“舒适区”，懂得居安思危，始终保持共产党人的政治本色，以谦虚谨慎的自省精神和艰苦奋斗的精神破除前进道路上的一切阻碍。

“务必谦虚谨慎、艰苦奋斗”是将毛泽东“两个务必”的思想进行总结、凝练而得出的更为精炼的表达，是对“两个务必”的历史性继承，两者理论蕴涵既一脉相承又与时俱进，是我们党一百多年来不断从胜利走向胜利、获得一个个伟大成就的重要法宝，是对全体党员工作态度和作风更为严谨的要求，蕴含着安不忘危、盛必虑衰的深沉智慧。因此，“务必谦虚谨慎、艰苦奋斗”是共产党人自我约束的行为准则，用来衡量自己工作的态度、行为和作风，并时刻将其作为最低标准勉励自己、警醒自己、规范自己的思想和言行，永葆共产党人的政治本色。

（三）“务必敢于斗争、善于斗争”蕴含党直面风险挑战的精神状态和策略方法

“敢于斗争、善于斗争”是中国共产党的风骨气节和胆魄勇气的集中体现，蕴含着共产党人不怕斗争、知难而进的斗争姿态和奋勇搏击、迎难而上的英雄气概，彰显了百年大党的鲜明品质以及区别于其他一切政党的政治优势，是我们党百年征程中在无数次挫折和困难面前不屈不挠、自强不息，在无数次风险和挑战面前主动迎战、坚决斗争而形成的攻坚克难的斗争精神和善作善成的斗争本领。

踏平坎坷成大道，斗罢艰险又出发。这也正是中国共产党百年奋斗历程的真实写照，建党之路的艰辛和曲折并不能阻止党的诞生，革命时期的流血牺牲也无法让共产党人产生退缩的念头，反而培养了狭路相逢勇者胜的气概；建设时期党和国家事业发展道路上的曲折甚至停滞不前没能使共产党人气馁不前，反而增强了越是艰险越向前的冲劲；改革开放以来党和国家事业取得的巨大成就没能使党陶醉于已有的荣光而丢掉斗志，反而使共产党人更加牢记斗争精神，增强斗争本领。党的十九大以来的五年，党团结带领广大人民群众解决了许多历史遗留问题，取得举世瞩目的重大成就。但是，我们党并不止步于如此伟大的成就，中国式现代化既是最难的，也是最伟大的，中国式现代化不是随随便便、一朝一夕就能建成的，能胜强敌者先自胜，“务必敢于斗争、善于斗争”，要求全体党员把党的斗争精神坚持下去、延续下去、发扬下去，把党的斗争血脉传承下去，不断提高见微知著的能力，不断增强自身的斗争本领；要求全体党员在复杂的形势中找准斗争方向、掌握斗争方法，在新的伟大斗争中牢牢把握历史主动权，把未来掌握在自己手中。

“三个务必”本身自成体系，是一个逻辑严密的有机整体，既强调了党坚定的人民立场和明确的奋斗目标，又指明了实现奋斗目标的必要条件和实践路径，体现了党对执政规律的深刻认识，彰显了马克思主义认识论与方法论的高度统一。“务必不忘初心、牢记使命”道出了党光荣且伟大的历史使命，回答了我们党“为了谁”和“往哪走”的问题，蕴含着“三个务必”的本质；“务必谦虚谨慎、艰苦奋斗”是实现历史使命所必须

具备的条件，回答了党“为什么行”的问题，蕴含着“三个务必”的精髓所在；“务必敢于斗争、善于斗争”是实现历史使命的实践路径，回答了党“怎么走”的问题，蕴含着“三个务必”的深厚底气。“三个务必”所蕴含的深刻内涵，标志着党对治国理政的规律有了更深层次、更高水平的认识，是对习近平新时代中国特色社会主义思想的丰富和发展，也是对马克思主义党建理论的创新和完善。

二、新时代视域下“三个务必”的价值指向

“三个务必”是党中央站在全面推进民族复兴的紧要关头对自身更高的政治标准和更严的政治要求，体现了我们党百年来始终保持的“安而不忘危”的风险意识、“存而不忘亡”的忧患意识、“乐而不忘忧”的精神境界、“治而不忘乱”的政治清醒，作为“两个务必”思想的赓续传承和理论创新，“三个务必”展现出中国共产党作为一个先进的马克思主义政党，始终坚守人民立场的历史担当精神，始终坚持先进性和纯洁性建设的自我革命精神，始终直面前进道路上风险挑战的历史主动精神。伟大的思想都是历史与未来相碰撞的产物，“三个务必”不仅是对百年大党成功之路的历史性总结，同时也是对党接续奋斗、谱写时代华章的未来性展望，蕴含着丰富的时代意蕴，对党的建设和自我革命的伟大实践具有明确的价值指向。

（一）“三个务必”为党的政治建设明确了政治使命

站在新征程的关键时刻，我们必须认真总结历史经验、洞悉时代发展大势，持续加强党的政治建设，更加“讲政治”。因此，首先要树立牢固的政治根基、树立明确的政治目标、把牢正确的政治方向，方向问题是一切问题的“指路牌”，广大党员只有明确目标、找准方向才能始终走在正确的道路上。同时，党的政治建设要以实现历史使命为奋斗目标，“务必不忘初心、牢记使命”不仅点明了党为人民谋幸福的坚定立场，还道明了党为民族谋复兴的政治目标，全体党员只有始终站稳人民立场、增强政治担当、坚持走正确的道路，才能更加深刻地理解使命的意义，从而为实现历史使命而不懈奋斗，这也体现了党深厚的政治根基和牢固的政治基础。加强党的政治建设还要增强防范问题的本领、增长应对风险的才干、提高

化解挑战的能力，“务必谦虚谨慎、艰苦奋斗”要求全体党员常怀忧患意识和风险意识，不断增强政治鉴别力，增强明辨政治是非的能力，为党的建设提供了基本的行为准绳；“务必敢于斗争、善于斗争”要求全体党员在大是大非面前、在紧急困难的状况面前敢于迎难而上，坚定捍卫党的政治底线，同时还必须将理论结合实践，不断磨炼斗争本领，保持斗争姿态，增强斗争能力，从而更好地抵御政治风险、巩固党的思想建设。

政治建设在党的建设中处于统领地位，是其他一切建设的“灵魂”，具有提纲挈领的作用，政治属性是党的第一属性，体现着马克思主义政党的先进性，是党一以贯之的政治优势。“三个务必”重要论断鲜明体现了党与生俱来的政治基因，为高举旗帜、持续开展党的政治建设提供了强有力的科学依据，为坚定不移地加强党的政治建设点明了党的建设的政治使命、巩固了党的建设的政治效果、明确了党的建设的政治方向，为新的“赶考”之路上党的建设新的伟大工程和彻底的自我革命扩宽了新的理论阐释和价值指向。

（二）“三个务必”为党的思想建设坚定了理想信念

党的思想建设在党的建设总体布局中处于基础性地位，纵观百年历史，中国共产党始终秉持思想建党、理论强党的原则，始终重视对思想理论的学习，为实现党的初心使命而不懈奋斗。我们党是人民的党，“三个务必”不仅态度鲜明地指出了百年大党的崇高理想，还道明了共产党人为国、为党、为人民的光荣使命，是对马克思主义政党的本质属性、执政规律、内在要求以及历史主动精神的集中体现，是马克思主义党建理论中国化的最新成果。“三个务必”的提出，就是要求全体党员进行自我反思，反思自己是否做到了不忘初心，始终坚定人民立场，是否做到了牢记使命，始终把党的光荣使命刻在心中。艰难困苦，玉汝于成，在国家富强、人民幸福的年代发出“三个务必”的号召，就是要求全体党员时刻进行自我检视，检查自己是否做到了谦虚谨慎，始终保持清正廉洁的工作作风，是否做到了艰苦奋斗，始终保持不怕吃苦、笃行赶考的高尚品格。百年大潮，奔涌激荡，当前国际局势风起云涌、变幻莫测，“三个务必”要求全体党员保持战略定力、进行自我剖析，剖析自己是否做到了敢于斗争，敢于在每一次危机面前挺身而出，是否做到了善于斗争，掌握科学的斗争方法和高效的斗争策略，从而在斗争中直指关键部位，痛击敌人。共产党人的每一次自我反思，都是对标党中央的方针路线的过程；每一次自我检视，都是用理论武装头脑的过程，提高理论水平的过程；每一次自我剖析，都是打扫思想灰尘，提高思想觉悟的过程。

“三个务必”要求广大党员继续加强理论学习、坚定理想信念，提高党的思想建设的底气和实效，从根源上有效解决党内思想不纯、组织不纯的问题，同时为制度治党提供了理论基础和思想前提，做到思想建党和制度治党同向发力，为完善党的制度建设指引前进方向，从而有效解决组织不纯的问题，进而进一步纯洁党的队伍，严密党的组织体系。

（三）“三个务必”为党的作风建设增添了时代内涵

作风建设是贯穿党的建设的一条红线，是从严管党治党的一条主线，我们党对作风建设的一贯重视深刻体现着马克思主义政党先进性和纯洁性的本质属性。作风建设在不同时代有着不同的功能和内容，但不论时代如何变化，作风建设的落脚点都是人民，都是为了人民的利益、为了让人民满意，以赢得民心为根本准则。可以说，党的作风建设不仅为革命、建设、改革赢得了民心、积聚了力量，也为党塑造了良好的形象，是我们党治国理政的“大智慧”。

作风建设永远在路上，加强党的作风建设要保持风清气正的党内政治生态、严肃认真的党内政治生活、永葆清正廉洁的政治本色，良好的内部环境尤其是清正廉洁的领导干部可以对广大党员产生辐射带动作用，可以使全体党员持续性地进行相互监督，在相互督促中实现共同进步。作风问题具有复杂性、严峻性和尖锐性，贯穿于党的整个奋斗历程，“务必不忘初心、牢记使命”要求全体党员永远铭记来时的路，打牢思想之基，端正思想态度，对党忠诚、对人民忠诚，永远坚定人民立场，保持同人民的血肉联系，永远把人民的利益放在首位，唯有如此才能真正改进党的作风建设。“务必谦虚谨慎、艰苦奋斗”体现了百年大党对中华优秀传统文化和优良作风的继承和发扬，是新征程上对全党提出的“骄兵必败”的政治警示和“艰难困苦、玉汝于成”的政治清醒，要求全体党员以“刀刃向内”的勇气，摆正工作态度和作风，直面自身存在的问题，剖析问题的本源并从根源上解决作风问题。“务必敢于斗争、善于斗争”体现了党不仅具有强大的意志力、坚忍力和自制力，还具备过硬的政治素质和钢筋铁骨，要求全体党员尤其是领导干部以“壮士断腕”的决心，在歪风邪气面前敢于亮剑，整治不正之风，不断加强斗争历练，熟练掌握斗争方法，善于战胜前进道路上的“拦路虎”。

“三个务必”深刻体现了破解历史周期率“两个答案”的使命追求和目标要求，同时也是对新征程上党的建设提出的更加严格的要求。全面从严治党的集结号再次吹响，自我革命的冲锋号一直在回响，党的建设也不允许有停下来休息喘息的时间，“三个务必”全面从严治党提供了新的理论依据，为党的自我革命提升了前进的动能，为党的作风建设增添了新的时代内涵，保持了党的先进性、纯洁性。

党的建设总体布局是一个内涵丰富、范围全面、逻辑严密且系统完备的有机整体，虽然各方面的建设都形成了各自独特的发展规律，但是每个方面的功能和内容之间又相互联系、相互交叉，任何一项都与其他各项有交互空间；各个建设又相辅相成、相得益彰，不能将任何一部分与其他或整体割裂开来，而是需要各方面协调推进，保证党的建设伟大工程平稳推进。一个党员的作风出现了问题，也就表明他的政治立场不坚定、理想信念不牢固、组织纪律观念淡薄，没有继承好、发扬好党的优秀传统和优良作风。因此，新时代视域下“三个务必”的价值旨归，是保证党的建设伟大工程平稳推进，通过把作风建设和对党员的理想信念教育紧密结合，不仅可以使作风建设更加扎实，还能在理想信念的教育中强化党的政治建设和思想建设，提高党员的党性修养；通过把思想建设和作风建设付诸各地党风廉政建设实践中，力求破解党内政治不纯、思想不纯的问题，可以为党的组织建设提升战斗力、净化组织土壤；心中有纪律，行动才有纪律，通过把作风建设的要求写进党内法规和制度文件，从而为党的纪律建设丰富行为准则，净化党的肌体，为党的制度建设健全监督体系。

新时代的考卷已经铺展开来，全面从严治党的集结号再次吹响，党的建设不允许有停下来休息喘息的时间，新征程上，我们唯有始终高度保持“三个务必”的政治清醒，保持共产党人的政治自觉，牢牢把握时代和人民赋予的使命任务，沿着正确的方向不断前进，方能不负时代与人民，奋力走好新的“赶考”路！

参考文献：

［1］习近平．高举中国特色社会主义伟大旗帜为全面建设社会主义现代化国家而团结奋斗——在中国共产党第二十次全国代表大会上的报告［M］．北京：人民出版社，2022：(1).

“人民城市”重要理念的生成逻辑、基本内涵以及实践路径

刘焱彤

摘　要：“人民城市”重要理念是党的十八大以来习近平总书记对高质量发展中国特色城市的完美诠释，这一重要理念在把握城市“现代性”的基础上嵌入“人民性”，将人民的美好生活需要与现代化城市发展相联系，最大限度地为人民群众服务。“人民城市”重要理念内含特有的生成逻辑：马克思主义是其生成的理论来源，中国共产党人对于城市发展的论述为其生成提供了理论基础，党的十九届六中全会提出的国家治理体系和治理能力现代化则成为其生成的内在需要。“人民城市”重要理念的基本内涵是以人民为中心，贯彻“共建、共治、共享”的发展理念。建设“人民城市”的实践路径，要从垒实基层组织管理到完善运行机制，最后落实到人民群众的安全、文化以及法治保障，从而真正实现人民的城市由人民来建且最终的落脚点为人民。

关键词：“人民城市”；生成逻辑；基本内涵；实践路径

2015年12月，中央城市工作会议中提出，做好城市工作，要顺应城市工作新形势、改革发展新要求、人民群众新期待，坚持以人民为中心的发展思想，坚持人民城市为人民。这是做好城市工作的出发点和落脚点，也是国家文件中首次提出人民城市的概念。2019年，习近平总书记在上海考察时提出：“城市是人民的城市，人民城市为人民。无论是城市规划还是城市建设，无论是新城区建设还是老城区改造，都要坚持以人民为中心，聚焦人民群众的需求，合理安排生产、生活、生态空间，走内涵式、集约型、绿色化的高质量发展路子，努力创造宜业、宜居、宜乐、宜游的良好环境，让人民有更多获得感，为人民创造更加幸福的美好生活。”2020年3月底至4月初，习近平总书记提出浙江要“努力成为新时代全面

展示中国特色社会主义制度优越性的重要窗口。"这一系列的重要论述构建出了"以人民为中心"的城市发展理念，而这一理念既是在继承马克思主义关于城市理论基础上的新发展，突出了人民群众的重要力量，也丰富了中国特色社会主义理论体系，将城市发展现代化理念同中国特色相连接，对中国城市发展做出全新的设计。

一、"人民城市"重要理念的生成逻辑

(一) 马克思主义经典作家对城市发展的论述

在《资本论》《德意志意识形态》《反杜林论》中，马克思与恩格斯都对城市发展以及城市问题进行过分析。在马克思与恩格斯看来，城市的发展对于人类社会进程以及物质文化发展都有着极为重要的作用。随着生产力的发展，越来越多的农民远离乡村前往城市，从农民转变为产业工人，再加上资本主义大生产带来的先进工业，从而导致城市化进程快速发展，但是基于资本主义的制度局限性以及资本家疯狂逐利的本性，由广大工人创造的巨大利益完全被资本家所占有，工人们生产的物质资料不能归工人所有，资本主义大生产没有给工人们带来物质与精神的解放，反而扭曲并异化了他们的生活。在农民进入城市且没有得到足够生产资料时，逐渐产生了工人与资本家的对立，进而演化为城市与乡村逐渐分离。生产力越发展，城市的工业体系越完善，资本家越富有，城乡之间的差距也就越明显。马克思曾经指出："在资本主义体系内部，一切提高社会劳动生产力的方法都是靠牺牲工人个人来实现的；一切发展生产的手段都变成统治和剥削生产者的手段，都使工人畸形发展，成为局部的人，把工人贬低为机器的附属品，使工人受劳动的折磨，从而使劳动失去内容，并且随着科学作为独立的力量被并入劳动过程而使劳动过程的智力与工人相异化；这些手段使工人的劳动条件变得恶劣，使工人在劳动过程中屈服于最卑鄙的可恶的专制，把工人的生活时间变成劳动时间，并且把工人的妻子儿女都抛到资本的札格纳特车轮下。但是，一切生产剩余价值的方法同时就是积累的方法，而积累的每一次扩大又反过来成为发展这些方法的手段。由此可见，不管工人的报酬高低如何，工人的状况必然随着资本的积累而日趋恶化。最后，使相对过剩人口或产业后备军同积累的规模和能力始终保持平

衡的规律把工人钉在资本上，比赫斐斯塔司的楔子把普罗米修斯钉在岩石上钉得还要牢。这一规律制约着同资本积累相适应的贫困积累。因此，在一极是财富的积累，同时在另一极，即在把自己的产品作为资本来生产的阶级方面，是贫困、劳动折磨、受奴役、无知、粗野和道德堕落的积累。”随着资本主义大工业的发展，城市逐渐拥有一些乡村所没有的功能，如在交通、科技、金融等领域，这些领域是乡村所无法涉及的，城市在社会发展中的特征和作用随着社会生产方式的发展而不断发展，因而具有显著的历史性特征。因此，在马克思和恩格斯看来，城乡对立、工人异化最本质的原因就是资本主义生产关系已经阻碍了社会生产力的发展，逐渐与生产力的发展相冲突。

随着俄国革命的胜利，苏联诞生了，作为第一个社会主义国家，资本主义生产关系被社会主义生产关系所取代，城市的主人从过去的资本家变为了人民。列宁曾指出：“城市生活的发展，工业的高涨，文化的普及，这一切也引起闭塞的群众对美好生活的向往，使他们意识到人的尊严。”在列宁看来，城市作为资本家控制工人生活的阵地，通过对各类资源的垄断来达到对工人的剥削和压迫，进而维护自身的统治地位。他将城市与人民相结合，指出人民在城市发展过程中的重要地位。列宁是首位将人民与城市结合起来的马克思主义家，也是人民城市的最初形态。虽然苏联未能解决好人民群众物质和精神需要与生产力发展的矛盾关系，并最终因为倒戈易帜而成为一笔沉重的遗产。这是社会主义城市走过的一段曲折历程，而不是对人民城市这个人类最光辉的城市理念和理想的否定。同时，列宁还强调了城市与农村之间的矛盾和依存关系。他认为，城市与农村是相互依存、相互制约的，农村为城市提供原材料的同时城市也为农村提供工业品，他指出：“城市不可能和农村平等。在这个时代的历史条件下，农村也不可能和城市平等。”

综上所述，马克思主义经典作家一直在探索城市与人民之间的关系，虽然苏联开创了第一个社会主义国家，其人民城市的理念也进行过实验，但是在中国，我们既要继承广大马克思主义经典作家的思想，也要充分结合本国国情，发展中国特色社会主义人民城市，从而实现马克思主义城市理论的中国化、时代化飞跃。

（二）中国共产党人对于城市发展的论述

新中国已经成立70多年，我国的城市发展取得了令世界都惊叹的成就。中国共产党从建党之日起就肩负起了为中华民族谋复兴的光荣使命，每一个中国共产党人都怀揣着为中国人民谋幸福的初心，而建设好中国特色社会主义城市，既是关乎民族能否复兴的关键环节，也是关乎人民是否幸福的必要部分，按照马克思主义人民至上的原则来进行城市的建设，是中国共产党人推动城市发展的根本特征。立足于中国具体实际，中国共产党人将马克思主义原理在新时期的新要求与城市发展相结合，极大地丰富了马克思主义城市理论。只有通过恢复和发展城市生产，人民的力量才能得到巩固，面对“全方位”经济政策下城市发展中出现的矛盾，中国共产党人始终将人民放在城市建设的最高点，始终围绕人民的需求、利益来寻找适合我国具体实际的城市发展道路。

在毛泽东同志看来，“城市应该作为党和军队不断开创新发展成果的重要工作中心，要积极主动去学习如何管理城市，从做好管理发展到建好城市。”在这里毛泽东同志主要阐释了城市与乡村的关系，乡村应该在城市的带领下发展，而党和军队的中心也落在城市之中。毛泽东同志坚持城市不仅要在发展上要靠人民，而人民更要在城市发展基础上获得幸福感。随着中国步入改革开放，中国的城市建设也步入了快速发展的道路。1987年4月26日，邓小平在接见外宾时指出：“搞社会主义，一定要使生产力发达，贫穷不是社会主义。”从这时起，城市建设与发展就是为了提升人民的物质与精神需要，让人民富起来作为城市发展的目的，同时邓小平强调，要把人民是否拥护、是否赞成、是否高兴以及是否答应作为衡量一切事业的根本标准。自此以后，我们国家的城市建设逐渐走上了“以人为本”的道路。21世纪，无论是国内还是国外都逐渐发生了翻天覆地的变化，而在城市建设上，以江泽民同志为核心的第三代中央领导集体站在世纪交换的关键节点，将城市的经济建设、科技发展、管理水平、环境建设等方面作为城市发展的新着力点，努力建设高水平、高精尖的现代化大都市。同时江泽民同志强调要加强城市文化建设水平，要同中华优秀传统文化相结合，城市的经济建设上去了，文化建设也要同步发展，要不断满足人民的精神需要。以胡锦涛同志为总书记的党中央依据国内国际发展大势，提出科学发展观。“科学发展观，第一要义是发展，核心是以人为本。”而作为城市的发展，核心更要以人为本，同时要坚持可持续发展的原则，胡锦涛针对天津城市建设现状提出要加强滨海新区的城市规划，以科学发展观为指导，深度提高城市管理效率、打造高性能、高标准的城市现代化建设水平。胡锦涛对城市建设的规划，充分彰显了人民群众的幸福生活与城市高质量发展是息息相关的，体现出他关心群众生活的思想。习近平总书记根据马克思、恩格斯等众多马克思主义经典作家的城市建设思想，结合中国共产党人历来对城市发展的思想，依据当代中国发展的方位及特点，提出了将城市、人民、生态三者合为一体的“人民城市”理念，不仅深化了关于城市建设思想的理论维度，也为我国将来城市发展道路指明了奋进方向，是新时代马克思主义城市发展理念的新篇章。

（三）新时代推进国家治理体系和治理能力现代化的内在需要

2013年11月，中共十八届三中全会通过的《中共中央关于全面深化改革若干重大问题的决定》首次提出“推进国家治理体系和治理能力现代化”的改革目标。在过去，城市与国家之间的关系并没有现今如此紧密，因为城市仅仅作为国家组织和治理社会的政治空间载体，在国家的发展演进过程中，城市还不是作为中坚力量，更不是助推国家快速发展的重要工具。在现代社会，随着生产力的不断发展，生产关系也在与时俱进，城市与国家及其治理的关系发生根本性、革命性转变，城市的发展趋势已开始成为国家现代化发展趋势，城市正在影响人民的政治、文化和生活，但是城市的发展与国家治理现代化还有一定的差距，不论是国家治理还是城市建设发展，都要依托人民，而不是将一些精英管理者纳入建设治理核心，因此，以人民为中心的治理理念是国家现代化的突出标志。“人民城市”区别于由资本主导的城市发展模式，它强调的是城市精神文明和物质文明的共同驱动，而人民正是这一驱动的主体和动力。

国家治理体系和治理能力的现代化，其现代化的含义之所以与西方资本主义的现代化不同，就是因为中国的现代化要考虑到的是“人性化”，而以人民为中心就是一切工作都是在满足人民利益、提升人民幸福感的基础上才能达到的。国家治理体系是一个庞大的整体，它可以将城市作为划分单元，城市的治理体系直接彰显了国家治理体系，而国家治理体系内在地包含着城市的治理体系，要实现国家治理体系现代化，就必须有现代化的城市治理体系，“人民城市”的理念，内在地包含着治理方向、建设宗旨以及最终目的，实现城市建设的“人性化”，既是体现我们党一切以人民为中心的宗旨，也是社会主义区别于资本主义城市发展的突出表现。

二、"人民城市"重要理念的基本内涵

（一）坚持以人民为中心

中国共产党的根本政治立场就是始终站在人民的立场上。而习近平新时代中国特色社会主义思想内在地包含着以人民为中心，这一思想是马克思主义人民主体思想在21世纪中国的创新发展，因而带有鲜明的中国特色政治制度和意识形态的属性。党的十八大以来，中国的发展迎来了百年难得的机遇，可面临的风险也是千年不遇，在这个紧要关头，以习近平同志为核心的党中央，贯彻以人民为中心的发展理念，将"人民性"贯穿到发展的各个领域。

"人民城市"重要理念更深层次将"人民城市"中所蕴含的"人民性"深度剖析，从我国城市建设和改革的历史经验和当前城市建设的具体实践中来把握，在城市发展的框架中，不断凸显人民的主体地位，深刻体现了"人民城市"理念的人民性和时代性。"人民城市"重要理念的提出实现了理论层面和实践层面的有机结合，在新的历史时期下，城市建设的总体规划、总布局中都蕴含"人民性"，并充分落实到城市建设的具体实践中。显然，习近平总书记的贡献不仅仅在于对"人民城市"重要理念的提出，而且在于他将其融入城市高质量发展和建设的整体框架中。

马克思认为，劳动创造了价值，劳动的主体是人，亦是现实世界存在的主体性依据。城市的主体是人，亦是城市存在的主体性依据。进入新时代，我国的社会主要矛盾发生了变化，满足人民对美好生活的追求，不仅要大力发展生产力，为人民群众提供丰富的物质资料，同时也要在社会治理、生态建设等方面让人民有更多的"幸福感"。在城市发展的价值导向上，"人民城市"的重要理念为城市发展指明了方向。对于西方资本主义国家来说，城市的发展是为了本国的经济发展，对于人民生活的幸福与否不会列为标准，只要能提升经济，只要能带来利润，人民就是任何时候都可以牺牲的棋子。中国的城市发展不会刻意为了发展而发展，一切的发展前提是提升人民的幸福指数，而人民幸福指数提升之后，又会为了建设更美好的城市而努力；在城市建设的核心要素上，西方资本主义国家的城市建设在能满足人民日常生活的基础上，便开始追逐利益最大化，城市基础

设施的建设只是为了更好地剥削人民的价值，从而导致人民沦为城市建设的工具，成为一个增强利润的考量标准，而不是核心要素。“人民城市”的重要理念，首先是将人民放在核心地位，城市的发展要以人民幸不幸福、方不方便、满不满意为标准，一切基础设施的建设我们国家都是不计成本的投资，而且是在短时间内实现高质量的建设，这就体现了我们党始终坚持以人民为中心的理念。在城市建设的内生动力上，推动城市建设的动力来源，西方资本主义国家将财富作为建设城市的动力，一个城市有较大的发展空间，一个城市有较好的发展资源，那么城市建设必然要优于其他任何城市。但是在中国，我们贯彻的理念是以人民为中心，人民是我们城市建设的动力。“人民至上”是中国共产党的价值遵循，人民群众是实现伟大中国梦的磅礴力量。“人民城市人民建、人民城市为人民”是习近平总书记根据时代变化对城市治理做出的新判断，赋予人民城市新的内涵和新的路径，突出人民在中国特色社会主义人民城市建设中的主体地位，更加彰显中国共产党是马克思主义使命型政党，把践行党的宗旨意识作为中国共产党人的使命追求，把“一切为了人民”作为中国共产党人的郑重承诺。

（二）“共建、共治、共享”的发展理念

“共建”，即全体人民共同开展社会的建设活动。不论是中国共产党的成立还是新中国的成立，人民始终是我们社会主义建设的主体，人民群众是智慧之根，因而要不断调动和引导其巨大的创造性力量，将这种创新性潜力不断扎根于泥土之中，在滋养、培育的过程中使其结出智慧之果。城市建设是覆盖全体人民群众的集合性建设，人作为建设的主体，在城市建设中能够充分发挥其意志力，这种意志力能够在社会实践中形成创造性合力，通过城市建设的发展载体，实现作为发展对象的人的最终价值目标，并最终使城市建设和人的发展获得双向满足。因此，“共建”思想只有厚植于人民的基础之上，只有调动起全体人民参与的热情，从人民的角度去建设城市，将人民的利益作为标准，城市建设才能真正做到为了人民。“共建”的对象不能单纯划分为实体建设，更要扩充到精神建设，人的家园不仅有物质层面的家园，还有精神层面的家园，只重视物质层面的家园建设最终得到的幸福是潜在的幸福，而实现精神上的幸福则是长久的幸福。对于实体建设，从社区、环境再到基础设施建设，这些属于社会公共

财富的建设必须真正贴近人民生活，对人民幸福感提升真正起到作用，避免形式主义，这就需要全体人民共同参与，画出最美"同心圆"，求得最大"公约数"。而在社会精神层面的建设，就需要从法律制度、惠民政策等方面，提出切实可行且便利全体人民的举措并有效实施。因此，"共建"要以提升人民幸福感为首要前提，在提升的同时争取做到经济发展，顺应时代变化，将人民群众的无限智慧与时代发展带来的重大机遇相结合。

"共治"，即全体社会成员共同参与治理活动。在西方资本主义国家，人民无法参与社会治理，所谓的民主是虚假的民主，最终治理社会的只能是一部分资本主义的社会精英人士。不同于资本主义，社会主义国家人民是国家的主人，而治理活动必须是掌握政权的人，中国的政权掌握在人民的手中，所以中国的社会治理是人民来治理。"共治"的理念，首先彰显的就是我们国家以人民为中心的特色。人民群众是历史的创造者，中国共产党的百年党史充分证明，仅仅依靠在人民群众身边时，我们就有着无穷的力量，一旦我们脱离了人民群众，我们的优势就会荡然无存。在中国革命、建设、改革的过程中，人民群众的力量有目共睹，进入新时代，我们面临新情况，有了新机遇，城市不能只建不治，也不能是一个人或者一群人治，我们强调的是全体人民共同治理，人民群众的智慧就像汪洋大海取之不尽，治理得好不好人民群众才是阅卷人，所以人民自己参与治理，激发群众的激情，城市建设也就建设得更加美好；"共治"的理念，还包括法治，治理不是随便治理，是需要在法治基础上，依据法律原则去治理，因此，要提高人民群众的法律思维，增强法治观念，在建设法治城市的基础上推动法治国家建设。

"共享"，即社会共同治理的成果归全体成员享有。"让广大人民群众共享改革发展成果，是社会主义的本质要求，是社会主义制度优越性的集中体现，是我们党坚持全心全意为人民服务根本宗旨的重要体现"。"共享"强调的是全体人民共同享有，而不是某一个人、某一群体享有，这表明，"共享"要坚持人民的主体地位。"共享"的主体是人民，也就是说，社会治理的成果好与不好，由人民来评价，人民始终是"共建、共治、共享"的出发点和落脚点，而"人民城市"的理念，就是要建设人民满意的城市，就是要建设全体人民共同参与建设的城市，最终的成果能否被人民享有，最终的成果人民能否满意，"共享"就是"人民城市"建设的应有之义。"人民城市"重要理念中的"共享"，包括的不仅仅是物质财富的共享，还包括社会治理的精神成果也要实现共同享有。"共享"除了成果要全体人民共同享有外，各类成果的建设过程也要共同享有，只有在保证人人有责、人人尽责的基础上，才能保证人人享有。而对于发展过程的共同享有，就要求必须给全体人民平等参与这个过程的机会，只有将机会平等地分配给每一个人，才能在成果分配时更加公平。公平是“共享”的首要前提，但共享一定不是简简单单地分配发展成果，而是共享整个社会成果建设的发展体系之中，是权力、机会以及成果的有机统一。发展权力是首要条件，发展机会则是关键所在，而成果共享是重要体现。

总之，“共建、共治、共享”是“人民城市”重要理念中的应有之义，鲜明地体现出我们党执政为民的理念，习近平总书记提出的“人民城市”理念，在理论上，是对马克思主义经典作家城市建设思想的继承与发展；在实践上，“共建、共治、共享”则是其突出特征，从实体的共同建设到行动的共同治理，再到成果的共同享有，无一不体现“人民城市”的实践特征。人民至上是中国特色社会主义城市建设中始终不变的宗旨，更是回答了新时代城市怎么建设、为谁建设等一系列问题，展示了我们这样一个百年大党矢志不渝的初心和使命。

三、“人民城市”重要理念的实践路径

（一）垒实基层组织管理

中国共产党的执政思想是以马克思主义为指导，在实践中始终将人民的利益放在首位，一切奋斗都致力于为人民谋幸福、为民族谋复兴，在实现两个百年奋斗目标的基础之上，继续履行不变的初心使命。不同于西方的特殊利益型政党，中国共产党没有自身的特殊利益，因此，在70多年的新中国城市建设中，各级政府将政党使命与治理结合，构建了中国特色社会主义的城市建设思想。进入新时代，我们仍然要坚持在党的领导下的城市建设与治理，充分发挥党总揽全局、协调各方的功能，整合社会资源，为新时代城市建设提供动力。

在新时代，全党的目标是实现中国式现代化，而城市的建设与治理现代化则是实现中国式现代化的显著特征。党的领导是实现城市的建设与治理现代化必要前提。中国共产党作为人民的代表，要完成对城市的建设与治理，人民自我价值的实现，正是在党的领导下实现的，两者相辅相成。

在当前，各基层党组织承担的任务是极其重要的，能否打通与人民群众的"最后一公里"，就在于基层党组织的建设是否完善。基层党组织在城市治理过程中，是"定盘星"，更是枢纽与桥梁，通过基层党组织，人民才能更好地参与到城市的建设与治理中。在当前，基层党组织所肩负的任务是极其繁重的，城市的建设发展源泉是人民，城市又是人民美好生活的载体，所以基层党组织既要带领人民建设美好城市，也要保障全体人民都有参与感，最终都能获得幸福感，所以基层党组织的建设尤为重要。

在过去，城市的治理可能会出现重视两头建设，却忽视一体化融合的情况，如将城市治理分为党建引领和群众自治两个方面，因而总是会引起党群矛盾、干群矛盾、党群分离的局面。"人民城市"建设一定是在党建引领下、全体人民共同参与的建设，既要让人民群众享受到建设的成果，还得让人民懂得成果从哪里来，从而垒实党的群众基础，让人民群众更加信任、了解党的各项政策，从而避免出现党群不同心的局面。正如习近平总书记所强调的，"要以最广大人民根本利益为根本坐标，从人民群众最关心最直接最现实的利益问题入手"，要把"巩固党的执政基础作为贯穿社会治理和基层建设的一条红线"。在完善基层党组织的过程中，要坚持人民至上的理念，将人民放在第一位，同时要为基层减负，精简文件、会议等形式化的模式。基层组织要为人民提供一切增强便利的服务，同时要将中华优秀传统文化注入治理模式中，让人民更有归属感、参与感。

（二）防止城市过度资本化

随着生产力的发展，资本主义登上了历史舞台，在西方城市的现代化进程中，资本无疑起到了助推的作用，"资本"，无疑是一个复杂的综合体，资本渗透在各个行业的各个方面，对于任何事物的发展都有着激发创造性的功能。但是，在肯定资本积极推动意义的同时，也要看到，资本对于城市建设也有着极大的消极意义。

首先，资本的介入导致城市建设发展的最终利益归属出现了矛盾。城市的建设初衷是方便人民生活，增加人民在城市的归属感、幸福感，而资本的逐利性导致城市建设更加趋同化，城市本来所享有的文化信息被埋葬，城市逐渐沦为资本的逐利工具。其次，资本的介入导致城市的生态建设遭遇了极大的挫折。城市的建设是在自然资源的基础上建设的，为了城市的建设而忽视生态的发展，最终必然会导致无城开发，在西方资本主义国家中，资本的逐利性导致了城市建设只为了逐利，对于生态的建设完全忽视，而在发展到一定阶段后，当人民普遍意识到环境的重要性时，又把破坏环境的工厂搬到了发展中国家，破坏着他国环境，但却享受着最大的福利，“人民城市”重要理念的提出，给众多发展中国家的城市现代化发展开创了一个中国式范例，我们既不依赖于发展中国家为我们承担环境破坏的后果，也不会破坏本国赖以生存的环境。最后，资本介入下的城市并不能完全彰显城市发展的功能性与人民性。在资本的介入下，城市的发展仅仅变成了数据的堆砌，每年城市的收入有多少、人民的幸福指数是多少，仿佛一切都可以用数据来指代。同时资本的介入会导致城市的发展越来越成为“拜物教”，仿佛世间一切事务都可以用金钱来衡量，人们为了挣钱，都沦为了工具。

“人民城市”重要理念的提出，就是在破除西方资本主义的神话，首先，“人民城市”理念要打破城市评比系统中的唯利益性，平衡城市评比中的资本垄断性，将城市建设的目的放在生态、文化、和谐中，将人民群众的意见作为评价标准，构建富有特色的城市，而不是趋利趋同。其次，“人民城市”的理念将生态作为一项极为重要的评判标准，习总书记常常强调的“两山理论”，鲜明地体现了我们党始终以人民的利益为中心，生态环境的破坏，影响的是千秋万代，影响的是国家未来的发展，我们不能因为资本的逐利性，就抛弃了未来的发展，没有良好的生态环境，我们的生产力就无法得到长足的发展，地球只有一个，我们都是地球的儿女，而“人民城市”理念的提出，就是在消解资本疯狂逐利下对生态破坏的弊端。最后，“人民城市”的理念丰富了城市的功能性，真正发挥了“人民性”，在城市的发展过程中，人民既是建设的主力军，城市发展的成果也应该回归人民，只有这样，人民才能有着无尽的动力，才能够为城市的发展不断注入力量，资本对于城市建设只有简单的物质文化建设的堆砌，而没有满足人民群众的需求和利益，因此，“人民城市”的建设需要不断改善城市生活方式，加强城市文化、历史的开发，让人民真正热爱城市，真正享受城市。

（三）落实保障体系

一个城市的建设，首先要落实的是人民的生命安全保障。时代的发展为当今城市建设带来了全新的智能化体系，这就为城市建设注入了新的活力。自古以来，城市建设中遇到的危机治理对象永远是人，而治理城市建设危机的只有创新这把“钥匙”，当前时代的人工AI、大数据等新型科学技术手段为这种危机的处理和解决提供了极大的助力，它们已经不单单是一种简单的应急手段，更多时候扮演着激励全体人民、调动人民积极性的良性工具，我们当前正在经历第四次工业革命，将人工智能融入保护人民生命安全之中，将会事半功倍。“人民城市”重要理念的提出，要结合智能化设备，打造智能化城市，不断强化城市的科技赋能，用科技引领时代，让科技为安全兜底。

其次，城市的建设要筑牢文化保障。“人民城市”重要理念内在地包含着要挖掘城市文化，将城市文化融入时代，转变为人民群众喜闻乐见的东西，将文化融入人民群众的智慧中，不断增强文化自信，筑牢城市的文化根基。在早期的城市建设中，一切建设都以发展为基础，所有的文化要为发展让路，但是实践证明，丢弃文化的发展最终只会丢失民族性，人们对于城市的记忆只会越来越模糊，为此，将发展与文化相结合，在文化基础上不断发展特色产业，最终也能够实现发展的目的。

最后，城市的发展要筑牢法治保障。“人民城市”重要理念在法治维度上，体现了人民在法律上主体性的地位，体现了立法以人民为核心的内涵。在高质量、高水平的城市发展过程中，要从人民的立场出发，不断完善城市法治体系。第一，提高党员干部的法治思维，要在城市治理和维护城市健康发展中运用法治手段和方式。广大基层干部在与人民打交道的过程中，不摆“官架子”，要从政策管理转变为法治管理，最终才能成为人民的知心朋友。第二，要为社会弱势群体提供法律援助，真正考验一个城市的发展是不是为了人民，不是看城市的发展为多少上层人士解决了多少问题，而是要看为弱势群体解决了多少问题。第三，法治保障要体现在生活方方面面，结合时代特点、城市特色、产业发展方向等方面，建立人民群众都能接受的法治保障体系。

四、结语

“人民城市”重要理念的提出，是习近平总书记立足“两个一百年”的交汇点，立足于中华民族伟大复兴新征程上所提出来的理念，这是中国共产党人在21世纪的中国对人民的庄严保证。习近平总书记提出的“人民城市”重要理念，深刻回答了新时代中国城市发展转型的重大问题，为城市的发展指明了前进的道路。实践是没有止境的，理论也是不存在尽头的。对“人民城市”重要理念的深入学习，有助于我们深入思考当前中国城市的建设发展，也必然会在不断的实践中继续丰富这一理念，从而不断指导我们运用这一重大理念来推动城市高质量发展的实践。

参考文献：

[1]《中央城市工作会议举行习近平李克强作重要讲话》，新华网，2015 年 12 月 22 日.

[2] 习近平在上海考察时强调 深入学习贯彻党的十九届四中全会精神 提高社会主义现代化国际大都市治理能力和水平 [N]. 人民日报，2019－11－04 (01).

[3]《从五个关键词读懂习近平浙江之行》，中国新闻网，2020 年 4 月 2 日.

[4] 中共中央马克思恩格斯列宁斯大林著作编译局. 马克思恩格斯全集 (9 第 23 卷) [M]. 707－708.

[5] 列宁全集：第 4 卷 [M]. 北京：人民出版社，1984：368.

[6] 刘士林. 人民城市：理论渊源和当代发展 [J]. 南京社会科学，2020 (08)：66－72.

[7] 列宁全集：第 38 卷 [M]. 北京：人民出版社，1986：6.

[8] 陶莉. “人民城市”重要理念的核心要义及实践路径研究 [D]. 兰州财经大学，2023. 000565.

[9] 毛泽东选集：第 4 卷 [M]. 北京：人民出版社，1991：1426－1428.

[10]《中共党史不同历史时期的口号》，新华网，2011－1－17.

[11] 胡锦涛文选：第 2 卷 [M]. 北京：人民出版社. 2016：623.

[12] 陶莉. “人民城市”重要理念的核心要义及实践路径研究 [D]. 兰州财经大学，2023. 000565.

[13] 陶莉. “人民城市”重要理念的核心要义及实践路径研究 [D]. 兰州财经大学，2023. 000565.

[14] 习近平. 在党的十八届五中全会第二次全体会议上的讲话 (节选). 求是，2016 (1).

[15] 习近平. 习近平关于社会主义社会建设论述摘编 [M]. 北京：中央文献出版社，2017：129.

浅析香山革命纪念馆红色主题展览的意义

王琳琳

摘　要：百年风华正茂，百年薪火相传，中国共产党的百年历史，是党传承革命精神最好的教科书，也是党走好新时代赶考之路最好的营养素。中共中央在香山指挥革命工作的181天历史，是中国共产党历史上不可多得的历史经验总结。香山革命纪念馆是香山时期党史资源弘扬传承的重要载体，开办的“为新中国奠基——中共中央在香山”红色主题展览，始终坚持创新利用红色资源，积极发扬红色传统，坚定传承红色文化，对于深入开展党史学习教育、弘扬中国革命道德传统、以主题教育加强干部队伍建设具有重大意义。

关键词：革命纪念馆；党史学习；生动实践；红色展览

北京香山地区是从西柏坡迁移到北京后中共中央的首个革命驻地，香山革命根据地是中国革命重心由农村转移到城市的第一站，是中国人民解放战争取得全国性胜利的总指挥部，是中共中央为新中国搭建“四梁八柱”组建人民政府的指挥所。1949年3月25日，中共中央进驻香山，在此后的时间里进行了包括“将革命进行到底”“协商建国”“带领人民当家作主”，为新中国成立奠定基础以及时刻保持“赶考”意识等一系列伟大实践。香山时期的革命实践工作虽然只有181天，但在中国共产党百年峥嵘岁月中意义非凡，影响深远。

党的十八大以来，为了让首都红色文化迸发出新的活力，北京市深入挖掘红色资源，在《北京市关于推进革命文物保护利用工程（2018—2022年）的实施方案》中提出，要对革命文物实施集中连片主题保护。香山地区承载着丰富的香山革命历史文化资源，自然就成为建立新中国主题片区的核心部分。其中香山革命纪念馆收录了香山时期一系列伟大革命实践的历史资料，并以此为依托精心创办了“为新中国奠基——中共中央在香山”的红色主题展览，被广大媒体誉为“北京新地标”，使香山时期的峥嵘岁月重现在人们眼前。香山革命纪念馆的一系列馆藏文物和红色资源是中国共产党百年历史的一部分，馆内开展的各种专题展览以独特的形式展示红色传统，使红色资源得以顺应新时代潮流继续传承下去。香山革命纪念馆的文物陈列和主题展览是开展新时代党史学习教育、弘扬中国革命道德传统、加强干部队伍建设这一系列实践活动的“助推器”和“教科书”。

一、有利于深入开展党史学习教育

每个人都应牢记历史。中国共产党带领全国人民在艰辛岁月中浴血奋战的历史，传达着思想的光辉、精神的伟力，需要一代又一代人传承下去。香山革命纪念馆筹办的“为新中国奠基——中共中央在香山”红色主题展览承载着香山革命历史中形成的伟大香山精神，肩负着延续香山红色文化血脉的任务，最大限度地发挥出香山红色资源优势，不断为党史学习教育开辟新路径。

（一）有利于香山红色资源助力党史学习教育

中国共产党历史已有百年，拥有深厚的历史意蕴，承载着鲜明的中国革命道德传统。当今社会掀起了党史学习教育的社会热潮，推动着各类党史教育活动如火如荼地开展。如何使党史学习深入人心，如何让中国革命历史以最直观的、看得见摸得着的形式传达给人民群众，成为当今各革命纪念馆开办红色主题展览最重要的课题。香山革命纪念馆是记载中共中央在香山时期革命实践历史的重要场馆，地处香山革命发源地，陈列有陈望道译《共产党宣言》、中共七届二中全会确定的12本干部必读书（精装本）、北平市军事管制委员会印发的《接管人员工作条例及接管纪律》等特色藏品，拥有良好的地理优势、文物优势。同时馆内以时间为线索的“为新中国奠基——中共中央在香山”的红色主题展览，揭示了香山时期中国共产党进行革命的全过程，拥有成熟的主题脉络和完善的基本陈列。香山革命纪念馆开办的“为新中国奠基——中共中央在香山”红色主题展览，准确把握观众的年龄结构和群体特征，以人民群众喜闻乐见的方式，融入大量新媒体数字技术，使其内涵的香山革命历史资源在新时代彰显出为新中国奠基时期中国共产党人不屈不挠、艰苦奋斗、将革命进行到底的伟大实践，肩负着党史学习教育的重大优势，更应积极打造面向广大人民群众的特色教育平台，发挥香山革命红色主题展览的最大优势，源源不断地创新党史学习教育资源的利用途径。

（二）有利于开展形式多样的党史学习教育

近年来，香山革命纪念馆深入挖掘香山地区的革命历史资源，在“为新中国奠基——中共中央在香山”的红色主题展览的基础上，积极开展了形式丰富的党史学习教育实践活动，例如，积极开展现场教学，引进高素质讲解员队伍；广泛征集革命文物，讲好文物故事；以革命真实事迹为素材，深挖红色文化内涵；做好展览展示，切实让红色资源“潮起来”等。这些党史学习教育让香山革命历史走进基层、走进企业、走进社区、走进校园，拓展了党史学习教育的覆盖面。香山革命纪念馆开展了现场研学活动，使学生们在展览中学习香山革命历史、了解革命伟人故事，推进了“研学+旅游+教育”的融合发展，使各个年龄段的广大学生群体都能参与到研学活动中去。同时，香山革命纪念馆也经常与全国各机关单位党支部、基层社区党支部、各高校党支部开展党史学习教育主题党日活动，通过精品文章、公众号宣传、各单位官网、微博账号、党建主题报刊、新闻等方式，使其身影活跃在全国各地人民的身边，真正做到了不让香山精神只活在香山，让香山革命历史活在全国人民心中。许多人在了解到香山革命历史后，激发了对党史学习的浓厚兴趣，自觉开启了党史学习新境界，也使得“为新中国奠基——中共中央在香山”的红色主题展览成为进行党史学习教育的基本教材。

习近平总书记强调：“全党要坚持唯物史观和正确党史观，从党的百年奋斗中看清楚过去我们为什么能够成功、弄明白未来我们怎样才能继续成功，从而更加坚定、更加自觉地践行初心使命，在新时代更好坚持和发展中国特色社会主义。”香山革命纪念馆开办的各项展览和活动，向人们生动地展示了中国共产党在过去的艰辛岁月中为什么能够取得成功，同时也引发了人们对未来中国共产党怎样才能在新时代中砥砺前行继续成功的思考，给参观者以更加坚定的使命感，将香山精神通过每位参观者的心口相传传播到全国各地，乃至世界各地去，为我国的党史学习教育实践开辟了独具香山特色的新阵地。

二、有利于弘扬中国革命道德传统

中国革命道德内涵丰富，其蕴藏的革命精神是激发中国人民为美好生活奋斗的强大动力和培育时代新人的重要指引。“我们是革命者，不要丧失了革命精神。”革命精神是中国共产党的看家本领，是攻坚克难的精神伟力、是走向成功的强大优势。香山革命纪念馆是香山时期中国革命道德发展的纪念地，肩负着弘扬中国革命道德传统的历史任务，其开办的“为新中国奠基——中共中央在香山”红色主题展览更应当着力盘活香山革命道德资源、充分传播革命文化、讲好中国革命故事，弘扬全党艰苦奋斗、以人为本的革命道德传统。

（一）弘扬艰苦奋斗的优良道德品质

中华民族自古以来高度重视道德教育，在现代教育中更是遵循德育为先、五育并举的原则。香山革命历史作为中国共产党党史的重要组成部分，彰显了中国共产党人不屈不挠、艰苦奋斗、将革命进行到底、全心全意为人民服务的革命道德精神。香山革命纪念馆于2019年开放的“为新中国奠基——中共中央在香山”红色主题展览，讲述了：中共中央进驻香山后，在中国革命阵地由农村向城市转移的关键时期，中共中央根据各地解放区的情况，在了解了广大农民群众对土地的向往和期待后，推广了“中间动两头平”的土地政策。中共中央坚持敦促各地召开各界代表会议，“县的各界代表会的成分，应包括党、政、军的代表，农民及工人的代表，及若干开明绅士的代表”，目的是达到充分发扬民主。于是，在各地区党组织的不懈努力下，社会各界的代表会议分别在北平、上海、南京等多地召开，人民群众享受到了前所未有的当家作主的权利。“为新中国奠基——中共中央在香山”红色主题展览，通过各类珍贵文物和图片，生动地展示了中国共产党在香山时期进行的新中国筹建阶段中共中央指挥解放全中国、不忘初心、牢记使命的伟大实践中展现出的革命道德精神。参观过这一展览的参观者纷纷发出感慨：“改革开放后，随着人民物质生活状况得到质的飞跃，精神文明建设过程中的道德问题逐渐凸显，这一主题展览展出的革命文物、历史资料，传达出了革命道德精神的精髓，使人思潮澎湃，回归本心”。“为新中国奠基——中共中央在香山”红色主题展览是目前国内唯一全面展示了中共中央在香山时期进行伟大实践光辉历史的大型主题展览，是香山革命历史研究最新成果的集中展示，呈现了中共中央在香山期间带领全国各族人民实现民族独立、人民解放，开启中国历史发展新纪元的伟大革命精神，有利于提高广大人民群众的思想道德素质，弘扬中国革命道德传统。

（二）落实全心全意为人民服务的革命道德

香山精神对于党员的思想道德修养具有潜移默化的影响。中国共产党的坚持全意为人民服务的革命道德作风，对于中国共产党党内生活的完善和党外环境的构建具有重大意义。

香山时期，中国共产党始终坚持全心全意为人民服务，旗帜鲜明地展示了党的服务“为了谁”“依靠谁”，体现了密切联系群众，争取人民信任、获得人民支持、满足人民需求的革命道德观。同时，中国共产党始终牢记“我是谁”，坚持党的自我革命，摆正自己的位置，端正对待人民的态度。“为新中国奠基——中共中央在香山”这一红色主题展览展出的，“南京路上好八连”使用过的针线包、1949 年赴北平参加全国妇女代表大会的代表牛玉华的学习笔记等珍贵文物淋漓尽致地体现了香山时期中国共产党以人为本的革命道德，传达的精神振聋发聩，时刻提醒广大党员干部坚持真理，修正错误。中共中央在香山指挥革命工作期间，进行了深入的宣传教育工作，并规定了严格的纪律，坚定不移保持党的纯洁性。渡江战役后，随着大批部队的南下，中国共产党面临一个全新的环境，中共中央和中央军委为了巩固了党的思想基础，也为了后期筹备新中国成立的各项工作奠定了基础，及时地制定了严格的入城纪律，严防官僚主义、形式主义等错误思想。

三、有利于以主题教育加强干部队伍建设

习近平总书记在学习贯彻习近平新时代中国特色社会主义思想主题教

育工作会议结束后进行深刻总结，指出了主题教育是“统一全党思想意志行动、始终保持党的强大凝聚力、战斗力的必然要求”；开展主题教育是“推动全党积极担当作为、不断开创事业发展新局面的必然要求”；开展主题教育是“深入推进全面从严治党、以党的自我革命引领社会革命的必然要求”。这“三个必然要求”深刻指出了主题教育在当代社会的重要性。香山革命纪念馆对于香山精神和香山革命史的广泛传播，贯彻了“三个必然要求”的主体内容、形成了深入人心的教育成果，有利于加强我国干部队伍建设，坚定党员干部的理想信念，推动党和国家事业发展。

（一）增强党内凝聚力，培养具有强大战斗力的干部

香山革命纪念馆展出的“为新中国奠基——中共中央在香山”红色主题展览展中陈列着《将革命进行到底》这一展品，该展品讲述了：在辽沈、平津、淮海三大战役结束后，国民党反动力量在长江以北的防线全面崩塌，中国革命进入了取得全国性关键胜利的重要时期。此时的国民党反动政府见大势已去，放出了“求和”的烟雾弹，试图在长江以南继续维持其反动统治，借此休养生息，为卷土重来寻找时机。这时，国内一些学派又喊出了“中间路线”的口号，试图呼吁阻止人民解放军的脚步向长江以南挺进。再加上以美国为首的西方国家在革命阵营中宣扬“革命应就此止步”“温和色彩革命”的思想，这对中国革命继续向前迈进设置了许多障碍。在这种形势下，为建设一个人民当家作主的，具有光明未来的新中国，毛泽东提出了“将革命进行到底”的伟大号召，号召“用革命的方法，坚决彻底干净全部地消灭一切反动势力”。其在《将革命进行到底》一文引用《农夫和蛇》的预言故事：农夫救助了一条即将冻死的毒蛇，却反被苏醒后的毒蛇咬死。以此告诫全党全军及一切进步力量，绝不要怜惜毒蛇一样的敌人，要将革命进行到底。这篇文章言辞犀利、深刻，分析了在中国革命走到关键时刻之际，国内外的形势，以及摹画了中国革命彻底胜利后应努力实现的一系列任务。香山革命纪念馆中《将革命进行到底》的基本陈列使70多年前中国革命的精神伟力和伟大实践在新时代再次呈现出不一样的光辉。在这一专题展览中深深缅怀这段历史，领悟老一辈革命家“宜将剩勇追穷寇，不可沽名学霸王”的势必要将革命进行到底精神，展现了主题教育在提升凝聚力、对于为中国共产党培养凝聚力高、战斗力强的先进干部具有重要作用。

（二）做到敢当敢为，培养开拓事业新局面的干部

依托于“为新中国奠基——中共中央在香山”红色主题展览开办的“百川归海·人民至上——香山时期中国共产党领导的协商建国实践”展览讲述了：香山时期，在党的领导下，中共中央进行的关于“协商建国”的伟大实践。1948 年五一前夕，中共中央宣布“召开新的政治协商会议”，此后的很长一段时间里，吸引到了一大批民主人士纷纷前往北平。1949 年 6 月 22 日，邓颖超和廖梦醒等一行受中共中央委派，赴上海邀请宋庆龄参加新政协，商讨建国大计。在中共中央的诚挚邀请下，8 月 28 日下午，宋庆龄抵达了北平。宋庆龄的到来对于新政协的筹办有着特殊的意义，代表着由孙中山先生所奋斗的革命事业和中国共产党人所追求的目标由此汇合在一起了。1949 年 9 月，中国人民政治协商会议第一届全体会议在北平成功召开，大会选举了中华人民共和国中央人民政府委员会，“这个政府将遵照共同纲领在全中国境内实施人民民主专政”。专题展览还打造了“‘五一’口号吹响民主集结号”“北平市各界代表会议”“《共同纲领》浮雕墙”“国旗、国徽、国歌设计方案”“全世界的目光聚焦新中国”等 10 余项展览内容。回顾历史，又聚焦当下，生动鲜明地展现了香山时期中国共产党以“海纳百川”的广阔胸怀和“人民至上”的初心。

该展览融汇了四个专题，包括在革命斗争时期探索民主新路、中国共产党领导的多党合作局面走向光明、为奠基新政的民主协商擘画蓝图、人民当家作主的新纪元四个部分，讲述了香山时期，在党的领导下，中共中央进行了“协商建国”的伟大实践。这一展览回顾历史，又聚焦当下，展现了在“协商建国”的过程中全党勇于担当、敢于拼搏以协商的方式充分发扬民主、不断开创事业发展新局面。香山革命纪念馆的主题展览体现了中国共产党“海纳百川”的广阔胸怀和“人民至上”的初心，为新时代开拓新征程的干部培养提供精神动力。

（三）坚持自我革命，培养时刻保持纯洁性的干部

香山革命纪念馆展出的“永葆青春活力——香山时期中国共产党自我革命实践”专题展览，聚焦香山时期中国共产党坚定不移地牢记“两个务必”、时刻保持清醒的“赶考”意识的伟大实践，体现了培养中国共产党

坚定的理想信念的重要途径，就是要不断开展党性教育，坚持党性的修炼。主题展览展示了在革命过程中，面对每一个全新的环境，毛泽东以及中共中央各级领导始终运筹帷幄，统一全党思想，坚定广大党员干部信念的光辉事迹，为新时代党内干部培养，以党的自我革命引领思想革命提供了历史参照。

香山革命纪念馆通过将香山红色历史资源与社会各单位党建活动融合，广泛开展合作，对广大党员干部和人民群众开展一系列革命精神和理想信念的教育，使得香山纪念馆同时也成为提高党员干部党性修养的根据地。香山革命纪念馆展出的“为新中国奠基——中共中央在香山”红色主题展览就是充分利用香山地区红色资源，努力将香山革命遗址作为现场教学的大课堂，把革命文物作为现实的具象化教材的红色主题展览，让广大党员干部和人民群众能够在展览教育中进步、在温故学习中巩固、在坚持不懈中成长，补充好精神之“钙”。例如，香山革命纪念馆坚持加强“三个基地”建设，运用其香山革命历史资源、独树一帜的历史文物以及别具一格的场馆设计，大力建设全国爱国教育示范基地、党性教育基地、红色旅游基地，以此助力北京“博物馆之城”建设，为了将香山精神中坚定党员意志、使全党始终保持强大凝聚力等伟大精神指引贯彻到“三个基地”的建设中，香山革命纪念馆积极同各单位党支部展开深入合作。例如，在与八大处控股集团党总支合作开展的“追忆革命岁月，重温红色之旅”主题党日活动中，香山革命纪念馆的讲解员带领党员、入党积极分子参观了香山革命纪念馆和双清别墅。在回顾学习了中国共产党领导中国人民夺取全国胜利的伟大历史后，该支部的成员在最后纷纷表达了自己的感悟：“在看到党中央领导中国人民解放军以强大的凝聚力、神勇的战斗力，为人民的美好生活而奋斗时，不禁让人想到如今美好生活来之不易。在今后的工作和生活中我们要以香山精神为指引，战胜前进道路上的各种艰难险阻”。

为了将党保持强大凝聚力、战斗力的伟大精神，党积极担当作为、不断开创事业发展新局面的伟大思想，党深入推进全面从严治党、以党的自我革命的伟大信念注入当代干部培养过程中去，香山革命纪念馆坚持“立德树人”的理念，选择适合当代大学生学习习惯的切入点，将纪念馆党史教育同各大高校思想政治建设联系起来。香山革命纪念馆联合首都各大高校开办了“纪念馆之星”培育计划，通过红色故事宣讲活动，结合公众号、微博等新媒体传播平台，推动首都高校师生成为文化研究、生产、传播等环节的重要力量，同时也为各大高校营造良好的研学氛围，为新时代中国共产党干部队伍建设添砖加瓦。

香山革命纪念馆开展的一系列的顺应新时代潮流的主题展览和研学活动，深入贯彻了习近平总书记关于主题教育“三个必然要求”的先进思想，为纪念馆及社会各界党员干部培养提供了优质的教育资源。

四、结语

习近平总书记在北京香山革命纪念地发表了重要讲话：“中共中央在北京香山虽然只有半年时间，但这里是我们党领导解放战争走向全国胜利、新民主主义革命取得伟大胜利的总指挥部，是中国革命重心从农村转向城市的重要标志，在中国共产党历史、中华人民共和国历史上具有非常重要的地位。”香山革命纪念馆展出的“为新中国奠基——中共中央在香山”红色主题展览，是中共中央在香山时期的光辉历史的特殊载体，这段历史是中国共产党历史上不可多得珍贵经历，在这段历史中蓬勃生长而形成的香山精神，也成为中国意识形态建设中的坚硬砖石。香山革命纪念馆为讲述好香山故事，传播好香山精神，举办好“赶考”“为新中国奠基”等各种精品展览，开展同各单位、各高校合作的各项实践活动，既推动香山文化走的更远，也为其他纪念馆、博物馆的红色文化建设提供了现实经验总结。香山革命纪念馆注重政治建设、文化建设，同时注重将现代科技融入精品展览打造，以优秀红色文化助力党史学习教育实践的开展；以先进红色资源为发扬中国革命道德传统；先进红色资源，为社会干部培养提供优质教育资源，使红色印记深入人心，切实做到了为人民群众办实事。香山革命纪念馆是弘扬民族精神、开展党史学习教育的重要阵地，应当始终发挥好其良好作用，为当代中国向新时代迈进、向新征程奋进注入强大动力。今天，中国特色社会主义进入了新时代，取得了许多成就和胜利。但是，我们绝不能因获得胜利而骄傲自满，也不能因取得成就而停滞不前。我们要以昂扬的态度对待发展道路上的困难与挑战。作为香山革命精神和香山红色文化的宝库，香山革命纪念馆能不能用生动形象的红色主题展览发挥好意识形态教育阵地作用是摆在香山革命纪念馆面前的巨大挑战。香山革命纪念馆要继续深入挖掘、弘扬和创新“为新中国奠基——中共中央在香山”红色主题展览，也要继续探索和创造出更具有时代意义的资源，为建设文化强国、实现中华民族伟大复兴，担当起时代重任。

参考文献：

[1] 强光美. 北京香山红色主题展览的发展 [J]. 北京档案，2022，(09)：54－56.

[2] 中共中央关于党的百年奋斗重大成就和历史经验的决议 [N]. 人民日报，2021－11－17 (01).

[3] 中央档案馆. 中共中央文件选集（第18册）. 中共中央党校出版社，1990：445.

[4] 在学习贯彻习近平新时代中国特色社会主义思想主题教育工作会议上的讲话 [J]. 理论导报，2023 (05)：18－19.

[5]《毛泽东选集》（第四卷）. 人民出版社，1991：1437.

[6] 中共中央文献研究室. 中华人民共和国开国文选（下册）. 中央文献出版社，1999：303.

[7] 习近平在视察北京香山革命纪念地时强调不忘初心牢记使命锐意进取满怀信心继续把新中国巩固好发展好 [N]. 人民日报：2019－9－13.

中国式现代化的中华优秀传统文化底蕴

李怡帆

摘　要：中华优秀传统文化是中华民族的根与魂，是全人类共同的文明成果，在与马克思主义基本原理的结合中日益焕发出新的生机与活力。“中国式现代化是中国共产党领导的社会主义现代化”、[1]是符合中国国情、具有中国特色的新型现代化，其蕴含着中华优秀传统文化“民为邦本”“中和均衡”“天人合一”“以和为贵”的价值理念。这些思想理念为中国式现代化铸就夯实的文化根基，必须结合新的时代条件进行创造性转化，让中华优秀传统文化在与马克思主义基本原理的结合中实现时代化发展。

关键词：中国式现代化；中华优秀传统文化；马克思主义中国化

实现中华民族伟大复兴，就是要为中国人民谋幸福，为中华民族谋复兴。要实现这一伟大蓝图就必须坚持走中国式现代化道路，“以中国式现代化全面推进中华民族伟大复兴”。[2]中华优秀传统文化是在五千多年的历史传承中孕育的，“它积淀着中华民族最深沉的精神追求，代表着中华民族独特的精神标识，是中华民族生生不息、发展壮大的丰厚滋养”。[3]我们必须赓续中华优秀传统文化，使其在新时代焕发出新的光彩，厚植中国式现代化的思想文化根基，让其在今天焕发出新的生机与活力。

一、中华优秀传统文化的重要性

党的二十大明确提出“以中国式现代化全面推进中华民族伟大复兴”，[4]我们党要实现第二个百年奋斗目标就必须走中国式现代化道路，而不是别的什么道路。道路决定方向，方向决定命运，我们的现代化道路是我们党团结带领全国各族人民在浴血奋战、顽强拼搏中走出来的一条道路。它不是自发形成的，而是深植于中华优秀传统文化之中。

（一）中华优秀传统文化在中国历史上发挥的重要作用

中华文化源远流长、博大精深。文化作为一种观念上层建筑，对一个国家的经济基础和政治上层建筑具有重要影响。以儒家思想文化为例，从春秋战国产生伊始就对社会治理产生了一定影响；到汉武帝时期它成为国家的指导思想；宋元明清，儒家思想发展到顶峰；直到如今它在中国社会治理中依然有着巨大的影响力。儒家思想文化作为官方意识形态，对中国古代封建社会的政治、经济发展有着重大影响。事实证明，中华文化是十几亿中国人共有的民族记忆，不仅没被淹没在历史的洪流之中，并在今天仍然散发着巨大活力。党的十八大以来，面对国际国内两个大变局，习近平总书记多次强调中华文明的重要时代价值，要求全党全社会大力传承并发展中华优秀传统文化，在全社会形成学习并弘扬中华优秀传统文化的良好氛围，力争把我国建设成为文化强国。当前，绵延数千年的中华优秀传统文化正在以更加贴合社会现实的形式向我们展现中华民族五千年的魅力。不仅在社会生活层面如此，在国家治理方面，中国共产党也从中华优秀传统文化中汲取到了丰富的政治智慧。如习近平总书记提出的生态文明理念、“一带一路”倡议和人类命运共同体等思想为国家发展与社会进步提供了丰富的文化营养。

（二）马克思主义中国化激活中华优秀传统文化的生机与活力

近代以来，中华文明进入“文明蒙尘”时期，无数仁人志士致力于求索救国救民之路，但都以失败告终。以陈独秀创立的《新青年》为标志，新文化运动举起“民主”与“科学”两面大旗，该运动大大解放了国人的思想。这一时期中国知识分子对国家的命运有了比辛亥革命之前更清醒的认识，但其对中华传统文化的片面认识和过激态度值得我们深思。俄国的十月革命给正处于水深火热中的旧中国送来了马克思列宁主义，在对各种东西方社会思潮、“主义”的比较中，马克思主义在中国有了最早的一批信仰者，并以此为指导建立了中国共产党。在革命运动早期我们党由于缺乏经验，在马克思列宁主义的指导下也走了一些弯路，犯了许多教条主义错误，其根本原因在于没有将马克思主义基本原理同中国具体实际相结合。中国共产党在六届六中全会上首次提出了“马克思主义中国化”这一命题，更是在此后的实践中察觉到不能将西方的马克思主义同中国人的文化血脉相脱节。1943年，毛泽东提出，“要使得马克思列宁主义这一革命科学更进一步地和中国革命实践、中国历史、中国文化深相结合起来。”[5] 在中华民族同马克思主义基本原理“两相结合”的过程中，一方面，中华民族数千年来孕育的优秀传统文化为马克思主义中国化提供了生根立足的文化根基，使得马克思主义富有中华民族特性；另一方面，马克思主义基本原理也为中华优秀传统文化增添了新的时代内涵，为其焕发出新的生机与活力提供了科学理论基础，使中华优秀传统文化具有现代性与科学性，两者的结合既激活了中华文明，又为马克思主义中国化的最新理论成果提供了源头活水。

（三）中华文明在世界文明史上的重要地位

中华文明是世界上唯一一个没有中断的人类文明，在世界文明史上具有重要的地位。古代中国曾在政治、经济、教育、科技等各个领域领先西方数百年；古代中国的四大发明更是为人类文明的发展进步做出了突出贡献；以儒家文化为核心的中华传统文化在塑造整个东亚文化圈上有着举足轻重的地位。历史上曾有丝绸之路、张骞出使西域、玄奘西行、鉴真东渡、马可波罗来华、郑和下西洋等各民族国家间的文化交流事件，这些都显示了中国曾拥有一个开放包容、万国来朝的宏伟盛世。以欧洲工业革命为分水岭，推动着人类社会从农业文明迈向工业文明时代，这个转变过程也就是世界的现代化进程。而此时的中国由于封闭、僵化的社会制度仍采取闭关锁国政策，致使中国丧失了步入现代化的时机。近代以来，鸦片战争的爆发使中国逐渐沦为半殖民地半封建社会，曾经万邦来朝的盛世正遭遇着亡国灭种的危机，灿烂的中华文明也遭遇着被全盘否定的历史性危机，中华儿女为挽救民族存亡做出了巨大牺牲与努力。历史上中华民族曾遭遇各种风险仍持久不衰，正是源于中华文化的强大力量。如今的中国之所以能够在风谲云诡的国际形势下一次次地抵抗住各种外来风险的尖锐挑战，正是以其沉淀千年而不朽的精神文化力量来振奋人心、鼓舞士气，成为中华民族克服一个个风险挑战的强大文化软实力。新中国成立七十多年的社会主义实践再次证明了中华文明的顽强生命力，中国的崛起所伴随的必然是她自身文化的发展进步。

二、中国式现代化内含的中华优秀传统文化思想

习近平总书记指出：“我国现代化是人口规模巨大的现代化，是全体人民共同富裕的现代化，是物质文明和精神文明相协调的现代化，是人与自然和谐共生的现代化，是走和平发展道路的现代化。”[6]中华优秀传统文化的深刻内涵在今天仍然具有其时代价值，中国式现代化要坚持“两个结合”，将马克思主义基本原理同中国具体实际和中华优秀传统文化相结合的具体实践构成了中国式现代化的发展运行轨迹。

（一）“民为邦本”思想

中国自古以来就主张实施“仁政”，对施暴于民的统治者深恶痛绝。在梁惠王问政于孟子时，孟子回答：“王何必曰利，亦有仁义而已矣”（《孟子·梁惠王上》）。除此之外，中国古代还有“君舟民水”（《荀子·王制》）的政治智慧，“民惟邦本，本固邦宁”（《尚书·五子之歌》），更是历代统治者施政于民的重要理念。这些思想无不体现着古人的政治格局，他们深谙“得民心者得天下”（《孟子·离娄上》）的道理。马克思通过对社会历史发展运行规律的考察研究，得出了“‘人民群众是历史的创造者’的群众史观，人民群众不仅是物质文明的创造者，也是精神文明的创造者，更是社会变革的决定力量。”[7]在中华文明滋养下的中国共产党人以马克思主义为理论指导，坚持全心全意为人民服务的根本宗旨，共产党人没有自己的特殊利益，始终代表最广大人民的根本利益。中国共产党人的初心和使命就是“为中国人民谋幸福，为中华民族谋复兴”，[8]而践行党的初心和使命就必须始终坚守人民立场，这与我国古人“为天地立心，为生民立命，为往圣继绝学，为万世开太平”（《横渠语录》）所蕴含的“民本”思想一脉相承，是我国人口规模巨大的现代化和全体人民共同富裕的现代化的理念渊薮。这种民为邦本的政治思想深深刻在每一代中国执政者的心中，习近平总书记多次强调以人民为中心的发展思想，把不断增进民生福祉、实现人民幸福当作施政的根本出发点和落脚点，在疫情防控中坚决强调“人民至上、生命至上”；在党的十九大报告中提出“江山就是人民，人民就是江山”的重要论述。面对外国政要提问，习近平总书记提出

"我将无我，不负人民"这句话，体现了他强烈的使命担当和深厚的人民情怀。中国式现代化不同于西方式的资本现代化，中国共产党继承并发展了中华传统文化中的民本思想，坚决奉行人民至上理念，而西方资本主义社会的逐利性决定了其现代化是资本的现代化而不是人的现代化。

（二）"中和均衡"思想

中国式现代化道路坚持物质文明和精神文明的协调发展。马克思主义基本原理从研究商品出发深入社会发展肌理，科学地剖析了推动人类社会发展的深层次原因，"生产力与生产关系的矛盾运动是社会发展的根本动力"。[9]因此中国式现代化必须大力发展生产力，坚持以经济建设为中心，实现经济的高质量发展。但同时我们也决不能忽视精神文明在推动历史发展方面发挥的重要作用，这一思想有着深厚的历史文化基础，中华优秀传统文化中蕴藏着丰富的辩证法思想，例如"一阴一阳谓之道"（《周易·系辞上》）、"万物负阴而抱阳，冲气以为和"（《道德经第四十二章》），强调对立双方相互依存，才能生生不息，万物皆在对立中存在并生成新事物。孔子同样提倡不偏不倚、无过无不及的中庸思想。中华文明中蕴含着丰富的"中和均衡"的辩证思维，如过犹不及、执两用中，《易经》还揭示了事物变化发展、相辅相成、极则必反、整体联系、生化日新等规律问题。中国式现代化坚持物质文明和精神文明相协调发展，正是对中国古代辩证思想的彰显。在西方资本主义现代化进程中，资本家对资本的贪婪追逐，造成了人在劳动中的异化。在资本主义生产环境下，资本家对剩余价值的无限追求和迫于竞争的外在压力，必然导致资本有机构成的逐步提高，从而造成大量相对过剩人口，由此造成失业问题、社会贫富差距加大等社会症结，而这些矛盾最终将以经济危机的爆发加以解决。尽管在第二次世界大战之后西方国家普遍实施了社会福利政策，但资本家对工人阶级剥削压迫的本质并没有改变。发达资本主义社会的现代化是资本的现代化而不是人的现代化，是物质财富巨大丰富而精神世界匮乏的现代化，是在资本的裹挟下片面追求物欲而偏废了精神丰盈的现代化。

（三）"天人合一"思想

关于人与自然的关系，在中国古代已经引起了许多思想家的思考，道家主张“道法自然”（《道德经》第二十五章），强调顺应自然，遵守自然规则；儒家主张“天人合一”（《正蒙·乾称篇》），强调执政者应“不违农时”“数罟不入洿池”“斧斤以时入山林”（《孟子·梁惠王上》）等，这些都体现了古人“取之有时”和“用之有节”的生态观念。当今中国对生态文明发展道路的选择体现了对中华优秀传统文化中生态文明思想的继承与发展。党的十八大以来，习近平总书记高度重视生态环境问题，提出了“绿水青山就是金山银山”的绿色发展观。人是自然的主体，有其能动性的方面，但人与自然的关系并不是征服与被征服的关系，人不能随心所欲地改造自然，必须遵循自然界发展的客观规律。中国式现代化的进展决不能以牺牲环境为代价来换取，人与自然共处于同一星球上，构成了一个完整的生命共同体，未来的中国不仅要有便捷通信技术、多姿多彩的文化生活，还要有返璞自然的鸟语花香。以蒸汽机的使用为标志，英国率先开始了工业革命，生产力的巨大进步带来社会财富扩大的同时也给西方社会环境带来了巨大灾难。随着世界市场的扩张，西方资本家将环境污染转移到较为落后的国家，为本国的社会发展赢得了一个较为良好的自然环境。但是在这样一个全球化时代，世界各国作为一个命运共同体，任何国家和个人都不可能在自然界向人类发出怒吼时置之度外。“我们不要过分陶醉于我们人类对自然界的胜利。对于每一次这样的胜利，自然界都对我们进行报复。”[10]我国的现代化发展务必要摒弃西方现代化进程中的人类中心主义，要真正从人本角度出发，坚持人与自然和谐共生。中国式现代化蕴含着“天人合一”的生态文明理念，以马克思主义生态文明理论为指导，强调尊重自然、顺应自然、保护自然，坚定不移地走生态优先、绿色发展之路。

（四）“以和为贵”思想

中国式现代化是走和平发展道路的现代化，这一思想有着深厚的历史文化渊源。中国自古以来就是爱好和平的国家，这不仅体现在中华民族内部各个民族之间以和为贵、携手共进等方面，而且还表现在与世界其他民族的友好往来上。从古代丝绸之路、鉴真东渡扶桑、郑和七下西洋等，到近代新中国在万隆会议上提出“和平共处五项原则”，再到新时代提出“一带一路”倡议，为世界提供更多公共产品、倡导构建人类命运共同体、走和平发展道路等，这些事例都充分表明了中华民族协和万邦、以和为贵的外交理念。“亲仁善邻，国之宝也”（《左传·隐公六年》），“礼之用，和为贵”（《论语·学而》），这些都体现了古代中国以和为贵的政治观，彰显出中华民族历来爱好和平、反对霸道、崇尚和谐的优良传统。习近平主席与美国总统拜登视频会谈时指出，“中国人民历来爱好和平，主张和为贵。中华民族血液中没有侵略他人、称王称霸的基因。新中国成立以来，我们没有主动发起过一场战争或冲突，没有侵占过别国一寸土地。”[11]中国的现代化是走和平发展的现代化，不同于西方现代化大多建立在对外殖民掠夺、对内剥削人民的原始积累基础之上，我国取得的伟大成就与辉煌是十四亿人民通过勤劳的双手创造出来的；不同于西方的零和博弈、霸权主义和强权思维，我国主张合作共赢，和而不同、求同存异，反对将世界看成西方达尔文视角下弱肉强食的丛林社会。马克思、恩格斯揭示了资本主义文明下的世界历史的发展趋势是“使农村从属于城市……使东方从属于西方的过程”[12]，这一现代化进程蕴含着实力悬殊的民族国家之间存在剥削、压迫的不平等关系。不同于西方现代化模式下国家间的不和谐状态，中国式现代化秉承着“天下大同”（《礼记·礼运》）的世界观，中国始终坚持在谋求自身发展的同时，兼顾他国合理关切，绝不以牺牲弱小国家的发展换取本民族的进步。总之，中国式现代化秉承“协和万邦”的和平主义文明传统，坚持走和平发展道路，积极为促进世界和平与发展贡献中国智慧与方案。

三、推动中华优秀传统文化焕发出新的生机与活力

（一）坚定文化自信，推进中华优秀传统文化时代化、大众化

“文化自信是更基础、更广泛、更深厚的自信，是更基本、更深沉、更持久的力量。”[13]华夏文明也曾经历了“文明蒙尘”的黑暗时代，在那样一个思想混沌、社会混乱的时期，我们的社会付出了惨痛的代价。历史证明，没有对自己本民族文化的自信就会动摇民族的根基，否定在历史中形成孕育的文化，必将走向民族虚无主义和历史虚无主义的深渊，“灭人之国，必先去其史”（龚自珍，《定庵续集》）。中国在新时代必须继承和弘扬好中华优秀传统文化，力争在2035年把我国建设成为文化强国。首先，要推动中华优秀传统文化实现时代化、大众化，以更加灵活多样的表现形式让其融入现实生活，让人民在潜移默化中受到文化的滋养。在中国

式现代化进程中要将中华优秀传统文化讲通俗、讲通透，在表现形式上不仅可以以文字的形式还可以借助歌曲、戏剧、舞蹈、影视等形式。如近年来将中华优秀传统文化搬上荧屏的《如果国宝会说话》《典籍里的中国》《经典咏流传》等节目以观众喜闻乐见的方式，弘扬了中华优秀传统文化。观众在观看这些节目的过程中对中华文明有了更深刻的认识，大大提升了民族自豪感和文化自信心。其次，健全中华优秀传统文化的教育机制，将蕴含中华优秀传统文化基因的知识点纳入我国教育教学系统，在全社会范围内普及优秀传统文化的教育对象。尤其是使青少年能够常常浸染在这样一个学习氛围之中，体会中华优秀传统文化的魅力，并成为文化发展进步的继承者和弘扬者。最后，积极开发文化市场。通过对文化产业的升级改造，健全现代文化产业体系，将富含创新精神的中华优秀传统文化转化为现实的生产力，促进经济的发展进步。着力打造具有中国风格、中国气派和中国特色的文化产品，如以故宫为例的文创产品、采用虚拟技术打造的“V＋故宫”系列，还有《我在故宫修文物》等深受观众喜爱的纪录片，这些都展现了中华优秀传统文化的强大生命力，也增强了国人的文化自信心。

（二）将马克思主义基本原理与中华优秀传统文化相结合

党的二十大报告提出了重要的“两个结合”，即“把马克思主义基本原理同中国具体实际相结合、同中华优秀传统文化相结合。”[14]一方面，中华优秀传统文化中蕴含着丰富的科学社会主义因素，具有马克思主义落地生根的文化土壤，习近平总书记指出：“马克思主义传入中国后，科学社会主义的主张受到中国人民热烈欢迎，并最终扎根中国大地、开花结果，绝不是偶然的，而是同我国传承了几千年的优秀历史文化和广大人民日用而不觉的价值观念融通的。”[15]另一方面，马克思主义基本原理有利于促进中华优秀传统文化在新时代散发青春活力的真理力量，我们务必要让马克思主义的根扎得更深。将两者进行结合，就是运用马克思主义科学的理论思想来指导中华优秀传统文化的发展，深入挖掘传统文化的深厚魅力，为中国特色社会主义精神文明的进步注入新鲜血液。在“结合”过程中，要绝对地坚持马克思主义在意识形态领域的指导地位，坚持用辩证的观点看问题。对待中华传统文化，要取其精华、去其糟粕，坚持古为今用的原则，推陈出新、革故鼎新，形成符合新时代要求的优秀传统文化体系。一方面，要坚持以经济建设为中心，为发展文化产业提供物质支撑；另一方面，要看到社会意识发展的相对独立性，要遵循社会意识发展规律，积极引导中华优秀传统文化发展方向，充分发挥其对社会存在的重要价值，使得中华优秀传统文化能够在这一过程中不断实现自我完善和发展，焕发新的生机与活力。

（三）兼收并蓄，积极吸收借鉴人类一切文明成果

对于中华优秀传统文化的发展，我们不仅要深入了解其历史渊源，更要面向世界、面向未来，讲好中国故事、传播中国声音，提高我国文化的世界影响力。中华优秀传统文化不仅是我国各民族共同创造的，而且也吸收借鉴了不同时期其他国家和民族的优秀文化成果。鸦片战争的爆发，封建王朝的国门被迫打开，中国开始了向西方学习的过程，新文化运动时期大量西方思想涌入我国，对于西方文化的全盘接受和对中国传统文化的全盘否定让国人一度迷失了方向。新中国成立、改革开放很长一段时间我国在综合国力方面远落后于西方国家，使一部分国人存在一定程度的崇洋媚外文化倾向。事实证明，没有对本民族文化的正确认识就不可能有对本民族真正的认同感和归属感，也不可能从根本上实现民族的伟大复兴。不容否定，西方曾在历史上创造出辉煌灿烂的文明成果，如文艺复兴运动、宗教改革、资产阶级革命、工业革命等为西方社会进步做出了巨大贡献，因此我们要善于吸收借鉴西方文明的优秀成果。同时我们也要看到西方资本主义社会贪婪、剥削的本质。因而，对于外来文明我国要始终坚持“以我为主，为我所用”的原则，真正做到文化之间的相互尊重、平等交流，努力实现“各美其美，美人之美，美美与共，天下大同”的文化目标。既要文化“引进来”，更要文化“走出去”，切实提升中国文化的国际影响力。我国不仅要借鉴吸收其他优秀文明成果，还要让取得的精神文明成果惠及世界，面向世界，传播中国声音，我们要以中华优秀传统文化为传播主体，完善传播内容、创新宣传形式、加强宣传力度，让世界能够深刻感受到中华民族独特的思想魅力和精神力量。

四、结语

中华优秀传统文化不只存在于古代中华的时空背景下，而且“绵延”

于当今中国式现代化发展的壮美蓝图之中，并为中国式现代化的不断发展提供了思想文化沃土。时代的发展要求国家将中华优秀传统文化中“民为邦本”“中和均衡”“天人合一”和“以和为贵”的先进思想融入中国式现代化进程，并根据实践要求日新月异。

参考文献：

[1] 习近平．高举中国特色社会主义伟大旗帜 为全面建设社会主义现代化国家而团结奋斗——在中国共产党第二十次全国代表大会上的报告［M］．北京：人民出版社，2022：22.

[2] 中共中央关于党的百年奋斗重大成就和历史经验的决议［M］．北京：人民出版社，2021：21.

[3] 习近平．习近平总书记系列重要讲话读本［M］．北京：人民出版社，2014：100.

[4] 习近平．论把握新发展阶段、贯彻新发展理念、构建新发展格局［M］．北京：中央文献出版社，2021：10.

[5] 中央档案馆编．中共中央文件选集（第14册）［M］．北京：中共中央党校出版社，1992：41.

[6] 习近平．中国式现代化是强国建设、民族复兴的康庄大道［J］．求是，2021（10）：4－7.

[7] 马克思主义哲学教程［M］．北京：北京大学出版社，1991：262.

[8] 习近平．决胜全面建成小康社会 夺取新时代中国特色社会主义伟大胜利——在中国共产党第十九次全国代表大会上的报告［M］．北京：人民出版社，2017：11.

[9] 马克思恩格斯选集（第2卷）［M］．北京：人民出版社，2012：8.

[10] 马克思恩格斯选集（第4卷）［M］．北京：人民出版社，1995：383.

[11] 习近平同美国总统拜登举行视频会晤［N］．经济参考报，2021－11－17（1）.

[12] 马克思恩格斯选集（第4卷）［M］．北京：人民出版社，2012：604.

[13] 习近平．中共中央关于党的百年奋斗重大成就和历史经验的决议［N］．人民日报，2021－11－11（1）.

[14] 习近平．在庆祝中国共产党成立100周年大会上的讲话［N］．人民日报，2021－7－2（1）.

[15] 习近平．坚持和完善中国社会特色社会主义制度推进国家治理体系和治理能力现代化［J］．求是，2020（1）：6.

香山精神的深刻内涵和当代启示

张怡欣

摘　要：香山时期是全党、全军和全国各族人民取得新民主主义革命的最后胜利、筹建新中国的伟大历史时期，在这个时期所展现出来的精神风范称为“香山精神”。在统筹历史和当今新当代的基础上，得出香山精神的深刻内涵：践行初心、担当使命的精神，保持谨慎、清醒斗争的精神，严明纪律、优良作风的精神，敢于斗争、敢于胜利的精神。在当今，中国正处于“两个大局”中，充分了解香山精神的深刻内涵，这为我们走好新时代的长征路提供了“始终坚持践行初心、担当使命的精神，坚持人民主体地位”、“始终坚持保持谨慎、清醒斗争的精神，永远保持赶考的谨慎和清醒”、“始终坚持严明纪律、优良作风的精神，永葆党的先进性和纯洁性”和“始终坚持敢于斗争、敢于胜利的精神，将中国特色社会主义事业进行到底”的当代启示。

关键词：香山精神；中国共产党；启示

香山是中国共产党人“进京赶考”的第一站，在这里实现了新中国的军事、政治等蓝图的绘制。习近平总书记在视察北京市香山革命纪念馆时指出：“这里是我们党领导解放战争走向全国胜利、新民主主义革命取得伟大胜利的总指挥部，是中国革命重心从农村转向城市的重要标志”。[1] 人无精神则不立，国无精神则不强。自中国共产党人进驻香山已有 70 余年，凝结在香山中的革命记忆依然清晰，诞生于香山时期的香山精神也跨越了历史长河，持续影响着一代又一代中华儿女。在中华民族伟大复兴正处于关键时期的今天，阅读香山精神的相关资料和文献，挖掘香山精神的深刻内涵，从而形成香山精神对党的建设的当代启示，有利于更好地把握两个大局，走好新时代的长征路。

一、香山精神的深刻内涵

中国共产党在早期革命中形成了丰富的革命精神，如“井冈山精神”“西柏坡精神”等，这些精神都为香山精神的形成提供了基础。2019 年 9 月 12 日，习近平总书记在香山革命纪念馆序厅发表了重要讲话，对香山精神进行了更加详细的阐述和分析，为进一步理解香山精神的深刻内涵提供了根本遵循与研究方向。

（一）践行初心、担当使命的精神

中国共产党自成立以来，始终把为中国人民谋幸福、为中华民族谋复兴作为自己的初心和使命，始终坚持全心全意为人民服务。之前有关香山精神的研究，大部分学者认为香山精神包含着“不忘初心、牢记使命”的精神，但香山时期作为解放战争、新民主主义革命、中国革命的重要时间节点，中国共产党人不仅仅是“不忘”和“牢记”，其在香山时期的作为更是体现了“践行”和“担当”。

中共二大提出党的最低纲领就是“统一中国为真正的民主共和国”。香山时期，党在全国即将取得胜利之时，酝酿建设一个属于全国人民的共和国。从这方面看，党一直不忘初心、牢记使命，想要建设一个属于全国人民的民主共和国。临近中华人民共和国成立，“即将诞生的新中国是一个什么性质的国家?”“各个阶级在这个国家中的地位、作用和相互关系是什么?”等问题依然困扰着人民。《论人民民主专政》和《中国人民政治协商会议共同纲领》的发表消除了人民群众的疑惑，明确地提出“工人阶级（经过共产党）领导的以工农联盟为基础的人民民主专政”“中华人民共和国为新民主主义即人民民主主义的国家”。最终，在这两个重要的奠基石基础之上，人民民主专政的中华人民共和国成立，体现了对初心的“不忘”和“牢记”，更体现了对初心的“践行”和“担当”，也是对“江山就是人民，人民就是江山”重要体现。

（二）保持谨慎、清醒斗争的精神

事者，生于虑，成于务，失于傲。在中共中央从西柏坡启程前往香山的过程中，毛泽东将这个过程称为“进京赶考”，并强调要考个好成绩，绝不失败而归，绝不能成为李自成。为什么将从西柏坡到香山的这个过程称为“进京赶考”呢？是因为中国共产党已经由小到大、从弱变强，三大战役胜利，全面胜利也即将到来，党内存在着因革命胜利而产生骄傲自满的情绪，这是在“赶考”路中所要克服的重要难题之一。因此，保持谨慎、清醒斗争也成了全党的一致认同。

香山时期，保持谨慎、清醒斗争也一直是我党工作的作风。在中共中央进驻香山之后，面对强大的解放军队伍，李宗仁表面接受了“和谈八项条件”，但实际上是想用“假和平”尽可能地去拖延时间，从而达到自己“划江而治”的目的。但毛泽东清醒地认识到，不能去幻想国民党主动投降，要清醒斗争，要让其真正地感受到中国共产党想要解放全中国的决心，于是提出“不论谈判成败，人民解放军必须渡江”。最终，李宗仁方拒绝在《国内和平协定（最后修正案）》上签字，其“真反攻”的主张暴露无遗。随后，毛泽东主席发布《向全国进军的命令》，这标志着“渡江战役”正式开始，最终夺取了全国解放战争的伟大胜利。[2]

在渡江战役之前，国内外大肆宣扬“帝国主义会进行武装干涉”的言论，美国极力鼓吹“第三次世界大战必然爆发”论，并在青岛增强防务以恐吓中国共产党人。毛泽东在清醒地、科学地分析了国内局势和国际形势之后，认为第二次世界大战刚刚结束，世界人民要和平，不要战争，新的世界性战争一时打不起来，美国出兵的可能性非常之小，但仍然起草了《目前形势和党在 1949 年的任务》。毛泽东主席一直将美国出兵作为一种可能性，虽然可能性很小，但仍然将其计算在作战计划之中，以防处于手足无措的境地。正是这种保持谨慎、清醒斗争的精神，使得人民解放军赢得了战略上的主动权，从而无所畏惧地向全国进军。

（三）严明纪律、优良作风的精神

“加强纪律性，革命无不胜”是毛泽东在解放战争后期提出的加强党和军队纪律的一个著名口号，而中国共产党人和人民解放军也一直保持着严明纪律、优良作风的精神。党的成长，是对纪律的坚守，是对优良作风的保持，没有严明的纪律和优良的作风，党不可能成长为世界第一大执政党，不可能带领人民群众克服一个又一个困难，成就今天如此辉煌的中国。

在进驻香山之前，毛泽东要求同志们做好准备，而这种准备并非“收拾盆盆罐罐”，而是做好思想准备，是对纪律和作风的一种准备。毛泽东提出“约法八章”和“入城纪律十四条”，严格要求同志们“空手进，空手出”，这是为北平市民准备的一份见面礼，初步向北平市民展现了我党、我军严明的纪律和优良的作风。面对革命胜利后可能会出现的骄傲情绪、以功臣自居的情绪、停顿起来不求进步的情绪、贪图享乐不愿再过艰苦生活的情绪，党的七届二中全会提出“两个务必”，对于党的纪律和作风进行了严格要求，体现了党始终如一的精神，对全体党员进行了一次精神上的教育。[3]在香山时期，面对“打过长江去，解放全中国”，党内出现了消极怠慢等情绪，我党再次强调纪律问题，特别强调群众纪律、经济纪律和指挥纪律，这为我军顺利南下、解放全中国提供了纪律保障，将人民解放军“文明之师”的形象发扬光大，更进一步深化了严明纪律、优良作风的精神。

（四）敢于斗争、敢于胜利的精神

从中国共产党的成立，到新中国的成立，到实施改革开放，再到今天处于国际舞台中央的中国，中国共产党一直是具有敢于斗争、敢于胜利的精神的政党。中国共产党、中华民族、中国特色社会主义事业都是在斗争中孕育而生的，也是在斗争中不断发展的，还是在斗争中强盛起来的。中国人民也是具有斗争精神的人民，从古至今，从鸦片战争到抗日战争，再到今天，中国人民都是处在斗争中的，都是战胜种种困难而取得胜利的。中国人民、中国共产党是敢于斗争的，也是敢于胜利的。习近平总书记在庆祝中国共产党成立100周年大会上的重要讲话中指出：“敢于斗争、敢于胜利，是中国共产党不可战胜的强大精神力量。”

在香山时期，党带领人民击退了代表大地主大资产阶级利益的国民党，击退了以侵略扩张为目的的国外势力。面对国民党“划江而治”的主张，中国共产党毅然拒绝，党的目的是解放全中国，让全中国人民实现解放。在中国共产党势力薄弱时，面对国民党的攻击，我们坚持斗争，敢于斗争；当中国共产党从小到大、从弱到强时，我们依然敢于斗争，坚持将革命进行到底。面对强大的帝国主义势力的威慑，我们小心谨慎，但却不惧怕，因为我们知道，胜利终将属于坚守正义的中国人民。

我们的斗争不是盲目的、自私自利的斗争，不是为了斗争而斗争，是清醒的斗争，是通向胜利的斗争，是为了实现人民对美好生活的向往、实现中华民族伟大复兴而进行的斗争。我们充分汲取辛亥革命、国共第一次合作等教训，敢于斗争，敢于胜利，将革命进行到底，反对半途而废，反对任何敌对势力的不合理要求，为实现最广大人民群众的根本利益而奋斗。中国共产党和中国人民从来不惧怕斗争，我们从来都是迎难而上的，从鸦片战争到抗日战争再到今天，无论是国内还是国际，斗争一直存在，我们的斗争精神也融入民族精神之中，我们敢于斗争，并且敢于胜利。

二、香山精神的当代启示

历史是一面镜子，它显示过去，同时也照亮现实和未来。当今世界正处于百年未有大变局，中华民族伟大复兴正处于关键时期。在新时代、新发展阶段，在充分了解香山精神的深刻内涵的前提下，学习和贯彻香山精神，对于走好这代人的长征路，全面推进社会主义现代化建设，努力实现中华民族伟大复兴具有重要的当代启示。

（一）始终坚持践行初心、担当使命的精神，坚持人民主体地位

“治国有常，而利民为本”。中国共产党自成立以来，始终坚持群众路线，始终坚持全心全意为人民服务，将为人民服务的精神贯穿于党的发展和壮大的各个阶段之中，形成了以人民为中心的发展思想。[4] 香山时期，《论人民民主专政》和《中国人民政治协商会议共同纲领》的发表，再次将全心全意为人民服务进行了深入解释，体现了我党对初心和使命的坚持，更体现了我党对初心和使命的“践行”和“担当”。进入新时代，我国社会主要矛盾已经转化为人民日益增长的美好生活需要和不平衡不充分的发展之间的矛盾，坚持践行初心、担当使命就是要把人民对美好生活的向往作为奋斗目标。

人民对美好生活的向往是多样性的、是不断发展的，包括物质方面、社会方面和心理方面。自改革开放以来，我国经济水平迅速提升，人民生活水平日益提高，经历了从“解决温饱”到“总体小康”再到“全面小康”的进程。在初步满足物质文化生活的基础上，人民对物质生活需求提

出了更高的要求，而且对民主、法治等方面的要求也不断提高，要求更全面地实现人的发展和社会的进步。因此，要将不断满足人民日益增长的美好生活需要贯穿于实现第二个百年奋斗目标和实现中华民族伟大复兴的中国梦之中，统筹“五位一体”的总体布局和“四个全面”的战略布局，始终保持与人民同呼吸、共命运、心连心，逐步实现物质文明和精神文明都富裕的共同富裕。[5]

（二）始终坚持保持谨慎、清醒斗争的精神，永远保持赶考的谨慎和清醒

在香山时期，面对国民党的虚假和平以及国外帝国主义势力的威慑，我党始终保持谨慎，清醒斗争，最终“打过长江去”，实现了“解放全中国”的愿望，为“进京赶考”交上了一份人民满意的答卷。“进京赶考”虽已结束，但对于中国共产党来说，赶考一直在路上。国共第一次合作的惨痛失败一直被中国共产党人铭记于心，那是党内心深处的伤疤，正是这样的经验和教训告诉我们：要始终保持谨慎，清醒斗争，增强忧患意识。

2022 年 10 月 23 日，习近平总书记曾提出：“面对新征程上的新挑战新考验，我们必须高度警省，永远保持赶考的清醒和谨慎。”中国共产党的执政之路就是“赶考之路”，中国共产党在 70 多年的执政过程中，能够取得一个个彪炳史册的辉煌成就，靠的就是保持谨慎、清醒斗争的精神，靠的就是永远保持赶考的谨慎和清醒。

全面推进社会主义现代化建设，实现中华民族伟大复兴的中国梦，走好新时代新征程的赶考路，关键在于党。中国共产党是世界上第一大执政党，只有始终坚持人民群众的主体地位，赢得人民群众的赞成与衷心拥护，才能不断巩固自身的执政地位，为此必须始终保持党的清醒和坚定。[6]我们必须清醒地认识到，我们党面临着“四大考验”和“四大危险”，并且这些考验和危险将长久影响我们党。因此，我们要始终坚持以人民为中心，全面从严治党，永葆党的先进性和纯洁性，永葆党的生机和活力，以党的伟大自我革命引领伟大社会革命。同时，全党要铭记：赶考永远在路上，全面从严治党也要一直在路上。始终坚持党的自我革命，始终坚持保持谨慎、清醒斗争的精神，永远保持赶考的谨慎和清醒。

（三）始终坚持严明纪律、优良作风的精神，永葆党的先进性和纯洁性

百年风雨历程，百年正风肃纪。纪律建设和作风建设始终是党的工作的重中之重，是党永葆生机和活力的关键所在。党的百年征程，既是一部波澜壮阔的严明纪律史，也是一部激浊扬清的优良作风史。纪律建设的核心在于保持党的先进和纯洁，作风建设的核心在于坚持全心全意为人民服务，两者相互促进。回望过去，历史充分地证明：中国共产党从诞生到发展再到壮大，经历了革命时期、战争时期、建设时期、改革开放时期，再到今天的新时代中国，其之所以能够不被历史淘汰、能够始终作为中国的执政党而发展壮大，其最重要的就是始终保持着严明纪律、优良作风的精神，以严明纪律来要求自身，以优良作风来凝聚全党、全国各族人民，始终保持党的先进性和纯洁性。

习近平总书记提出："我们党总是在推动社会革命的同时，勇于推动自我革命，始终坚持真理、修正错误，敢于正视问题、克服缺点，勇于刮骨疗毒、去腐生肌。"在开启第二个百年奋斗目标、面对两个变局的今天，要想始终坚持严明纪律、优良作风的精神，永葆党的先进性和纯洁性，就要坚持党的自我革命。这是承担历史使命的需要，是面对艰难挑战的需要，是跳出历史周期率的需要。勇于自我革命是马克思主义政党的内在品格，是中国共产党区别于其他政党的显著标志，是中国共产党历经百年奋斗历程始终保持先进性、纯洁性、战斗力和生命力的奥秘所在，体现了中国共产党人的信仰信念、精神品格。只有坚持自我革命，才能始终坚持严明纪律、优良作风的精神，才能永葆党的先进性和纯洁性，才能带领中国人民不断取得新的胜利。

（四）始终坚持敢于斗争、敢于胜利的精神，将中国特色社会主义事业进行到底

斗争是一门艺术，要学会分析矛盾的状态，学会抓住主要矛盾和矛盾的主要方面，要因时因地制宜地去选择斗争的方式，准确把握斗争时机，调整斗争策略。70多年前，在"进京赶考"的路上，毛泽东说到"绝不当李自成"，在面对敌人时敢于斗争、敢于胜利，最终解放了全中国，建

立了中华人民共和国，给人民群众交上了一份满意的答卷。在70多年后的今天，世界正经历百年未有之大变局，中华民族伟大复兴正处于关键时期，我国正全面推进社会主义现代化建设。在这个过程中，我们党和人民遇到了许多难题，但中国共产党领导中国人民积极克服难题，迎难而上，实现了第一个百年奋斗目标，给人民再次交上了一份满意的答卷。这体现着中国共产党始终坚持敢于斗争、敢于胜利的彻底革命精神，坚持将中国特色社会主义事业进行到底。但是，我们仍要清醒地认识到：赶考永远在路上，我们要将中国特色社会主义事业进行到底。

随着中国特色社会主义进入新时代，我国社会发展会遇到许多新情况、新问题、新挑战，前进的道路上矛盾凸显、困难重重，我们党要团结人民群众，勇于进行具有许多新的历史特点的伟大斗争，勇于胜利，坚持将中国特色社会主义事业进行到底，这样才能意气风发地向第二个百年奋斗目标迈进。

努力实现中华民族伟大复兴的中国梦不仅要立足国内，也要面向世界。当今，中国正不断走向国际舞台中央，中国在国际上的话语权与日俱增。面对错综复杂、变化莫测的国际形势，反对霸权主义、强权政治的呼声越来越高，我们要在积极维护国家主权和安全的基础上，勇于与侵犯我国合法权益、破坏世界公平秩序的国家进行斗争，始终坚持敢于斗争、敢于胜利的精神。同时，我们也要与他国正义力量进行积极合作，推动人类命运共同体的建设，为人类社会的共同进步提供中国方案、中国智慧，以中国力量促进世界进步。

参考文献：

［1］王相坤．以赶考的精神做好新当代答卷［J］．前线，2020（09）：65－68.

［2］黄山．香山精神的主要内涵和当代价值［J］．西部学刊，2021（20）：5－7. DOI：10.16721/j.cnki.cn61－1487/c.2021.20.002.

［3］百年征程　香山华章［N］．北京日报，2021－09－27（015）．DOI：10.28033/n.cnki.nbjrb.2021.006879.

［4］鲁萌，王琳．对“以人民为中心”的马克思主义哲学思考［J］．中学政治教学参考，2023（32）：98.

［5］谢剑澍．新当代人民美好生活需要及其满足探析［D］．中共广东省委党校，2023. DOI：10.27472/d.cnki.gzgdd.2023.000006.

［6］朱海嘉，冉鹏．走好新的“赶考”之路：新时代推进干部队伍勇于自我革命的四重维度［J］．学习论坛，2023（04）：51－59. DOI：10.16133/j.cnki.xxlt.2023.

04. 003.

［7］齐卫平．党的二十大推进党的建设重大理论创新成果研究［J］．理论建设，2023，39（01）：1－13. DOI：10. 19810/j. issn. 1007－4767. 2023. 01. 001.

［8］《求是》杂志评论员．深入推进新当代党的建设新的伟大工程［J］．红旗文稿，2023（03）：13－16.

［9］本报评论员．强化政治责任 把握历史规律 以严明纪律优良作风凝聚党心民心［N］．中国纪检监察报，2021－07－08（001）．DOI：10. 28423/n. cnki. njjjc. 2021. 003243.

［10］魏超，崔恒勇．香山革命精神探析［J］．北京印刷学院学报，2021，29（07）：26－29. DOI：10. 19461/j. cnki. 1004－8626. 2021. 07. 005.

人民城市的内涵与实践

吴恒锦

摘　要：城市是人类走向成熟和文明的标志，也是人类群居生活的高级形式。城市的起源与人类的狩猎、贮藏、定居、分工、交易等活动密切相关。农牧业时代的城市发展十分缓慢，工业化的产生促进了城市的发展。如何发展城市，也成为了亟待研究的问题。本文结合当代中国实际，论述人民城市的具体内涵与发展实际，论述中国特色社会主义城市的基本内核，提出建设人民城市的具体方式方法。

关键词：人民城市；中国特色社会主义城市；城市建设

城市，是人类从荒蛮走向文明的标志，是人类文明的重要载体。18 世纪后，工业化的高速发展使生产力水平大大提高，从而加快了城市的发展。城市如何更好地发展，一直是一个重要的课题。在新时代，中国正迎来城市化的历史机遇和挑战，如何建设好城市，关乎中国共产党和中国国家事业全局，关乎中国人民群众切身利益，关乎中华民族伟大复兴。

人是人民城市的核心要素，人民群众是城市的建设者、受益者、享有者和参与治理者。在建设人民城市的过程中，应该始终坚持以人民为中心这一基本理念，保障人民权益、尊重人民意志、激发人民创造活力，最首要的是让人民宜居、安居，把最优质的资源留给人民，以更优质的供给服务人民，最终打造一个宜居、智慧的现代化城市[1]。

一、概念的提出

（一）人民城市概念的提出

人民城市这一词是习近平总书记于 2019 年 11 月在上海市考察时提出

的重要理念，这一理念着重强调城市的建设和发展要以人民为中心，始终坚持人民城市为人民，努力实现良性互动——城市使人民的生活越来越好、人民也让城市变得越来越好。习总书记所提出的这一理念深刻揭示了中国式现代化的人民性，为新时代推进城市建设发展指明了前进方向、提供了根本遵循。

根据习总书记的论述，人民城市是一个新的关于城市的概念和形态，也是一个事关我国新型城镇化发展的新的理念和模式。人民城市这一理念是“以人民为中心”的思想和城市工作的具体结合，为城市工作确定了中心锚点，要求我们在城市发展建设过程中，坚持以人为本，提升人民群众的幸福感和获得感，合理安排生产、生活、生态空间，让城市真正成为老百姓宜业宜居的乐园[2]。

（二）人民城市是“马克思主义基本原理同中国具体实际相结合”的时代创造

马克思、恩格斯等经典作家在《英国工人阶级状况》《德意志意识形态》《共产主义原理》《共产党宣言》等著作中，都对“城市”与“人民”之间的关系进行了深入分析和科学预测，勾勒出未来城市的轮廓。然而，我们在马恩原著中很难找到与“人民城市”这一词精准对应的概念或表达。这些经典作家只是对未来的城市作出了一些概念性的描述与整体化的预测，并非给出教条般的详细定义。这种“缺失”为马克思主义中国化开辟了空间，为中国的城市建设提出了要求。

正如毛泽东同志所说：“马克思主义者不是算命先生，未来的发展和变化，只应该也只能说出个大的方向，不应该也不可能机械地规定时日。”

对此，我们应该自信且清晰地认识到：“人民城市”这一概念是历代中国共产党人将马克思主义与中国具体实际相结合的理论创造、时代结晶。“人民城市”这一词清晰体现着辩证唯物主义和历史唯物主义的世界观及方法论，是马克思主义阶级学说、城市发展观、人本理念等立场、观点、方法在现代中国的生动表达。

这一重要理念是“以人民为中心”的思想与城市工作的具体结合，是对社会主义现代化城市发展规律的科学把握，是对马克思主义关于人与自然关系思想的与时俱进，是对中华优秀传统生态文化的传承和创新，是时代的伟大创造。

二、国内发展现状

（一）人民城市在中国的发展过程

在人民城市理念这一概念首次在上海被提出之前，中国就已经在探索和实践人民城市的发展道路。根据习近平总书记的发展思想和指导，这一过程大致可分为四个时期。

第一时期：地方工作时期。2007 年之前，习近平总书记在河北、福建、浙江、上海等地执政，基于这一段时间的执政实践与经验，围绕许多区域城市问题，习总书记提出了许多关于城市建设与发展的观点与论断。其中，习总书记 1992 年发表在《福建日报》上的《处理好城市建设中八个关系》，截至目前，这是习近平同志系统阐述城市工作，并鲜明提出“人民城市”理论概念的较早的一篇文献。这篇文献主要论述了推进城市建设这项“复杂的社会系统工程”的基本思路和原则。

第二时期：党的十八大后，这一时期，习近平同志在各地城市指导调研，参加各类会议，围绕城市建设与治理，提出许多关于现代城市科学规划、功能定位、精细化管理的重要论述，为人民城市理念奠定了重要的实践与理论基础。其中，“人民城市理念”的核心要义尤为重要：人民城市应当是以人民为中心、一切发展为了人民的具有中国特色的社会主义现代化城市，建设城市应让城市成为人民的共同家园、生态空间和文化之地。

第三时期：党的十九大之后，习近平同志在各地考察调研时围绕城市建设发展治理作出了一系列重要论述。2019 年，习近平总书记在杨浦滨江考察时首次明确提出“人民城市是人民的，人民城市建设要坚持以人民为中心，坚持人民城市为人民”的重要原则，这是“人民城市理念”的初步形成。2020 年 11 月 12 日，习总书记在浦东开发开放 30 周年庆祝大会上进一步完整阐述了“人民城市人民建、人民城市为人民”的理念，并围绕“提升城市治理现代化水平，开启人民城市建设新局面”作出了具体部署和要求。

第四时期：在党的二十大上，习近平总书记在报告中强调：“要坚持人民城市人民建、人民城市为人民的原则，提升城市规划、建设、治理能力，加快改变超大特大城市发展模式，实施城市更新行动，强化城市基础设施建设，创建宜居、韧性、智慧城市”，为新时代中国城市发展指明了方向、提出了要求，并为人民城市理念的深化系统化、理论化明确了路径、勾勒了蓝图[3]。

（二）中国各地关于人民城市理念的实践

不同的城市根据自身的特点和优势，从不同的方面积极践行了人民城市的理念，让城市更加适应人民的需求和期待。

例如，北京、上海这种超一线城市，由于人口众多，经济飞速发展，居民生活压力大，所以建设重点放在了提升城市的国际水平和宜居程度，优化城市空间结构和功能布局，提升城市的文化品位和人文气息，加强建设社区公共资源配置和社会治理的基本单元，增强社区的便利性和活力等方面。

而像南京、西安这种有着悠久历史和丰富文化底蕴的城市，它们把建设重点放在了加快建设创新名城和服务名城，强化城市的创新能力和服务功能，提升城市的活力和魅力等方面。它们还加快建设历史文化名城、国际化大都市、创新驱动之都，弘扬中华优秀传统文化和社会主义先进文化，提升城市的开放水平和创新能力。

还有一些以风景优美、景点众多而著称的城市，如厦门、桂林、青岛等城市，它们就将建设重点放在了生态文明建设，通过保护和恢复原有的山水风光，积极发展旅游业，打造国际旅游岛，吸引游客前来观光旅游，提升城市旅游品质和服务水平，打造国际时尚之都，打造美丽的旅游资源，促进旅游业的发展。

也有一些像成都一样的城市着重打造“公园城市”，旨在以生态优先、绿色发展为导向，建设一批公园绿地、生态湿地、森林公园等，让居民享受美丽的自然景观和休闲娱乐设施，提升城市品质和居民幸福感。更有以长沙为例的城市，充分发挥“以人民为中心的发展思想”，开展“幸福测量仪”App的试点工作，实时感知群众体验，让人民群众更积极主动参与城市体检评估，从而满足不同群体的需求和期待。

三、人民城市的内涵

人民城市理念体现了对人民性、共生性、创新性、开放性的坚持。人民城市理念具有四个方面的内涵，分别是政治内涵、社会内涵、经济内涵、生态内涵，这一理念更可以与习近平生态文明思想进行有机结合，为中华民族伟大复兴和永续发展提供强大思想武器，为中国社会可持续发展提供科学思想指引。

（一）政治内涵

人民城市的政治内涵是指城市要体现社会主义制度的优越性，坚持党的领导、人民当家作主、依法治城、走和平发展道路，实现城市与人民的和谐统一。

人民城市的政治内涵主要包括以下五个方面：第一，人民城市是社会主义现代化国际大都市的目标和方向，要体现中国特色社会主义制度的优越性，展示中华民族的伟大复兴，为全面建成社会主义现代化强国作出贡献；第二，人民城市是党的领导下的城市，要坚持党对城市工作的全面领导，加强党的建设，提高党的执政能力和领导水平，保证城市工作沿着正确的方向前进；第三，人民城市是人民民主的城市，要坚持人民当家作主，发展社会主义民主政治，完善城市基层民主制度，保障人民群众的民主权利，促进人民群众的广泛参与和监督；第四，人民城市是法治的城市，要坚持依法治城，建设法治城市，完善城市法治体系，加强城市法治建设，保障城市法治运行，维护城市法治秩序；第五，人民城市是和平的城市，要坚持走和平发展道路，维护国家主权和安全，促进国际交流和合作，推动构建人类命运共同体，为世界和平与发展作出贡献。

（二）社会内涵

人民城市的社会内涵是指城市在满足人民群众的物质和精神需求，促进人的全面发展，构建和谐共生的社会关系，实现共建共治共享的社会治理，展现社会主义核心价值观的基础上形成的城市的社会特征和价值取向。

人民城市的社会内涵主要包括以下三个方面：第一，人民城市是人的发展的城市，要坚持以人民为中心，不断提高人民群众的获得感、幸福感、安全感，满足人民对美好生活的向往，保障人民的基本权利和利益，激发人民的创造活力和创新潜能，促进人的全面发展；第二，人民城市是和谐共生的城市，要坚持以社会主义核心价值观为引领，培育和践行社会主义公民道德，弘扬中华优秀传统文化，推动中外文化交流互鉴，构建人与自然、人与社会、人与人之间的和谐共生关系，增强城市的文化自信和社会凝聚力；第三，人民城市是共建共治共享的城市，要坚持人民当家作主，发展社会主义民主政治，完善城市基层民主制度，保障人民群众的民主权利，促进人民群众的广泛参与和监督，形成政府、社会、市民三大主体协同治理的社会治理共同体，实现城市治理的有效性和公平性。

（三）经济内涵

人民城市的经济内涵是指城市在发挥市场配置资源的决定性作用，促进经济高质量发展，实现城市与人民的和谐统一的基础上，形成的城市的经济特征和价值取向。

人民城市的经济内涵主要包括以下三个方面：第一，创新驱动，推动产业转型升级，培育壮大新动能，打造具有国际竞争力的战略性新兴产业，构建现代化经济体系；第二，开放包容，积极参与国际经济合作与竞争，打造国际经济合作新高地，建设国际交流中心，提升城市的国际影响力和吸引力；第三，共享共赢，推动经济发展成果更多更公平惠及全体人民，缩小城乡区域差距，促进社会公平正义，构建人人有机会、人人尽力、人人共享的社会主义市场经济[4]。

（四）生态内涵

人民城市的生态内涵是指城市在保护自然生态、构建生态文明、实现城市与人民的和谐统一的基础上，形成的城市的生态特征和价值取向。

人民城市的生态内涵主要包括以下三个方面：第一，人民城市是绿色低碳的城市，要坚持节约资源和保护环境的基本国策，推动经济社会发展全面绿色转型，加快形成绿色发展方式和生活方式，实现经济增长与资源节约、环境保护的协调统一；第二，人民城市是生态优先的城市，要把坚持生态文明建设放在突出位置，严守生态保护红线，完善生态补偿机制，加强生态保护修复，提高生态系统质量和稳定性，构建生态安全屏障，为人民群众提供优质生态产品；第三，人民城市是公园城市的城市，要坚持以绿色为底色，以公园为载体，以景观为纽带，以生态为支撑，打造城市绿色生态系统，实现城市功能区域、生态空间、绿色网络的有机融合，让城市成为山水林田湖草相依相存的生命共同体[5]。

（五）人民城市理念和习近平生态文明思想的有机结合

习近平生态文明思想是习近平新时代中国特色社会主义思想的重要组成部分，是社会主义生态文明建设理论创新成果和实践创新成果的集大成，是一个系统完整、逻辑严密、内涵丰富、博大精深的科学体系，标志着我们党对社会主义生态文明建设的规律性认识达到新的高度。

习近平生态文明思想和人民城市理念是有机结合的。两者都以人民为中心，都体现了对人与自然和谐共生的追求，都坚持绿色发展是发展观的深刻革命，都强调良好生态环境是最普惠的民生福祉。两者相互支撑、相互促进，在实践中不断丰富和发展。在推进城市建设中，我们要以习近平生态文明思想为指导，贯彻落实人民城市理念，坚持党对城市建设的全面领导，贯彻落实新发展理念，完善城市治理体系、提高城市治理能力，打造宜居、韧性、智慧城市，构建美丽中国。

四、中国特色社会主义城市

在中国共产党的领导下，以人民为中心，推进以人为核心的新型城镇化，走出一条符合中国国情、体现社会主义制度优势、反映人民群众意愿、满足人民美好生活需要的城市发展道路[6]。

（一）中国特色社会主义城市的建设

城市建设是一项关系国家发展和人民福祉的重大战略，要坚定坚持党的领导，城市建设的全过程和城市治理的各方面都应融入党的建设。中国特色社会主义城市的建设应遵循以下几点：

一是要坚持以人民为中心，弄清人民群众的需要，聚焦人民群众的需求，合理地安排日常生产生活，创造良好的生态空间，秉持“宜业、宜居、宜乐、宜游”这一基本原则进行城市建设，创造良好的学习、工作、生活环境，让人民能学习、能养家、能生活，能过上平衡舒适的生活。

二是要坚持改革创新，深化经济体制改革，推动产业转型升级，提升城市功能品质。完善城市治理体系和治理能力现代化，运用现代科技手段实现智能化、精细化治理。城市只有经济发展好，才能有更多的能量让人民过上美好生活。

三是要传承发扬中华优秀传统文化，积极推动文化创新发展，把传统文化与现代发展相结合，让人民尤其是青少年都能接受文化熏陶，提升人民文化素养，打造富有魅力和吸引力的社会主义文化城市。

四是坚持人民共建共治共享，充分调动人民群众的积极性，充分发挥人民群众的创造作用，尊重每一位城市居民对城市发展决策的知情权、参与权、表达权、监督权，鼓励每一位居民参与到城市建设当中。

（二）基于《习近平关于城市工作论述摘编》一书对中国特色社会主义城市的理解

《习近平关于城市工作论述摘编》（以下简称《摘编》）一书是中共中央党史和文献研究院编辑的一部重要文献，系统梳理了习近平同志在不同场合、不同时间、不同对象发表的关于城市工作的重要论述，全面反映了习近平新时代中国特色社会主义思想在城市建设发展领域的丰富内涵和科学体系。这本书是学习贯彻习近平新时代中国特色社会主义思想的重要教材，是推进新型城镇化和城市治理现代化的宝贵参考，是提高城市工作水平和能力的有效途径。

在《摘编》这本书中，围绕着城市建设发展面临的重大理论和实践问题展开了讨论，集中阐述了中国式现代化城市发展道路的指导思想、目标、阶段、主体、关系、态度、范畴、核心、策略和实现路径等，对于不断推进城市治理体系和治理能力现代化，具有十分重要的指导意义。《摘编》深刻揭示了中国特色社会主义城市发展规律，深刻回答了建设什么样的城市、怎样建设城市这一重大命题，具有鲜明时代特征、理论价值和实践意义。认真学习领会这本书的精神实质和核心要义，有助于推进城市工作高质量发展。

城市建设应从党和国家事业全局的高度，重视城市在我国经济社会发展中的重要地位和作用，始终遵循人民城市为人民的重要理念，始终坚持以人民为中心的发展思想，以建设生态、智慧、法治、文明的现代化城市为目标，坚定不移走中国特色社会主义城市发展道路。

城市建设也应紧密结合我国实际情况和国际形势变化，运用马克思主义的立场和观点以及方法，分析并解决存在于城市工作中的各种问题，运用辩证唯物主义和历史唯物主义的世界观方法论，形成辩证统一、开放包容、创新发展的思维方式，锻炼出求真务实、与时俱进、改革创新的工作作风[7]、[8]。

五、宜业、宜居、宜乐、宜游

宜业、宜居、宜乐、宜游，让人民有更多获得感，为人民创造更加幸福的美好生活——这就是习近平总书记心中的人民城市。

宜业、宜居、宜乐、宜游是一种城市发展理念，旨在提升城市的经济、社会和文化水平，满足不同群体的需求和期待。年轻人是城市发展的重要力量和主体，他们需要一个有利于就业创业、住房安居、休闲娱乐和旅游观光的城市环境。城市应该根据自身的特色和优势，打造适合年轻人生活和发展的场景和空间，增强城市的吸引力和竞争力。

（一）建设宜业城市

城市应该具备良好的自然和社会环境，能够支持和促进各类经济活动的开展。城市应该为年轻人提供更多的就业和创业机会，根据人口结构和年轻人的学历情况，合理规划和布局产业结构，发展生产性服务业，吸引和留住年轻人，而不是只关注政府的招商引资和企业的税收贡献。实践证明，高新技术产业、互联网行业、现代服务业、创意产业、金融产业、时尚产业、文旅休闲等行业发达的城市，更能激发和满足年轻人的需求和期待。

（二）建设宜居城市

城市建设应该以人民为中心，增强人民的幸福感和获得感。城市应该平衡生产、生活、生态空间的布局，让城市成为人民安居乐业的家园[9]。城市应该为青年人提供合理和可持续的住房政策和服务。不能让青年人住在没有阳光和空间的出租屋或者远离城市中心的郊区。他们需要有舒适和温馨的住所，能够享受到便利和品质的生活。买房不应该是一种负担，而应该是一种选择。

（三）建设宜乐城市

城市应该提供多样化的文化、体育等休闲娱乐设施，丰富居民的休闲娱乐生活。城市应该为年轻人创造有趣和有意义的娱乐空间，让他们在工作之余能够放松身心，享受生活。城市应该在每个社区建设艺术场馆、茶舍、咖啡厅、台球馆等休闲场所，满足不同居民的喜好和需求。

（四）建设宜游城市

城市应该打造美丽的公园绿地、景点等旅游资源，吸引游客前来观光旅游，促进旅游业的发展。城市应该优化交通网络，缩短日常通勤时间，让出行更加便利。城市应该建设多样化的公共休闲空间，让居民在家门口就能享受逛街、遛狗、运动健身等生活乐趣。

（五）提高城市的发展水平和品质

定期进行城市体检评估，系统地、专业地综合评价城市的发展状况，找出城市空间品质的不足和风险点，为政府决策提供依据，有针对性地优化空间规划安排。

加快城市更新和老旧小区改造，创建社区生活圈，配备居民日常生活所需的各种功能和设施，包括养老、医疗、教育、商业、交通、文体等基本公共服务设施。

积极听取群众意见，开展规划实施社会满意度评价，了解人民群众对规划实施和城市工作的反馈，并通过数据库长期建设，跟踪记录人民群众满意度变化趋势。

因地制宜，有序实施，结合不同地区的经济发展水平、历史传统、文化积淀、基础设施水平等差异因素，兼顾体检评估的统一性和差异性，使指标体系对各类型城市具有较好的适应性。

六、结语

“筑城以卫君，造郭以卫民。”城市之所以为城市，是因为它肩负着人口聚集、商品交换的重任。现如今城市飞速发展，不再只是以往相对单一的功能，城市成为各地区的核心区域，成为文化中心、生产中心、消费中心、生活中心，吸引了大量居民前往城市学习、就业乃至生活，城市在全球发展过程中的影响力有了极大的提高。但与此同时，我们也应思考城市化所带来的全球性问题，如资源短缺、集中污染、自然破坏等重大问题。城市建设与发展要坚持走中国特色社会主义城市发展道路，要坚持以人民为中心的发展思想，要坚持新发展理念，要坚持改革创新，要坚持协调发展，要坚持绿色发展。让我们在习近平总书记的指引下，共同努力，为建设现代化、国际化、生态化、智慧化、法治化、文明化的城市而奋斗！

参考文献：

［1］习近平．高举中国特色社会主义伟大旗帜 为全面建设社会主义现代化国家而团结奋斗——在中国共产党第二十次全国代表大会上的报告［J］．中国合作经济，2022（10）：4－31.

［2］李渊，张明．以人民为中心：人民城市建设的底色思维［J］．上海城市管理，2020，29（05）：18－23.

［3］刘洋．习近平关于人民城市重要论述的生成逻辑与时代价值［J］．马克思主义研究，2022（08）：97－104.

［4］刘士林．人民城市：理论渊源和当代发展［J］．南京社会科学，2020，（08）.

［5］史云贵．以人民为中心的公园城市演进逻辑与绿色治理路径［J］．天津社会科学，2023（05）：46－52. DOI：10.16240/j.cnki.1002－3976.2023.05.004.

［6］章钊铭．新时代“人民城市”理念研究述论［J］．经济与社会发展，2021，19（06）：18－25. DOI：10.16523/j.45－1319.2021.06.002.

［7］习近平．习近平关于城市工作论述摘编［M］．北京：中共中央党史和文献研究院，2023.

［8］堵锡忠，李娟，倪广丽等．新时代首都城市治理实践的根本遵循和指南——学习《习近平关于城市工作论述摘编》的体会［J］．城市管理与科技，2023，24（02）：14－17. DOI：10.16242/j.cnki.umst.2023.02.001.

［9］谢坚钢，李琪．以人民为中心推进城市建设［N］．郑州日报，2020－06－19（008）．DOI：10.38344/n.cnki.nzzrb.2020.001419.

人民城市论主要理念的生成逻辑、实践基础及当代意义

李孟菲

摘　要：进入新时代，人民对美好生活需要的内涵和外延不断扩展，对城市建设的要求和愿景也有了新的更高要求，习近平总书记在坚持马克思主义关于城市的理论与中华优秀传统城市建设智慧、中国共产党领导的城市建设经验，尤其是与中国特色社会主义城市发展道路相结合的基础上，创造性地提出人民城市重要观念。人民城市重要观念摒弃和超越了西方城市发展道路所追崇的“资本至上”理念，理承和发展了马克思主义关于城市的相关论述，是实现中国式现代化的生动体现，为世界其他国家的城市建设及城市现代化发展提供了中国智慧和中国方案，具有深刻的世界意义。

关键词：人民城市；生成逻辑；实践基础；当代意义

一、人民城市重要理念的生成逻辑

人民城市理念的形成是在继承和超越中华民族传统的“民本思想”、古代城市建设智慧的历史依据基础上，创造性转化、创新性发展的必然结果。马克思主义经典作家对于城市思想的阐述和分析为人民城市理念的形成奠定了理论基础。习近平总书记高度重视弘扬中华优秀传统文化，在“丨两个结合”中不断丰富人民城市理念，推进城市建设。中国共产党自成立以来就带领人民不断对城市建设、城市工作进行探索，结合时代特征和实践条件形成具体的工作步骤，对党领导城市工作的百年历程进行经验总结和借鉴，是人民城市理念形成的实践基础。

（一）理论逻辑

马克思主义经典作家的城市论述是建立在对现实城市特别是资本主义背景下的大工业城市的分析和批判基础之上形成的；从而把“城市”纳入马克思主义的视野。马克思主义经典作家关于城市建设的议题发表了许多重要论述，在指导社会主义国家做好城市建设的同时，也为新时代中国特色社会主义城市建设提供了重要的理论依据。

马克思、恩格斯在资本主义背景下对城市发展及存在的问题进行了深刻的剖析，首先，揭示出“城市”出现与发展的必然性。从发展的角度来看，城市的出现是社会历史的进步、人类文明的凝结的结果，马克思认为人类社会由原始社会过渡到奴隶社会并伴随着生产力的发展生产资料开始集聚，在资源聚拢下人类也开始了定居的模式，“城市”的形成也从此拉开了序幕。到了第三次社会大分工时期，迅速发展的商品经济，进入城市的人口也较之前增多。在这一时期中的“城市”所扮演的角色除了最基本的栖息功能外，也对生产生活发挥着重要作用。在资本主义社会阶段，工业革命推动了大工业城市的产生。其次，马克思、恩格斯阐述了在社会发展中城市所发挥的重要作用。从变化的角度来看，在生产力发展的过程中，城市的功能也日益改变。从发挥军事基本功能发展到统治者为维护其统治地位，逐步通过占主导地位的文化和意识形态来影响人们的思想观念，城市因此开始发挥其文化的功能。近代以来，经济发展与城市的关系相辅相成，城市功能多样化更进一步。城市的发展不仅对社会发展起到了重要作用，而且最终为国家发展注入了全新的动力。最后，从运动的角度来看，马克思、恩格斯肯定了资本主义的历史进步性，也肯定了在城市发展中资本主义所起到的积极作用。但是同时他们也辩证地发现了资本主义城市发展中所存在的弊端，揭露了在资本主导的城市发展过程中所引起的住宅短缺、环境污染、城乡对立等不可避免的现实问题。在资本主义社会，城市成为统治者剥削和压迫人民的有力工具。因此，资本主义促进生产力与社会发展的同时，也成为社会灾难产生的总根源。

十月革命诞生了世界上第一个社会主义国家苏联，社会主义的新生产关系取代了资本主义的旧生产关系，人民群众从被剥削被压迫的角色变成城市和社会的主人。因此，城市和人民之间的统治工具与被统治的敌对状态也发生了改变。正如列宁所指出的：“城市是人民的经济、政治和精神生活的中心，是进步的主要动力。”在社会主义国家的历史实践中，马克思主义经典作家首次把“城市”和“人民”紧密联系起来，可以将其看作是人民城市的最初形态。不论是马克思恩格斯对资本主义城市的剖析，还是十月革命胜利后对社会主义城市建设的探索经验，都为人民城市理念提供了丰富的理论基础。

（二）历史逻辑

大约在四千年前我国便出现了城市，城市文明伴随着城市的出现而出现。以人民为中心的城市发展理念深藏在中华传统城市建设智慧之中。第一，以民为本作为中国古代城市思想的核心理念，不仅是一种治国理政理念，更体现在城市建设的方方面面。东汉文学家许慎曾指出：“城，所以盛，民也；民，乃城之本。”这指明了我国古代城市管理所奉行的原则便是以民为本。习近平总书记在多地考察调研时曾提到，“城市是人民的，城市建设要坚持以人民为中心的发展理念。”习近平总书记关于人民城市发展理念的形成有效借鉴和吸收了我国古代城市建设和管理中以民为本的传统文化思想，并赋予其新的时代内涵。第二，文化筑城是中国古人在城市建设方面的内核原则是将民族特质与历史文化有效融入城市规划与建设。周代的营城制度在礼制基础上形成了特有的建筑格局；唐代长安城中的宫殿建设也是文化筑城的典范。第三，山水环绕，天人合一。尊重自然的思想在我国古人城市建设中就已经得到了体现，我国传统文化讲求要达到的理想状态是人与自然的相协调即天人合一。由此可见，我国古代城市发展强调人与自然和谐统一，在发展过程中重视生态环境保护。党的十八大以来，习近平总书记对城市发展中所存在的生态环境问题进行了思考和分析，鲜明体现了当代城市发展要尊重和保护自然。第四，依法治城、依律治城。律法作为上层建筑的重要组成部分，对于城市发展和建设发挥着重要影响。不论是综合性法典，还是单行法律条例，为新时代城市工作提供了悠久的理论和经验借鉴。中国古代城市发展中所特有的思想不仅体现了古代重视民生、尊重自然的特点，同时其依法依律治城等准则也为新时代在党领导下做好城市工作，建设人民城市，打造不断满足人民日益增长的美好生活需要的“诗意栖息”幸福家园有着深远的影响。

（三）实践逻辑

党在中华苏维埃时期就对城市建设进行了初步尝试。在这一时期，设立了专门机构，如中央内务人民委员部下设市政管理局、行政局等来组织推动城市市政建设；构建初步的城市民生保障体系，如劳动保护局、失业工人介绍局、社会保障管理局、中央防疫委员会、革命救济会等充分保障民生权益；强化政府职责，提供城市就业服务，如劳动介绍以及职业培训等。到了抗日战争时期，党对城市建设也不断进行探索，如陕甘宁边区首府延安的城市建设，在近 10 年的建设中，延安就从 1937 年 3000 多人的小城一跃成为经济、文化较为繁荣的革命“圣地”，延安成为世界认识中国共产党的一个窗口；陈嘉庚曾说“中国的希望在延安”。党在成立初期工作重心在城市，随着革命的发展和党对革命规律性的认识，党的工作重心开始由城市向农村转移；在革命胜利前夕，党对工作重心从农村转向城市进行了酝酿和初步准备。1940 年 2 月，中央提出“将党的注意力不偏重于战争与农村工作，而引导到注意城市工作”的要求；1944 年，中央发出由毛泽东起草的《中央关于城市工作的指示》，“只有我们占领大城市以后，我们才能成为最后胜利者”，在党的六届七中全会上，决定成立中央城市工作委员会，要求地委以上各级党委必须立即建立“城市工作部”。1945 年，在党的七大上，毛泽东提出：党的工作在工作重心上准备由乡村转向城市，在发展方向上准备使中国由农业国转变为工业国；1945 年还印发了《关于新解放城市工作的指示》等。整体而言，在抗日战争结束之前，党的主要任务是动员工人、农民进行革命，主要注意力集中在广大农村，对于长期占领城市既没有可能，也没有“打算”，很难以城市“主人”的身份看待、管理城市，如何建设人民的城市的问题自然难以提上议事日程。在解放战争时期，党对城市建设与管理进行了深刻的思考和实践探索。1948 年，中央工委《关于收复石家庄的城市工作经验》指出：“石家庄是人民的石家庄，我们工作应作长期打算，方针是建设，而不是破坏”；在接管东北城市中我们得出的经验是：依靠城市、爱护城市、发挥城市作用等。上海是我国的金融中心、经贸中心，人口 600 万是全国最大城市，中央在江苏丹阳专门组织接管上海的干部进行“入城教育”。陈毅就任上海市市长时的“十一和一十”的阳春面故事体现了我们党的领导人始终把人民放在心中最高位置，“从今以后，上海是人民当家作主的上海，人人平等，再无贵贱之分。”上海的成功接管是我们党接管城市理论与政策成熟的一个重要标志。

新中国成立以来，尤其是在社会主义建设和改革开放进程中，城市出改革和发展始终扮演着重要角色。70 余年来，中国城市发展发生了巨变，超过了历史上任何时期。完成了从半殖民地半封建社会的城市向社会主义城市的转型和从农业时代向工业时代的转型。进入新时代，我们党将群众路线贯彻在党的全部活动中，始终站稳人民立场，以人民作为我们的出发点和落脚点。以习近平同志为核心的党中央，结合新的特征和需求，深入思考“怎么把城市交还给人民?”提出了“人民城市人民建，人民城市为人民”的人民城市理念。这充分彰显了“以人民为中心的发展思想”。习近平总书记曾 10 次调研北京、18 次批示，指出：“北京不要去贪大求洋，不要去搞奇奇怪怪的建筑。北京要有所为有所不为。”立足于人民的实际生活和需求，不断满足人民对美好生活的向往进行城市工作。

总结党的城市工作经验，一是秉持人民立场，以人民为中心是我们党城市工作的出发点和立足点。二是城市工作要注重统筹规划，这是党城市工作的重要经验，在中国共产党城市工作的探索和实践中规划先行的理念贯穿全局。三是要注重发挥法治的作用，自由是有条件的，只有在限度之内才有自由；法律法规就是人民群众在城市获得自由生活的必要条件。1989 年年底我国颁布首部城市规划法《中华人民共和国城市规划法》，标志着在党的领导下，城市建设和管理中融入了法治思维，将我国的城市工作纳入了法治轨道。随着实践的发展，党不断完善和制定施行关于城市工作的各方面条例、法规等，但核心都是围绕着“人民”来进行的。中国共产党始终坚持将人民至上作为城市建设的指导思想。城市应该属于人民，要由人民自己来负责管理、做城市的主人。

二、习近平关于人民城市建设的探索与实践历程

理论的形成和发展与实践之间是密切相关的，习近平总书记个人丰富的城市工作经历是城市发展相关论述形成的实践基础，在他的城市工作探索中积累了有效的城市工作经验，为实现城市可持续发展提供了重要指导。

（一）福建任职期：探索起步阶段

1985 年，习近平来到福建，在此期间，他将做好城市工作摆在了首要位置，为城市发展制定了科学合理的发展战略。这些探索和实践不仅为城市高质量发展指明实践方向，同时也为此后发展提供了理论遵循。

习近平在宁德担任地委书记一职时，经济发展和城市基础设施建设方面的问题是当时宁德面临的十分严峻的考验。其在宁德的工作经验可以概括为以下几点：一是在城市各项工作的部署中都要加强党建的引领作用；二是在推动脱贫攻坚的基础上兼顾生态环境建设。在习近平带领宁德人民实现脱贫致富的过程中，他创造性运用了生态与经济相互促进的新理念，从而在推动经济发展的同时也有效保护了自然生态环境。

习近平担任福州市委书记时福州呈现的城市问题，如交通不便、环境污染严重成为阻碍人民幸福的绊脚石。面对福州的状况，习近平在理论和实践两个方面对如何增强福州人民生活的幸福感进行了深刻思考。福州时期的城市工作实践，为习近平城市工作的经验积累奠定了实践基础，为其理论的形成提供了实践依据和材料。其在福州的工作经验，可以总结为两点：一是利用“数字赋能”做好城市工作；二是以人民为中心开展城市工作，让人民满意是习近平同志最大的工作特点。

（二）浙江任职期：广泛开展阶段

在改革开放的影响下，浙江经过二十多年的发展，经济发展水平和城市化发展水平都名列前茅。在浙江工作期间习近平主持制定的“八八战略”为浙江进一步实现高质量发展指明了前进的方向。习近平在些期间的工作经验可以概括为数字建设、法治建设、文化建设、生态建设四点。一是推进“数字浙江”建设，“让城市更聪明一些、更智慧一些”。二是大力推动法治城市的建设。法治作为我国治国理政的重要环节，为解决城市发展过程中面临的难题提供了制度保障。习近平多次强调，要将法治思维运用到政治、经济、文化、生态等各个方面。三是大力推动文化城市建设。习近平十分重视城市历史文化保护的问题。在浙江期间，习近平通过多次实地考察，深刻认识文化对城市的发展起到了举足轻重的作用。因此，习近平高度重视浙江的文化建设，作出了加快建设“文化浙江”的决策部署。四是推进“生态浙江”建设，共创生态文明新城市。习近平通过实地调研，做出了“创建生态大省”的重大战略决策。这些决策为之后推动城市生态建设奠定了坚实的基础。

（三）上海任职期：全面推进阶段

习近平从浙江来到上海工作时，对上海城市工作给予了莫大的关注，他指出，“作为一座超大型城市，上海发展较快，国际上很多最新的东西也都是最早进入这里，这对上海城市治理提出了很高的要求。”在上海工作期间，习近平关于城市发展工作的经验可以概括为以下几点：首先，要利用高新技术来推动城市发展水平。习近平之后关于“城市智能化”以及“打造智慧城市”等相关论述的形成正是在上海主持工作的基础上进一步的深化。其次，要注重城市文化建设。在城市工作的过程中，保护文化遗产、传承优秀传统文化城市建设的重要内容。习近平在上海工作期间，为守住城市的“魂”和“根”做了许多实践和探索，概括了引领上海城市发展的精神旗帜的16字上海城市精神——“海纳百川、追求卓越、开明睿智、大气谦和”，为上海发展提供了重要指导。

（四）中央任职期：发展成熟阶段

在注重城市生态环境治理的过程中着力打造“公园城市”。2018年，习近平总书记首次提出了“公园城市”的概念，这个理念不仅体现了“生态文明”建设的重要性，更是将生态建设与人民至上的理念相融合。这一新概念不仅蕴藏着习近平总书记对人与城市关系的思考，更是体现了人与自然和谐共生的理念。当前，随着城市化建设稳步推进，涌入城市的人口越来越多，人民对建设美好宜居且环境优美的城市愿望也日益强烈。因此，城市在发展过程中，应当协调发展与保护并举，实现发展的同时也要留下绿色，不断满足人民对美好生活的需要。

在城市发展过程中，要注重保护历史文化遗产，增强城市的文化效能。文化是凝聚人民的最深厚、最基础的力量，文化自信是最深沉、最根本的自信，是增强人民对所生活城市归属感和幸福感的重要途径。党的十八大以来，习近平总书记在中央城市工作会议及各地的考察调研过程中，围绕城市工作做出的一系列指示中就包括怎样正确处理历史文化遗产的保护与城市发展之间的关系，牢牢守住城市的"根"的内容。习近平总书记关于城市工作的理论与实践，为新时代正确处理我国城市发展与文化保护之间关系、增强城市发展的"软实力"、提高人民的凝聚力和归属感提供了有效指导。

三、人民城市重要理念的当代意义

立足当代中国城市建设与发展问题，党和国家在全面深化改革持续推进的过程中不断进行实践探索，最终形成了"人民城市人民建，人民城市为人民"的人民城市理念。习近平总书记以高瞻远瞩的眼光洞察中国城市问题，为城市建设与发展提出创新战略与发展途径，为中国城市的高质量发展与可持续发展提出未来新愿景，并在真抓实干的具体实践中不断推进中国城市向纵深发展。在继承和发展马克思主义关于城市的论述基础上人民城市理念的核心在于推进人的发展，人民性是马克思主义的鲜明特征，作为马克思主义政党，中国式现代化所蕴含的最本质的内容在于人的现代化，人民城市理念"则是党和国家在以人民为中心的立场中实现代化进行的的生动诠释这是相对于西方在剥削与压迫中建立城市集权地位的彻底性改变，符合当今世界城市发展规律、符合世界城市未来发展趋势，向世界城市治理与发展展现中国气派，以丰富内涵与正确的价值引领推动世界城市发展，为世界提供中国智慧。

（一）对马克思主义理论成果的继承和发展

一方面，马克思对资本主义制度下的城市发展作出肯定回答，资本主义的城市发展是社会生产力发展与人类进步的重要推动，其深远意义不能否认；另一方面，马克思也在资本主义城市发展过程中暴露的种种问题的现实基础上揭示资本主义城市的剥削本质，进而对其展开批判。资本主义在资源集聚下资本横行，以资本操纵城市发展，是违背人民意愿的发展，在此现实下必然导致社会动荡与两极分化、社会经济增长而人民无实质发展的窘境。资本的不可克服的内在矛盾，是资本主义城市发展限度的内在原因，从而为未来城市的发展和应站稳的人民立场奠定了基础，也为无产阶级的斗争指明了方向。马克思、恩格斯对城市的否定是辩证的否定，其愿景是在未来城市建设中建立自由人的联合体，城市不再是资本压榨的空间工具。列宁指出：“城市是人民的经济、政治和精神生活的中心，是社会进步的主要动力。”列宁对于苏联城市建设工作的探索和实践，使社会主义的新生产关系代替了资本主义的旧生产关系，使人民群众从被剥削被压迫的角色变成城市和社会的主人。

自中华人民共和国成立起，党和国家便以具体现实为依据，立足我国城市工作现状进行探索和分析，在实践中不断推动理论创新化、时代化。在革命和建设背景下，毛泽东提出：“一种是为了人民的当前利益，是小仁政；另一种是为人民的长远利益，是大仁政。如果首先只想改善人民生活，那是小仁政，而首先把独立的工业和经济国防上去，那才是大仁政。”“这些工作的重要性远远超过重工业，它直接影响到党同人民群众的关系”，我们要在统筹兼顾的方针下解决人民的问题。改革开放过程中邓小平把城市建设比喻成“骨头”和“肉”的关系，指出我们的城市建设工作不是抛弃资本，而是应该合理使用资本来建设我们的城市，但也要防止和避免“城市资本化”。中国特色社会主义进入新时代，在推动城市发展的进程中，习近平总书记指出，城市工作要像“绣花”一样精细，创新城市工作理念，绘制城市发展的“绣图”，要苦练“绣功”，不断提升城市工作的科学化、精细化、人文化、智能化水平。

立足我国发展实际，顺应时代要求，中国特色社会主义城市建设的发展道路早已深化了马克思主义经典作家对于城市发展相关论述，并在时代背景下实现了传承与发展。我们高举马克思主义的真理旗帜，以马克思主义关于城市建设的思想为中国城市建设的指导思想，在探索与实践中不断丰富马克思主义关于声调的论述

（二）中国式现代化的生动体现

中国式现代化蕴含着人的现代化。人民城市理念蕴含着以城市地位与功能变革推动人民发展的本质属性和实践路径。在城市功能更新迭代的动态过程中从多方面、多维度回答了城市“为了谁发展、依靠谁建设”的重要问题，是中国共产党百年为人民发展栉风沐雨的生动表现。随着社会主要矛盾的变化，我国亟待在发展中解决发展不平衡不充分的问题，实现人民对美好生活的向往。城市作为社会生产综合体，汇聚大量的社会资源与生产资料，人民城市理念的应运而生强调必须以人民满足对美好生活的向

往为奋斗目标，实现人民发展是城市建设与发展的出发点，实现人民发展也是稳步迈向现代化的落脚点，巩固人民发展成果、增加人民发展机会、拓宽人民发展渠道、保障人民发展利益。

在中国式现代化目标的引领之下，新型城镇化建设如火如荼，取得诸多成就，同时也面临许多现实问题，基于具体实际，习近平总书记指出要在机遇中看到挑战，"尤其是在我们这样一个拥有十三亿多人口的发展中大国实现城镇化，在人类发展史上没有先例。"人口规模巨大的现代化是中国式现代化的特征之一，在新型城镇化建设中需要在总结经验中加以创新、克服困难，新型城镇化战略与乡村振兴战略构成双驱动战略为我国城市建设与发展注入动能，以乡村振兴促进城市发展与城乡融合中需要明确具体切入点，而城镇与区县是最好的选择，因此需要不断完善健全城乡融合发展体制机制，以构建城乡平等地位为前提，发展乡村为抓手，促进城乡要素的自由流通与平等交换，不断健全乡村公共服务与基础设施，以多元主体共同发展开拓出独属我国的特色城市发展道路，在发展中把城市与乡村作为生命体来对待，把城市与乡村所独特的自然环境、文化传统、人文精神保存下来，形成人与自然、历史文化共存的发展新格局、全体人民共享发展成果的城市发展总旨归，使城市真正成为为人民生活服务的社会空间。。在城市建设过程中，把人民的发展与中国发展紧密结合，以党的路线、政策、方针不断对城市建设方案不断深化，构建"人民—城市—国家"的命运共同体。在坚守马克思主义理论基础与中国共产党对城市工作的实践经验的基础上，以国际城市普遍面临的"城市病"与我国社会主要矛盾的变化作为现实依据，以新发展理念与新发展格局为发展遵循，以理论创新引领社会把握历史大势、增强历史主动，进而为实现人民城市的美好远景与中国式现代化的伟大实践提供行动指南，为我国城市建设发展寄予新期望、注入新能量、带来新高潮。

（三）为世界提供中国智慧和中国方案

资本主义生产方式的萌生对于现代城市的诞生有着密不可分的关系，近代以来，西方资产阶级在推动资本全球扩张的同时，也将所谓资本主义现代化的模式拓殖到其他国家。其造成的后果一方面促进了全球城市的崛起；但另一方面也扭曲了城市良性发展的价值目标，并随着经济全球化进程，尤其是在疫情全球爆发的催化下，其弊病不断凸显。习近平总书记关于人民城市理念的论述不仅摒弃西方以“资本至上”为目标的发展道路，而且为全球城市在政治方向、经济转向等方面贡献了中国智慧和中国方案。

我们开展城市工作的立场是人民立场，开展的实践活动是以人民为中心的活动。做好城市工作，必须“认识、尊重、顺应城市发展规律”，做到因地制宜。人民是城市发展的决定力量和依靠力量，“资本至上”的价值理念是西式城市建设模式的弊端。因此，在城市空间中无法凸显人民的根本价值和利益。习近平总书记关于人民城市理念的论述深刻彰显了我们党以人民为中心的根本宗旨，也为城市现代化建设提供了崭新的路径。在城市建设过程中坚持“人民城市人民建，人民城市为人民”的理念，把“为人民”和“人民建”这两者结合起来，从而有效推动城市现代化建设。人民在城市发展中具有主人翁的地位，要充分保障人民的这种地位得以发扬，把人民创造美好生活、实现自我的人生价值融入城市发展。同时也要尊重和保障人民对城市工作的知情权、参与权、表达权与监督权，利用新媒体方式扩宽群众参与城市建设的渠道，针对不同的群体进行渠道的多样化升级，尽最大可能使人民参与到城市建设的过程中，真正做到“人民城市人民建、人民城市为人民”，为全球城市发展永葆活力提供了动力源泉，为其他发展中国家进行城市建设提供了中国方案与中国智慧。

参考文献：

[1] 高若凡．习近平城市治理重要论述研究［D］．集美大学，2022.

[2] 刘洋．习近平关于人民城市重要论述的生成逻辑与时代价值［J］．马克思主义研究，2022，(08).

[3] 刘士林．人民城市：理论渊源和当代发展［J］．南京社会科学，2020，(08).

[4] 奚建武．“人民城市论”的逻辑生成与意义呈现——习近平关于城市建设和发展的重要论述研究［J］．上海城市管理，2022，31（01）.

[5] 李潇．历史、理论和实践：人民城市重要理念的三重逻辑［J］．党政论坛，2022，(06).

[6] 章钊铭．新时代“人民城市”理念研究述论［J］．经济与社会发展，2021，19（06）.

[7] 王黎锋．中国共产党历史上召开的历次城市工作会议［J］．党史博采（纪实），2016，(07).

[8] 中央城市工作会议在京举行抓住五个统筹做好城市工作习近平李克强作重要

讲话张德江俞正声刘云山王岐山张高丽出席会议［J］. 城市问题，2016，(01).

［9］韩保江.“协调发展”是中国共产党治国理政的“大智慧”［J］. 财政研究，2022，(01).

［10］谢坚钢，李琪. 以人民为中心推进城市建设［N］. 郑州日报.

［11］习近平. 高举中国特色社会主义伟大旗帜为全面建设社会主义现代化国家而团结奋斗——在中国共产党第二十次全国代表大会上的报告［J］. 创造，2022，30(11).

［12］徐禧诺. 习近平关于以人民为中心的重要论述研究［J］. 昌吉学院学报. 2023，(02).

新民主主义革命时期党的优良作风建设及现实启迪

梁楚瑜

摘　要： 理论联系实际、密切联系群众、批评与自我批评这三大优良作风[1]，在中国共产党取得胜利中起着举足轻重的作用。在新民主主义革命时期形成的三大优良作风，不仅对新民主主义革命的胜利给予充分的肯定，而且在中国经济快速发展的今天也有不可忽视的力量。中国人民只有坚决支持和拥护中国共产党的领导，中国共产党只有时刻保持党的三大优良作风，坚定地用习近平新时代中国特色社会主义思想武装头脑，中国人民才有可能全面建成社会主义现代化国家。

关键词： 优良作风；中国共产党；新民主主义革命

理论联系实际、密切联系群众、批评与自我批评，是中国共产党的三大优良作风。[2]中国共产党人在长期的革命斗争实践中逐步培养和确立发展起来的这三大优良作风，体现了中国共产党人正确对待马克思主义、正确对待群众、正确对待自己的严肃态度。[3]它体现党的性质和宗旨，是中国共产党及其党性和世界观的外在表现。在新时代条件下继续坚持和发扬党的优良作风，对全面建设社会主义现代化国家具有重要意义。党要提升自身建设的科学化水平，还要加强先进性建设，弘扬三大优良作风，坚持把作风建设放在战略高度。以良好的作风来推动党的思想、组织、制度和反腐倡廉，使党在中国特色社会主义事业中始终保持着坚强的领导核心地位。

一、中国共产党优良作风的基本内涵

中国共产党在长期的革命斗争实践中，总结出了一套党领导党、党管理党和党建设党的办法，基于马克思主义基本原理同我国的具体实际国情相结合，衍生了中国共产党的三大优良作风，形成了一套高效的领导与管理办法。中国共产党人在毛泽东等人的领导下，为实现国家独立和民族解放而奋斗，推翻了长期以来压在中国人民头上的三座大山。长期以来的压迫，使中国人民遭受了极大的创伤，新民主主义革命如果没有取得胜利，那么中国人民就会一直处在水深火热之中。[4]

中国广大人民群众在中国共产党的领导下建立了一个崭新的国家，无产阶级、工人阶级、农民阶级以及广大拥护中国共产党领导的人民群众真正地成为国家的主人，人民实现了当家作主的梦想。在党的十九届六中全会中，通过了《中共中央关于党的百年奋斗重大成就和历史经验的决议》（以下简称《决议》），在该《决议》中明确地指出了中国共产党在革命斗争中形成的三大优良作风，即理论联系实际、密切联系群众、批评与自我批评这三大优良作风，[5]充分地肯定了这三大优良作风在新民主主义革命时期对于党取得胜利的重要作用。

（一）理论联系实际

理论联系实际是党三大优良作风的重要组成部分，要求党员干部要保持以理论与实际结合，做到用理论全方面、多方位地分析实际，做知其然、更要知其所以然，科学全面地深入探究实际。[6]更要做到用实际来论证理论，如果理论得不到具体的实际来论证，那么理论就有可能变成空洞虚无的，不具备科学的严谨性，更多能体现的只是事物的偶然性。正是因为党在同帝国主义、封建主义和官僚资本主义的斗争过程中，不断根据实际情况来总结规律，才得以取得了新民主主义革命的胜利，才取得了当下辉煌而璀璨的成绩。理论联系实际意味着需要用理论知识武装头脑，要求一切实事求是，一切从实际出发，做到求真务实。

（二）密切联系群众

走群众路线，与人民群众保持密切联系，这是中国共产党以马克思主义基本原理为基础，并与我国的实际情况相结合所形成的一种工作方法，是我党在新民主主义革命成功的钥匙。

密切联系群众的优良作风被中国共产党传承并发展了起来，成为广大党员干部武装头脑的一个重要武器。在马克思主义的历史唯物史观中，科学地总结出历史是由广大人民群众创造的理论，[7]党基于人民群众创造历史这一理论，在革命斗争中形成密切联系群众、走群众路线的优良作风，为我党和我军在革命斗争过程中不断地壮大自身的队伍、不断地加强革命武装部队的凝聚力和战斗力发挥了重大作用。由于时刻密切联系群众的优良作风，广大人民群众对中国共产党的革命对象和革命目标更加清晰，加强了党和群众联系，为新民主主义革命的胜利奠定了广大的群众基础。[8]

（三）批评与自我批评

批评与自我批评是中国共产党在革命实践理论活动中逐步形成、确立、坚持和不断发扬的优良传统和先进作风之一。[9]党坚持批评与自我批评的优良作风，其主要目的是加强党员对自身更加清晰的认识，从而认识到自身的不足之处，以便及时改正，加强党内的建设，提升党的判断力和决策力。党员干部作为中国特色社会主义事业的先锋，要时刻提升自我认知，不断地从批评与自我批评中获取宝贵的经验，这对党的内部建设具有重大的意义。

二、新民主主义革命时期党的优良作风的形成过程

大革命时期至抗日战争时期是中国共产党优良作风初具规模的时期，中国共产党成立初期，就明确规定了中国共产党的初心和使命是为中国人民谋幸福，为中华民族谋复兴。

国民革命战争时期，中国共产党就认识到中国革命与群众之间的关

系。当时作为共产党员的毛泽东同志，写了《中国社会各阶级的分析》《湖南农民运动考察报告》等文章。毛泽东深入基层调查之风格独树一帜，他不仅发现问题、寻找问题并找到其规律和解决方法。毛泽东的这些文章反映了当时中国社会的实际情况以及革命与群众相结合的重要性和必要性，真正做到了理论与实践的紧密联系。

土地革命时期，中国共产党在领导民主革命中初步形成了理论与实践的相结合、密切联系群众的优良作风。在井冈山革命根据地的建设中，中国共产党发动了土地革命。没收地主土地分给贫困的农民，包括红军的筹款都必须坚持群众路线。毛泽东同志在《古田会议决议》中也指出，红军的任务不仅要消灭敌人也要紧密联系人民群众、武装群众、帮助群众。1930 年 5 月，毛泽东同志针对党内存在的问题写了《反对本本主义》，文中毛泽东同志就严厉批评了党内存在的脱离调查的机会主义和盲动主义，他指出："中国革命斗争的胜利要靠同志们深入地了解中国的实际情况"。

抗日战争时期，中国共产党进一步发展"理论联系实际""密切联系群众"，毛泽东同志的《实践论》和《矛盾论》进一步阐述了理论联系实际的重要性，为其提出奠定了坚实基础。当时，毛泽东同志根据中国的实际情况，结合敌我情况，对中国的抗战提出了持久性的重要理论，并写出了《论持久战》，把中国的抗日战争分为三个阶段。在密切联系群众方面，党制定了三三制原则，农民交租交息，地主减租减息，得到了社会各界和群众的支持，是抗日战争取得胜利的重要原因之一。

批评与自我批评是中国共产党自成立以来，在长期的革命斗争中形成的。国民革命时期，因为右倾机会主义错误思想，党放弃了对革命的领导权，遭受了重大损失，那时党内只倡导批评，没有自我批评。第五次反围剿失败，遵义会议的召开使党纠正了"左"倾错误思想，端正了党的正确思想，真正做到了批评与自我批评。抗日战争时期的延安整风运动，是中国共产党批评与自我批评的生动体现。[10]1945 年在党的七大上，党首次将"理论联系实际""密切联系群众""批评与自我批评"这三个概念作为一项重要内容，提出这是中国共产党的三大优良作风。在解放战争和新中国的建设时期，这三大优良作风得到进一步的深化和发展。

三、新民主主义革命时期党的优良作风建设

（一）理论联系实际

理论联系实际是在长期革命斗争和实践中形成的中国共产党的三大优良作风之一，是马克思主义活的灵魂。1942 年 2 月，毛泽东同志在《整治党的作风》中，曾对“理论知识联系实际”作出了典型阐述：“共产党人，惟有在他们中擅长运用马克思列宁主义的正确立足点、正确观念和方法，擅长运用列宁斯大林有关俄国十月革命的理论，深入地从对我国的历史现实和革命实践问题的认真研讨中，从各方面进行符合我国需要的理论性的创新，才能叫作把理论与实践相联系。”他是这么说的，也是这么做的，一直在全力推进并亲力执行。作为马列主义的坚定信仰者，毛泽东同志对马列主义理论，强调把握其中的基本原理、基本立足点、基础观念、基础方法，并以其为理论基础确定了中国共产党的任务理念和各项事业目标，同时又以“求真务实”为理论发展基础，作出科学分析与判断，从而指导我国的红色革命各项事业走过了陷阱、绕开险滩，在弱中求强、险中制胜，一步步走向了康庄道路。[11] 例如，一是农业基础能力实际化：毛泽东更透彻地认识我国社会主义的基本问题就是乡村农民的土壤问题，谁“控制了乡村，谁就将夺取国家。谁克服了土地问题，谁就将战胜了农民。”所以，他脚踏实地，把农民视为领导我国革命事业的基础力量，而不是工人。同时把土地改革当成红色事业的基石和目标，而不仅仅依赖土地土豪。二是将政权战略实际化：毛泽东制定“农村包围城市、武装夺取政权”的战略，而并非苏维埃式一样先进攻中心县城，更不能依赖宣传口号和选举。三是将战术设计现实化：在开展武装斗争过程中，毛泽东针对敌我各方的现实情况，确立以游击战、运动战为主，而是非阵地战；确立以歼灭战为重，而是非歼敌作战。四是工业化道路现实化：毛泽东针对我国的经济蓬勃发展目标和新时代状况，决定以基础性的重工业先行，逐步形成了完善的现代工业体系，但还没有开始发展消费型轻工业生产。五是把社会管理现实化：毛泽东思想主张按照组织宗旨和实际国情，制定“放手发动群众”“唤醒工农千百万，同心干”的社会群众路线政策，而不是靠行政命令来推动。而且，针对各种问题，毛泽东同志也有很具体的思想指

导方法，“当人们谈论问题，必须从实践出发，而不能从概念上开始。”就这样，毛泽东同志举起“理论联系实际”的大旗，脚踏“实事求是”的基石，将理想信念演绎成一个个正确的决策，引领并督促将士们避开了“愿望很好、理论很正、结果很差”的恶果，在推翻旧世界和建立新世界的征程中顺利前进。

（二）密切联系群众

密切联系群众是中国共产党的三大优良作风之一，该作风是党带领我国人民争取民族获得完全解放的主要保证之一，也是中国共产党区别于当今世界上其他任何政党的一个十分重要的标志。[12]为了同最广大的人民群众获得最密切的联系，党首先要坚持全心全意地为人民服务，一刻也不能离开人民群众；然后凡事都从全体人民的利益考虑，而不能从个别或小集团的共同利益考虑；最后要保持向人民群众负责，与向党的领导部门负责的统一性。党在漫长的革命斗争实践中，坚定贯彻全心全意地为人民服务的思想理念，确立同广大人民群众利益的鱼水关系。中国共产党于1921年成立之初就始终与人民群众紧密相连，想群众之所想、急群众之所急、解群众之所难、帮群众之所需，为其发展奠定了充足的群众基础。习近平总书记指出，中国历史已充分证明，江山就是人民，人民就是江山，民心向背事关全党的死活存亡。获得人民群众信赖，获得人民群众拥护，党就可以战胜一切困难，就可以无往而不胜。中国共产党从成立之初的50多名党员，到如今发展成为拥有9000多万党员、领导着百万武装力量的强大政党，与其密切联系群众的作风有着密不可分的关系。为什么要和人民群众密切联系在一起呢？这关系到国家的前进方向，也关系到国家统治者的领导地位。任何事物只要脱离了民主，就会成为无水之鱼、无林之鸟、无本之木。

（三）批判与自我批评

在中国共产党成立初期，党内人员并没有批评与自我批评的概念。直到国共合作后期，党的领导人陈独秀为了迁就国民党犯了右倾机会主义错误。在党的五大上，有不少党员代表对陈独秀的错误作出了批判，这也是党内的首次批判。但是因为批评的没有到位，而且加上陈独秀同志也没有认识到自己的错误，因此陈独秀的右倾错误就继续发展下去了，直接导致了后来大革命的失败。毛泽东在八七会议中指出，大革命的失败就是犯了“书生主观的错误，今后要特别重视军队，须知政权统治是由枪杆子中形成的。”正是毛泽东的这次反省与批判，把我们重新领入了土地革命斗争与军事武装革命斗争的道路上。他的这种思想在遵义会议上，获得了周恩来、王稼祥等共产党员的广泛支持和拥护。而这个会议，也成了全党进行批评和自我批评的标志。伴随着 1935 年 10 月 19 日红军在陕北吴起镇的胜利，中国革命进入了新的历史时期。这一时期，中国共产党更加注重自身政治作风和道德建设，形成了良好的延安工作作风。同时，毛泽东也在延安的一次大会上明确提出了“批评和自我批评”的政治思想。这是一个全新的政治概念。要通过批评与自我批评，来处理党的问题。在延安整顿工作中，最典型的代表人物便是王明，在王明的政治生活中，不仅犯过“左”倾错误，也犯过右倾错误。但是他的“左”倾教条主义思想长达四年之久。在延安整风运动中，毛泽东对王明的“左”倾教条主义进行分析和总结，开展了批评与自我批评工作。毛泽东还通过大量的整风理论学术文章，对广大干部的批评和个人不断自我批评之间的相互关系与发展，进行了较为全面的具体论述总结。[13]

四、中国共产党优良作风对新时代发展的现实启迪

习近平总书记曾强调：“我们党的历史反复证明，什么时候理论联系实际坚持得好，党和人民事业就能够不断取得胜利；反之，党和人民事业就会受到损失，甚至出现严重曲折。”[14]强调马克思主义理论联系实际，是我们共产党人的优良政治作风，也事关党和人民事业的盛衰得失。在全面建成社会主义现代化强国的征途上，我们应当持之以恒运用理论联系实际这个优良作风，这样才能在理论与实践中形成一个良性的互动关系。目前，中国正处于实现中华民族伟大复兴的关键期，全面建成小康社会获得了巨大历史性成果，脱贫攻坚战赢得了全部胜利，我们从全面建成社会主义现代化强国的新征途中出发。但我们也应该意识到，在前行道路上仍有不少困难亟待克服，仍有不少挑战需要有效应对。这就要求我们应该坚持马克思主义理论联系实际原则，既认识现在的中国、过去的中国，还要了解国际比较视角下的中国、发展中的中国、开放中的中国，从我国的实际

出发策划和推动工作，并利用马克思主义中国化最新研究成果处理好我国面临的问题。在实践工作中，就应该将理论与实践紧密联系在一起，忌“空”重“实”，扎扎实实做研究、实实在在抓落实、真真正正见效果。只有俯下身子、真抓实干、狠抓落实、扎实工作，不脱离现实、不好高骛远，力戒形式主义、官僚主义，让一切工作都往实里做、出好效果，才能促进党和人民事业长期发展，实现中华民族伟大复兴的中国梦。

人民群众是历史的伟大创造者，是中国共产党事业永续发展的坚实基础。通过回顾中国共产党的百年奋斗史，中国共产党与中国人民群众的鱼水关系活生生地演绎了“江山就是人民，人民就是江山”。党带领人民群众进行革命斗争、建设、改革，以至于能获得今天如此辉煌的成就，关键问题就在于自始至终坚决以人民群众为主要中枢，自始至终坚持不懈把处理好人民群众的“急难愁盼”问题当作党全部管理工作的着力点。[15]坚持密切联系群众的作风，使中国共产党获得了更强大的发展动力，不但顺利完成了社会主义改革基本发展目标，还顺利完成了社会主义产业化的初步发展基本目标，使中华民族的伟大复兴有了更光辉的前途。人民群众是党的力量源泉，在实现新的奋斗目标过程中，只要我们万众一心、众志成城，就没有克服不了的困难。政府出台各项惠民、利民的政策，是为了真正回应群众的呼声和期待，与人民群众心连心，同呼吸共命运，才能推进各项治理举措更加健全。而人民群众的智慧和创新能力，在各行各业发光发热，推动着技术和创新能力的进步，塑造多元的社会文化。发展中要勠力同心、合众为一，心往一处想、劲往一处使，紧密依靠人民群众推进改革，积极推动各种制度的实施，将广大人民群众的切身利益作为推进改革的出发点和落脚点，让发展成果为全体人民共享，改革才能大有作为。

中国共产党为什么可以发展到今天而且队伍还在持续的强大，原因就在于党始终有批评与自我批评的精神，自我革命是党去除自己“毒瘤”和给自身疗伤的一种方式。习近平总书记之前也强调，我们在看到成功的政治事迹的同时，也要关注正在滋生的贪污腐败现象，要意识到反腐倡廉战斗的长时间、复杂度、艰苦性，也要以刮骨疗毒和壮士断腕的意志和毅力，同腐朽贪污抗争到底。中国共产党用一个个官员落马的事实案件和一组组反腐数据，履行了“党的规章法律前面毫无例外，不论什么人，不管其职位多高，如果触犯了党的规章法律，都要一查到底，决不姑息”的郑重诺言，用壮士断腕的气魄和刮骨疗毒的毅力，向世界人民展示了党对腐败和贪污的零容忍。党在自我批评的同时要虚心接受民主党派和外界的批评。党内权力最好的防腐剂就是阳光，也就是说让大家一起来监督、来批评，而不是可以接受自我的批评，却听不得外界或其他党派的声音。批评与自我批评，是中国共产党关于全体党员领导干部自身作风建设的优良传统。

五、结语

1945 年 4 月 24 日，毛泽东在中共七大上总结了建党 24 年来，具有中国特色的优秀传统作风。即“以马克思列宁主义的理论思想武装起来的中国共产党，在中国人民中产生了新的工作作风，这主要的就是理论和实践相结合的作风，和人民群众紧密地联系在一起的作风以及自我批评的作风”。[16]这三大作风是中国共产党革命实践的产物，是中国共产党与其他党派之间的“明显标记”。这一著名的论断，对党的作风是党的性质、宗旨和优良传统的外在表现进行了深刻的认识。三大优良作风是中国共产党在革命和建设中不断取得胜利的重要法宝，我们应该坚持党的优良作风，推动社会主义事业不断向前发展。

参考文献：

[1] 王学俭．党的作风建设的历史与经验［J］．高校理论战线，2011（5）．

[2] 陈树文．论继承和发扬党的优良作风［J］．高校理论战线，2011（6）．

[3] 刘以顺．毛泽东对党的建设的重大贡献［J］．理论建设，2011（2）．

[4] 文梓浩．中国式现代化进程中的商量思维：内涵、实践与功能［J］．统一战线学研究，2023（1）．

[5] 徐英子．对话中央党校马克思主义学院副院长陈曙光：为了群众 依靠群众［J］．民生周刊，2023（1）．

[6] 艾克拜尔·恰瓦尔．浅谈如何加强党员干部作风建设［J］．青年时代，2019（27）．

[7] 王佳宁．群众路线教育实践的作风与方法改进［J］．重庆社会科学，2013（8）．

[8] 李颖．牢记“两个务必”永葆斗争精神［J］．求是，2019（3）：25.

[9] 凡思菊，李明星．关于批评与自我批评的三重认识和现实思考［J］．党政干部论坛，2020（7）．

[10] 于钦．批评与自我批评的时代价值及其发展路径研究［J］．华北水利水电大

学学报，2022（1）.

［11］张爱茹．弘扬党的光荣传统和优良作风，走好新的赶考之路［J］．党的文献，2023（4）.

［12］蒙凤金．新时代传承党的光荣传统和优良作风研究——以湘江战役精神为例［J］．活力，2023（3）.

［13］周挺．延安时期毛泽东建党思想探析［J］．福州党校学报，2013（12）.

［14］黄宪起．论党的根本宗旨的实践逻辑和现实路径［J］．理论视野，2022（2）.

［15］杨金卫．党的群众路线的百年演进及其历史经验［J］．东岳论丛，2021（3）.

［16］曹均学．延安时期党的作风建设实践经验及启示［J］．湘南学院学报，2022（6）.

中国共产党革命精神融入概论课教学的“点线面”策略[①]

冯　蕾

摘　要： 中国共产党在百年的历史奋斗中所形成的革命精神是宝贵的精神财富，其所具有的育人价值与概论课的教学目标具有内在统一性，即价值引领、情感认同、行为激励。然而在现实中概论课教学所面临的教学需求侧与教学供给侧无法有效匹配的矛盾，弱化了革命精神融入概论课的育人效果。因此，在实际教学中应找准核心点，实现教学内容与革命精神结合得浑然一体。串起关键线，创新教学方式方法，使革命精神的打开方式灵活有趣。实施全方面，具有大思政思维，优化革命精神融入概论课的外部环境。

关键词： 革命精神；概论课；点线面；教学

毛泽东思想和中国特色社会主义理论体系概论课程作为高校思想政治理论课的重要组成部分，肩负着为党育才、为国育人的重要使命。中国共产党在百年的革命、建设、改革的历史进程中所铸造的革命精神，既是中国共产党人的理想信念支撑，也是中华民族奋发图强的不竭动力。因此，在育人目标上中国共产党的革命精神与高校概论课具有内在一致性。将中国共产党的革命精神有机融入高校概论课，对于丰富教学内容、提升大学生的思想觉悟、坚定理想信念、做新时代中国特色社会主义事业的接班人具有重要意义。

---

①　本文第北京建筑大学党建和思想政治工作研究会2023年课题“党的二十大精神融入高校大学生思想的政治教育的“1＋N”实践策略研究”的阶段性成果。北京建筑大学2023年校级教育科学研究项目“党的二十大精神融入课程思政教学的蝴蝶结模式”（项目号：Y2310）的阶级性成果。

一、中国共产党革命精神融入概论课教学的目标宗旨

（一）弘扬红色文化血脉，实现价值引领

高校概论课作为大学思政课的重要组成部分，不仅要实现知识的传授，更要实现价值的塑造。知识传授作为载体其最终要为价值服务，所以就要在教学实践活动中以主流的意识形态去提升学生的马克思主义思想理论素养，培养学生分辨是非、善恶的能力，树立价值判断的标准，形成崇高的价值追求。

中国共产党人的革命精神谱写着共产党人是谁、为了谁的生命华章，发挥着价值引领的强大功能：一方面提供价值判断的标准；何谓有价值？何谓无价值？何为善？何为恶？中国共产党人百年奋斗凝聚的革命精神为这一系列问题提供了最佳答案。回望新民主主义革命的艰难历程，无数中国共产党人披荆斩棘浴血奋战只为求得民族独立、人民解放，一座座精神丰碑吹响了胜利号角。社会主义建设时期，敢教日月换新天的革命精神使一穷二白的中国旧貌换新颜。进入改革开放新时期，不畏风险、创新拼搏的革命精神使中国大踏步走在民族复兴的道路上，所以国家、民族、人民的利益始终是中国共产党人价值判断的唯一标准。[1]另一方面，提供价值追求的目标；中国共产党人的革命精神究其根本就是一部信仰追求的史诗，自党成立之初就将马克思主义理论指导下的共产主义确立为自己的远大理想和奋斗目标，中国共产党之所以历经百年风雨和挑战依然能永葆朝气活力，就是因为具有始终面向未来的理想信念，激励着一代代的共产党人不懈奋斗。正如习近平总书记2010年9月1日在中央党校秋季开学典礼上的讲话中谈到的：“一个国家、一个民族、一个政党，任何时候任何情况下都必须树立和坚持明确的理想信念。如果没有或丧失理想信念就会迷失奋斗目标和前进方向，就会像一盘散沙而形不成凝聚力，就会丧失精神支柱而自我瓦解。”因此，实现共产主义就是社会主义事业建设者和接班人崇高的价值追求目标，这也契合了高校概论课为谁培养人、培养什么人、怎样培养人的目标。

（二）传承革命实践意志，引发情感认同

高校概论课肩负立德树人的重要使命，如何把课程理论讲清、道理讲透、内容讲好，就要掌握正确的课堂教学打开方式，毫无疑问故事切入、历史情景再现等方式可以更好地调动学生的学习兴趣，从而实现学生的真听、真懂、真信。

在党百年奋斗历程中所熔铸而成的革命精神不是抽象理论概括，也不是简单的文字总结，其背后是一段段鲜活的历史铸造而成，这段历史是一个个舍生取义的共产党人的精神史诗，是一个个艰苦奋斗的共产党人的创业故事，是一个个追求卓越的共产党人的英雄赞歌。鲜活、真实、感人的历史事例、英雄人物是革命精神形成的源泉。新民主主义革命、“三大改造”、社会主义建设、改革开放每个历史时期的不同任务推动着中国社会革命的实践活动，也丰富着革命精神的内涵。只有还原历史才能触及革命精神形成的实践基础，也只有在鲜活的历史事件中才能与历史人物产生情感链接。每一个英雄人物都是革命精神的主体，在波澜壮阔的历史中，革命先辈的初心使命就凝结在一件件的具体事件里，因为历史的还原、事件的追溯也引发了对主体人物的情感还原，使受众与主体产生相同的情感心路历程，进而形成情感认同，而这正是概论课入耳、入脑、入心的关键。

（三）发挥思政育人功效，产生行动激励

知为行之始、行为知之成。[2] 只有真正让学生从学懂弄通理论知识最终走向指导自身学习、生活、工作的实践活动，高校概论课才算真正实现了内化于心、外化于行的使命。如何实现从知到行的跨越，是高校概论课要解决的重要问题。

伟大的革命精神不仅仅是追求真理、追求信仰的生动写照，更是一部共产党人艰苦奋斗历史的凝结。从“自带干粮去办公”的苏区干部，[3] 到陕北好江南的南泥湾，从“两弹一星”到“脱贫攻坚”，正是一代又一代共产党人的顽强拼搏、不懈奋斗才铸造出伟大的革命精神，奋斗就是革命精神的底色。弘扬革命精神就是要把革命精神里中国共产党人的伟大奋斗历程讲好，把其中蕴含的催人奋进力量激发出来，让学生在“接地气”的鲜活实例中感受“高大上”的理论逻辑，体验“初心使命”的心路历程，

进而在情感认同中感悟革命前辈、英雄人物的顽强意志，最终升华为自身的行为指导，在知、情、意中完成到行的转化。

二、中国共产党革命精神融入概论课面临的实际问题

（一）教学需求侧方面：学生主观偏见，上课“抬头率”问题突出

革命精神融入高校概论课教育面临的问题究其源头，除了教师教的层面外，学生学的层面原因也不可忽视。当下社会信息技术飞速发展，互联网广泛应用，大学生早已成为网络世界的“原住民”，海量的信息、新媒体的层出不穷等都让现在的学生具有鲜明的时代特征。

一方面，个性鲜明，有自己的想法。思想开放、坚持自我使当下的大学生更易形成自己的主观认识，不再简单地人云亦云，但也会陷入固执己见的思维陷阱。为了更好地实现“三全育人”，我国的思想政治教育已经覆盖了从小学到大学的整个求学阶段，有些学生在学习的过程中出于对“政治理论课”的主观认识偏见，认为就是理论说教，再加之有些思政教师“填鸭式”的教学方式，从而使学生对思政课形成了固化思维，认为思政课的内容都是一样的，就是翻来覆去地讲，进入大学后自然对于思政课提不起学习兴趣。另一方面，更加追求实用主义。受到当下社会环境以及各方面因素的影响，学生认为思政课无论是距离自己的实际生活还是未来的工作就业都比较“高大上”，尤其是在一些理工科的学生中这种认识更为普遍。很多学生认为相比于“不太重要”的思政课，专业课学习、手机网络等更具有价值和吸引力，从而导致思政课“抬头率”不高，试想在这样的环境中，革命精神融入概论课教育的效果也是十分堪忧的。

（二）教学供给侧方面：教师简单楔入，教学“两层皮”现象明显

将革命精神融入高校概论课教育教学的重要性不言而喻，但面临的问题也是显而易见，如果从源头挖掘原因的话那么首当其冲的就是作为概论课教育中的施教者教师。

一方面，教师对革命精神是否真知、真信。伟大的革命精神谱系丰富，需要概论课教师自己必须吃透革命精神的实质内涵，尤其是成形于各个历史时期的革命精神的来龙去脉以及具有的共性、个性和时代意义。知其然还要知其所以然才能对学生展开循循善诱，但是在现实中有些概论课教师在讲授时只是泛泛地讲、概括地说，无法深入讲解各种革命精神的个性，缺乏深度和分析的透彻性，从而使革命精神的讲授流于形式。而且，概论课教师自身是否有信仰、有情怀也将会影响革命精神讲授中的感召力。欲人勿疑，必先自信。另一方面，教师对革命精神的打开方式是否合适、有效。革命精神与概论课教学具有天然的契合性，只有有机融入无缝衔接才能使学生在润物细无声的学习过程中真正感受精神力量。但有些概论课教师仅仅是为了讲授而讲授、穷于应付，要么“填鸭式”的满堂灌，要么在教学内容中“硬植”革命精神，生硬楔入，简单说教，致使“两层皮”现象凸显。

三、中国共产党革命精神融入概论课教学的“点线面”策略

（一）找准核心“点”：深挖概论课教学内容，使其与革命精神的融入实现浑然一体

要想突破革命精神融入高校概论课过程中的“两层皮”问题，避免为了教而教，真正发挥出融入的价值，起到立德树人的作用。首先，掌握内容的完整性。针对革命精神，概论课教师既要有对各个具体事例及精神的详细了解，又要将其放在整个革命精神谱系的整体框架中去解读，只有将个体寓于整体中去看，才能既看到全貌的整体性又不忽视个体的个性，从而在动态的过程中去把握革命精神谱系的形成发展。这就要求概论课教师要充分利用和挖掘革命文化资源，自己真正吃透革命精神的内涵与精髓。

其次，结合课程的自然性。让革命精神的内容在概论课教学中的穿插不留痕迹，起到润物细无声的作用。这就要求概论课教师不仅要对革命精神内容准确把握，同时针对教材内容也要做到心中有数。每门思政课的侧重点不同，具体每章每节的内容也千差万别，思政课教师要根据自己所授课程选取高度契合的章节有机融入。就毛泽东思想和中国特色社会主义理

论体系概论课而言，可以从马克思主义中国化时代化的发展中阐明革命精神对于党建及现实的意义。

最后，联系实际的当代性。革命精神的解锁既要合目的性也要合时代性，在内容的讲授和阐释中要注重结合当下的现实需要，说明这种精神的时代价值以及在当代的体现，只有这样才能引发学生的情感共鸣。

（二）串起关键“线”：创新教学方法，让革命精神的教学方式灵活有趣

让有意义变得有意思，是入耳、入脑、入心的关键。革命精神谱系丰富，找准与概论课教学内容相结合的切入点只是完成有机融入的第一步，只有在教学方式方法上进行有益探索和创新，找到正确打开方式才能将具体的革命精神串联成宏大的革命精神谱系，让学生从整体上把握和感受精神力量的持久和伟大。

一方面要“说”的亲切。作为互联网原住民的“00 后”，有趣有梗儿的东西都成了其话语体系的重要组成部分，所以在讲授革命精神时就要摒弃照搬宣科，重构教学语言体系。革命精神源自于鲜活的红色历史事件，发展于当下红色奋斗征程，“红色”是其鲜明的语言特质，但如果仅仅使用官方语言进行宣讲，无疑会给学生带来“高大上”的距离感，所以教师必须熟悉学生的话语体系，了解他们关注的话题，用学生喜闻乐见的叙事方式，深刻讲述革命精神，从而达到以理服人、以情动人、立德树人的目的。

另一方面要“做”的丰富。每种具体的革命精神都成形于具体的历史事件、案例故事中，可以根据具体内容的不同选择不同的呈现方式。例如，“红船精神”可以采用影像资源，再现那段慷慨激昂的建党历史。又如“长征精神”涉及的线路较多，整体沿线实践考察课堂教学时间不允许，可以采用模拟教学方式，利用现代科学技术如 VR 体验等完成。[4] 再如“脱贫攻坚”精神可以采用典型案例的教学方式，通过具体情节的讲解展开，让学生在故事中感悟共产党员的初心使命。“读万卷书不如行万里路”，现场教学也是一种重要有效的教学方式，可以充分挖掘当地的红色地标、博物馆、纪念馆等资源，通过“行走的课堂”展现革命精神有机融入高校概论课教学的魅力。

（三）实施全方“面”：具有大思政思维，优化革命精神融入概论课的外部环境

将革命精神融入高校概论课教学是一个系统工程，既需要概论课程的改进加强，也需要其他各类课程与概论课以及思政课程的同向同行，更需要学校的推动支持，实现大思政育人格局，只有这样才能发挥出协同育人的效应，真正实现革命精神融入概论课教学的目的。

一方面，推进概论及各类思政课程与课程思政的互通互构。概论课程与各类专业课、通识课及实践课的学科分类、授课内容等方面不尽相同，既要尊重各学科、各课程之间的差异性、特点及所教授学生专业背景的不同，不能人为模糊思政课程与课程思政的课程边界，又要在尊重差异的基础上实现价值引领，也就是在完成各类专业知识教授的同时，不断挖掘各类课程中的思政要素，实现专业传授与立德树人的有机统一。当革命精神有机融入概论课，而概论课程又与课程思政实现互构互通时，革命精神价值引导的伟力和精神推动力量才能真正体现。

另一方面，学校要积极打造革命精神育人的校园环境。革命精神融入高校概论课的核心目标是实现铸魂育人，除了课堂授课外学生的课下生活也是教育宣传的主阵地。学校要积极利用校园文化建设，既要从“硬件”上打造各类党史党建的纪念馆、展示厅、活动室等，让学生在实地的参观学习中加深对革命精神的了解，在潜移默化中实现情感认同，又要从“软件”上推动关于革命精神的各类研学活动，丰富革命精神的育人途径。同时可以积极利用当代大学生喜欢影音媒体、各类 App 软件的特点，播放体现革命精神的影视作品，筹建微信公众号定期推送各类优秀的人物事迹等，以丰富多彩的校园文化推进协同育人效应。

综上所述，以革命精神与教学内容的有机契合为切入点，以灵活有趣的教学方式为串联线，将概论课程与课程思政、校园文化等多方面互通互构，由点及线、由线及面，立体式地打造革命精神有机融入高校概论课的系统工程，才能使这种精神入耳、入脑、入心，最终成为新时代青年为党、为国、为民奋斗不竭的动力。

参考文献：

［1］王德．中国共产党人精神谱系的内容特点和价值意蕴［J］．红旗文稿，2021

(20)：12 - 13.

［2］王阳明．传习录［M］．南昌：江西人民出版社，2016：36.

［3］诸松燕．执政党与公众沟通新挑战［J］．人民论坛，2017（12）：6.

［4］袁琳．切实把红色精神融入高校课程教学［N］．重庆日报，2021 - 10 - 21 (14).

中国近现代史纲要课程实践教学探索：基于平北抗战事迹的研究

吕天石

摘　要：中国近现代史纲要课程是高校思想政治课的重要组成部分。利用高校所在地的爱国主义教育基地资源开展实践教学，把这门课程讲活、讲好、讲生动，是思想政治课程改革的重要环节。本文以平北抗战纪念馆及周边抗战遗址的实践教学为例，从时段顺序与根据地建设两条线索出发，研究如何在实践教学中融入平北抗战的感人事迹，使学生理解伟大抗战精神的意义与价值，开拓纲要课程实践教学环节的新内容。

关键词：中国近现代史纲要；实践教学；抗日战争；平北抗战

中国近现代史纲要课程是高校思想政治课的重要组成部分，同时也是向大学生讲解“党史、新中国史、改革开放史、社会主义发展史”四史的重要阵地。如何利用高校所在地爱国主义教育基地资源开展实践教学，把“纲要”课程讲好、讲活，是思想政治课程教学改革的重要环节。北京作为我国首都，在中国革命史上更具有重要地位。据2018年统计，北京市有市级爱国主义教育基地166家。[1]截至2021年，又新增37家。[2]由此可见，北京市所拥有爱国主义教育基地的数目与质量都是位居全国各省区市前列的。因此，在京高校在进行中国近现代史纲要课程实践活动时应注重深度挖掘与利用北京本地资源。

本文以平北抗战事迹为例，探索对于在京高校的中国近现代史纲要课程的实践教学方法。近年来，以爱国主义教育基地为依托，将抗战相关事迹融入中国近现代史纲要课程教学的研究成果颇丰，但以中国东北地区、西南地区的研究为多。[3]将北京市内抗战事迹应用到思政课教学的主要研究成果亦有出现，[4]但仍呈现历史学科专业性强，思想政治学科专业性弱；

北京市总体研究强，市内局部地区研究弱的特点。尤其缺乏对某一地区抗战的具体微观视角研究。故本文选取平北抗战为案例应用于中国近现代史纲要课程教学，并求教于方家。

一、平北抗战事迹的代表性

为何在北京市内众多的爱国主义教育基地中选取平北地区的抗战事迹作为实践教学案例？笔者从三个方面进行阐释其理由，分别为地理区位因素、抗战时期斗争残酷程度以及现有实践基地的完善程度。

首先，基于平北地区在抗战时期的独特而重要地理位置。平北，作为历史地理名词，特指北平（民国时期，1928 年至 1949 年，现北京）北部，包括现在的延庆、昌平、顺义三区及河北省张家口市、承德市的一部分。在抗日战争期间，中国共产党领导的抗日军队在这一地区建立了抗日武装，并逐渐扩大为平北抗日根据地，以赤城、延庆为中心，北至沽源、宝昌，南达昌平、顺义，西临张家口，东近承德市。由于该地境内崇山峻岭，横跨长城内外，地处伪满洲、伪蒙疆、伪华北政府等多个伪政权的接合部，具有重要战略地位，为敌我必争之地。由于地处战略要冲，共产党领导的抗日军队能在平北站住脚，就能够使冀东抗日根据地、平西抗日根据地连成一片，如同在敌人心中插上一把尖刀；平北抗日根据地的创建和巩固，相当于在华北北部建成一道新的抗日长城。这就是平北抗战对于整个华北地区抗战而言所具有重要地位。

其次，平北地区抗日斗争激烈而残酷，能够充分展现中华民族的伟大抗战精神。为“围剿”平北地区的抗日武装，日伪军曾实施异常残酷的大“扫荡”，推行“强化治安运动”，实行“集家并村”，制造“无人区”。1941 ~ 1942 年，抗日战争进入最艰难的时期，也是平北抗日根据地战事频繁、牺牲最大的时期。1942 年，日伪军对根据地的“扫荡”达 150 余次，先后犯下了大水裕惨案、西羊坊惨案、孟思郎峪惨案、石片村惨案等累累罪行。平北军民付出了重大牺牲，蒙受了巨大损失，平北根据地经受了自开创以来最严峻的考验。根据地军民，克服严重困难，众志成城，同仇敌忾，为坚持抗战，争取胜利，做出重大牺牲，用生命和热血书写了中华民族抗战历史上的光辉一页。

最后，平北地区现有实践基地群以及相关配套设施较为完善，足够支撑实践教学。现有平北抗日战争纪念馆，位于北京著名旅游景区延庆区龙庆峡入口处，毗邻2021年全线贯通的北京—崇礼高速公路（简称京礼高速），交通便利。该馆于1997年7月开馆，建筑面积3000平方米，总面积24000平方米，园区内包括纪念碑、纪念馆、大型活动广场等，是中宣部、民政部命名的爱国主义教育基地，被北京市人民政府定为市级烈士纪念建筑物保护单位、青少年教育基地。纪念馆分为序厅、影视厅、展厅三大部分，馆内展线达500延长米。展厅里陈列着近200件文物，为1933年至1945年平北抗日军民使用的武器、生活用品以及书籍、照片、资料等展品。除此纪念馆本馆外，在周边还有多处抗战遗址或纪念地，如延庆西羊坊惨案遗址等。

从以上三个方面可见，平北抗战事迹具有足够代表性，在京高校可以此为支点开展中国近现代史纲要课程实践教学。本项研究相关历史资料来源即以平北抗战纪念馆馆藏史料为中心，所述实践教学方案以平北抗战纪念园区及周边抗战遗址为依托展开。

二、平北抗战烈士纪念碑实践教学探索

平北抗战纪念园区主要地面建筑由平北抗日战争烈士纪念碑和平北抗战纪念馆两部分组成。实践教学方案第一步即围绕平北抗战烈士纪念碑展开。

平北抗日战争烈士纪念碑矗立在馆前广场正中，此碑于1989年10月落成，是纪念园的地标性建筑，高耸挺拔、肃穆雄伟。碑座是花岗岩石墁地的瞻仰平台。碑身由一块巨型乳白色碑心石附在天然花岗石碑体组成，净高14.2米、宽6.3米的，其设计造型为刺刀、步枪的象征形态，寓意平北广大军民和革命先烈奋勇抗击侵略者的英勇气概，象征着抗战民众用热血铸成抗战铜墙铁壁。碑体正面镌刻着聂荣臻题写的“平北抗日战争烈士纪念碑”鎏金碑名，背面为彭真题写的“平北抗日烈士永垂不朽”题词。[5]碑体全文如下：

“巍巍海坨山，雄伟险峻，林密谷深。荡荡潮白河，源远流长，物产丰饶，乃当年平北军民坚持八年抗战赖以依托之地。平北抗日根据地，以赤城、延庆为中心，北至沽源、宝昌，南达昌平、顺

义，西临张家口，东近承德市，境内崇山峻岭，横跨长城内外，地处满洲、蒙、疆、华北伪行政区结合部，具有重要战略地位，为敌我必争之地。1938年夏，八路军第四纵队东征冀东，在平北播下抗日火种。1940年春，根据我党巩固平西、坚持冀东、开辟平北之战略部署，我平北游击大队挺进军第十团开进平北，抗日政权党群工作亦随之建立。平西、平北、冀东连成一体，将敌伪统治下之北平、承德、张家口皆置于我打击威胁之下。平北抗日斗争异常残酷，尤以1942年最为艰难。日寇实行杀光、烧光、抢光之三光政策，强化治安，集家并村，制造无人区。在庞家堡，日寇屡次制造血案，屠杀我矿工27000余人。平北居民同仇敌忾，众志成城，为坚持抗战争取胜利付出重大牺牲，仅龙关、赤城两县，每6人就有1人为国捐躯，优秀指挥员十团团长白乙化光荣殉国，中共昌延县委书记徐智甫、丰滦密县长沈爽身陷重围，壮烈牺牲。连长谢瑞沙场浴血，当代佘太君邓玉芬毁家纾难，献出丈夫爱子7人，民兵英雄何金海大摆地雷阵，威破敌胆。凡此气壮山河之英雄业绩不胜枚数，抚今追昔，慷慨悲歌无愧于中华民族之魂。驱走严寒冬雪，迎来春暖花开。在抗日战争最后阶段，平北军民奉命攻破张家口、宣化、新保安塞上重镇，配合苏蒙联军光复张北多伦、察哈尔盟等沦陷国土，切断平绥铁路为解放华北，进军东北做出贡献。值此建国40周年，原平北各县政府及原领导诸老共议，于海坨山下、龙庆峡前树立抗日烈士之碑，以缅怀先烈，激励来者。海坨山精神永在，潮白河万古长流。

一九八九年七月

苗培时撰　刘炳森书”[6]

此段碑文行文古朴，用词庄重，在高度概述平北抗战斗争经历的基础上，凝练出平北抗日根据地在全国抗战中的重要意义和影响，“彰显了平北人民在中国共产党坚强领导下，英勇无畏的牺牲精神和英雄气概，驰骋于长城内外，转战在平北大地，在巍巍的海坨山下，宽阔的潮白河畔，谱写下一段气壮山河的抗战凯歌。”[7]碑文虽短，言简意赅，但蕴含着深厚的抗战精神与激励意义。抗战期间，位于敌后战场的平北抗日根据地，在日伪统治最严密、斗争最惨烈的抗日前线，平北人民同仇敌忾，众志成城，为坚持抗战争取胜利付出了重大牺牲。

三、以时段为线索的平北抗战纪念馆实践教学研究

平北抗战纪念馆内部则以两条线索布置观览路线，其一为平北抗战的时间线索，其二则以平北根据地的发展建设各个方面为线索。在实践教学过程中，可以此两条线索展开进行思政课程讲解。

从时段划分来看，平北抗战可分为五个阶段，即1933年长城抗战至1937年卢沟桥事变，此为全面抗战爆发前的阶段；1937年8月至1940年初，此为平北抗日根据地的初创阶段；1940年中旬至1943年初，是平北抗日根据地最为艰难的时期；1943年初至1945年初，则是平北抗日根据地进行大生产建设的时期；1945年初至抗战胜利，为根据地的大反攻时期。以下按五个时期梳理教学案例的要点内容。

（一）第一阶段：长城燃烽火，平北擎战旗

从1933年到1937年，平北大部分地方被日伪侵占，并建立了血腥的殖民统治。1933年，日军占领山海关后，进犯长城各关口，侵占冀热察边境，爆发长城抗战（长城抗战在长城以北，未到延庆）和察哈尔抗战。中国军队先后在冷口、喜峰山、古北口等长城主要隘口，顽强抗击日军进攻。爱国将领冯玉祥、方振武和吉鸿昌，统率察哈尔民众抗日同盟军转战平北地区，英勇打击日伪军，长城线上吹响了华北抗战的号角。1933年5月，长城抗战在蒋介石的妥协政策下失败，签署《塘沽协定》。《塘沽协定》的主要内容有：中国军队撤退至延庆、昌平、顺义、通州、香河、宝坻、林亭口、宁河、芦台所连之线以西、以南地区，不得越该线，不得有挑战和骚乱行为；日本军队为确认第一项之实行情形，随时用飞机及其他方法以行视察，中国方面应给予保护和方便；日本如确认中国军队遵守上述规定，不再越线追击，日本自动归还长城一线；长城线以南地域治安由中国警察机关负责。

1933年长城抗战失败后，日军闯入曾经抗击侵略的潮河关（现属北京市密云县），烧毁房屋360间，杀害村民83人。这是日军在现北京市辖区制造的第一桩惨案。1937年7月底，北平沦陷，日寇相继占领了北平、天津。1937年8月，一队日军进入昌平西山地区，制造昌平西山惨案。在溜

石港、马刨泉、老峪沟、禾子涧 4 个村，杀害百姓 101 人，烧毁房屋 500 多间。8 月 27 日，日军占领察哈尔省会张家口，察哈尔省全部沦陷。为了灭亡中国，日寇紧接着沿津浦、平汉、平绥三线扩大侵略。南口战役为中日战争早期的平绥铁路沿线作战之一，地点是在当时昌平周边居庸关的南口一带。发生时间则是 1937 年 8 月 8 日至 8 月 26 日。中国参战军主要为第 13 军之第 4 师、第 89 师，第 17 军第 21 师、第 84 师、第 72 师、第 94 师，独立第 7 旅，炮兵第 27 团等部。此战，中国军队据守长城防线，血战 18 天，给予骄横的侵华日军以迎头痛击，最终中国军队按照军令整齐撤出战斗。在日本战史中，仍将“南口战役”冠以亚洲最大“山岳作战”之名。

（二）第二阶段：四纵向东推进，创建根据地

1937 年 8 月，中共中央政治局在洛川召开扩大会议，决定深入敌后，创建抗日根据地。根据毛泽东提出的“红军可出一部于敌后的冀东、以雾灵山为根据地进行游击战争”的意见，确定在冀热边发动抗击战争，创建抗日根据地。平北抗日根据地包括丰宁、滦平、昌平、怀柔、密云、顺义以及崇礼、龙关、赤城、延庆、康保、宝昌、张北、宣化、怀来铁路以北地区。

全面抗战爆发后，国共合作，共御外侮，红军主力改编为八路军。1937 年 5 月 17 日，宋、邓支队合编组成八路军晋察冀军区第四纵队，宋时轮任司令员，邓华任政委，李钟奇任参谋长，伍晋南任政治部主任，苏梅任政治部副主任。邓华支队由八路军晋察冀一分区第三团扩编而成，下辖第 32、33 大队，共 2000 余人，邓华任司令员兼政委，李钟奇任参谋长，林铁任政治部主任，苏梅任政治部副主任。宋时轮支队即雁北支队，由八路军 120 师 358 旅 716 团 2 营扩编而成，下辖第 34、36 大队和骑兵大队，宋时轮任司令员兼政委，伍晋南任政治部主任，共 2000 余人。1938 年春，为支援冀东人民抗日武装暴动，八路军第四纵队在平西集结，从康庄到延庆四海县再到怀柔沙峪，挺进冀东，策应武装暴动。

（三）第三阶段：浴血抗强敌，发展根据地

1940 年 9 月 11 日，日伪当局以 4000 余人的强大兵力对丰滦密、昌延两块根据地进行了为期 78 天的大“扫荡”。仅过一个多月后，伪蒙疆政府

又纠集了1000余人，兵分三路大举“扫荡”龙延怀和龙赤根据地。1940年8月28日，伪满洲军一部“扫荡”经过黄土梁（现属北京市延庆县）与昌延联合县工委书记徐智甫、县长胡瑛、通讯员程永忠遭遇，三人壮烈牺牲。

1941~1942年，抗日战争进入最艰难的时期，也是平北抗日根据地战事频繁、牺牲最大的时期。1942年，日伪军对根据地的“扫荡”达150余次，平北军民付出了重大牺牲，蒙受了巨大损失，平北根据地经受了自开创以来最严峻的考验。几次重大的惨案都出现在此时段。实践教学中要注重加强对此时期的教学感染。

大水裕惨案：1941年10月31日清晨，500余名日伪军把怀柔大水裕村围个水泄不通，将村中204名青壮年抓走，其中128人押运到承德监狱，10余人被杀害，其余被押运到东北充当劳工。1945年日本投降后，仅回来21人。当年大水裕村280多户人家，全村男劳力几乎被抓绝，当时人们称大水裕村是“寡妇村”。

西羊坊惨案：延庆县西羊坊村，位于县城北山脚下。抗日战争时期，村民多次为游击队送情报和物资。1941年11月4日，日伪军突然包围了西羊坊村。对其村进行了惨无人道的“三光政策”。烧毁民房243间，杀害革命群众22名，即白志写、朱小篇、陈德绪、马全栓、陈德红、李大全、白长庆、白万昶、白老雨、李三根、白长景、白留满、白纪元、白元华、白小四、李所、白九所、白长林、白长根、白长玉、白长雨、白长友。11月23日，22人被押解刑场，10人被当作“人头靶”杀害，另外12人被狼狗撕咬致死（西羊坊惨案碑文：1941年11月25日，800多名日、伪军突然包围了西羊坊村。对其村进行了惨无人道的“三光政策”。烧毁民房243间，杀害革命群众22名，即白志写、朱小篇、陈德绪、马全栓、陈德红、李大全、白长庆、白万昶、白老雨、李三根、白长景、白留满、白纪元、白元华、白小四、李所、白九所、白长林、白长根、白长玉、白长雨、白长友。这些革命群众被日本侵略者或用刺刀挑开胸腹，或被洋狗撕咬等进行杀害的。虽然抗日战争已胜利50年了，为了不忘记过去，不忘先辈的革命斗争精神，教育青少年牢记日本侵略者在中国犯下的累累罪行，从历史中吸取教训，勿忘国耻，光我中华，特重立此碑）。[8]

孟思郎峪惨案：1941年11月上旬，日伪军对密云西北部的朱家峪、孟思郎峪一带村庄实行“扫荡”，将抓到的36名老弱妇孺驱赶到场院集体杀害，并将尸体焚毁。

石片村惨案：1942 年农历正月十四，实施“扫荡”的日伪军在怀柔交接河村抓获 7 名无辜百姓，押到石片村，放火焚烧并用机枪屠杀，5 人死亡，2 人死里逃生。

岔道“活人坑”：岔道城活人坑遗址位于延庆县八达岭镇岔道城村西北。这里有一处“活人坑”，东西 45 米，南北 50 米，是抗战时期日本侵略军杀害大批中国农民的地方。1943 年，日军从张家口、绥远等地抓来 6000 多名农民，修建岔道至永宁的封锁沟。在恶劣的条件下生活劳动，民工伤病者众多。日军不分伤病者死活将其推下坑中，架上柴火焚烧，先后有七八百人被活活烧死在坑内。

（四）第四阶段：开展大生产，壮大根据地

从 1943 年开始，世界反法西斯战争的形势发生重大变化，给中国人民的抗日战争提供了有利条件。八路军在华北贯彻执行“敌进我进”的方针，深入敌后，积极进行反“扫荡”作战，使根据地得到逐步恢复和扩大，平北根据地在巩固之中发展壮大，步入新的时期。

减租增资运动：减租增资运动是抗日战争时期中国共产党解决农民问题的一项基本政策。1942 年 1 月，中共中央发表《关于抗日根据地土地政策的决定》，要求根据地减租减息；1943 年 1 月，晋察冀边区制定了《减租减息条例》；1943 年 5 月，平北专署办事处颁布《租佃债息条例》，明确规定二五减租和一五减息。二五减租就是在原租额的基础上减收 25%，减收以后的地租不能超过土地正产物总量的 37.5%，不足者，依其规定。一五减息是指借债的利息不得超过一分五。增资是指要求地主富农为长工或雇农增加工资，以成年人每年的工资能维持一般农民生活水平为原则，能养活一个或一个人为标准。

（五）第五阶段：解放张家口，抗战迎胜利

1945 年，世界反法西斯战争进入最后阶段，中国抗日战争进入战略反攻阶段。在中共中央晋察冀分局的领导下，平北军民吹响了抗日反攻的号角。1945 年 3 月到 7 月，平北部队歼敌 1100 余人，解放村庄 451 个，解放区面积达 50000 平方公里。7 月 1 日，八路军攻克崇礼；7 月 18 日，平北军分区政委段苏权率领 10 团、副司令员钟辉琨率领 44 团，伏击龙门所伪

满军第6团，歼敌300余人。至此张北、崇礼、赤城、延庆、怀来连成一片，八路军兵锋直指塞外重镇张家口。

张家口是伪满蒙疆联合自治政府所在地，是日军在北方的一个大本营。8月23日，张家口全市解放。张家口的解放轰动了延安，轰动了重庆，轰动了中国，它是八路军靠小米加步枪解放的第一个省会城市。

张家口解放后，平北部队继续出击，势如破竹。先后收复宣化、怀安、兴和、新保安、怀来、延庆、龙关、赤城、丰宁、滦平、密云、怀柔，察北骑兵相继收复内蒙古广大地区。至此，平北除几座县城被国民党军队占领外，全部被八路军解放。平北军民达八年的浴血奋战终于取得了伟大的胜利。实践教学中要注重对抗战胜利经验的总结，加强学生对抗战精神内涵的理解。

以上为按平北抗战时间发展为线索的五个阶段所梳理的实践教学案例要点。在实践教学过程中应以第三阶段和第五阶段为教学重点充分展开讲授。

四、以根据地建设为线索的平北抗战纪念馆实践教学研究

按照第二条线索，即以平北根据地的发展建设为线索，则平北抗战纪念馆的实践教学可划分为四个方面，分别为政权建设、武装建设、党的建设以及统一战线建设，以下亦作相应的案例分析。

（一）第一方面：平北政权建设

政权建设是抗日根据地的一项基本建设，抗日民主政权的建立和巩固，为抗日根据地提供了政治基础和组织保障。1938～1939年，抗日挺进军两次开辟平北根据地均未能成功。因此，1940年我军第三次挺进平北时，及时总结经验教训，以小股部队进入，发动和依靠群众，先开辟几个小块根据地，再逐步发展巩固连成大片根据地。截至1940年6月，平北已建立6个抗日县政权（包括昌延、丰滦密、龙延怀、龙崇宣、龙崇赤、滦昌密联合县），到1941年日伪军根据地进行大规模围剿时，平北抗日力量已具备御敌能力。各县沿革如下。

（1）昌延联合县：1940年初，大队长钟辉琨、政委刘汉才率领平北游

击大队掩护20多名地方干部从平西来到“后七村”之后，中共平北工作委员会和昌（平）延（庆）联合县政府在霹破石村宣告成立。昌延联合县是平北第一个巩固下来的抗日民主政权。

（2）丰滦密联合县：1940年设置，包括今北京延庆县东部、怀柔县北部、密云县西北部和河北省丰宁、滦平2县部分地区。隶属晋察冀第14专区、冀北第14专区。1943年划归平东抗日根据地。先后隶属冀热边第1专区、冀热辽第14专区。1945年5月，划回平北的冀察第12专区。中共丰滦密联合县工作委员会和丰滦密联合县政府建立，白乙化兼任县委书记。丰（宁）滦（平）密（云）抗日游击根据地奠基人是白乙化。沈爽接任丰滦密抗日联合县第二任县长。1942年4月8日，日寇对华北根据地进行疯狂扫荡，在河西地区的臭水坑一战，沈爽壮烈牺牲。

（3）龙延怀联合县：1940年设置，包括今河北省赤城县龙关镇地区、怀来县部分地区和北京市延庆县部分地区。先后隶属晋察冀第14专区、冀察第15专区。

（4）龙崇赤联合县：1940年6月建立，包括龙关、赤城（均属河北省）和北京延庆海坨山等部分地区，平北党政军领导机关长期驻扎在延庆海坨山的海沟、南碾沟一带，领导着平北的抗日战争，是平北抗日根据地的中心区。1941年3月，中国共产党领导下的平北抗日根据地在崇礼县东部与龙关、赤城交界地带建立了龙崇赤抗日民主联合县。

（5）龙崇宣联合县：1944年粉碎日伪军多次扫荡后，抗日战争局面开始好转。10月，平北地委决定，在龙崇赤联合县，分别建立龙崇宣（宣化）联合县和赤（城）（沽）源县。

（6）滦昌怀联合县：1942年初，以丰滦密联合县一、四、九中心区为基础建立了滦昌怀办事处。不久又独立划为滦昌怀联合县。滦昌怀联合县辖原丰滦密联合县的一、四、九、十四、十五共五个区。1942年上半年，日军加紧对抗日根据地的疯狂“扫荡”和经济封锁，滦昌怀地区遭受了极其严重的损失。1943年春，再次建立了滦昌怀联合县。1944年1月，改为滦昌怀顺联合县。

（二）第二方面：武装建设

抗日战争，是中国共产党倡导的统一战线旗帜下的人民战争，只有把人民组织和武装起来，建立一支由主力部队、县区游击队和民兵（自卫队）组成的三位一体的人民武装力量，才能夺取抗战胜利。因此，武装建设是平北抗日根据地的一项根本建设。平北地区由中国共产党领导的人民抗日武装沿革如下。

（1）滦昌密游击队：1938 年 6 月，八路军第四纵队挺进平北，中共滦昌密联合县工委书记刘国梁在沙塘沟一带建立了一支百余人的游击队。9 月随八路军撤往平西，编入 34 大队 2 连。1940 年初编入平北游击队返回平北。这是平北第一支中共领导的抗日游击队。

（2）丰滦密游击队：1940 年 12 月，丰滦密游击大队成立，下辖 3 个中队、350 余人，师军任大队长、刘力生任教导员。1941 年 6 月，在密云赶河厂村正式升编为 10 团 2 营，赵立业任营长，刘力生任教导员。10 团因此由 2 个营扩大为 3 个营、1500 余人。

（3）平北游击总队第四大队：1941 年 9 月，平北军分区派王振东到丰滦密，重建县游击大队，番号为平北游击总队第四大队，80 余人，王振东任大队长。

（4）平北民兵：民兵（自卫队）是一种不脱产的群众性自卫武装组织，主要任务是站岗送信、防奸防特、保卫村政权、保卫抗战物资，配合主力部队作战。随着群众武装斗争的发展，自卫队内又建立了半脱产的武装基干民兵即模范队、不脱产的秘密武装战斗组织即游击小组。民兵（自卫队）在平北抗战中发挥了重要作用。1940 年 12 月的冯家峪战斗、1941 年 5 月的东白莲峪伏击战，都是民兵（自卫队）为 10 团提供的情报。

（三）第三方面：党的建设

党的建设是“三大法宝”之一，是根据地建设的重要环节。具体到平北抗日根据地，主要体现为丰滦密举办的抗日救国会干部训练班。1940 年 7 月，中共丰滦密联合县工委在王庄、水堡子一带举办抗日救国会干部培训班，近百名群众骨干参加，学习党的知识、军事知识、群众工作知识等，白乙化、马力、胡毅等领导亲自授课。白乙化为训练班题词“勇敢工作，艰苦学习，领导广大群众，为民族解放事业奋斗到底。”

（四）第四方面：统一战线建设

1942 年后，按照中共北方分局的指示：“在政策上，应特别着重扩大与巩固统一战线……广泛的统一战线方针对于今后平北的巩固与发展，具有决定的意义”。[9]平北抗日根据地开展了广泛的民主选举活动，选出基层政府领导人；开展减租增资运动；派出大量干部组织地方工作团，并分散部分主力掩护党的地方干部，联络各地联庄会，组织抗日武装。

以上为按平北抗战根据地建设为线索的四个方面所梳理的实践教学案例要点。在实践教学过程中应以第一方面政权建设和第二方面武装建设为教学重点充分展开讲授。

五、结语

习近平总书记在纪念中国人民抗日战争暨世界反法西斯战争胜利75周年座谈会上的讲话中指出：“中国人民在抗日战争的壮阔进程中孕育出伟大抗战精神，向世界展示了天下兴亡、匹夫有责的爱国情怀，视死如归、宁死不屈的民族气节，不畏强暴、血战到底的英雄气概，百折不挠、坚韧不拔的必胜信念。伟大抗战精神，是中国人民弥足珍贵的精神财富，将永远激励中国人民克服一切艰难险阻，为实现中华民族伟大复兴而奋斗。”[10]前事不忘，后事之师。在平北抗日战争纪念馆及周边抗战遗址内，高校师生以本文所研究的两条线索为引导开展教学实践活动，有助于对中国近现代史纲要课程中与抗日战争相关内容的理解。高校师生可通过参观馆内大量的照片、文物、油画、书籍、档案资料和历史景观等，了解抗日战争时期在平北广袤的土地上，中国共产党率领平北各族英雄儿女，前仆后继、浴血奋战，谱写的可歌可泣的壮丽诗篇。一切艰难险阻，为实现中华民族伟大复兴而奋斗。故国虽大，好战必亡；天下虽安，忘战必危。在世界百年未有之大变局加速演进的当今，平北抗战事迹更能给师生留下深刻的历史启示。

参考文献：

［1］http：//society. people. com. cn/n1/2018/1202/c1008 –30436955. html

［2］https：//new. qq. com/omn/20210425/20210425A02NEF00. html

［3］于春梅，潘贺男，邵奇．东北抗战红色文化资源融入高校思想政治理论课初探［J］．黑龙江教育（理论与实践），2020（08）：43 –45.

［4］李赫亚．北京抗战历史文化资源在“中国近现代史纲要”课教学中的运用

[J]. 北京教育（德育），2012（03）：42－44.

[5] 孙希磊. 海坨山精神永在　潮白河万古长流 [N]. 学习时报，2021－01－29（005）.

[6] 此段碑文录自平北抗日战争烈士纪念碑。

[7] 孙希磊. 海坨山精神永在　潮白河万古长流 [N]. 学习时报，2021－01－29（005）.

[8] 此段碑文录自西羊坊惨案纪念碑。

[9] 中共北方分局:《关于平北两年来工作的指示》，1942 年 1 月 31 日。

[10] 习近平. 在纪念中国人民抗日战争暨世界反法西斯战争胜利 75 周年座谈会上的讲话 [N]. 人民日报，2020－09－04（002）.

推进思政课教学改革的路径与策略分析

王一萌

摘　要：思政课教学改革是对高校思想政治理论课程进行全面深入的改革，旨在提高教学质量和效果，培养学生正确的思想观念和社会主义核心价值观。但在推进思政课教学改革过程中，仍存在教学内容单一、学生对课程兴趣不高、教师教学能力参差不齐、考核评价方式单一等问题。推进思政课教学改革需要采取多元化教学内容、创新教学方法、提升教师教学能力和变革考核评价方式等路径与策略。这样的改革有助于提高学生的思想品德、知识水平和综合素质，培养他们成为中国特色社会主义事业的建设者和接班人，为国家的长远发展贡献力量。

关键词：思政课；思政课教学；教学改革；高校教育；改革路径

一、引言

2022年4月25日，习近平总书记在中国人民大学考察时强调，办好思政课的深远意义是“培养一代又一代拥护中国共产党领导和我国社会主义制度、立志为中国特色社会主义事业奋斗终生的有用人才”。他还专门走进思政课智慧教室，提出思政课教师要“为全国大中小学思政课教学提供更多‘金课’”的期许。思政课作为高校教育中的重要组成部分，具有深远的影响力和重要的育人功能。随着社会的变革和教育理念的更新，推进思政课教学改革已成为当前教育改革的重要任务之一。在新时代背景下，培养德智体美劳全面发展的社会主义建设者和接班人对思政课教学的要求更加迫切。

本文旨在探讨推进思政课教学改革的路径与策略，以提高思政课的教学质量和效果，为社会主义事业的发展做出积极贡献。作为立德树人的核心课程，思政课具有引导学生成为时代先锋、担当民族复兴大任的重要使命。然而，在现实中也存在思政课教学中的种种问题，如教学内容单一、学生兴趣不高、教师水平不均等。因此，推进思政课教学改革是当前亟待解决的任务，需要找到适合现代教育需求的路径与策略。

二、思政课教学改革概述

（一）思政课教学改革的背景

随着高等教育改革的深入，思政课教学改革也面临新的挑战和机遇。国家对于高等教育中思政课的教学提出了更高的要求，强调要注重培养学生的思想道德素质和综合素质，特别是在创新精神和实践能力方面。因此，思政课教学改革需要适应这一趋势，注重培养学生的创新精神和实践能力，提高思政课的教学质量和实效性。

当前社会环境和人们的思想观念日益多元化和复杂化，这给思政课教学带来了新的挑战。特别是在互联网和社交媒体的快速发展下，各种思想和价值观相互交错，学生容易受到各种思想的影响。因此，思政课教学改革需要更加注重引导学生树立正确的价值观和思想观念，增强他们的思辨能力和文化素养。

（二）思政课教学改革的内涵

思政课教学改革是指对高校思想政治理论课程进行全面的深入改革。其含义主要体现在以下三个方面：首先，思政课教学改革旨在弘扬中国特色社会主义核心价值观。当前，我国正面临经济发展、社会进步和文化建设等多重挑战，而核心价值观是引领全社会前进的精神力量。通过对思政课教学的改革，可以更加系统地向学生传授和践行核心价值观，培养他们以正确的思想观念、道德观念和法治观念指导实践，形成积极向上的人生态度和价值追求。其次，思政课教学改革旨在提升教学质量和效果。传统的思政课教学模式存在内容松散、形式单一的问题，使得学生对于课程知识的吸收和参与度不高。教学改革的目标在于创新教学方式和方法，加强师生互动，提升理论教学与实践教学相结合的能力培养，并注重学生思维能力、创新意识和创业精神的培养，使思政课能更好地适应学生的实际需求。最后，思政课教学改革旨在推动青年一代坚定中国共产党的领导地位。作为中国特色社会主义事业的建设者和接班人，青年学生的政治觉悟和思想素质是决定国家未来发展的重要因素。通过改革思政课教学，可以增强学生对中国共产党领导核心的认同感和忠诚度，加强他们对党的理论、路线、方针和政策的理解和把握，培养他们为党和人民事业奋斗终生的信仰和决心。

思政课教学改革要通过系统的教学内容和思想启发，引导学生树立正确的世界观、人生观和价值观，培养他们积极向上的品格和道德情操。同时，要注重培养学生的社会责任感和奉献精神，使其具备为国家和社会发展贡献力量的意识和能力。思政课教学改革的内涵还体现在培养学生的创新精神和实践能力。在教学过程中，要注重培养学生的批判思维和创造力，鼓励他们勇于挑战传统观念和思维模式，培养独立思考和创新能力。同时，要注重与实践相结合，通过实际案例分析和实践活动，培养学生解决问题和应对挑战的能力，锻炼其实际工作能力和领导能力。思政课教学改革的内涵包括培养学生的社会主义核心价值观，与时代发展相结合，培养综合素养，以及培养学生的创新思维和实践能力等方面。通过推进思政课教学改革，可以有效提高思政课的教学质量和效果，培养出德智体美劳全面发展的社会主义建设者和接班人。

三、推进思政课教学改革中存在的问题

（一）在思政课内容方面

第一，思政课的教学内容通常会偏重于书本上冰冷抽象、空洞广泛的理论知识的传授，实践是马克思主义最首要也是最基本的观点，可是思政课却反而忽视了学生在平时生活中的实际需求以及实践能力的培养，这就直接导致了课堂上所讲授的内容无法引起学生的兴趣，无法引起学生的共鸣。部分教学环境中理论教学的主导地位并未产生变化，忽略了与实际问题的结合。并且一些思政课教师忽略了将国家政策和法律法规纳入教学内容中，不能使学生深刻了解国家政策和法律法规的基本内容和重要性，致

使学生公民意识和法治观念淡薄。

第二，思政课教学内容与学生的专业、职业发展缺乏关联，无法满足他们的实际需求。思政课一般采取集体备课的方式，有较为统一的教学课件，虽然这样“一致”的教学方式可以保证课程内容“不出错”，可是这样的方式同样也“难出彩”。思政课的内容虽然应该统一，但是传授的方式绝不应该是“大水漫灌”的，而应该结合学生兴趣、特长以及专业知识采用更加有针对性的“滴灌”方式。

第三，思政课教材的更新速度较慢，一些内容已经过时，甚至教师上课所举的例子都别无二致，这样很难适应时代的发展和学生的需求。但是由于思政教材的更新周期较长，这导致一些新的理论成果和社会热点问题无法及时纳入教学内容中，这让学生对于一些社会热点问题缺乏了解和关注，无法将所学的知识及时与实际问题联系起来，更无法用思政视角和立场去分析、批判、解决问题。

第四，一些思政课教师过于注重知识本身，却忽略了学生吸纳接受知识的体验感。初高中教师在经历了“考教资”这一集中、系统的训练后，他们会更加注重课堂引入环节、课堂中的师生互动和生生互动、配合使用更加丰富多彩的教具等等。然而大学教师往往是对某一方面研究得十分透彻，有很多相关的学术成果，这导致他们只是一名出色的学者，而非合格的、适应新时代教学要求的教师。一些思政课教师缺乏对现代信息技术和教学方法的了解和应用，仍然采用传统的讲授方式，缺乏与学生的互动和交流，使得学生缺乏参与感和积极性。虽然内容决定形式，形式为内容所服务，尽管我们要反对形式主义，但我们更不能忽略在思政课程中好的形式会反哺内容，会在更大程度上吸引学生，从而提高思政课堂“抬头率”。

（二）在提升学生兴趣方面

激发起学生在思政课方面的兴趣，应该分“两步是”：第一，要和学生的个人兴趣、特长以及专业方向相结合；第二，要加强思政课的实践性，要让学生从课堂中“走出去”。

如今的思政课通过提高课程学分、提高过程性考核的分数（如出勤、平时作业）的办法让学生重视思政课，然而这是一种“不得不”的方式——学生为了不挂科、为了高绩点而不得不“应付”思政课，并没有发挥主观能动性去学习、探索、研究和应用思政课的知识。大学生往往对与未来职业发展的相关内容会比较感兴趣，结合当今社会背景，本科毕业后学生的未来规划多为考研、考公和出国这三类，思政老师可以结合学生职业规划讲授思政课，例如，将思政课与考研政治公共课和考公申论相结合，也不失为一种提高学生对思政课关注度的方式。

比贴合学生个人兴趣和发展需要更加重要的则是在思政课堂中“走出去”即重视实践教学环节。一些教师缺乏对实践教学的重视和投入，缺乏实践教学的经验和能力，使得实践教学成为思政课教学的薄弱环节。实践教学的缺乏会导致学生对理论知识理解不深、掌握不牢，同时也会影响他们的综合素质和实践能力的培养。因此可以在思政课中加入一定学时的外出实践课，如去社区中成为一名创城服务志愿者去深入了解人民城市建设、走进乡村的村委会或党支部中去广泛了解乡村振兴现状等，社会实践的大课堂永远不缺参与者，并且社会实践与思想政治教育之间本身就有着天然的亲和，而教师能否将社会课堂与思政课堂有机结合起来就显得十分重要。

（三）在思政课教学过程方面

推进思政课教学改革中存在的另一个问题是教师的教学能力和水平参差不齐。一部分年纪较大的教师仍然采用“PPT + 板书”的形式，无法激发学生的思辨能力和创新思维，不善于尝试和使用一些新兴的授课方式，如近些年较为热门的“学习通”“雨课堂”等平台，其中的弹幕、随机点人功能都可以充分调动起课堂活跃度和参与度。另一部分年轻教师由于缺乏多样化的培训和教学资源，以及教师间的交流与合作不足，因而思政课堂还停留在“自言自语”中，教师间可以相互听课学习，共同进步，要让学生广泛参与进课堂中，让思政课堂变成“大家的事”，而非思政老师的“独角戏”。

在教学过程中，在最终的教学成果检验上教师大多都会采用笔试形式，但这样单一的考核评价方式并没有做到足够客观。以笔试形式为主的考核方式，重点关注学生对理论知识的掌握和记忆，忽视了对学生的综合能力和实践能力的评价，这种单一的考核评价方式对学生的思辨、创新和实践能力的培养有一定的制约作用。学生过于注重对考试内容的复制和背诵，缺乏对学科知识的深入理解和实际运用能力，无法全面激发学生的潜能和个性发展。

教师队伍素质参差不齐也是思政课教学改革中一个亟待解决的问题。

部分教师队伍教学理念跟不上新时代的步伐。思政课建设在完成教育教学工作的同时，也是一项兼具政策性和政治性的课程。近几年，教育部等有关部门非常重视意识形态等对人才的培养，这就要求思政课教师要适应新形势，不断更新教学理念，用灵活多样的教学方法去实施教学。然而一些教师延续“传统”的教学方法，在一定程度上压抑了学生的自主性，影响了教学效果。另外，在应对多元文化冲击破解“选择困局”的教学理念上存在不足。在多元文化思潮的冲击下，非主流文化与主流文化融合发展，形成了一种“选择困局”。思政课教师如何在文化碰撞中选择一个适合我国思想政治教育的新理念融入思政课堂，如何学习先进的教学模式，为我国思想教育体系注入新活力，均需要积极探索勇于创新。

四、推进思政课教学改革的路径与策略

（一）丰富教学内容

在推进思政课教学改革的过程中，应采取多元化的教学内容。首先，教学内容应突出时代性和实践性，关注当代社会发展趋势、问题和挑战，引导学生深入思考并提供解决问题的能力；其次，思政课应跨学科进行教学，将其他学科的知识与思政课内容相结合，促进学科之间的融合与交叉；此外，还可以将当代优秀文化、哲学、艺术等领域的内容纳入思政课教学，拓宽学生的知识面和思维视野。

为实现多元化教学内容，需要建立起适应时代需求和学生兴趣的教材体系和资源库。同时，教师应不断更新自身的教学素材和教学方法，开展创新教学实践，鼓励学生参与到案例分析、小组讨论、互动演练以及社会实践等多样化教学活动中。此外，学校也应加大对教师的培训和支持力度，提供丰富的教育资源和教学工具，鼓励教师进行跨学科研究和教学设计，以提升教师的教学能力和水平。

通过多元化教学内容的推进，可以激发学生的学习兴趣和积极性，培养学生的综合素质和创新能力，更好地满足学生对知识的需求和社会的要求。同时，通过与其他学科的结合和开展跨学科教学，可以促进学科之间的交流与融合，培养学生的综合解决问题的能力，为他们未来的发展做好准备。

（二）创新教学方法

在推进思政课教学改革中，创新教学方法是至关重要的。传统的思政课教学模式往往以教师为中心，以讲授知识为主导，缺乏互动和参与性。因此，通过引入新颖的教学方法，可以激发学生的学习兴趣和动力，提高教学效果。

第一，可以运用案例教学方法。通过引进真实生活中的案例，结合社会问题的分析与讨论，培养学生思考问题、分析问题和解决问题的能力。案例教学方法可以激发学生的主动性和创造力，将理论知识与实际情境相结合，使学生更好地理解和应用所学知识。案例教学方法是一种能够培养学生思考和解决问题能力的有效方式。通过引入真实的案例，将理论知识与实际情境相结合，激发学生的学习兴趣和动力。在思政课中，可以选取具有代表性的社会问题或历史事件作为案例，通过深入分析和讨论，引导学生思考问题的本质和影响因素，并提出合理的解决方案。在案例教学中，可以通过小组讨论、角色扮演、辩论等形式，促使学生积极参与思考和互动，锻炼他们的批判性思维和表达能力。同时，教师可以充当引导者的角色，引导学生分析案例中的道德、社会、政治、经济等多个层面的问题，拓宽学生的知识视野和思维深度。案例教学方法还可通过虚拟案例和模拟实验来增加学生的实践体验。通过虚拟平台或模拟场景，让学生在虚拟环境中观察、分析和解决问题，锻炼他们的实践能力和应变能力。这种交互式的学习方式将帮助学生更好地理解和应用知识，培养创新思维和解决问题的能力。

第二，可以采用小组合作学习的方式。通过分组讨论、小组项目等形式，促使学生在团队中合作、交流和协作。这种方式可以培养学生的团队精神和合作意识，提高他们的沟通能力和解决问题的能力。同时，小组合作学习也可以激发学生的互动和自主学习，丰富课堂氛围。小组合作学习是一种有效的教学方式，特别适用于思政课的教学。在小组合作学习中，学生被分为小组，彼此合作、交流和协作完成学习任务或项目。这种方式能够培养学生的团队精神和合作意识，提高他们的沟通能力和解决问题的能力。在思政课中，可以通过小组讨论、小组项目等形式进行小组合作学习。例如，教师可以给每个小组分配一个具有争议性的话题或问题，让学生就该话题展开讨论，并提出自己的见解和观点。通过小组讨论，学生可以相互启发，激发他们思考问题的深度和广度。小组合作还可以通过小组项目来实施。教师可以给每个小组分配一个独立的项目任务，要求小组成员共同合作完成。在项目过程中，学生需要进行合作分工、信息收集、数据分析、结果展示等多个环节，从而培养他们的协作能力和问题解决能力。

第三，可以利用现代技术手段，如多媒体教学、在线学习平台等。通过运用图像、声音和视频等多种形式呈现教学内容，可以更生动地展示思想概念和案例，增强学生的参与度和学习效果。同时，开设在线学习平台可以提供更丰富的学习资源和支持，方便学生进行课后学习和交流。利用现代技术手段是推进思政课教学改革的重要途径之一。通过多媒体教学，可以运用图像、声音和视频等形式生动地展示思想概念和案例，增强学生的视觉和听觉体验，提高他们的参与度和学习效果。多媒体教学可以将抽象的概念和理论知识以具体实例的方式呈现，帮助学生更好地理解和掌握知识。例如，可以通过使用精美的图片、动画和音频，将复杂的历史事件或社会问题进行生动展示，使学生对课程内容产生浓厚的兴趣，并培养他们的观察和分析能力。随着社会信息化程度的不断提高，新媒体已经成为一种重要的教学资源。在思政课教学中，可以通过利用微信公众号、网络直播等新媒体资源来传递教学内容和与学生互动交流，激发学生的兴趣和好奇心。例如，教师可以建立微信公众号，实时推送思政课教学内容和学生案例，让学生可以在任何时间、任何地点获取相关信息。

在推进创新教学方法时，教师需要不断提升自身的教学能力，并与同行分享经验。此外，学校应提供充分的培训和支持，鼓励教师尝试新的教学方法和教学工具，创造具有创新意义的思政课教学环境。

（三）提升教师教学能力

第一，加强教师培训和专业发展。学校应该提供丰富多样的培训机会，包括教学方法、跨学科知识、教育技术等方面的培训，以帮助教师不断更新知识和提升教学能力。学校可以建立教师交流平台，促进教师之间的经验分享和合作互助。第二，建立教学评价和反馈机制。学校应建立完善的教学评价体系，通过教学观摩、同行评课、学生评价等方式，及时了解教师的教学情况，并为教师提供针对性的反馈和指导，以帮助教师改进教学方法，提高教学效果。第三，鼓励教师教学创新。学校应鼓励教师在教学中进行创新实践，采用多样化的教学方法和策略，积极运用现代教育技术，提高教学的活跃度和吸引力。同时，学校可以设立奖励机制，鼓励教师进行教学改革研究，促进教师的教学创新能力。第四，支持教师继续深造和研究。学校应该提供条件和支持，鼓励教师参与研究项目和学术会议，不断拓展教学领域的知识和经验。学校可以设立研究基金，资助优秀教师进行教学研究，以提高教师的学术影响力和教学能力。

通过以上措施，可以提升教师的教学能力，使其适应思政课教学改革的需要，更好地引导和影响学生，培养他们的综合素质和创新能力，也能够推动整个思政课教学改革向前发展。

（四）变革考核评价方式

为了全面推进思政课教学改革，必须变革考核评价方式，使其能够更好地反映学生的综合能力和实践能力。

第一，要引入多元化的评价手段。除了传统的笔试形式，还应该加入项目报告、实践任务、小组讨论、演示展示等方式，充分考查学生的分析能力、创新能力、综合运用能力和团队协作能力。这样的多元化评价方式可以更准确地评估学生对知识的理解和能力的发展。让学生选择并研究一个与思政课相关的课题，完成详尽的调研和报告，展示他们对问题的认识和解决方案的提出。这样的评价方式有助于培养学生的实践能力和创新意识，使他们能够将思政课的知识应用到实际问题中。可以通过实践任务来考查学生的综合能力和团队协作能力。组织学生参与社会实践活动、社区服务、志愿者工作等，让他们在实践中学习和实践思政课的内容，同时通过观察、访谈、反思等形式进行评价，以衡量他们的表现和成果。给学生提供一个团队合作的平台，让他们就某个话题展开讨论、分析，通过小组内外交流，学生可以互相启发和补充，培养批判思维和表达能力。而演示展示则是对学生能力和知识应用的实时检验，通过展示给予评价和反馈。

第二，要注重学生的实践能力。通过开展实践性任务、社会实践活动和实验实训等，鼓励学生在实际情境中运用思政知识，培养他们的实践能力和问题解决能力。考核评价要突出实践环节的成果和表现，更加贴近实际需要，促进学生对知识的应用和发展。为了注重学生的实践能力，需要通过开展实践性任务、社会实践活动和实验实训等方式来培养学生的实践能力和问题解决能力。例如，可以组织学生参与社区调研和服务项目，让他们亲身实践并将思政知识运用到解决实际问题中。同时，还可以设置实验实训环节，培养学生的操作技能和实践经验。在考核评价上，要突出实践环节的成果和表现。除了对报告和展示的评价外，还要关注学生在实践过程中的表现和能力发展。通过观察记录、实践报告、实习期间的导师评价等形式进行综合评价，以确保评价更加贴近实际需求，并激励学生在实践中不断提升自己。

第三，要强调过程评价和反馈机制。除了最终结果的评价外，还应关注学生在学习过程中的表现和改进。通过定期的教学观摩、学生评价和互评活动，及时了解学生的学习情况和成长过程，为他们提供指导和建议。这种过程性的评价和反馈机制可以更全面地了解学生的学习发展，并帮助他们进行持续改进。通过变革考核评价方式，可以更好地激发学生的学习动力和主动性，培养他们的综合能力和实践能力，促进整个思政课教学改革的深入进行。同时，也要给予教师足够的培训和支持，建立科学有效的评价标准和评价体系，以确保评价方式与教学目标相适应。

五、结语

推进思政课教学改革是提高思政课教学质量、增强其育人功能的重要途径。当前推进思政课教学改革面临着教学内容单一、学生对思政课缺乏兴趣、教师教学能力和水平参差不齐以及考核评价方式单一等问题。为此，我们应该采取多种路径和策略来推进思政课教学改革。要多元化教学内容，丰富思政课程的内涵，使其更贴近时代发展和学生需求。要创新教学方法，采用启发式教学、案例教学等方式，激发学生的学习兴趣和主动性。要提升教师教学能力，加强教师的思政理论素养和教学技能培训。要变革考核评价方式，综合运用笔试、口试、实践操作等多种形式进行考核，以全面评价学生的思政课学习成果。通过这些路径和策略的实施，可以推动思政课教学改革取得明显成效，提高思政课的教学质量和效果，培养出更多高素质的社会主义建设者和接班人。总而言之，思政教育是我国高校教育体系中必不可少的教育内容，对于学生个体成长而言起到了关键的“思想引领”作用，而近年来受到多元文化、经济发展带来物质诱惑的冲击，高校思政课教育的具体实践效果受到了一定影响。相信随着高校思政课教师教学理念、教学方式等方面的进一步优化，思政课教学工作必将实现自身的转型升级优化，进一步释放思政课独有的吸引力，充分展现思政课教育本有的“思想引领”作用。

参考文献：

［1］楚国清，王勇．“大思政课”格局下统筹思政课程与课程思政协同育人的蝴蝶结模式［J］．北京联合大学学报（人文社会科学版），2022，20（03）：10－15.

［2］石书臣，韩笑．“大思政课”协同机制建设：问题与策略［J］．思想理论教育，2022（06）：71－76.

［3］曹桢，喻一珺，王钰菡．“大思政课”视域下高校思政课实践教学社会协同机制探讨［J］．北京交通大学学报（社会科学版），2022，21（02）：59－67.

［4］向云发，杜仕菊．善用“大思政课”的基本问题论要［J］．思想理论教育，2022（03）：71－76.

［5］常海潮．大学英语课讲好中国故事：现状、路径和方法［J］．外语电化教学，2021（05）：96－100，14.

［6］徐蓉，周璇．善用“大思政课”推进教学改革创新［J］．思想理论教育，2021（10）：60－65.

［7］冯刚，陈梦霖．高校思政课实践教学的内涵、价值及其实现［J］．学校党建与思想教育，2021（18）：4－9.

［8］白双翎．高校思政课教学评价指标体系构建研究［J］．现代教育管理，2021（09）：49－55.

［9］李东坡，王学俭．新时代大中小学思政课一体化建设的内涵、挑战与对策［J］．新疆师范大学学报（哲学社会科学版），2021，42（03）：60－69.

［10］马一．线上线下混合式教学行动研究——信息技术与思政课教学融合创新［J］．教育学术月刊，2020（07）：97－105.

［11］凌小萍，张荣军，严艳芬．高校思政课线上线下混合教学模式研究［J］．学校党建与思想教育，2020（10）：46－49.

［12］谌雷元，左婷．突发疫情下高职院校思政课线上教学问题及对策研究［J］．武汉交通职业学院学报，2020，22（01）：61－65.

［13］卢黎歌，耶旭妍，王世娟等．统筹推进大中小学思政课一体化建设研究——学习习近平总书记在学校思想政治理论课教师座谈会上的重要讲话精神笔谈［J］．北京工业大学学报（社会科学版），2020，20（01）：9－25.

［14］时宇娇．政法类院校公共英语课“课程思政”教学改革探索［J］．学校党建与思想教育，2019（08）：30－32.

[15] 李昕．统筹推进大中小学一体化 推动思政课建设内涵式发展［J］．中国高等教育，2019（07）：10－12.

[16] 冯秀军．用“问题链”打造含金量高、获得感强的思政课［J］．中国高等教育，2017（11）：22－24.

[17] 杨志超．高校思想政治理论课混合式教学模式的建构路径探析［J］．思想教育研究，2016（06）：69－73.

高校思想政治理论课教师话语能力提升问题研究

王诗懿

摘　要： 提升高校思想政治理论课教师话语能力对于办好高校思想政治理论课具有深远影响。通过分析高校思想政治理论课教师提升话语能力的必要性，指出高校思想政治理论课教师话语能力提升存在教师自身专业素养不足、对学生需求认识不清、话语表达方式较为单一的问题，最后提出了高校思想政治理论课教师话语能力提升的实践路径。即，提高知识素养，加强能力培养；立足学生需求，丰富话语内容；创新表达方式，重视网络语言。

关键词： 话语能力；课堂教学；高校思政课教师

近年来，高校思想政治理论课教师（以下简称“高校思政课教师”）仍存在话语能力不足的问题。教师以“舌耕为业”，话语能力水平的高低对课堂教学效果有明显影响。因此，要办好高校思政课，就应把提升高校思政课教师话语能力摆在重要位置。

一、高校思政课教师话语能力提升的必要性

高校思政课教师话语能力是指高校思政课教师将自身的专业素质和技能运用于语言实践活动中，驾驭话语符号，引导话语对象形成符合一定社会要求的思想品德的能力，具体表现为高校思政课教师的话语生成、表达、传播、沟通等能力。高校思政课教师提升话语能力是其职业发展的内在需求，是课堂教学成效的有力保障。

（一）教师职业发展的内在需求

判断高校思政课教师的思想政治素质如何，可以从道德素质维度进行分析。教师不仅要向受教育者传授道德知识，更要以身作则，展现自身人格魅力，用实际行动吸引感染受教育者，帮助其养成高尚的道德人格。高校思政课教师若想要提升自身话语能力，就会主动规范自身言行，讲课时语言更加严谨准确，课下与学生进行亲切交流。在这一过程中，教师能够不断提高道德素质，对学生起到榜样引领作用。科学文化素质要求高校思政课教师不仅要具备本学科的专业理论知识，还要具备广博的科学文化知识以及与本学科相关的其他学科专业知识。高校思政课教师若想要提升自身话语能力，就要不断学习学科专业知识，增强知识的覆盖面，这样才能做到对理论讲解信手拈来，合理运用各种教学时机，对学生提出的各种问题进行生动解答。同时，教师在不断学习中，科学文化素质也得到了提升。

身心健康素质要求高校思政课教师要具备良好的身体素质和心理素质。高校思政课教师若想要提升自身话语能力，就要积极与学生交流，帮助疏解学生的负面消极情绪，用自己阳光心态影响学生。在这一交流互动过程中，教师才会更加了解学生，有针对性地学习心理教育知识，增强自身素质。业务能力素质要求教师具备较强的教育教学能力，其中包括语言表达能力。高校思政课教师话语能力得到提升，语言表达能力也就自然得到提升。由此，提升高校思政课教师话语能力有利于其提升专业素质，满足教师职业发展的内在需求。

（二）课堂教学成效的有力保障

在课堂教学中，教师话语是课堂教学中教育者与受教育者沟通的载体。思政课与其他学科课程有所不同，思政课理论性较强，知识较为抽象，且受教育群体范围较大，价值观较为多元。面对如此复杂的情况，如果高校思政课教师不具备较强的话语能力，只会照本宣科，没有趣味性地讲解，课堂教学可能会面临学生“抬头率”低、师生互动少的窘境。因此，高校思政课教师要想取得较好的课堂教学成效，需要提高话语能力。当高校思政课教师话语能力提高后，教师运用形象生动的语言，将抽象难懂的知识化简，帮助学生理解；运用幽默风趣的语言，提高相对枯燥知识的趣味性；运用恰当的网络语言，拉近知识与学生之间的距离。这样的课堂引人入胜，不再呆板无趣，大部分学生就不会心不在焉、哈气连天，课堂教学成效会得到有效保障。

二、高校思政课教师话语能力提升存在的问题

近年来，面对新形势、新变化，在高校思政课教师话语能力方面，教师还存在自身专业素养不足、对学生需求认识不清、话语表达方式较为单一的问题。

（一）自身专业素养不足

高校思政课的受教育者是青年学生，他们正处于人生的关键时期，思想仍然很不成熟，容易受到干扰，产生错误思想。同时，思政课是一门教师将一定社会所要求的思想品德传递给受教育者，并将其内化为受教育者的内在品德和外化为行为习惯的一门综合性的教育课程。由于课程的内在要求和受教育者的特殊性，决定了高校思政课教师需要具备较高的专业素养。思政课是一门较为综合的课程，与其他学科，如心理学、政治学、教育学、伦理学等相关学科的知识都有交叉。

但当前部分高校思政课教师没有意识到这一点，课堂教学时依旧照本宣科，不进行知识的拓展延伸，没有补充思政领域最新的理论研究成果，不注重相关学科知识的学习。此外，部分高校思政课教师还没有认识到话语表达对课堂教学效果的影响程度。思政课本身有较强的理论性，采用干巴巴说教灌输式话语表达是难以被学生接受的。但当前很多高校思政课教师讲课缺乏与学生的情感共鸣，话语表达也没有找到与学生产生情感共鸣的切入点，课堂效果不理想。

（二）对学生需求认识不清

作为活跃在互联网信息浪潮中，有着鲜明个性的新时代学生，其对高校思政课教师话语内容的时代性、针对性有着较高要求。但当前部分高校

思政课教师教学的话语内容与受教育者受教需求之间出现了不相匹配的情况。部分高校思政课教师对学生需求认识不清，话语内容较为陈旧，仅仅依托教材，将教材中的理论知识直接转化为话语内容向学生传授，没有进行加工处理，更没有立足于学生的需求。

虽然教材更新换代的频率不断提高，但相对于其他教学载体，尤其是拥有海量信息且不断更新变化的互联网，教材就有一定的滞后性。对于思政课这样紧跟时事的课程，教材的这种滞后性对于课程的影响较大，这就要求高校思政课教师在课堂上用反映时代和实际的话语内容加以补充完善，弥补教材的滞后性。但在实际的教学过程中，部分高校思政课教师对这一部分话语内容的补充缺位，导致话语内容缺乏时代性。

此外，部分高校思政课教师没有立足学生的特点和要求，还是按照自己长期使用的话语表达方式进行授课。但每个学生的认知水平、性格特点以及对知识的接受程度都是有差异的，并且一届学生有一届学生的特点。部分高校思政课教师对学生的学情不加以分析，不掌握学生的实际情况，忽略学生的差异性，这样的课堂让学生感到没有针对性，乏味无聊，效果也就差强人意。

（三）话语表达方式较为单一

当前，学生作为互联网上的活跃群体，对于网络热点热词的接受速度较快，接受程度较高，有时甚至是网络热点热词的“制造机”。而与学生相比，高校思政课教师接收互联网信息的速度普遍较慢，对于新事物的接受程度也普遍较低，这就使得高校思政课教师与学生之间产生了代沟。部分高校思政课教师在课堂中只会运用单一的说教式的话语表达方式向学生授课，而没有积极选取借鉴网络语言，话语表达方式缺乏生动性和创新性，这样的课堂自然不能吸引学生的注意。

同时，部分高校思政课教师没有创新课堂教学方式，依然固守传统教学模式，运用传统话语表达。思政课的教学形式本可以多种多样，但部分教师认为多样的教学形式需要花费太多时间精力，不愿开展多样教学，不愿组织学生进行微课堂、话剧等活动，话语表达较为单一。尽管因为疫情要求线上教学，高校思政课教师开始尝试运用多媒体进行线上思政课教学，但实际操作时效果不佳，教师与学生隔着屏幕，难以进行互动交流，最后教学流于形式。

三、高校思政课教师话语能力提升的实践路径

高校思政课教师要想不断提升话语能力，就要提高知识素养，加强能力培养；立足学生需求，丰富话语内容；创新表达方式，重视网络语言。

（一）提高知识素养，加强能力培养

知识素养包括本学科的专业知识、基础的科学文化知识以及与本学科相关的其他学科知识等。高校思政课教师自身必须熟练掌握这些知识，才能在课堂中用话语表达出来，将知识传授给学生。如果思政课教师自身知识储备不足，那么其在课堂中可能存在无话可说或无法用合适的话语将知识表达出来的情况。如果教师自身知识匮乏，就无法做到自信自如地讲课，无法深入地讲解专业知识，也无法实现知识的串联。此外，高校思政课教师在增强本学科专业知识储备的同时，也需要掌握其他相关知识来提升话语能力。教师也需要熟练运用心理学、教育学等理论实践知识，努力使教学话语易于学生接受学习。

对于教师来说，语言有其特殊作用，大量的教学内容的讲授基本上是以语言为中介。因此，教师具有良好的语言表达能力的重要性不言而喻。马卡连柯曾说过："如果是我，我就要让每所师范学校和高等师范学校中都有善于正确运用好嗓子的专家。"这里所说的"好嗓子"就是指教师的语言表达能力。高校思政课教师提高语言表达能力不仅能激发学生的学习兴趣，吸引学生的注意，而且能够准确表达思政课的深刻内涵，保证知识传递的准确性，也让学生听得明白，记得容易，提高教学效果。语言是话语的基础，高校思政课教师语言表达能力得到提高，话语能力也自然得到优化。

（二）立足学生需求，丰富话语内容

高校思政课教师可以从三个方面来丰富话语内容：一是使高校思政课教师话语实现现实与历史相结合；二是使高校思政课教师话语实现理论与情感相结合；三是使高校思政课教师话语实现科学性与大众性相结合。

高校思政课教师话语要实现现实与历史相结合。高校思政课教师要紧跟时代，了解学生的话语体系，在课堂教学中合理运用“新潮时尚”的语言，让学生体会到思政课不是老旧沉闷的，而是与时俱进的。高校思政课教师的话语如果做不到及时更新，依然运用充满“说教味”的语言，列举充满“年代感”的事例，采用旧的话语讲授新时代的思政课，那么这样的思政课堂，会是死气沉沉、毫无新意的，学生的“到课率”“抬头率”会是不高的。同时，思政课的理论来源也是不断发展变化、与时俱进的产物，高校思政课教师需要时刻关注理论变化，注重最新的话语表述，及时更新话语内容。高校思政课教师的话语不仅要立足现实，还要扎根历史，汲取历史养分。高校思政课教师要想开展具有中国特色的思政课堂，就应该要扎根历史，从传统文化中汲取优质元素运用于话语中，使课堂充满中国特色，学生易于接受和理解，也帮助学生树立起文化自信。

高校思政课教师话语要实现理论与情感相结合。高校思政课教师要对教学内容进行透彻分析，运用充满逻辑性的语言分析事理，用具有理论性的话语揭示内涵，使其话语具有理论性，能够引导说服学生，也让教师的话语经得起学生“为什么”的追问，让学生真正信服。思政课教师的话语不仅要有理论的深度，还要有情感的温度。思想政治教育自身的特点要求高校思政课教师的话语需要带有较强的情感色彩，以激发学生的情感共鸣，感染鼓舞学生。教师话语要具有情感的温度，需要教师自身具备情感人格，要发自内心地热爱教学，不断改进教学方法，真正关心学生的进步与成长。教师要用富有情感的话语打开学生的心扉，与学生形成良好的师生关系，让学生对教师的好感迁移至思政课上，从而提高思政课的教学效果。同时，教师在教学中也要少一些空洞的理论讲解，多一些与学生产生情感共鸣的表达。教师运用有情感有温度的话语，能够切实提高教师的亲和力，增强学生对教学内容的兴趣，进而达到良好的教育效果。

高校思政课教师话语要实现科学性与大众性相结合。“蒙以养正，圣功也。”思想政治教育最重要的是向学生灌输正确的思想，引导他们树立远大的理想。这就要求高校思政课教师的话语需具备科学性。教师要始终坚持马克思主义立场观点，使用精准周密的语言，准确无误地讲解知识点，让学生的理解不产生偏差，领悟到思想政治理论的真谛。同时，高校思政课教师的话语还需具有大众性。大众性的话语就是易于学生理解，能够吸引学生注意的生动思政话语。如果高校思政课教师运用抽象的理论话语进行讲课，话语充满科学性、学究气，这样的课堂可能会让学生听不进去。因此，高校思政课教师要了解学生的话语体系，使用“接地气”的大众话语，围绕学生的现实生活开展教学，让学生能够更好地理解专业知识的同时，也增强学生理论联系实际的能力。教师在教学过程中还可以适当运用幽默的话语，让严肃沉闷的课堂活跃起来，将学生的注意力吸引到课堂上来，从而提高课堂教学效果。

（三）创新表达方式，重视网络语言

高校思政课教师如果没有新颖的表达方式，不会使用网络语言，就无法实现良好的教学效果。因此教师要学会引经据典、善讲故事、巧用网语，创新表达方式。

高校思政课教师要引经据典，增强教学内容的知识性。高校思政课教师如果能够对名著经典信手拈来，讲课时引经据典、旁征博引，体现出自身的知识储备，学生就很可能会认可教师，进而崇拜教师，最后认真听教师讲课，对思政课产生喜爱之情。同时，高校思政课教师引用经典名著还可以增强话语的知识性，让学生在潜移默化中学习了其他知识。高校思政课教师要想做到对经典名著古语熟练引用，专业学科知识必须扎实，同时还要不断学习其他方面知识。高校思政课教师面对的受教育者是具备较高知识素养的大学生，教师要阅读大量书籍，了解文学作品，积累文化常识，提炼出教学素材，从而提升话语能力。高校思政课教师只有具备扎实的专业知识，才能够在讲授知识中恰当地引经据典。否则，教师生硬地将经典与教学内容结合起来，或随意引用经典，都会适得其反，影响教学内容的准确性。

高校思政课教师要善讲故事，提高课堂教学的趣味性。教师可以通过讲故事的话语表达方式，向学生解释理论，证明观点，增强教学趣味性。高校思政课教师要做到善讲故事，还需要注意以下几个方面：第一，高校思政课教师故事的选取要具有时代性。教师要注意收集新时代贴合学生生活的故事案例，应少讲陈旧的故事，故事内容与学生所处时代太过脱节，反而会让学生没有太多感触，达不到教师预设的教学效果。第二，高校思政课教师故事的选取要积极正面。教师的话语对学生有天然的示范引领作用，因此教师应尽量选择正面的故事，传递正能量，也可以列举反面案例，但需注重引导。第三，高校思政课教师故事的选取要有目的性。教师运用讲故事的话语表达方式，目的是运用故事让学生更易理解教学内容，

因此教师选取的故事是要能够解释理论知识、启发学生思考的。

高校思政课教师要巧用网语，突出教学内容的时代性。高校思政课教师应全面分析了解网络语言。网络文化纷繁复杂，网络语言作为其中一小部分，同样也良莠不齐。高校思政课教师应对网络语言进行精心挑选，深挖积极的网络话语，主动摒弃消极的网络话语，将源于生活，具备时代性、大众性、引导性的网络语言运用于课堂教学，让思政课“接地气”，充满时代性。这样既能够增强学生对课堂的兴趣，让学生对思政课的印象有所改观，又能够让教师站在理论层面对网络语言进行更深层次地解析，让学生对网络语言有了新的思考和理解。同时，高校思政课教师要对网络语言进行合理运用。如果教师运用网络语言不当，不但起不到良好的教学效果，反而会对教师形象产生消极影响，降低教师的威信。因此，高校思政课教师不能为了拉近与学生的距离，而盲目使用网络语言。同时高校思政课教师在使用网络语言时还要警惕西方意识形态的渗透，有选择性地引用网络语言，使之与教学相配合，更好地运用于教学。

参考文献：

[1] 习近平．用新时代中国特色社会主义思想铸魂育人贯彻党的教育方针落实立德树人根本任务［N］．人民日报，2019-03-19（01）．

[2] 习近平．在全国教育大会上重要讲话［N］．人民日报，2018-09-10（01）．

[3] 教育部高等学校社会科学发展研究中心．高校思想政治工作与意识形态建设研究［M］．北京：人民出版社，2019：138-154．

[4] 袁芳．思想政治教育话语创新论的马克思主义审视［M］．北京：中央编译出版社，2018：1-46，167-230．

[5] 蔡中宏，麻艳香．高校思想政治理论课教师专业化发展研究［M］．北京：人民出版社，2019：83-86．

[6]《思想政治教育学原理》编写组．思想政治教育学原理 第2版［M］．北京：高等教育出版社，2018：330-337．

[7] 沈壮海主编．新编思想政治教育学原理［M］．北京：中国人民大学出版社，2022：282-302．

[8] 胡亚文．中学思想政治课教师课堂话语表达研究［D］．信阳：信阳师范学院，2020．

[9] 陈洋．高校思想政治理论课教师核心素养研究［D］．兰州：兰州交通大学，2020．

[10] 罗珊．高校思想政治理论课话语转换的困境及对策研究［D］．重庆：西南

大学，2019.

［11］高冰．高校思想政治理论课教师课堂教学能力研究［D］．沈阳：沈阳航空航天大学，2018.

［12］范昊筱．高校思想政治理论课教学话语优化研究［D］．长春：长春理工大学，2021.

［13］张娇阳．新时代高校思想政治教育话语优化研究［D］．兰州：兰州大学，2020.

［14］张军，殷艳．论新时代思政课教师话语能力的提升［J］．学校党建与思想教育，2021（20）：56－59.

［15］郑敬斌，刘敏．思想政治教育话语亲和力提升问题研究［J］．思想理论教育导刊，2020（03）：133－137.

［16］王念念，朱浩．新时代高校思想政治理论课话语表达创新探析［J］．湖北经济学院学报（人文社会科学版），2021（04）：145－148.

［17］刘琳，宫晓虹．新时代高校思想政治理论课话语表达：问题揭示与路径优化［J］．宿州学院学报，2023（01）：8－11.

［18］黄汀．推动中华优秀传统文化与思政课有机融合［N］．经济日报，2021－11－27（11）.

［19］王素霞．用思政课讲好中国故事［N］．中国教育报，2021－09－03（06）.

红色影视资源融入高校思想政治教育的路径研究

程　璐

摘　要：红色影视资源蕴含爱国主义、革命英雄主义、无私无畏的伟大精神，以其独特的艺术形式、真实的历史故事、积极的情感力量，兼具强大的感召力和影响力，成为高校思想政治教育的重要素材。为推动高校思想政治教育的高质量发展，需重视红色影视资源在高校思想政治教育方面的教育作用，从融入原则、开发利用、传播渠道等方面入手，优化创新红色影视资源融入高校思想政治教育的路径方式，推动红色基因入脑入心入行，培养担当民族复兴大任的时代新人。

关键词：红色影视资源；高校思想政治教育；方法路径；价值

习近平总书记指出，“中国梦是历史的、现实的，也是未来的；是我们这一代的，更是青年一代的。中华民族伟大复兴的中国梦终将在一代代青年的接力奋斗中变为现实”。大学生是实现中华民族伟大复兴中国梦的新生代主力军，加强对其的思想政治教育显得尤为重要，而红色影视资源以其独特的教育方式、直观的展现形式，是加强和改进高校思想政治教育的优质资源。借助红色影视资源，有助于实现高校思想政治教育事半功倍的效果。

一、红色影视资源的相关理论概述

习近平总书记强调，要用好红色资源，传承好红色基因，把红色江山世世代代传下去。红色影视资源作为红色文化的关键部分，是革命传统文化信念的主要载体，它所反映出的中国特色、民族特性和时代特质，对一代又一代的中国人产生了深远的影响，不仅具有重大的政治意义、显著的教育意义，也具有巨大的经济社会意义和永恒的文化意义。

（一）红色影视资源的内涵

关于红色影视资源的内涵，当今学界还未形成较为一致的观点。李实（2005）从“红色资源”的形成过程中把握其范畴，将承载“红色文化”的物质综合称作“红色资源”。柳礼泉、张红明（2008）认为，红色影视是以革命话语为主要形式创作的影视作品。吕原生、张学凤（2012）从意识形态角度出发，认为“红色影视”泛指一切以“红色意识形态”来处理政治题材的影视作品，并且从广义、狭义两个角度进行了进一步阐释。虽然不同学者对于“红色影视”的定义各有不同，但是一提起红色影视，已经是家喻户晓，《白毛女》《永不消逝的电波》《烈火中永生》《海霞》等这些新中国成立初期时的影视作品，早已成为老一辈们青少年时期的珍贵回忆。随着历史巨轮驶入 21 世纪，影视技术突飞猛进，《建国大业》《建党伟业》《我和我的祖国》《战狼 2》等这些新生代电影也受到老中青不同年龄段观众的喜爱。总的来说，红色影视资源都凸显了坚持中国共产党的领导、坚持中国特色社会主义方向的特点，通过艺术手段进行加工，反映真实历史，富有很强的现实教育意义。

（二）红色影视资源的类型

1. 从发展时间来看

按照发展时间划分，可大致分为五个阶段，分别是新中国成立前后、新中国成立初期、20 世纪 60 年代至 70 年代中期、20 世纪 70 年代中期至 80 年代中期、20 世纪 80 年代后期至今。

新中国成立前后，延安文艺座谈会上毛主席发表了重要讲话，极大推动了我国红色影视的发展，代表作品有《吕梁英雄传》《白毛女》等。新中国成立初期，代表作品有《中华儿女》《铁道游击队》《战火中的青春》等，一些影视剧中的插曲借此传唱大江南北。20 世纪 60 年代至 70 年代中期，样板戏突出重围，代表作品有《红色娘子军》《红灯记》等。20 世纪 70 年代中期至 80 年代中期，乘着改革开放的东风，影视行业也飞速发展，代表作品有《红高粱》《南城旧事》《开国大典》等。20 世纪 80 年代后期至今，电影技术空前发展，主旋律色彩日益浓厚，代表作品有《建军大业》《建国大业》《红海行动》等。

2. 从影视内容来看

按照影视内容划分，大概可分为个人传记类、历史群像类、重大事件类。

典型的个人传记类作品有《白毛女》《小兵张嘎》《焦裕禄》等，这些作品以具体的某个人物为聚焦点，对人物的生平进行刻画，讲述人物身上的独特故事，将具体人物与当时历史背景紧紧相连，以小见大，学习和发扬某种精神。例如，电影《焦裕禄》就是以焦裕禄为真实原型艺术加工而成，选取 1962 年年满 42 岁的共产党员焦裕禄冒着寒风去往河南担任兰考县县委书记直至生命最后这一段真实历史，充分展现了焦裕禄亲民爱民、艰苦奋斗的真实形象，这也是焦裕禄精神所在。历史群像类代表作品有《红色娘子军》《狼牙山五壮士》《亮剑》等，这类影视作品不再聚焦于个人，而是集中于一些特色鲜明的群像人物。1958 年上映的电影《狼牙山五壮士》是一部典型的历史群像类影视作品，该片以抗日战争中的一个真实事件为原型，叙述了抗日战争中五名八路军战士为保护党政机关、军队和群众，与日本人激战直至弹药耗尽，最后义无反顾跳崖牺牲的悲惨故事，生动展现了五名八路军战士英勇抗敌、不怕牺牲的大无畏精神和宁死不屈、视死如归的民族气节，该影片对民族自尊心、自信心的培养起着促进作用。重大事件类红色影视作品以中国革命历史中某个具体历史事件或者某个历史节点为刻画对象，重现中国革命进程中的关键节点，代表作品有《甲午风云》《七七事变》《南京大屠杀》等。《七七事变》讲述了 1937 年国民党第 29 军军长宋哲元率军驻扎宛平，死守北平城的故事。面对日益危急的北平，蒋介石于庐山发表“无论何人皆有抗战守土之责任”的讲话，国共再度携手抗日，但最终以伤亡惨重而告终，至此，掀开了全民族抗战的序幕……

二、红色影视资源融入高校思想政治教育的价值意蕴

中国革命在曲折中发展，在曲折中进步，革命进程中一些可歌可泣的

英雄故事值得人们永久地记忆和保存下来，红色影视资源正是保存革命进程中光辉事迹的有效手段。通过将艺术手段加工的纪实性红色影视资源引入高校思想政治教育，使大学生更加直观地感受到先辈们为实现中华民族伟大复兴所做出的牺牲与努力，推动高校思想政治教育深入人心，切实引导广大学生投身于中国式现代化建设中。

（一）有助于发挥高校思想政治教育的育人实效

习近平总书记在中国人民大学考察时强调，高校要“落实立德树人根本任务，传承红色基因，扎根中国大地办大学”，广大青年要“争做堪当民族复兴重任的时代新人”。高校培育时代新人，必须传承好红色基因，充分利用红色文化，积极推进红色文化进校园。而红色影视是红色文化中最具代表性、最深入人心的表现形式，以强大的感召力和影响力，在高校思想政治教育中占有独特优势。红色影视资源作为辅助手段和补充素材，对大学生进行革命传统教育、爱国主义教育，在潜移默化中影响学生，筑牢大学生成长发展的底色，培养有理想、敢担当、有本领的时代新人。

（二）有助于落实立德树人的根本任务

近年来，红色影视资源作为红色文化的重要载体，作为发扬革命精神的重要宣传工具，相较于传统的书本理论，对人们的认识影响更为直接和广泛。红色影视具有强大的感召力和影响力，以一种较为轻松的方式向人们传输知识，更易接受，获得广大观众特别是大学生的青睐。将红色影视资源引入大学生思想政治教育，能够增加高校学生的家国认同感，引领其坚持正确的政治方向，这一点对于代表祖国未来的大学生而言尤为重要。当代大学生是民族复兴的中坚力量，要对其进行深刻思想教育，培养独立思考能力，树立远大理想，提升各方面素质，增强责任感。要重视发挥红色影视资源在党史方面的教育作用，以新形式传输正确思想，通过红色影视资源，了解中国革命历史进程，加强党史知识学习，以润物无声的方式提高大学生思想觉悟，达到沟通心灵、启智润心、激昂斗志的育人效果。

（三）有助于大学生树立正确的三观

当今社会是数字化的时代，互联网的深入普及，各种信息层出不穷、鱼龙混杂，中国与世界的交互也有着前所未有的发展，多元化的价值观念通过网络影响着大学生群体。红色影视资源紧跟党和国家的大政方针，始终坚持中国共产党的领导，坚持中国特色社会主义方向，蕴含了大量的革命知识、历史文化、意识形态的元素，弘扬主旋律的红色影视能够破解纷繁复杂的思想信息。红色影视中描写的人物大多具有高尚的个人品质、乐观的革命精神、崇高的家国情怀，通过红色影视能潜移默化地对人的三观产生深刻影响，即世界观、人生观、价值观。同时，红色影视资源的教育引导功能具有相对优势，相比于理论教化，红色影视资源融入高校思想政治教育优化了教化形式，也更具艺术性和时代性，符合学生喜闻乐见的学习模式和情感体验，贴近实际，贴近生活，贴近受教育者，帮助大学生坚定理想信念、强化责任意识、涵养家国情怀。

（四）有助于大学生建立正确的思维方式和行为方式

物质决定意识，意识能够指导实践改造客观世界，具有控制人的行为和生理活动的作用。高校学生通过观看红色影视伤口，学习影视资源中所刻画人物的高尚精神品格，进而形成正确的思维方式，影响着人的行为发展。高校学生正处于学校和社会的衔接阶段，充满着对未来的迷茫，面临许多重大抉择，要充分发挥红色影视资源对高校学生思维和行为的正确引领作用，指引其朝着正确的方向前进。在综艺《故事里的中国——雷锋》中，讲述了雷锋用自己的生命诠释为共产主义而奋斗的故事，赞颂了无私奉献的“雷锋精神”；纪录片《红旗渠》讲述了1959年的河南省安阳市林县人民不畏艰险修建“红旗渠”的故事，赞颂了中华民族自力更生、艰苦创业、团结协作、无私奉献的“红旗渠精神”；电影《铁人王进喜》讲述了以铁人王进喜为代表的一代中国石油人强烈的使命担当，赞颂了爱国、创业、求实、奉献的“大庆精神”……通过观看这些影片，学习前辈们敢想敢做、不畏艰难的高尚品格，充分发挥榜样作用，从榜样的事迹中获取精神力量，以此激励高校学生奋发向上，探索实现人生价值的正确道路，把个人命运和国家发展紧密结合起来，为中国式现代化建设贡献青春力量。

三、红色影视资源融入高校思想政治教育的路径探析

（一）把握红色影视资源在高校思想政治教育中的融入原则

1. 坚持实事求是

将红色影视资源融入高校思想政治教育，要坚持实事求是的原则。历史是红色影视的根基，从历史角度出发，选择真实反映历史事实的红色影视作品。红色影视资源应具有深入剖析历史事件和人物的特点，包括严格遵循历史事实、尊重历史背景和准确塑造人物形象。要以历史事实为依据，选择那些真实准确地反映红色革命历史的影视作品。这些作品有着严密的剧情逻辑、真实的历史环境和鲜活的人物塑造，准确完整地呈现革命事件以及背后所蕴含的精神。通过观看和思考这类作品，使学生更好地了解真实的革命历史，培养学生对无产阶级革命的认同感和使命感，有效地了解红色革命的历史背景和价值观，加深对历史的认识和理解。同时，还需加强历史背景的引导和解读。在教育活动中，可以对红色影视资源进行适当的历史背景引导和解读，通过对红色影视作品的观看和讨论，引导学生深入了解红色革命的历史背景、社会背景以及与当时社会环境相关的重大事件。老师和专家可以提供相关的历史背景知识，帮助学生更好地对红色影视资源进行了解和分析。

2. 坚持以生为本

将红色影视资源融入高校思想政治教育，要坚持以生为本的原则，坚持对学生心理发展和认知发展的积极影响。通过满足学生的情感需求、引发情感共鸣、培养批判性思维和提升家国认同感，能够促进学生的内在成长和思想觉悟的进步。坚持以生为本是重要原则，必须贯穿在高校思政教育和红色融入的全过程。学生在心理层面有着不同一般成年人的价值取向和情感需求。将红色影视资源融入教育中，应从学生出发，注重他们的情感需求和价值认同，更好地引发学生的情感共鸣和思考，增强他们对红色影视所传达的价值观的理解和认同。从学生出发，注重学生个体的心理特点，更好激发学生的思辨能力，培养学生从心理角度思考问题的能力。通

过观看红色影视资源，学生能够在对历史事件和人物的探索中，培养其批判性思维和良好的价值观。通过将红色影视资源融入高校教育，关注学生的心理需求和发展，能够促进他们的心理成长和家国认同感。通过与红色影视相关的教育活动，使学生更好地了解红色革命的历史，从而塑造积极的心理认同。

3. 坚持知行合一

坚持知行合一是将红色影视资源融入高校思想政治教育的核心原则之一。利用红色影视资源中的英雄事迹、牺牲精神等内容，激发学生的情感共鸣和对红色革命精神的认同。通过观看红色影视作品，引起学生对革命先烈的尊敬和敬意，激发对社会责任的思考和对自身价值的追求。鼓励学生在实践中发挥自身的积极作用，对社会问题提出建设性的解决方案，为社会进步和国家发展做出贡献。利用红色影视资源这一手段，积极引导学生形成家国情怀和社会责任感。通过深入理解红色革命的历史、英雄人物的坚韧精神和为党、为国家作出牺牲的精神，培养学生对家国情怀的认同和追求。同时，鼓励学生参加社会公益活动、志愿服务等，真正参与社会和国家发展，提高学生的思想觉悟和社会责任感。红色影视作品中的历史事件和社会问题，鼓励学生从多个维度进行批判性思考和分析，在融入高校教育中时，可以引导学生思考红色影视作品对社会问题的启示和影响，并培养学生对历史与社会事务的批判性思维能力，助力正确价值观的形成。

（二）注重红色影视资源在高校思想政治教育中的开发利用

1. 推动红色影视资源进课堂

教育资源质量对思想政治教育效果有重要影响，高校可以选择优质的红色影视资源融入教育体系，这能让大学的课堂思政教育更具有感染力，更能从精神层面获得学生认同。在进行红色影视教育资源选材时，需要注意以下特点：首先，确保影视内容真实，尊重历史事实，避免篡改和歪曲；其次，注重影视作品的故事性，以吸引学生的注意力和兴趣，一些跌宕起伏的红色影视能更容易受到学生欢迎；最后，选取与时代主旋律相契合的影视作品，展现社会主义核心价值观的导向作用，选择具有教育性、能反映主流意识、弘扬正能量的红色影视资源。

，同时红色影视资源进入课堂要优化硬件设施，搭建红色影视教育平台，营造浓厚的红色影视教育氛围。第一，创新教学方式。设计富有创意和独特性的教学活动，结合红色影视资源与多媒体技术，打造引人入胜的教学体验。例如，可以利用虚拟现实技术进行体感互动，带领学生穿越时空，参与红色历史事件的重现，亲身感受红色英雄的奋斗和牺牲。第二，引入互动元素。通过借鉴游戏化教学的思路，设计与红色影视资源相关的互动游戏或角色扮演活动，引发学生的积极参与和主动探索。例如，学生可以扮演不同历史人物，通过互动对话或团队合作，深入了解红色历史的内涵和背景。第三，学生主导学习。鼓励学生选择感兴趣的红色影视资源内容，并主导相关学习项目或研究课题。学生可以根据自己的兴趣和独特视角，展开创新性的研究和探索，培养独立思考能力和创造力。

2. 促进红色影视资源融入校园生活

除了传统课堂教学外，校园生活也是大学生思想政治教育的重要途径，能够有效提高大学生对红色影视文化的关注度和灵敏度。因此，要发挥红色影视在大学生思想政治教育中的积极作用，需要营造校园红色文化氛围，将红色影视文化内容通过多种形式有机融入校园日常生活，使红色影视的政治教育价值得到充分彰显，切实提升思想政治教育效果。

为了促进红色影视资源进入大学生生活，加大校园环境在红色文化方面对大学生的影响力度，可以考虑以下方式：第一，创意展览。组织创意展览，展示红色影视作品中的经典场景和人物形象。通过利用虚拟现实、立体投影等技术手段，使观众能够身临其境地感受红色影视的魅力。同时，在展览中设置互动环节，让观众参与其中，与红色影视资源互动交流，从而增加观众的参与感和思考深度。第二，红色影视主题派对。组织红色影视主题派对，邀请学生在派对上穿着红色影视作品中的经典服装，进行角色扮演和 cosplay。在派对上播放红色影视的经典片段，举办红色影视知识竞赛和才艺表演等活动，让学生们通过娱乐的方式深入了解红色影视的历史和文化。第三，红色影视创作工作坊。开设红色影视创作工作坊，鼓励学生们用自己的创意和才华创作红色影视作品，如短片、纪录片、动画等。通过学生的创作，可以让他们更加深入地理解红色影视的主题和精神，并通过创作的过程培养他们的艺术创造力和表达能力。通过这些创新的方式和活动，可以有效促进红色影视资源进入大学生的日常生活，激发学生对红色影视的兴趣和热爱，并将红色影视的价值与高校思想教育有效结合，引导增强爱国情感和社会责任感。

（三）严控红色影视资源在高校思想政治教育中的传播渠道

1. 提高教师的素质能力

习近平总书记指出，“办好思想政治理论课关键在教师，关键在发挥教师的积极性、主动性、创造性”。思政课教学涉及政治、经济、文化、社会、生态、外交、军队等方方面面。习近平总书记指出，“思政课是落实立德树人根本任务的关键课程”。这就要求思政课教师有着高水平的学科素养，不仅要对思政学科知识了熟于心，更要有着极高的教师素养，做到政治上坚持正确方向，情怀上要胸怀家国，工作上对教学呈现有新方法，思想上保证视野开阔。

红色影视资源涉及我国革命、建设、改革等历史事件，这些事件对于了解和传承我国的思想政治理念和文化具有重要意义。教师需要具备深刻的历史、政治、文化知识，以确保对这些资源的正确理解、分析和传授。红色影视资源可以激发学生的爱国主义、社会主义思想，但也需要教师具备正确的历史观和政治观，以正确观念引导学生，防止片面性或偏向性的理解和传播。教师也需要指导学生以正确的方式参与社会，避免极端、偏激或暴力的行为。严控红色影视资源需要教师具备批判性思维、多角度分析、多元文化理解等能力，这也有助于推动高校整体素质的提升。因此，高校可以定期组织教师培训和教育活动，提供关于红色影视资源的相关知识和方法，以帮助教师更好地理解和运用这些资源。鼓励不同学科的教师交流合作，以便更全面地探讨红色影视资源的历史、政治、文化等方面内容，有助于提供更丰富和多维的教育体验。建立评估教师使用红色影视资源的机制，包括同行评审和学生反馈，有助于及时发现问题并提供改进建议。同时，为教师提供足够的支持和资源，包括技术设备、教材、研究资金等，以便更好地利用红色影视资源进行教育教学活动。

2. 健全红色影视资源审查机制

红色影视资源涉及我国的历史、政治等重要领域，影响着人们对国家、社会和文化的认知与理解，因此，健全红色影视资源审查机制尤为重要。健全审查机制可以确保红色影视资源的信息真实、准确、可靠，避免虚假、误导性或歪曲的内容对师生教育产生不良影响。健全审查机制可以规范红色影视资源的传播，防止传播反动、极端、有害的内容，维护社会文化价值观的稳定性和正向发展。健全审查机制可以防范红色影视资源被恶意利用、篡改、虚构或滥用。

要健全审查机制，可以在以下两个方面努力：第一，设立专门的审查机构或委员会。建立专门负责审查红色影视资源的机构或委员会，由专业人士组成，负责资源的筛选、评估和审核工作。第二，建立资源申请和登记制度。资源提供方需要提交资源的相关信息，包括制作团队、内容摘要、历史准确性等，以便审查机构进行审核。定期评估红色影视资源审查机制的效果，根据反馈和经验不断改进和完善机制，以适应不断变化的教育需求和社会环境。

参考文献：

一、期刊类

［1］李实．准确认识“红色资源”的丰富内涵［J］．政工学刊，2005（12）：23.

［2］柳礼泉，张红明．“红色影视”：加强和改进大学生思想政治教育的新亮点［J］．思想教育研究，2008（2）：53－56.

［3］吕原生，张学凤．红色影视在加强和改进大学生思想政治教育中的作用［J］．电影文学，2012（1）：157－158.

［4］程婧，申欣鑫．红色影视资源的特征、类型、功用及选取策略［J］．中学政治教学参考，2021（12）：24－28.

二、学位论文

［1］王英洁．高校思想政治理论课教师价值观研究［D］．吉林大学，2020.

［2］李俊基．高中思政课培育时代新人的策略研究［D］．信阳师范学院，2022.

［3］徐有静．红色资源融入高校大学生思想政治教育研究［D］．山东建筑大学，2023.

三、报纸类

［1］习近平．高举中国特色社会主义伟大旗帜 为全面建设社会主义现代化国家而团结奋斗［N］．人民日报，2022－10－26（001）.

［2］习近平．学校思想政治理论课教师座谈会上的讲话［N］．人民日报，2019－03－20.

［3］习近平在中国人民大学考察时强调 坚持党的领导传承红色基因扎根中国大地走出一条建设中国特色世界一流大学新路［J］．党建，2022（05）：4－6.